한국 근대 지역사회 변동과 민족운동

경상도 성주의 근대전환기 100년사

이윤갑

지식산업사

이윤갑李潤甲

　서울대학교 국사학과를 졸업하고 같은 대학원에서 석사를, 연세대학교 대학원에서 박사학위를 취득했다. 2004년부터 일제강점하 강제동원 피해진상규명 대구광역시 실무위원으로 활동하였고, 2007~2010년 대통령직속 친일재산조사위원회 위원, 대구사학회 회장을 역임하였다. 현재 계명대학교 사학과 교수로 있으면서 한국학연구원 원장 겸 한국학연구원 고문헌연구소장이다.

　저서로는《일제강점기 조선총독부의 소작정책 연구》(2013, 대한민국학술원 우수도서),《한국 근대 상업적 농업의 발달과 농업변동》(2011, 대한민국학술원 우수도서),《백범일지》(2010),《인문생태의 눈으로 지역혁신을 꿈꾼다》(2009),《인문정신의 회복과 한국학의 길 찾기》(2008) 등이 있고, 공저로는《영남의 3·1운동과 만주의 꿈》(2019),《한국사 연구의 새로운 동향》(2018),《동학농민혁명의 지역적 전개와 사회변동》(2012),《칠곡군의 인문학적 전통》(2011),《새로운 한국사 길잡이(하)》(2008) 등 다수가 있다.

한국근대 지역사회 변동과 민족운동
경상도 성주의 근대전환기 100년사

초판 1쇄 발행 2019. 9. 16.
초판 2쇄 발행 2020. 11. 10.

지은이 이 윤 갑
펴낸이 김 경 희
펴낸곳 　(주) 지식산업사
　　　　본사 • 10881, 경기도 파주시 광인사길 53(문발동)
　　　　전화 (031) 955-4226~7 팩스 (031) 955-4228
　　　　서울사무소 • 03044, 서울시 종로구 자하문로6길 18-7
　　　　전화 (02) 734-1978, 1958 팩스 (02) 720-7900
　　　　영문문패 www.jisik.co.kr
　　　　전자우편 jsp@jisik.co.kr
　　　　등록번호 1-363
　　　　등록날짜 1969. 5. 8.

　ISBN 978-89-423-9072-4(93910)

이 책에 대한 문의는
지식산업사로 연락 바랍니다.

■ 3·1운동 100돌 기념출판 ■

한국 근대 지역사회 변동과 민족운동

경상도 성주의 근대전환기 100년사

이윤갑

지식산업사

머리말

조선 중세사회가 본격적으로 해체의 길로 접어든 계기는 1862년 전국 70여 개 군현에서 발생한 농민항쟁이었다. 이를 시작으로 확대, 발전하였던 농민층의 반봉건투쟁은 개항 이후 반침략 근대화운동으로 전화하면서 1894년의 동학농민전쟁에서 절정에 이르렀다. 그러나 자주적 근대화운동은 같은 해 일본의 침략으로 중단되었고, 이후 1910년 일본이 한국을 강제 병탄하면서 최종적으로 좌절되었다.

일제강점기 조선사회는 식민지 근대화를 강요받았다. 식민지 근대화는 제국주의 독점자본이 주도하는 철저히 영리 위주의 반인간적 근대화로 식민지 민중을 빈궁하고 무권리하게 만드는 사회적 분열과 차별을 심화시켰다. 이에 저항하여 우리 민족은 다양한 사상을 받아들이며 민족해방운동을 발전시켜 갔다. 한말 자주적 근대화운동을 계승한 일제강점기 민족운동은 무정부주의 민족혁명운동, 사회주의 민족혁명운동, 삼균주의에 의거한 공화주의 민족혁명운동 등으로 분화·발전하였고, 민족협동전선운동을 전개하여 연대와 통일로 나아갔다.

제2차 세계대전이 끝나면서 조선도 일제 식민지에서 해방되었다. 일제가 연합국에 항복하자 조선에서는 민족해방운동을 계승해 자주적 건국운동이 일어났다. 그러나 미·소가 남북을 분할 점령하고 한반도를 체제 대결장으로 전락시키면서 자주적 건국운동은 왜곡되고 좌절되어 갔다. 외세에 의한 분단은 결국 남·북에 대립적인 분단정부 수립과 동족상잔의 전쟁으로 귀결되었고, 한국전쟁은 분단을 더욱 고착화하고 남북을 완전히 이질적인 체제로 나아가게 만들었다. 그리하여 이후 민족운동은 분단 극복을 위한 자주평화통일운동과 공화주의 구현을 위한 민주화운동으로 전개되었다.

인류 역사에서 근대로의 이행이 역사적 진보로 평가받는 근거는 인간다운 사회성社會性 자각에 입각해 대중이 주체가 되어 사회구성원 모두가 차별 없이 평등과 자유를 누리는 진일보한 사회구성체를 만드는 변혁운동을 지속적으로 전개하였고, 그 노력이 정치·경제·교육·문화 모든 영역에서 일정하게 제도화되고 규범화되는 사회적 결실을 성취한 것이다. 우리 근현대사에서도 이러한 노력은 조선 말 반봉건투쟁에서 출발해 한말 반봉건·반침략 구국투쟁으로 성장하고, 일제 강점기에는 다양한 진보사상을 흡수하여 근대적 민족해방운동으로 발전하였으며, 해방 후 자주적 건국운동을 거쳐 분단체제 아래에서는 자주평화통일운동과 민주공화제운동으로 맥을 이어 갔다.

이 책은 우리 민족운동의 이러한 흐름을 경상도 성주의 지역사를 중심으로 3부로 나누어 연구하였다. 제1부에서는 1862년 성주에서 일어난 농민항쟁에서 시작해 1894년의 동학농민전쟁에 이르기까지 반봉건투쟁이 반봉건 반침략의 민족운동으로 성장하는 과정을 추적하였다. 제2부에서는 한말 국채보상운동·대한협회 지회 개설·성명학교 설립 등 국권회복운동의 발전과 나아가 이를 계승한 일제강점기 유림단 독립청원운동과 3·1운동, 부르주아 민족운동과 신간회 지회설립운동 등을 연구하여 민족운동의 발전과정을 해명하였다. 제3부는 해방공간의 자주국가 건설운동과 보도연맹조직, 한국전쟁기의 좌우 대립과 민간인 희생 및 사회변동, 전후 분단고착화 과정과 1960년 4월 혁명기의 피학살자유족회 활동 등을 연구하여 해방 후 정치지형의 변화를 밝히고 민족운동의 새로운 과제를 검토하였다.

경상도 성주지역의 근대이행기 사회변동과 민족운동 연구를 처음 시작한 것은 1980년대 중반 무렵이었다. 당시 필자는 18·19세기 경북지역의 농업변동을 추적하고 있었는데 관련 자료가 성주 유림의 문집에서 집중적으로 많이 나왔다. 그리하여 경북지역 농업변동 연구를 마치자 자연스럽게 성주 지역의 농업변동을 살피는 작업을 진행하게 되었다.

그러나 막상 연구를 시작하고 보니 문집자료만으로는 근대 이행기 성주 농촌사회의 변동을 재구성하는 데는 절대적으로 한계가 있었다. 대부분의 자료가 재지사족층의 입장에서 당대 농업문제를 언급한 자료들이었기 때문이다. 그 무렵 필자는 19세기 중엽 성주 농촌사회의 변동을 살필 수 있는 중요한 자료 두 가지가 연세대학교 중앙도서관 고문헌실에 소장되어 있음을 알았다. 이 자료들은 향리가 작성한 것으로 유림과는 다른 관점에서 당시의 변동을 서술하고 있으리라 판단되었다. 하나는 1862년 농민항쟁 당시 시위대의 공격을 받은 성주 향리가 쓴 〈성주민요시전리방서택현변무록星州民擾時前吏房徐宅鉉辨誣錄〉이고, 다른 하나는 18세기 중후반 향리를 역임한 도한기都漢基가 성주사회의 실상을 읍지 형식으로 기록한 《읍지잡기邑誌雜記》였다. 그러나 두 자료는 당시 모두 희귀 고문헌으로 관리되고 있어서 전문연구자라 해도 열람이 쉽지 않았다. 필자는 은사 김용섭 교수와 오일주 선배의 도움으로 제때에 이 자료들을 이용할 수 있었다. 두 분의 도움이 없었다면 근대 이행기 성주 농촌사회의 변동을 해명하는 것은 불가능했을 것이다. 그렇게 해서 이루어진 연구가 《손보기교수 정년기념사학논총》(1988)에 발표된 〈19세기 후반 경상도 성주지방의 농민운동〉이었다.

당시 필자는 성주지역을 답사하면서 경북과학대학 배기헌 교수의 주선으로 《읍지잡기》의 저자 도한기의 종증손從曾孫을 면담하였다. 종 증손 도재영都在榮 옹은 고령임에도 불구하고 일제 강점기와 해방공 간의 가족사와 지역사를 생생하게 증언하면서 가보家譜 한부를 필자 에게 주었다. 그 증언을 들으면서 필자는 근대 이행기를 넘어 8·15 해방 공간에 이르는 성주지역 근현대사를 연구하고 싶은 열망을 가지 게 되었다. 그러나 막상 그 작업을 시작하려고 보니 자료 부족이라는 큰 난관이 앞을 가로막았다. 당시로서는 일제 강점기와 특히 해방공 간에서 관련 자료를 거의 찾을 수 없었다. 결국 연구는 중단될 수밖 에 없었고, 열망은 염원으로 바뀌었다.

그로부터 20여 년이 훌쩍 지난 2009년 필자는 진실·화해를 위한 과거사정리위원회로부터 성주지역 한국전쟁 전후 민간인 희생 관련 피해자 현황을 조사하는 연구용역을 의뢰받았다. 이 연구는 성주 전 지역에서 한국전쟁을 경험한 70세 이상 노인을 상대로 한국전쟁 전후 시기의 지역 상황과 민간인 희생에 관한 증언을 채취하고 공공기관이 나 민간에 남아 있는 관련 자료를 수집하여 민간인 희생실태를 파악 하는 것이었다. 필자로서는 미처 예기치 못한, 그러나 오랜 염원을 이 룰 수 있는 행운이 찾아온 것이다. 피해자 현황조사를 위해 서둘러 대학원 제자들과 3개의 조사팀을 구성해 성주 전역을 대상으로 증언 채취와 관련자료 수집을 진행하였다. 조사팀이 성실히 면담을 진행해 준 덕분에 6개월 만에 성주 전역에 대한 조사를 마칠 수 있었다.

이 연구용역을 통해 필자는 20여 년 전 근대 이행기 성주사회의 변 동을 연구하며 가졌던 소망을 마침내 이룰 수 있게 되었다. 이 작업 에서 일제강점기와 해방공간 및 한국전쟁 전후 시기 성주사회의 변동 을 추적할 수 있는 풍부한 증언과 관련 문헌자료를 확보할 수 있었

8

기 때문이다. 이 연구용역이 끝나자 필자는 서둘러 근대전환기 성주의 사회변동과 민족운동을 정리하는 연구계획을 수립하였다. 목표는 1862년 농민항쟁에서 1960년 4월혁명기까지 근대전환기 성주의 100년사를 정리하는 것이었다. 연구는 20여 년 전에 집필한 성주 논문을 전면적으로 수정하고 보완하는 작업부터 시작하였다. 1862년 농민항쟁에서 1894년 동학농민전쟁까지를 연구한 이 논문은 발표 이후 새로운 자료가 발굴되고 관련 연구도 다수 이루어져 대대적인 수정이 필요하였다. 연구를 진행하는 동안 필자는 한국연구재단으로부터도 큰 도움을 받았다. 2014년 한국연구재단 우수학자지원사업에 선정되어 연구를 원활히 수행할 수 있도록 연구비를 지원받은 것이다.

이상의 경과를 돌아보면 이 연구는 은사 김용섭 교수를 비롯해 오일주 선배, 배기헌 교수, 중요한 증언을 해 주신 도재영 옹과 성주의 여러 어르신들, 면담조사에 함께 참여해 준 손경희, 임삼조, 최용석, 배성호, 홍재곤, 남시학 등 제자들, 그리고 집안에 소중히 보관하고 있던 자료를 흔쾌히 내어주신 도재영 옹의 아드님 도일회 전 성주문화원 원장님 등 실로 많은 분들의 도움으로 이루어질 수 있었다. 한 분, 한 분 모두에게 감사드린다. 또한 개인적으로는 이 연구를 진행하는 동안 건강을 크게 상해 연구를 중단할 위기를 맞기도 했다. 그 위기에서 벗어나도록 정성껏 치료하고 이끌어 주신 스승 박유상 선생님과 한충희 한의사님, 마음을 다해 세심하게 보살피고 뒷바라지해 준 아내 배명숙 님과 가족 모두에게 머리 숙여 감사드린다.

연구를 끝내고 돌아보면 늘 부족하고 미흡하여 아쉽고 송구스럽다. 관련 자료를 충분히 확보할 수 없는 탓도 있지만 스스로의 연구 역량이 부족함을 알기 때문이다. 그런 까닭에 이 연구를 흔쾌히 출판해 주기로 한 지식산업사 김경희 사장님께 깊이 감사드린다. 더욱이 이 책을 3·1운동 100돌 기념총서에 포함시켜 간행하겠다고 하시니 절로

고개가 숙여진다. 과분한 선물임을 알지만 존경하는 학계 큰 어른이
주시는 따뜻한 격려로 받아들이고 더욱 연구에 정진하는 것으로 보답
하려 한다. 이 책이 읽기 쉽게 세상에 나올 수 있게 된 것도 정확하
고 편한 우리말을 앞장서 되살리려는 지식산업사의 편집정신과 노력
덕분이다. 이 책의 편집 실무를 맡아 정성을 쏟아 준 김연주님에게도
이 자리를 빌려 감사드린다.

2019년 7월

이 윤 갑

차 례

이 저서는 2015년 대한민국 교육부와 한국연구재단의 지원을 받아
수행된 연구임(NRF-2014S1A5B1012765).

This work was supported by the Ministry of Education of the Republic
of Korea and the National Research Foundation of Korea.
(NRF-2014S1A5B1012765)

서론 - 지역사 연구 방법과 과제

일러두기

이 책은 저자가 이미 발표한 여러 글들을 바탕으로 작성되었다. 집필 과정에서 그동안의 연구 성과를 반영하였다. 또한 내용을 수정하거나 보완하기도 하고, 근거 자료를 발굴 보완하고, 논지가 분명하도록 문장도 다듬었다. 그러나 수정하고 보완한 부분에 대해서는 일일이 각주를 달지 않았다. 발표된 논문들을 참고한 순서대로 정리하면 아래와 같다.

〈경상도 성주의 1862년 농민항쟁과 사회변동〉, 《대구사학》 115, 2014.

〈19세기말 경상도 성주의 사회변동과 동학농민전쟁〉, 《대구사학》 119, 2015.

〈한말 이승희의 국권회복론 연구〉, 《한국학논집》 63, 2016.

〈한말 일제초기 이승희의 민족운동〉, 《인문학연구》 47, 2013.

〈한말 경상도 성주의 국권회복운동과 그 사상〉, 《한국학논집》 71, 2018.

〈일제 강점기 성주의 사회변동과 민족운동〉, 《한국학논집》 75, 2019.

〈해방 후 경상도 성주지역의 건국운동과 국민보도연맹〉, 《한국학논집》 42, 2012.

〈경상도 성주지역의 한국전쟁 경험: 민간인 학살과 인민군 점령정책〉, 《대구사학》 107, 2012.

〈한국전쟁기 경북 성주군의 부역자 처벌과 피학살자유족회 활동〉, 《한국학논집》 47, 2012.

1.

한국근대사의 시점을 1876년의 개항에서 찾는다면, 해방 후 독립국가인 남·북한사회의 원형이 만들어진 결정적 계기는 한국전쟁이었다. 그런 까닭에 1876년 개항부터 1953년 한국전쟁 종전에 이르는 시기는 한국역사에서 근대로의 이행과 나아가 남북한에 상이한 근대체제가 탄생하는 정치경제적, 문화적 토대가 형성된 시기였다. 이 시기 일제는 한말 자주적인 근대개혁운동을 파괴하며 한국을 식민지로 무력 병탄하여 식민지 근대화를 강요하였고, 우리 민족은 그 침략에 저항하며 항일투쟁과 한말 근대화운동을 계승한 자주적 근대국가 건설운동을 전개하였다. 일제의 식민지 근대화와 그에 대항한 한말과 일제 강점기의 민족운동은 현대 한국사회를 형성한 역사적 기원이자 토대였다. 이를 기반으로 한국전쟁을 거치며 남북한에 대립적인 두 개의 근대국가체제가 확립되었다. 그런 까닭에 한말과 일제 강점기의 자주적 근대화운동과 민족해방운동에 대한 연구는 한국 현대사회를 이해하고 나아가 그 발전방향을 모색하기 위해서 반드시 필요하다.

이 연구는 경상북도 성주星州지역을 대상으로 개항 전후부터 한국전쟁 종전까지의 사회경제적 변동과 민족운동을 추적하며 근대 형성기의 특징과 모순을 해명하였다. 이 연구가 군 단위의 지역을 연구대상으로 삼아 장기변동을 추적한 이유는 기존 연구의 한계를 극복하기 위해서이다. 한국 근대의 사회변동과 민족운동에 대한 연구는 가령 동학농민전쟁, 의병전쟁, 3·1운동, 신간회 운동 등과 같이 역사적으로 중요한 사건 또는 운동을 연구하거나 독립협회, 신민회, 의열단, 대한민국임시정부, 조선공산당 등 단체 또는 주요 인물을 연구 대상으로 삼았다. 한국근대사 서술은 이 연구 성과들을 시간 흐름에 따라 배열하고, 그 사건이나 단체 또는 인물 사이의 상호 연관성을 해명함으로써 역사의 발전을 해명하려 하였다. 무릇 사회운동이나 단체 또는 운동조직과 사회사상은 그 사회의 모순을 반영하고, 그 해결방향을 보여준다는 점에서 이러한 방식의 역사연구와 역사서술은 타당성이 있고 필요하기도 하다.

그러나 이러한 역사연구와 서술은 종종 역사현실과 괴리되는 문제를 안고 있다. 그 문제는 개별 연구에 오류가 있어서 발생하는 것이 아니다. 각각의 사건이나 단체가 서로 영향을 미치며 계기적 발전한다는 것은 논리적으로 타당하고 사실적으로도 확인된다. 그 문제의 원인은 그것이 공간적으로 얼마만한 사회적 파급력을 가지며, 시간적으로 계기적으로 발전을 가능케 할 만큼 지속성이 있는가를 이와 같은 연구방법과 서술로는 해명하기 어렵다는 데 있다. 가령 동학농민전쟁과 같이 공간적 파급력은 막대했지만 그 주체들이 거의 궤멸됨으로써 그 운동의 명맥이 끊어지다시피 한 경우도 있고, 대한민국 임시정부와 같이 1919년 창설부터 1945년 해방까지 꿋꿋이 자기 혁신과 민족협동전선운동을 펼치며 계기적 발전을 이루어갔지만 그 실질적 영향력은 일제강점기나 해방 공간에서 그리 크지 못했던 경우도 있었다. 이 점을 간과하고 모든 사회운동이나 민족운동이 동일한 공간적 파급력과 시간적 지속성을 가진다고 인식하게 되면 실제 현실과 괴리가 발생하게 된다. 이러한 방식으로 서술된 민족운동사로는 현실을 합리적으로 설명하기 어렵고, 역사학이 사회의 발전에 학문적으로 기여하는 데에도 한계가 있다.

이러한 한계를 극복하자면 사회운동이나 민족운동이 발생하는 사회경제적, 문화적 조건을 구체적으로 파악할 수 있고, 그 운동의 공간적 파급력과 시간적 지속성을 확인할 수 있는, 따라서 그 사회를 변화시킬 수 있는 실질적인 역량을 파악 가능한 공간적 범위와 시간을 설정하고 연구를 진행할 필요가 있다. 필자는 한국근대 이행기의 역사변동을 연구하는 데에 군 단위의 행정구역이 이러한 공간범위로 적절하다고 생각한다. 조선 후기부터 일제 강점기까지 대중들의 실제 생활권은 군(현) 단위를 크게 벗어나지 않았다. 조선 말기의 농민운동이나 일제강점기 3·1운동, 청년회운동, 신간회운동, 해방 이후 건국운동 등 대부분의 사회운동이나 민족운동이 군 단위를 토대로 일어났고, 전국적인 운동으로 전개된 경우도 1862년의 농민항쟁이나 3·1운동의 예에서 보듯이 군 단위 운동들이 병렬적으로 결합되는 형태를 띠는 경우가 많았다. 이러한 공간적 특징은 국가권력의 감시와 탄압을 받으며 진행될 수밖에 없었던 근대변혁운동과 민족해방운동의 특성으로부터 비롯된 것이었다. 그런 까닭에 군 단위 사회공간에 주목하여 각 사회운동의 파급력과 그 지속성 및 계승성을 파악할 수 있다면 보다 사실에 가까운 인식이 가능할 것이다.[1]

또한 역사변동의 실상에 접근하기 위해서는 개항 전후부터 한국전쟁 종전에 이르는 근대 형성기 전 시기에 대한 장기변동을 파악하는 것이 필요하다. 지배 권력에 저항하는 사회운동이나 민족운동은 특히 전제권력 아래에서나 식민지 상황에서 지속적으로 영향력을 갖기는 어려웠다. 저항운동이나 해방운동은 쉽게 파괴되며, 그 경우 그 중심 주체들은 강제로 그 지역사회와 분리된다. 이런 상황에서 대중은 저항의지를 잠복시켜 재기할 기회를 노리기도 하지만 권력에 순응하는

1) 이윤갑, 〈지역학 연구의 방향과 방법론〉, 《東方漢文學》 26(東方漢文學會), 2004.

태도를 습관으로 굳히기도 한다. 그런 까닭에 민족운동이 활성화된 시점에만 초점을 맞추게 되면 실제보다 민족운동을 과대평가할 위험이 있다. 이런 위험을 극복하자면 사회운동이나 민족운동이 활발히 전개된 시기와 그렇지 못한 시기를 같이 시야에 넣고 변동의 장기추세를 관찰할 필요가 있다.

이러한 문제의식에 따라 이 책에서는 공간적으로는 경상북도 성주군을 대상으로, 시간적으로는 한국 근대형성기라 할 1862년 농민항쟁에서부터 1960년 4월 혁명기까지의 사회변동과 민족운동을 연구하였다. 이 연구가 경상북도 성주군을 연구 대상으로 삼은 이유는 첫째, 이곳이 〈택리지〉에도 특별히 언급되듯이 낙동강을 끼고 논농사와 밭농사가 발달한 삼남을 대표할 만한 농업지역이어서 근대 형성기의 한국사회 일반의 변화를 전형적으로 보여주기 때문이다.

둘째, 이곳은 한말 조선 성리학의 대가로 이름을 날린 한주 이진상을 배출하는 등 재지사족이 사회경제적으로나 학문적으로 탄탄한 기반을 구축하고 있었고, 다른 한편 조선 후기 상업적 농업이 발달하면서 부농층을 위시해 농민층의 정치사회적 경제적 성장 또한 두드러져 근대형성기의 사회변동과 각 계층의 대응을 선명하게 포착할 수 있기 때문이다.

셋째, 역사연구에 필수적인 문헌자료가 비교적 풍부하게 남아 있기 때문이다. 이 지역에서는 1862년 농민항쟁, 1883년의 농민항쟁, 1894년의 동학농민전쟁, 영남만인소운동, 국채보상운동, 계몽운동, 해외독립운동기지건설운동, 3·1운동, 유림단독립선언운동, 청년회운동, 신간회운동, 조선공산당운동, 10월항쟁(1946), 보도연맹학살사건, 인민군점령정책, 부역자 처단(1950) 등 한국 근대 형성기의 주요 매듭을 이룬 사건들이 거의 빠짐없이 일어났고, 그 각각의 실상을 구체적으로 연구할 수 있는 문헌자료들이 비교적 풍부하게 남아 있다.

2.

　특정 지역을 연구대상으로 삼아 한국 근대 형성기의 사회변동과 민족운동을 장기간 추적한 연구는 그 사례가 많지는 않지만 이루어진 바 있다. 그 연구들을 분류하면 크게 세 그룹으로 나누어 볼 수 있다. 제1 그룹은 토지소유관계의 변동, 특히 지주제의 성장과 지주층의 동향에 초점을 맞추어 지역사회의 변동을 추적한 연구이다. 이 그룹 연구의 선구는 홍성찬의 《한국근대농촌사회의 변동과 지주층》(1992) 이다. 이 연구는 전남 화순군 동복면의 오씨가의 지주경영의 변동에 초점을 맞추어 한말에서 1950년대까지 동복면의 사회변동을 추적하였다. 근대 이행기에 지주제와 지주경영의 변동과정을 장기간에 걸쳐 추적하고, 지주가의 활동을 중심으로 일제강점기와 해방공간에 걸친 지역사회의 변동을 고찰한 것이었지만 그로 말미암아 지역사회 전체의 변화를 해명하는 데는 애초 한계가 있었다.

　홍성찬은 이 성과를 바탕으로 4명의 공동연구자와 함께 《일제하 만경강 유역의 사회사 -수리조합, 지주제, 지역정치-》(2006)를 발표하였다. 이 연구는 1920~30년대에 전라북도 옥구군 서수면과 임피면에 설립된 수리조합과 일본인, 조선인 지주를 중심으로 지주경영의 변동과정을 추적하고, 지주층의 동향과 지역정치를 분석하여 이 집단이 식민지 권력에 협력하며 유지층을 형성하는 과정을 해명하였다.

　이 그룹에 속하는 또 다른 연구로는 신영우와 4명의 공동연구자가 발표한 《광무양안과 진천의 사회경제 변동》(2007)이 있다. 이 연구는 충청북도 진천군을 대상으로 대한제국시기 작성된 광무양안을 분석해 토지소유관계와 지주제, 부농경영 실태 등을 분석하고, 해방 후 농지개혁에서 지주제가 해체되는 과정, 그리고 진천군의 주요 성씨·가문의 경제기반의 변동과정 등을 연구하였다. 이 연구는 19세기 말부터 1950년대 농지개혁까지를 연구대상에 포함시켜 토지소유관계와 사회변동을 유기적으로 연관시켜 파악하려 하였으나, 광무양안 분석이 연구의 대부분을 차지한 점, 일제 강점기의 경제관계 변동이나 사회변동, 민족운동에 대한 연구가 결여된 점, 농지개혁 연구가 다른 연구와 연계성이 부족한 점 등으로 말미암아 충실한 지역사례 연구가 되기는 어려웠다.

제2 그룹의 연구로는 지수걸의 《한국의 근대와 공주사람들 - 한말 일제시기 공주의 근대도시 발달사》(1999)가 있다. 이 연구는 한말에서 한국전쟁까지 공주군의 사회변동을 체계적으로 연구하였다. 한말 부분에서는 19세기의 사회경제적 변동과 이를 배경으로 전개된 개화운동, 동학농민전쟁, 유생들의 의병운동 등을 통해 근대 이행기의 공주지역의 변화상을 연구하였고, 일제강점기 부분에서는 일제의 식민정책과 식민지 지배에 협력하며 성장한 친일유지집단의 지방정치가 공주사회에 불러온 변화를 연구하는 한편, 이에 대항하며 민족운동이 태동하고 성장 분화하는 발전과정을 연구하였다. 나아가 해방공간에서는 친일유지집단과 민족운동세력 사이에 민족국가 건설운동을 둘러싼 분열과 갈등이 한국전쟁으로 이어지는 과정을 연구하였다. 이 연구는 공주지역의 주민들이 근대 이행기에 어떠한 역사적 경험을 거쳐 근대적 시민성을 형성하게 되는가를 해명하는 데 초점을 맞추었다. 지수걸의 연구는 연구대상의 공간과 시간 설정 면에서, 또 연구 시각과 방법론 면에서 근대 이행기 지역사 연구의 한 모범을 이루었다.

이 그룹에 속하는 다른 연구로는 하원호와 6명의 공동연구자가 발표한 《한말 일제하 나주지역의 사회변동연구》(2007)가 있다. 이 연구는 한말에서 일제강점기를 대상으로 전라남도 나주군의 사회변동을 지방제도와 재정운영, 농업생산과 상품유통, 사회적 관계의 변동, 사회운동(동학농민전쟁, 의병전쟁), 사유체제와 문학 등으로 나누어 해명하였다. 토지소유관계의 변동에 초점을 맞춘 제1 그룹과 달리 이 연구는 다방면으로 사회변동을 파악하려 한 점에서 통합적 관점의 지역사회연구로 진일보한 점이 높이 평가할 만하다. 그러나 대부분의 연구가 한말에 집중해 있고, 일제 강점기의 변동을 다룬 연구는 일부분에 불과하여 한말의 사회변동은 비교적 종합적으로 파악할 수 있으나 일제 강점 이후의 그것은 단편적으로만 파악되는 것이 한계다.

제3 그룹의 연구는 지방자치단체의 재정지원으로 연구된 군 단위의 독립운동사 또는 항일운동사이다. 완도군항일운동기념사업회가 펴낸 《완도군항일운동사》(2000), 김희곤과 공동연구자들이 함께 저술한 《안동의 독립운동사》(1999), 《의성의 독립운동사》(2002), 《영덕의 독립운동사》(2003) 등등이 이 그룹에 속하는 주요 성과들이다. 이 그룹의 연구는 한말부터 일제강점기 기간에 특정 지역에서 일어난 항일운동 또는 민족운동을 망라해 서술함으로써 근대 이행기에 여러 계층이 보인 다양한 대응을 살필 수 있게 하였고, 아울러 민족운동 발생 배경으로 그 지역의 정치경제적 변동을 해명하였던 점에서 통합적 시각으로 지역사를 연구하는 방법론 개발에 기여하였다. 그러나 이 연구들은 비록 학술논문의 형태를 띠고 있으나 지역 주민에게 그 지역의 민족운동사를 소개한다는 취지로 저술된 까닭에, 자료 고증이나 인과관계 해명에서 엄밀성이 떨어지는 약점이 있다. 또한 항일투쟁이나 독립운동을 사건별로는 자세히 소개하고 있으나, 이 운동들이 지역사회 차원에서 근대 이행과 근대국가 형성에 어떠한 역할을 하였고, 그

지역 주민의 근대성 형성에 어떻게 영향을 미쳤는지를 연구하지는 못
했다.

개항 전후부터 한국전쟁 종전까지를 근대 형성기로 설정하고 경상
북도 성주군의 사회변동을 추적하는 이 연구는 이상의 연구 성과들을
계승하고 활용할 것이며, 동시에 다음과 같은 방법으로 선행연구의
한계를 극복하고자 한다. 첫째, 개항 전후부터 한국전쟁 종전까지의
사회변동과 민족운동을 '근대 형성기의 변동' 곧 한국의 근대 형성 과
정이라는 시각에서 접근한다. 둘째, 지역에서 일어난 사회운동이나 민
족운동을 압제와 침략에 대한 저항운동의 시각으로만 파악하지 않고
시야를 확대해 자주적 근대 형성 과정으로 이해한다. 셋째, 이 시기에
전개된 각 계층의 사회운동이나 민족운동을 근대 주체의 형성과 분화
과정, 달리 말해 다양한 근대적 시민층의 형성 과정으로 파악하고 각
운동의 노선 차이에 주목한다. 넷째, 이 시기의 사회운동과 민족운동
을 그 발생과 종결, 그리고 사후 영향에 이르기까지 그 파급력과 지속
성에 주목함으로써 사회운동이나 민족운동이 지역 주민의 사회성 형성
에 미친 실질적 영향을 추적한다. 다섯째, 이 시기를 한국 근대사회의
모순이 배태되는 시기로 파악한다. 근대 이행과 형성이란 곧 그로부터
형성되는 근대사회의 모순이 배태되는 과정에 다름없기 때문이다.

3.

이 책에서는 1862년 농민항쟁에서 1960년 4월 혁명에 이르는 시

기의 경상북도 성주지역의 사회변동과 민족운동을 6개의 소시기로 나누어 연구하였다. 제1장은 1862년에 발생한 농민항쟁과 그 후 개항에 이르는 시기의 사회변동을 연구하였다. 이 연구는 개항 이후 본격적으로 전개되는 민족운동의 역사적 배경을 해명하는 전사前史 연구에 해당한다. 1862년의 농민항쟁은 해체기 조선 중세사회의 모순을 집약적으로 표출하고 나아가 근대 이행방식에 대한 분열과 갈등의 단초를 드러낸 역사적 사건이었다. 여기에서는 1862년 성주에서 일어난 두 차례의 농민항쟁과 삼정문제 해결책을 둘러싸고 표면화된 양반층과 요호부농층, 소빈농층의 분열과 사회개혁에 대한 각각의 입장을 분석하여 개항 이후 대두하는 다양한 민족운동의 사회경제적·사상적 배경을 해명하려 하였다.

제2장의 연구 대상은 개항 이후 1894년의 동학농민전쟁에 이르는 시기의 성주의 농민운동과 유림층의 대응이다. 1862년 농민항쟁에서 사회적 분열과 대립을 뚜렷하게 드러내었던 성주사회는 개항을 계기로 그 갈등이 더욱 격화되어 1883년에 다시 농민항쟁이 일어나고 1894년에도 동학농민전쟁이 일어났다. 1862년 농민항쟁 이후 요호부농층과 분리되어 독자적 개혁을 추구해 왔던 소빈농층은 자신들의 이해에 입각해 삼정제도와 지방행정을 개혁하려 하였고, 그 운동이 좌절될 위기를 맞자 다시 농민항쟁을 일으켰다. 그러나 이 항쟁이 경상감영에서 파견한 감영군에 의해 진압되면서 소빈농층 중심의 반봉건 개혁운동은 큰 타격을 입고 약화되었다. 이러한 흐름을 반전시킨 것은 전국적으로 전개된 동학농민전쟁이었다. 성주의 동학농민전쟁은 1883년 농민항쟁 실패 이후 세력이 약화된 소빈농층이 인근 지역의 동학농민군세력의 지원을 받아 다시 반봉건 개혁투쟁과 반침략투쟁에 나선 것이었다. 다른 한편 성주의 유림층은 거유巨儒 한주 이진상의 성리사상과 삼정 및 사회개혁론에 의거해 향촌사회의 분열과 갈등을

진정시키려 노력하였고, 또한 영남 만인소 운동에 적극 참가하는 등 외세 침략에 맞서 척사위정운동을 전개하였다. 여기에서는 1862년 농민항쟁을 계기로 성장한 소빈농층의 반봉건 개혁운동이 1883년의 농민항쟁과 1894년의 동학농민전쟁을 거치면서 최종적으로 좌절되는 과정과 그러한 가운데서 시작된 유림층의 척사위정운동이 어떠한 사상적 변화를 모색하며 근대적인 민족운동으로 나아가는지를 검토한다.

제3장에서는 동학농민전쟁 이후 1910년 일제의 강제병탄에 이르는 시기에 추진된 성주지역의 국권회복운동과 그 지도자였던 한계 이승희의 국권회복론을 다루었다. 을사조약 강요 이후 성주에서는 국채보상운동에서 시작해 대한협회 지회개설·신식 성명학교 설립 등에 이르는 국권회복운동이 활발히 전개되었다. 이 시기 이 지역에서 국권회복운동을 주도한 집단은 이승희와 그를 따르는 유림층이었다. 이승희는 한주 이진상의 아들로 '심즉리설心卽理說'의 의리실천을 중시하는 부친의 성리학과 내수자강內修自强의 척사위정운동을 계승하였고, 나아가 이를 체계적인 국권회복방안으로 심화시켜 앞장서 실천하는 민족운동을 전개하였다. 여기에서는 이승희가 을사늑약 체결 직후 작성한 상소문 〈의진시사소擬進時事疏〉를 중심으로 그의 현실인식과 내수자강의 개혁을 통한 국권회복방안을 살피고, 그의 국권회복론과 연계해 한말 성주지역에서 전개된 국채보상운동과 계몽운동 등의 국권회복운동을 검토하였다. 또한 이 연구에서는 유림층과 함께 한말 성주의 국권회복운동에 적극 참여한 중인층에 대해서도 주목하였다. 성주의 국권회복운동에는 다수의 중인층이 참여하여 국채보상의무회나 대한협회 성주지회에서 실무를 담당하는 임원으로 활동하였다. 이들의 현실인식이나 대처방식은 척사위정론을 견지한 유림들과는 달랐다. 성리학적 의리와 척사위정을 중시한 유림들과는 대조적으로 이들은 민족문제 해결에서 현실성과 실용성을 중시했고 서구의 신사상에 대

해서도 개방적이었다. 이 집단의 입장을 대변했던 사상가는 성주 향리 출신으로 유학자로서도 이름이 높았던 관헌 도한기였다. 여기에서는 도한기의 사상을 중심으로 한말 성주의 국권회복운동에서 새로운 주도층으로 부상한 중인층의 현실인식 및 대처논리와 국권회복운동에 대해서도 살펴보았다.

제4장은 일제강점기 성주지역에서 전개된 민족운동을 다루었다. 일제강점기 성주에서는 한말의 국권회복운동을 계승하여 유림층과 민족부르주아층 주도로 민족운동이 발전하였다. 성주 유림의 민족운동은 유림단독립선언(파리장서운동)과 3·1운동, 그리고 해외독립운동기지 건립비용 모금운동이었던 제2차 유림단 의거로 전개되었고, 민족부르주아층의 민족운동은 계몽운동 중심의 성주청년회 운동과 소비조합운동 등의 경제적 실력양성운동으로 전개되었다. 유림층의 민족운동은 이념적으로 한말 유림의 국권회복운동을 계승하였지만, 대한제국의 멸망과 근대사회로의 이행이라는 불가역적인 시대변화를 인정하고 받아들여 근대사회에 실천 가능한 유교 민족주의를 수립하는 방향으로 발전하였다. 민족부르주아층의 민족운동은 선진문물의 적극적 수용으로 독립역량을 배양하는 실력양성운동으로 전개되었다. 노동야학 운영 등 계몽운동이 중심이었다. 유림층의 민족운동과 민족부르주아층의 민족운동은 분리되어 독자적으로 전개되었지만, 민족협동전선운동인 신간회 칠곡지회 참여를 매개로 연대하는 관계로 발전하였다. 한편 신간회 지회설립을 전후해 성주의 청년들 가운데서도 사회주의사상과 운동에 관심을 가지는 층이 형성되기 시작하였다. 비록 이 지역에서 사회주의 운동단체를 조직하는 데까지는 이르지 못했지만, 1920년대 후반 이후 성주에서는 유학생층을 중심으로 사회주의사상을 수용한 청년층이 증가하였고, 그들 사이에 교류망도 형성되고 있었다. 이 장에서는 일제강점기 유림층과 민족부르주아층의 민족운동에 대한 연

구를 통해 한말의 국권회복운동이 일제강점기에 근대적 민족운동으로 성장 전화하는 과정을 해명하였다.

제5장에서는 1945년 해방에서부터 1950년 한국전쟁 발생에 이르는 해방공간에서 성주의 건국운동을 둘러싼 사회적 분열과 좌우대립을 들여다보았다. 해방 후 성주지역의 건국운동은 사회주의사상을 수용한 청년지식인층이 중심이 되어 성주면 치안유지회를 조직하며 시작되었다. 치안유지회는 조선인민공화국 수립 선포에 따라 성주군 인민위원회로 개편하여 활동을 확대하고 농민조합, 부녀동맹 등을 조직하며 대중을 결집하고 모스크바 삼상결정을 지지하는 활동을 벌였다. 반면 이 지역에서는 우익이 주도하는 건국운동은 일어나지 않았고, 신탁통치반대운동도 세력을 형성하지 못했다. 성주의 건국운동은 1946년에 발생한 10월 항쟁을 계기로 중대한 전환을 맞는다. 10월 항쟁을 진압한 경찰은 이후 조직을 정비 보강하고 대한청년단 등 우익단체를 동원하여 좌익의 건국운동을 공세적으로 와해시키고 좌익인사들을 학살하고 검거하였다. 좌익들 또한 이러한 탄압에 맞서 남로당 체제로 조직을 재편하며 미군정과 우익의 단선·단정운동에 반대하는 활동을 벌였고 빨치산을 조직하여 무력 저항하였지만, 군경의 공격을 감당하기는 역부족이었다. 좌익세력의 저항은 군경이 1949년 성주의 빨치산 근거지를 토벌하면서 끝이 났다. 좌익세력을 제압한 경찰은 국민보도연맹 성주군지부를 조직하고 좌익활동 경력이 있는 인사들을 여기에 가입시켜 감시하고 통제하였다. 이 장에서는 일제 강점기의 민족운동을 계승한 성주 사회주의 청년층의 자주적 건국운동이 미군정과 친일우익세력의 지지를 받는 이승만 세력의 친미반공 단독정부 수립운동과 대립하면서 와해되고 소멸되는 과정과 반공분단체제가 지역사회에 이식되어 뿌리를 내리는 과정을 추적했다.

제6장은 한국전쟁 기간에 인민군의 성주 점령과 유엔군의 서울 수

복 과정에서 발생한 내전의 양상과 정치변동을 조사하였다. 이 시기에 대한 연구는 다시 두 개의 소시기로 나누어 진행하였다. 하나는 한국전쟁의 발발부터 인민군이 성주를 점령하였던 1950년 9월 하순까지의 기간으로, 이 시기 성주에서는 주목할 두 가지 큰 변화가 일어났다. 하나는 전쟁 발발 직후 성주의 경찰이 상부기관의 지시로 보도연맹원을 예비검속하여 집단학살한 것이고, 다른 하나는 8월 4일 성주를 점령한 인민군이 인민위원회 체제를 수립하여 토지개혁을 실시하고 전쟁동원활동을 강요하는 등 9월 24일 철수할 때까지 다방면으로 점령정책을 실시한 것이다. 이 기간은 불과 3개월에 지나지 않았지만 전쟁으로 반공분단체제가 무너지고 북의 인민공화국분단체제가 수립되었다가 연합군의 수복으로 와해되는 경천동지할 변화가 일어났다. 그 과정에서 내전 양상을 띠면서 적지 않은 민간인 학살이 자행되었다. 다른 하나는 유엔군이 인민군으로부터 성주를 수복한 때로부터 종전에 이르는 기간이다. 이 시기 성주에서는 군경에 의해 부역자가 집단 학살되거나 처벌되었고, 이어서 국가권력 주도로 반공분단체제가 공고하게 재건되었다. 이 장에서는 한국전쟁을 거치면서 해방공간에서 전개된 좌익의 건국운동이 많은 희생과 심각한 내상을 남기고 최종적으로 소멸하는 과정과 전시 특수상황에 규정되면서 이승만 정권의 반공분단체제가 권위주의적 방식으로 확고하게 구축되는 과정을 연구하였다.

제7장에서는 한국전쟁 이후 지역사회에서 일어난 정치변동과 4월혁명의 민주화운동이 이어진다. 이승만 정권은 한국전쟁을 통해 반공분단체제를 확고히 구축하였지만, 그 체제는 이승만 정권의 반민주적인 권력독점과 장기집권 및 부정부패와 무능으로 얼룩진 전후복구정책의 실패로 말미암아 1950년대 후반 이후 근저에서부터 그 정당성을 도전받기에 이른다. 민심이반과 국민대중의 저항은 국회의원 선거나

대통령 선거에서 뚜렷이 드러났다. 국민 대중은 민생안정과 민주주의를 요구하며 이승만 정권에 저항하였고, 그것은 결국 4월 혁명으로 발전하였다. 4월 혁명으로 이승만 정권이 무너지고 민주적인 정치공간이 열리자 반공분단체제의 개혁뿐만 아니라 그 구축과정에서 일어난 불법행위를 바로잡아 자주적인 평화통일운동과 민주공화제를 발전시키려는 민족운동이 활발히 전개되었다. 성주에서는 그 운동이 피학살자유족회 운동으로 나타났다. 피학살자유족회는 한국전쟁에서 경찰이 불법적으로 자행한 부역자 집단학살의 진상을 규명하고, 책임자를 처벌하며, 피해를 보상하는 활동을 펼쳤다. 이 장에서는 한국전쟁이 끝난 뒤인 1950년대의 정치변동과 그 연장선상에서 4월 혁명의 피학살자유족회 운동을 검토하고, 5.16군사쿠데타로 그 운동이 좌절되는 과정과 그것이 함축하고 있는 역사적 의미를 검토하였다.

4.

이 연구는 기본적으로 경상도 성주 지역과 관련된 문헌자료에 의거해 이루어졌다. 성주는 유림이 많고 유학이 발달한 전통적인 문향文鄕이었던 까닭에 지역 사정을 기술하고 있는 문집류가 다른 지역에 견주어 풍부하게 남아 있다. 19세기 중엽부터 한말에 이르는 시기 성주 사회의 변동을 연구하는 데 이용하였던 유림의 문집으로는 이원조의 《응와집》, 이진상의 《한주집》, 이승희의 《한계유고》, 김창숙의 《심산유고》 등이 대표적이다. 또한 19세기 후반 성주에서 향리를 역임한

도한기의 문집 《관헌집》과 《읍지잡기》·《동요일기》 등도 이용 가치가
높았다. 도한기의 저술은 유림의 문집보다 훨씬 생생하고 구체적으로
성주의 실정을 기술하고 있다. 한말의 국권회복운동을 연구하는 데는
앞의 문집에 더해 황성신문·대한매일신보의 기사 등도 이용하였다.
일제 강점기 성주사회의 변동과 민족운동을 연구하는 데는 김창숙의
《심산유고》와 유림단독립운동실기편찬위원회의 《유림단독립운동실기》
그리고 동아일보·중외일보·조선일보·매일신보 등의 신문기사를 주로
이용하였다.

해방 이후 성주사회의 변동, 특히 한국전쟁기의 변동에 대한 연구
에서는 당시 사건을 경험한 현지 생존자와의 면담 자료를 주된 자료
로 이용하였다. 생존자 면담 자료는 2009년도 진실·화해위원회 연구
용역사업이었던 경상북도 성주군 한국전쟁 전후 민간인 희생자 피해
현황조사에서 작성된 것이다.[2]

성주군에 대한 피해현황조사는 2009년 4월 28일부터 10월 25일까
지 성주군 10개 읍·면에서 실시되었고, 모든 자연부락을 방문해 8·15
해방과 한국전쟁을 체험한 70세 이상 노인들을 상대로 개별 또는 집
단면담을 하는 방식으로 이루어졌다.[3] 이하에서 2009년도 성주 현지
면담조사에서 수집한 자료를 인용할 경우 '진술자 이름 나이 구술진
술자료, 거주지' 방식으로 표시한다.(예: 홍길동 85세 진술서, 성주면
경산동) 진술자의 나이는 면담조사가 이루어진 2009년 당시의 나이
다. 조사는 먼저 집단면담 방식으로 당시의 사회변동 일반을 파악하
는 탐문조사를 실시하고, 이를 바탕으로 주요 사건에 직·간접으로 관

---

2) 경북대학교 평화문제연구소, 《한국전쟁 전후 민간인 희생관련 2009년 피해자현황
   조사 연구용역사업 최종결과보고서(경상북도 성주군)》, 대구: 경북대학교 평화문
   제연구소, 2009.
3) 위의 책, 5~33쪽.

련된 당사자나 당시 정황을 소상하게 기억하고 있는 인물을 상대로 심층조사를 진행하였다. 이 연구에서는 이렇게 작성된 면담자료 전부를 이용한 것은 아니고 그 가운데 개인별 면담자료들을 교차 검증하고, 성주군 경찰자료인 《사찰자료》와 대조하여 신빙성이 높은 자료만 선별하여 이용하였다.

또한 이 시기 연구에서는 1950년 성주경찰서가 작성한 《4283년 사찰관계 서류철(의견서)》(이하 《사찰자료》로 부름)도 이용하였다. 이 서류철은 1950년 10월 유엔군이 성주를 수복한 후 성주경찰서에서 전쟁부역자를 검거해 작성한 조서를 묶은 것이다.[4]

부역자 조서는 조사를 담당한 성주경찰서 경찰관이 상관의 승인을 받고 대구지방검찰청 검사장 앞으로 제출하는 〈의견서〉 형태로 작성되어 있고, 조사 대상자의 주소, 본적, 직업, 전쟁 이전의 범죄이력, 전쟁기간의 부역사실 등과 부역행위 경중에 대한 조사담당경찰관의 의견을 기록하고 있다. 이 서류철 자료에는 8·15해방부터 한국전쟁까지 조사대상자의 간략한 행적도 기재되어 있다. 이 조서는 총 160명의 부역행위자를 심문한 것으로 필기체로 작성되어 있다.

이외에도 1961년 성주문화원에서 편찬한 《성주대관星州大觀》과 성주 인사들의 회고록 《여기원 1933년 10월 24일생》, 성기수의 《젊은이여 도전하라》 등 한국전쟁을 직접 체험한 수기도 이용하였다.

---

4) 《4283年 査察關係書類綴(意見書)》은 성주경찰서에서 전쟁부역자 조사를 담당한 경찰관이 대구지방검찰청 검사장 앞으로 기소 여부에 관한 의견을 제출하는 〈의견서〉로 작성되어 있다. 이 〈의견서〉에는 조사 대상자의 주소, 본적, 직업, 전쟁 이전의 범죄이력, 전쟁기간의 부역사실 등을 기록하고 마지막에 조사담당경찰관이 부역행위의 경중을 기소유예, 기소, 기소엄중처분 가운데 하나로 분류하고 있다. 심문을 받은 부역자 총수는 160명이며, 인민군 점령기에 공개적으로 이루어진 부역활동을 심문해 작성한 조서이기 때문에 기재내용은 비교적 정확하다. 이하에서 이 자료를 인용할 경우 《사찰자료》 거주지 ○○○ 의견서(예: 《사찰자료》 성주면 경산동 도재림 의견서)로 표시한다.

제1장

1862년 농민항쟁과 사회변동

1. 19세기 중엽의 사회경제 상태와 신분질서의 약화

1.1 19세기 중엽의 사회경제적 변동과 삼정문란

18세기 조선사회에서는 농민경제가 발전할 수 있는 유리한 조건들이 형성되고 있었다. 농업생산력을 비약적으로 향상시킬 수 있는 새로운 기술들이 급속히 개발 보급되었고, 사회적 분업의 발전으로 비농업인구가 증가해 농산물에 대한 수요가 확대되고 있었으며, 이와 나란히 금속화폐가 유통되고 전국에 천여 개의 장시가 조밀하게 형성되는 등 상품유통경제도 급속히 발달하였다. 농민들은 농업경영을 확대할 수 있었고, 생산을 유통경제와 연결시켜 부를 축적할 수 있었다.

경상도 성주는 이러한 변화에 유리한 조건을 갖고 있었다. 1832년 당시 성주는 11,940호, 52,082명의 인구와 논〔畓〕 13,009결, 밭〔田〕 7,303결의 토지를 보유한 경상도에서 네 번째로 큰 군현이었다.[1] 성주의 토양은 당시 2대 상품이었던 미곡과 면화재배에 적합하였다. 특히 이곳의 수전水田은 그 비옥도가 삼남지방에서도 최고였다. 《택리지 擇里志》에 따르면 성주에서는 벼 한 말을 파종하여 최저 80말에서 최고 140말까지 수확할 정도로 토지가 비옥하였다. 삼남에서 수전의 비

---

1) 《星州牧邑誌》 戶口, 田賦(《星州牧邑誌》는 아세아문화사에서 1982년에 간행한 《邑誌》1 경상도편 ① 188~218쪽에 실려 있다. 1832년 무렵 都宇權과 崔柱河가 편찬하였다.)

옥도가 이 정도 되는 지방은 진주·구례·남원뿐이었다.[2]

또한 낙동강은 성주에서 유통경제가 발달할 수 있는 유리한 조건
이 되었다. 우선 낙동강에 인접한 수전지대는 말할 것도 없고, 대부분
의 농업지대가 큰 어려움 없이 수운水運과 연결될 수 있었다. 또한
내륙의 일대 상업 중심지였던 김산金山에서 고령·합천으로 이어지는
비교적 평탄한 육로가 성주를 통과하였고, 대상업도시로 발전하고 있
던 대구도 인접해 있었다. 이러한 호조건을 배경으로 18세기 후반 성
주에서는 읍시邑市를 중심으로 하나의 통일된 장시망을 형성한 8개의
장시가 발달하였다.[3] 이 장시망은 먼저 낙동강 상권에 연결되는 무계
시茂溪市와 김산 상권에 연결되는 천평시泉坪市에서 장을 열고, 다음
날 이들 장시를 통해 유입된 물화를 읍시로 집중한 다음, 그 다음 날
에는 인근의 안언시安偃市·수촌시樹村市·만지시蔓旨市로, 다시 그 다
음 날에는 대마시大馬市·대교시大橋市 등으로 분산 매매하고, 동시에
이들 장시에서 매입한 인근 농촌의 출하상품들을 5일에 장이 열리는
읍시로 집중시켜 다음 날 장이 서는 천평시와 무계시를 통해 낙동강
상권 및 김산 상권으로 분산 출하하는 방식으로 운용되었다(자료 1-
1). 이러한 장시망 운용으로 성주의 농촌은 영남대륙 및 낙동강 상권
을 통해 전국의 많은 시장과 연결될 수 있었다.

---

2) 李重煥,《擇里志》卜居總論 生利
　　土沃 謂地宜五穀 又宜木綿 而水田 種稻一斗 收六十斗者 爲上 次則收四五十斗者 …
　　國中最沃之土 惟 全羅道 南原 求禮 慶尙道 星州 晋州 等處 水田種一斗 最上者 收一
　　百四十斗 沃者收百斗 最下者 收八十斗 餘邑不能盡然.
3) 韓相權,〈18세기 말~19세기 초의 장시발달에 대한 기초연구─경상도 지방을 중심
　　으로─〉,《韓國史論》(서울대 국사학과) 7, 1982.
　　《星州牧邑誌》場市條에 기록된 場市名과 開市日은 다음과 같다.
　　① 邑市(在州東門外, 2·7日), ② 新市(在城外舞柳浦 , 5·10日), ③ 大橋市(在州南五
　　十里, 4·9日), ④ 茂溪市(在州東五十里, 1·6日), ⑤ 安偃市(在州東二十里, 3·8日),
　　⑥ 泉坪市(在州西三十里, 1·6日), ⑦ 樹村市(在州西二十里明巖坊, 3·8日), ⑧ 蔓旨
　　市(在州南四十里, 3·8日), ⑨ 大馬市(在州北十五里草田洞, 4·9日).

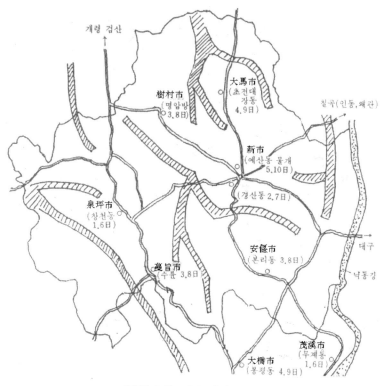

〈지도 1-1〉 성주 장시 분포

　이와 같은 유통경제를 이용해 18세기 후반 성주에서는 상업적 농업이 활발히 전개되었다.《임원경제지》에는 성주의 장시에서 거래되는 상품을 총 43종 기록하고 있는데, 그 가운데 농산품 및 그 가공품만 들어보면 쌀·콩·보리·지마脂麻·수소水蘇·면화·면포·견사繭絲·마사麻絲·대추·감·배·석류·송이·사삼沙蔘·태만苔蔓·오미자·나복蘿葍·미궐薇蕨·총예蔥隸·완석莞席 등이다.4) 이들 물종 가운데는 일부 타지에서 이입

---

4)《林園經濟誌》倪圭志 권4 貨殖 八域場市
　　星州 州內場 在域門外龍山里面 二七日 設曉

거래된 것도 있었을 것이나 성주가 상업중심지도 아니고 규모기 큰 소비도시도 아니었다는 점, 그리고 《성산지星山誌》 토산조에 송이·칠·대나무·밤·세견細絹·마포·면포·완석·인삼·열청烈菁 등이 기록되어 있는 점 등을 고려하면, 그 대부분이 성주에서 생산 출하되는 상품이라 할 수 있다.[5] 이 품종들은 쌀·콩·보리 등의 곡물류, 면화·마사·견사·면포 등 의료衣料, 대추·밤·배·감·석류 등의 과실류, 사삼 등의 약재류, 완초 등의 공예직물류 등으로 분류되는데, 이를 통해 우리는 성주에서 농산물의 상품화가 다양하게 이루어졌음을 알 수 있다.

성주에서는 상업적 농업이 발달하면서 농민층 분화도 진행되었다. 상업적 농업으로 부유해진 농민이 나타났던 반면, 몰락해 고용살이로 연명하거나 유망하는 농민도 증가하였다.[6] 이원조의 상소에 따르면 18세기 말 19세기 초에는 부가富家나 요호饒戶가 다수 존재하여 소작을 하거나 고용살이하는 빈농들이 그들에게 의존해 살아가고 있었다. 부농들은 경영을 확대하는 한편 보다 경제성이 높은 작물을 재배하거나 토지를 매입해 자작지를 늘리는 등 경영의 수익성을 높이고자 노력하였다. 다른 한편 부농층은 부를 늘리는 방법으로 고리대를 운영하기도 하고 징세청부업 성격을 띠는 호수직戶首職이나 면리임직面里任職을 매수하기도 하였으며, 지주경영도 겸했다.[7]

米荳穄麥 脂麻 水蘓 棉布 棉花 麻市 繭絲 麻絲 鯔魚 鯉魚 銀口魚 烏賊魚 天眞魚 棗 栗 梨 梯 石榴 松耳 沙蔘 苕蔓 五味子 薇蕨 蘿蔔 葱蒜 紫草 松板 鐵物 木物 柳器 磁器 土器 莞席 木屐 麻鞋 雉雞牛犢.

5) 《星州牧邑誌》 土産
銀口魚 松耳 漆 蜂密 磁器 陶器 海松子 柿 竹 栗 石榴 金 銀 銅 鉛 石炭 細絹 麻市 綿布 莞席 楮紙 人蔘 柴草 烈菁

6) 金容燮, 〈朝鮮後期 경영형 부농과 상업적 농업〉, 《朝鮮後期農業史硏究－農村經濟·社會變動》Ⅱ, 일조각, 1970; 이윤갑, 〈18·19세기 경북지방의 농업변동〉, 《한국사연구》 53, 1986.

7) ① 《凝窩集》 권5 辭正言疏 戊戌(1838)
臣所居嶺南 … 數十年前 州里墟井之間 室屋連比桑麻翳然 富家饒戶參錯其間 而假貸庸作之民 皆有所賴而爲生矣.

〈표 **1-1**〉 토지소유 분화 상태

	숙종 경자양안		1912년	
	소유자수	소유면적	소유자수	소유면적(정보)
성주			228(1.8%)	2758.8(18.6%)
상주	10.5%	42.7%	849(3.6%)	8166.9(26.8%)
의성	11.5%	40.9%	319(1.6%)	5300.1(20.8%)

* 숙종 경자양안 통계는 金容燮, 〈量案의 硏究〉,《朝鮮後期農業史硏究》I, 일조각, 1970.
* 1912년도 소유자 및 소유면적은 결수연명부에 50두락 이상 소유한 것으로 기록
  된 소유자수와 그 소유면적(전답합계)(慶尙北道編,《勸業統計書》, 1912, 11쪽)
* 1912년도의 각 백분비는 통계가 정확한 1920년도 총농가호수 및 경지면적에 대
  한 1912년 당시 50두락 이상 소유자 및 소유면적의 백분비(1920년 통계는 慶尙
  北道農務課,《慶尙北道 農務統計》, 1920, 2~3쪽)

반면 이들의 성장에 희생된 다수의 농민들은 경영을 축소하면서 몰
락해 가지 않을 수 없었고, 유망하거나 인근의 광산에 노동자로 이주
하는 자도 속출하였다. 18세기 말 성주 유생 최연중은 농촌에서 밀려
난 유민들이 살길을 찾아 광맥을 찾느라 산을 파헤쳐 심각한 사회문
제가 되고 있다고 지적하고, 이 문제를 해결하기 위해서는 관청에서
나서서 이들에게 농량農糧과 소작지를 주선할 것을 주장하였다.[8]

한편 상업적 농업의 발전과 농민경제의 성장은 중세적 지주전호관
계에도 영향을 미치지 않을 수 없었다. 성주의 토지소유 상태를 살필
수 있는 직접적인 자료는 없지만, 성주의 사회경제적 상태는 낙동강

---

② 《凝窩先生續集》권9 答田明府書李牧使寅皐
  本州士族之動 不干涉於邑事 想已洞悉 而鄕廳鄕校 爭任之雜流 與士族泳炭 必欲甘
  心 亦想府諒矣 今番起鬧(1862년 민란-인용자) 專出於此背
  ②의 士族과 泳炭의 관계에 있으면서 鄕廳·鄕校에서 爭任하며 邑事에 관여하였던
  雜流가 곧 ①의 고리대와 임노동 고용 등으로 치부하였던 富家饒戶들이었다고 추
  정된다.

8) 《日省錄》正祖 23년 6월 2일
  備邊司 啓言 星州進士 崔演重所進農書冊子…觀此冊子則 蓋以綸音中條件敷衍 陳設如
  對東之體 而又多他人之所已言 別無可以指一覆啓者 其中游民設店張爐 斧斥不息宜屬禁
  之論…安揷游民 借田貸粮 俾食其力之說

연변의 다른 군현의 그것과 크게 다를 바 없다고 생각된다.

참고로 1912년 당시 성주·상주·의성 지방의 소유 분화 상태를 살펴면 각각 1.8퍼센트의 소유자가 18.7퍼센트의 토지를, 3.6퍼센트의 소유자가 26.8퍼센트의 토지를, 1.6퍼센트의 소유자가 20.8퍼센트의 토지를 소유하고 있어 소수 수중에 토지집중이라는 유사한 양상을 보이고 있다. 숙종 경자양전 당시 성주와 의성은 비슷한 분화양상을 보였고, 개항에서 합방까지 세 지역의 농업변동은 거의 유사했다는 점을 고려하면, 18·9세기 성주지방의 토지소유 분화 상태는 상주·의성의 그것과 크게 다르지 않았으리라 생각된다. 성주지방에서 토지 분화가 격심하고 지주전호제가 지배적인 생산관계로 되고 있었음은 이진상李震相의 상소 가운데서도 살필 수 있다. 이진상은 1862년 관제·과거제·부세제도·군제 등 광범위한 분야에 걸쳐 시폐교구책을 작성하였는데, 이 상소문에서 그는 가장 중요한 전정 개혁책으로 감조론減租論 곧 지대 인하와 부세 지주납부를 제시하고 있었다.[9]

지주제는 농민경제의 성장을 가로막는 장애물이었다. 지주수탈에 대한 저항이 상업적 농업의 발전과 더불어 격화되는 것은 당연하였다. 그러나 지주제에 대한 저항은 애초 순수히 경제적인 성격만을 띠기 어려웠다. 당시 대부분의 지주제는 비록 병작제라 하더라도 신분제라는 경제외적 강제를 매개로 유지되고 있었으므로, 이를 이완시키지 않고 소작조건을 개선하는 것은 어려웠다. 다른 한편 신분제의 문제는 부세제도와도 연계되어 있었다. 부세 가운데서도 신분제적 제약이 컸던 것은 군역과 환곡이었다. 이른바 삼정문란이 만연하면서 농민층에게 부세부담은 심지어 1년 소출 전부를 관가에 갖다 바친다고

---

9) 《寒州先生文集》 권4 擬陳時弊仍進畝忠錄疏
  頃畝旣定 等第旣明 量其穀出之數 定爲什一之稅 佃夫食什之六 田主收什之三
  《寒州先生文集》附錄 권1 年譜.

할 정도로 과중해지고 있었다.

이런 사정으로 지주전호제와 부세제도의 중압으로부터 벗어나기 위해 농민들에게 절실했던 것은 신분상승이었다. 농민층의 신분상승 운동은 합법적 혹은 불법적 방법을 이용해 개별적으로 신분을 상승시키는 방향으로 전개되었다. 조정 또한 재정난 타개 방안으로 납속정책을 실시해 비록 한시적이지만 다양하게 신분상승의 기회를 제공하였다.[10] 당시 신분을 상승시키는 데는 여러 가지 방법이 이용되었다. 그 가운데에서도 널리 이용되었던 방법은 납속하는 것과 몰락양반을 매수하여 족보를 위조하거나 혹은 호적을 관장하는 향리[藉吏]에게 뇌물을 주고 유학幼學을 모칭冒稱하는 것이었다. 정교鄭僑는 성주에서도 이와 같은 방법으로 신분상승이 널리 이루어졌다고 했고,[11] 이진상은 "10년 전 군안軍案에 올라 있던 자 중에서 뇌물을 바치고 이름을 바꿔 유학幼學을 모칭하는 자가 10에 7·8인 된다"[12]고 하였다. 농민들은 이러한 신분상승으로 비록 명실상부한 양반이 되기는 어려웠지만 사회경제적으로 큰 이익을 얻을 수 있었다. 군역이나 환곡에서 부세를 면제받을 수 있었고, 대 지주관계에서도 유리한 위치에 설 수 있었다.

이러한 신분상승이 불러온 변화로는 우선 지주들에 대한 농민들의 항조투쟁抗租鬪爭이 확대되었다. 항조투쟁은 한미한 사족에 대해서는 말할 것도 없고, 세력 있는 가문을 상대로도 전개되었다. 가령 성주의 세력가였던 이진상 집안의 토지를 소작했던 전객佃客 이모는 홍수가 발생나자 일부러 둑을 헐어 마치 보사洑沙가 덮친 것처럼 꾸며 헐값에

10) 金容燮, 〈조선후기에 있어서의 신분제의 동요와 농지점유〉, 《史學研究》 15, 1970.
11) 鄭僑(1797~1877), 《進庵文集》 권2 對三政策
　　 或挾富 或移鄉 以托班名者 孰能辨其眞僞乎
12) 《寒州先生文集》 권4 應旨對三政策
　　 十年前見在軍簿者 納賄移名冒稱幼學 十居七八

2경의 수전을 차지하였다.[13] 농민들은 지대율 인하를 위해 투쟁했ㄱ,
상품생산에 유리한 소작조건을 확보하기 위해서도 투쟁하였다. 이러
한 저항으로 19세기 성주지방의 지대율이 10분의 4로 인하되어 갔다.[14]

다음으로, 신분상승과 연계해 항세투쟁抗稅鬪爭이 확대되었다. 신
분을 상승해 군역을 면제받는 자가 급증하였다. 성주에서는 19세기
중엽 총호수의 약 3분의 1이 군역을 면제받았는데, 그 가운데 이전에
사족이 아니었던 자가 절반 이상을 차지했다.[15] 그 절대 다수가 신분
상승에 의한 면제였고, 일부 농민은 뇌물로 역속驛屬이 되어 군역을
면제받았다. 전정田政에서도 서리에게 뇌물을 바치고 자신의 토지를
재결災結이나 잡탈전雜頉田에 편입시키거나 아니면 면적을 줄이거나
등급을 낮추는 경우가 속출하였고, 이러한 현상은 환정還政에서도 나
타났다.

이러한 변화는 부세수취에서 새로운 모순을 불러왔다. 신분상승이
나 향리들과 결탁해 부세를 면제 또는 경감 받았던 농민들은 대부분
이 부농층이었다. 그런데 당시의 부세수취제도가 이른바 총액제摠額制
방식으로 운영되었던 까닭에 이들의 면세·감세액은 고스란히 다른 납
세자의 부담이 되었다. 총액제란 군현 혹은 면리 단위로 미리 정해진
수취 총액을 담세자의 증감과는 무관하게 공동 납부하는 제도였다.
ㄱ 때문에 부농을 위시한 면세·감세자들의 경감 부세액은 몰락하던
소·빈농층과 중농층에게 전가되었고, 이러한 편중이 이들의 몰락을

13) 《寒州先生文集》附錄 권2 行錄
   佃客李姓者 因雨自決其堤 託以沃沙 以賤直買水田二頃餘 於壬考人愼其姦 勸府君以本
   價還 府君執不可
14) 《寒州先生文集》권4 擬陳時弊仍進忠錄疏
   定爲什一之稅 佃天食什之六 田主收什之三 則比今結負之納 雖若稍重 而貉道之難繼
   君子亦不爲也 況於此稅之外 更無他賦者乎 井田之法 豪富者不樂 而此有田主元分之數
   不下於平時之所捧 則無所稱冤矣
15) 《寒州先生文集》권4 應旨對三政策

더욱 촉진하였다. 부세 편중은 이와 같은 구조적 요인에 더해 수령이나 향리 등 지방관의 가렴주구로 더욱 가중되었다. 이들은 유통경제 발전에 편승해 한층 파렴치하게 중간 수탈을 강화해 갔다.[16) 결국 이러한 요인들이 겹쳐 성주의 경우 군역에서는 6천여 호의 농민이 10,592명의 군포를 납부하게 되어 한 사람이 4·5명 심지어 8·9명의 군역을 지는 경우도 있었고 족징族徵·동징洞徵·방징坊徵이 빈번하게 이루어졌다.[17) 전세에서도 법적으로는 1결에 8·9냥을 부담하면 되었지만 실제 징수된 액수는 30냥을 상회하였고,[18) 환곡도 많을 경우 호당 30석까지 수탈되는 경우도 있었다.[19) 그리하여 부세 편중은 소·빈농의 몰락과 유망을 불러왔고, 그 유망은 다시 부세부담을 더욱 가중시켜 소·빈농의 몰락을 촉진하였다.

이러한 악순환이 되풀이되면서 19세기 중엽이 되면 신분상승 등으로 타협적으로 확보한 부농 성장의 가능성이 다시 위협받게 되었다.

---

16) 《邑誌雜記》廉貪
17) 《寒州先生文集》권4 應旨對三政策
    最下窮殘愚蠢若爾輩 僅列於正兵束伍之籍 一身而或四五番 甚至八九番 盖其內外族戚之無後而移錄者也 每當收布之際逃竄不得充納無由 族徵之不足而同徵之 同徵之不足而坊徵之 … 今以本州言之 … 納布保及束伍軍都數一萬五百九十二名 其外雜色軍官私募屬 人吏保 校院保 各樣名目 又不下數千而戶籍元摠不過一萬一百餘戶 … 況一邑之縫掖章甫 殆占三分之 一逃故之至於七千四百六名者 自是必至之勢 而所謂時存者 亦豈無疊役之弊乎
18) 《寒州先生文集》권4 應旨對三政策
    田制則量案已久 虛實相蒙 田确而卜多者 問其主則謹拙之士愚賤之氓也 土汰而卜寡者 問其主則豪民猾吏符同作奸者之田也 …今以本州言之 數十年前 各項稅納以錢 則不過每結八九兩 而近年通計各邑不下三十兩
    《進菴文集》권2 對三政策
    星鄕之量案 已至一百四十年故 紀已爛矣 字已觖矣 …… 試以臣邑觀之 則田賦一結 通計各樣曾不過七八緡矣比年以來殆至倍數
19) 《進菴文集》권2 對三政策
    至於還穀 納實穀而換虛穀 歙大斛而給小生 且一斛所納 除色落而實捧不過十一二斗 二乃其分給之時 浮埃麄
    《寒州先生文集》권4 應旨對三政策
    還政 … 尤甚之邑 一人而負三十石 號訴於營邑之間 而終不得 眞逐年白納

소·빈농층의 담세능력이 한계를 보이자, 결손세액을 부충하는 방법으로 다시 부농층에게 부담을 지우게 된 것이다. 실제 이 지방의 경우 요호饒戶들은 1년에 적으면 6·7냥, 많을 경우 수십 냥씩의 환곡 부담을 져야 했고, 그 수탈은 이들의 성장에 적지 않은 타격이 되었다. 이원조는 당시 성주의 환곡 폐단이 호당 분배액에 적어도 10석을 넘고 많을 경우 심지어 백석에 이른다 하고, 이로 말미암아 처음에는 빈농이 파산하고 다음에는 소농이 병들고, 마지막에는 요호가 감소하기에 이르렀다고 개탄하였다.[20] 나아가 부세의 증가는 지주경영 자체를 곤경으로 몰아넣었다. 과중한 부세로 수지를 맞출 수 없게 된 까닭에 농민들이 지주의 토지를 병작하려 하지 않았기 때문이다. 도한기都漢基는 《읍지잡기邑誌雜記》에서 당시의 사정을 "전세가 증가해 가난한 농민이 병작을 해도 전혀 남는 것이 없기 때문에 부자들이 토지가 많아도 병작할 농민을 구하기 어려운 지경에 이르렀다"고 하고, "흉년에도 전세를 징수하고, 농사가 잘되어도 지출이 수입을 능가하니 어찌 농업을 버리지 않을 수 있고, 토지가 황폐해지지 않을 수 있겠는가" 하고 개탄하였다.[21] 결국 부세제도의 모순은 소·빈농층은 물론이고 부농층 심지어 양반지주들에게까지도 심각한 위협이 되었다.

　　요컨대 상업적 농업의 발전과 더불어 격화된 개별 항세투쟁은 피

---

20) 《寒州先生文集》권4 應旨對三政策
　　當今還穀之弊 最爲屬民之尤 … 還戶稍饒者 每年所費多過數十兩 小不下六七兩
　　李源祚, 《凝窩集》권5 辭大司諫兼陳還弊疏.
　　今則每戶所受 少不十餘石 多或至泊 始而戶則殘民亡中而結分則農民(=中戶)病 結而
　　分等則饒民竭弊至此極 民將盡劉
　　요호부농이 지방관의 수탈 대상이 되었음은 김현영, 〈1862년 농민항쟁의 새 측면
　　－ 거창 민란 관련 고문서를 중심으로〉,《고문서연구》25, 2004에서 살필 수 있다.
21) 《邑誌雜記》田土
　　結弊多而賦稅用重　錢路貴而容入則倍　富者多其土而人不幷耕　貧者幷其耕而全無剩利
　　凶年則穀無收而但徵其稅　樂年則計其出而未滿所入　奈之何不廢土而抛農哉 … 貧富皆因
　　可勝難哉

역→부세 편중→빈농층 유망→결손세액 누증→부세 편중 심화라는 악
순환을 되풀이하면서 결국 19세기 중엽 부세 수취체제를 전면적으로
붕괴시키는 위기로 몰아갔고, '삼정문란'이라 표현되는 이 위기는 부
세 수취체제뿐만 아니라 중세사회 전반을 해체시킬 농민항쟁의 배양
기가 되고 있었다.

1.2 사족층士族層 분화와 신분질서의 약화

조선 후기 성주의 유력 사족으로는 의성 김씨義城 金氏·성산 이씨
星山 李氏·청주 정씨淸州 鄭氏·성주 이씨星州 李氏·벽진 이씨碧珍 李氏·
야성 송씨冶城 宋氏·성주 여씨星州 呂氏·성주 도씨星州 都氏·성주 배
씨星州 裵氏·순천 박씨順川 朴氏·전주 이씨全州 李氏·인동 장씨仁洞
張氏·영천 최씨永川 崔氏 가문 등을 들 수 있다. 이들은 〈자료 1-2〉
에서와 같이 성주의 주요 농경지를 분할 점거하고 동족부락을 형성하
며 혼인과 학연學緣 등으로 서로의 결속을 공고히 하면서 향청鄕廳의
향안을 폐쇄적으로 관리함으로써 신분적 특권을 유지하였다.22) 또한
일족 내 결속과 화목을 공고히 할 목적으로 족계族稧를 설치하였고,
근거지 일대에서 동계洞稧·동약洞約 등을 실시하였으며,23) 조상숭
배를 통한 동족결속과 공동의사 수렴, 교육 등을 목적으로 중시조나
관품 또는 학행이나 덕행이 높은 선조를 모시는 원사院祠를 건립,

---

22)《星山誌》(1937), 善生永助,《朝鮮の聚落》後篇(1935), 경상북도교육위원회,《경상
   북도 지명유래총람》(1984), 성주문화원,《禮鄕 星州마을誌》(1998) 등에 의거하여
   작성하였음.
23) 이와 관련해서는 다음의 자료를 참고할 것.
   ① 향약·동계·동약 :《寒州先生文集》권9 契會立議, 권10 沙村洞契序; 李紬(1595
     ~1669),《學稼齋先生文集》권3 洞稧序
   ② 족계 :《學稼齋先生文集》권3 族契序
   ③ 향안중수 :《學稼齋先生文集》권3 重修鄕案序

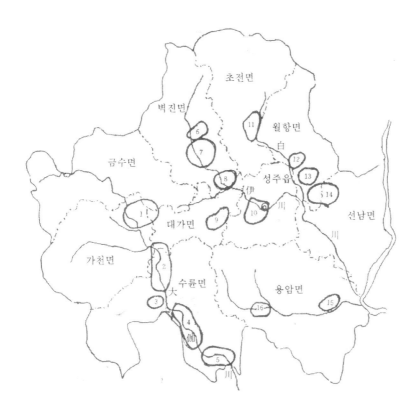

〈지도 1-2〉 성주 동족부락 분포도

유영하였다.24) 동족부락을 기반으로 한 이와 같은 신분제적 지배체
제는 임난 이후 형성되기 시작해 17세기 후반 무렵에 확립되었다.

그러나 이러한 지배체제는 18세기 후반부터 동요하기 시작하였다.
그 원인은 우선 17세기 말 이 지역 남인들이 당쟁에서 패배해 몰락
과 분화의 길을 걷기 시작한 점, 아울러 이인좌난을 계기로 노론정권
의 남인 탄압이 강화되어 간 점 등에서 찾을 수 있다. 18세기 이후
과거를 통한 관계 진출이 크게 감소하면서 이 지역 사족들은 몰락의

24)《星山誌》권1 校院 附書堂(《星山誌》는 1937년 성주에서 裵定坤과 李舜欽이 편찬함)

〈표 **1-2**〉 성주 동족부락별 원사와 배향인물

姓 氏	同 族 部 落 名	院 祠(건립년도)	配 享 人 物
1. 星州裵氏	中山洞(강정)·道南洞(뒷개)	道川書院(뒷개, 祠)	裵尙龍·裵尙虎
2. 淸州韓氏	水城洞(간말)·新亭洞(양정)	檜淵書院(양정) (1627년)	鄭逑
3. 全州李氏	新坡洞(신당)	新溪書院(신당, 祠) (1694년)	李承心·李有山·李坡· 李壄·李垌
4. 順天朴氏	修倫洞(윤동), 午川洞(마산) 聖洞(달리), 午川洞(사창),	德峰書院(수륜동, 덕촌, 忠烈祠)(1702년)	朴可權·朴而絢·朴永緒
5. 永川崔氏	南隱洞(법산·작천·강정)	鰲巖書院(강정, 祠)	崔恒慶·崔은·崔轔
6. 星州都氏	雲亭洞(은행정·나복), 海平洞(중동·중평·부흥리)	雲川書院(은행정, 祠)	都膺·都衡·都勿
7. 星州呂氏	海平洞(원정·석지·징기), 梅水洞(하수촌)	月會堂(하수촌) 晩翠堂(하수촌, 宗堂)	呂希臨, 呂用和
8. 仁洞張氏	鳳溪洞(가곡)	伊陽書院(가곡, 祠)	張鳳翰·張以俞
9. 義城金氏	七峰洞(사도실)	晴川書院(사도실) (1729년)	金宇顒·金聃壽·朴而章
10. 星州裵氏	京山洞(작은배리·큰배리), 大皇洞(아랫감토·뒷감토)		
11. 碧珍 李氏	檜谷洞(홈실)	汶谷書院(홈실, 祠)	李堅幹
星州 李氏	鳳亭洞(무징이)	安山書院(벽진면 안산, 祠)	李長庚, 李兆年, 李仁任 등
冶爐 宋氏	高山洞(공서·도천·대마), 大墇洞(장산·도천·대마), 文德洞(동천)	鳳岡書院(고산동,祠)	宋希奎·宋師頤
12. 星川都氏	龍角洞(먹뫼)	孝敬堂(먹뫼, 祠)	都衡
13. 京山李氏	安浦洞·柳月洞	德巖書院 (유월동서원,祠)	李天培·李天封·李紬
14. 星山李氏	大浦洞(한개), 문방동吾道洞(정화리)	寒川書堂(한개)	李廷賢
15. 東萊鄭氏	雲山洞(귀연), 文山洞	盤巖書院(괴연,祠)	鄭矩·鄭種
16. 星山李氏	大鳳洞	玉川書院(조실,祠)	李士龍

길을 걷기 시작하였다.25) 생계유지를 위해 직접 농경에 종사해야 하

25) 홍순민, 〈숙종 초기의 정치구조와 환국〉,《한국사론》15(서울대 국사학과), 1986;
　　김성우, 〈정조 대 영남 남인의 중앙 정계 진출과 좌절〉,《다산학》21, 2012.

는 자들이 속출하고 심지어 소작농으로 전락하는 자도 있었다. 몰락 사족이 잇따르면서 19세기에 이르면 일족 내에서조차 유교적 도덕과 질서가 무너지는 사태가 야기되고, 동족 내부의 결속도 약화되어 갔다. 이러한 사태에 대해 성주의 사족들은 의장義庄이나 족장族庄을 설치해 대처하려 하였다. 가령 18세기 후반 경산 이씨, 영천 최씨, 성산 이씨 등의 여러 가문에서 동족 내 가난한 일족을 도우기 위해 의장 혹은 족장을 설치하고 있었다.26) 그러나 그러한 대처만으로 사족의 몰락을 멈추기는 어려웠다. 18세기 중반과 19세기 초반에 설치된 영천 최씨 가문의 의장 기록을 통해 이러한 사실을 확인할 수 있다.

(1) 최익중 … 영조 연간 생원 … 자기가 살던 동네에 의장義庄을 설치하여 친척 가운데 가난한 자를 두루 구휼하였다.27)

(2) 최용한 … 선조를 모신 서원에 계를 설치해 의장義庄이라 부르고, 봉공奉公·돈목敦睦·흥학興學·휼빈恤貧의 4절목으로 운영하여 원근의 종족들이 안전되게 생업에 종사하게 하고, 매월 초하루에 모임을 갖고 남전향약을 강독하고 권선징악을 시행함으로써 퇴폐한 기강을 다시 일으켰다.28)

두 의장을 비교하면 뚜렷한 변화가 보이는데 18세기 중반에 설치된 최익중의 의장은 친척 구휼을 목적으로 한 것이었다. 의장을 설치

---

26) 《星山誌》 권5
　李益世(京山李氏 18세 전반-인용자주) … 與同志翔社倉書堂健德巖祠
　《凝窩集》 권14, 義齊記(1800년 무렵)
　　所居村之東奮有義倉 倉之名取義於儲穀如古社倉 而基位歲祭之需 門族賙窮之費 咸出於其中
27) 《星山誌》 권6 生進
　崔益重 … 英廟生員 … 又於所居洞 置義庄 周恤親戚之貧者
28) 《星山誌》 권5 學行
　崔龍翰 … 於先院設一契 名曰義庄 其目有四 曰奉公 曰敦睦 曰興學 曰恤貧 使遠近宗族客安其職 月朔有會講藍田鄕約 以行勸懲之道 使頹綱復振

해 가난한 친척을 구휼하는 것만으로도 동족 부락의 기강과 질서를 유지할 수 있었던 것이다. 이에 비해 19세기 최용한의 의장은 동족부락의 퇴폐한 기강을 바로 세우는 것을 중요한 목적으로 하고 있다. 곧 의장을 설치해 원근의 친족들이 경제적으로 안정되도록 돕고, 그와 결합해 남전향약을 실시해 퇴폐한 기강을 다시 바로 세우려는 것이었다. 이 기록들을 비교하면 18세기 중반 이후 의장을 운영했음에도 불구하고 사족의 몰락을 막을 수 없었고 그에 따라 동족부락의 기강과 규범도 빠르게 무너져 갔음을 살필 수 있다. 19세기 중엽 성주 사족의 경제적 분화 정도는 월항면 한개 부락에서 보다 구체적으로 살필 수 있다. 한개 부락은 성주에서 유일하게 19세기까지 교리와 공조판서를 배출한 성산 이씨의 동족부락인데, 이 시기의 상태는 다음과 같았다.

> 우리 동네에는 일족이 동거하고 있지만 빈핍한 자가 많아서 흉년을 당하면 자력으로 버텨낼 수 없고, 공부貢賦 또한 때맞춰 납부하지 못한다.[29]

한편 노론정권의 남인 탄압책도 재지사족의 지배력을 약화시키는 데에 한몫을 하였다. 노론정권은 당색이 다른 이 지방의 사족들을 견제하기 위해 숙종 말년에 송시열의 영정을 봉안한 노강영당老江影堂을 건립하였다.[30] 이인좌난을 계기로 노론 집권세력은 군현지배에서

---

29) 《韓溪遺稿》 9권 〔附〕 痛慕錄
  我洞同居一族 而貧乏者多 歲當窮荒 不能自支 公賦亦不能以時
30) 《星山誌》 권1 校院
  老江影堂에 대한 이 지방 士族들의 태도는 다음 기록에서 잘 나타난다.
  李禹世(1751~1830, 京山李氏), 《石淵文集》 권2 書與權生承夏
  就先師踮配江院(老江書院—인용자)事 湖通之來令幾明而吾嶺同志寂無相應之人 尋常慨恨

재지사족의 영향력을 축소하고 수령권을 강화하는 정책에 더욱 박차를 가했고, 이로 말미암아 성주에서도 향청은 수령권에 점점 더 종속되어 갔다. 일부 가문이 이러한 정책에 반발해 향청 참여를 거부하면서 유력 가문 사이에도 분열이 일어났다.[31]

상품유통경제 발전과 농민층 분해, 그에 따른 부농층의 적극적인 신분상승운동은 사족층의 분화와 몰락이라는 변화와 나란히 진행되었다. 그런 까닭에 신흥하는 피지배 농민층의 신분상승운동은 신분제적 향촌지배체제를 동요시키는 결정적 요인으로 작용하였다. 사족들은 사상적으로나 사회경제적인 이해관계에서 신분을 상승시킨 평민들을 자신들과 동등한 지위로 인정하고 사족지배체제로 포섭하기 어려웠다. 그렇다고 이러한 움직임을 저지하거나 무시할 수도 없었다. 신분을 상승시킨 신흥 부농층 가운데 일부는 지방행정기구 말단에라도 참여해 자신에게 유리하도록 향촌운영에 영향력을 행사하려 하였다. 당시 기록에 따르면 평민이 일단 호적에 양반으로 등재되면 국가권력 승인 아래 손색없이 양반으로 행세하고, 심지어 관혼상제에서는 몰락사족보다 부유한 신흥양반들이 훨씬 더 양반의 체모를 갖춘다고 하였다.

이로 말미암아 전통 사족 중심의 신분제적 향촌지배체제는 동요하지 않을 수 없었다. 평·천민 부락들이 점차 유력 동족부락의 지배에

李禹世 집안은 성주에서 유일하게 노론을 지지하였다. 위의 자료는 그가 老江書院에 性潭 宋煥箕를 配享하고자 추진할 때 성주사족들이 보인 반응을 기록한 것이다.
31) 士族 분열의 계기는 이인좌의 난이었다. 이인좌 난에 토벌을 둘러싸고 참여파와 방관파로 나뉘어졌는데, 전자의 입장을 취한 가문은 여씨·김씨·도씨·장씨·송씨·이씨(성산·경산) 등이고 후자의 입장을 취한 가문은 배씨·정씨·박씨·최씨·이씨(전주) 등이다. 노론정권에 대한 입장의 차이를 반영하는 분열이었는데, 당시 사족들은 이를 남북분열이라 불렀다. 남북사족이 재통합되는 시기는 19세기 중엽이었다.
《星山誌》 권7 忠
《寒州先生文集》附錄 권3 行錄
鄕舊有南北之岐 動相之裂 定憲公立學 以合士趣
《大溪先生文集》권5 慕淵書堂通一鄕文
不幸鄕論中岐 而世敎日下 俗尙漸變 而士趣風頹

서 자립하고자 했으며 상승하는 농민들도 경제적 이익을 위해 사족들
이 꺼리는 면面·리임직里任職을 적극 장악하면서 사족의 지배력을 약
화시키고 대신 자신들의 이해관계에 맞추어 부락질서를 새롭게 재편
하려 하였다.[32] 이들은 기존의 규범이나 질서가 자신들의 경제적 이
해관계와 상충할 경우 그것을 무력화시키거나 폐기하려 하였다. 그리
하여 결국 향촌지배체제는 큰 변화를 겪었다. 《읍지잡기邑志雜記》는
19세기 중엽의 향촌사정을 "상부상조는 원래 가난한 자를 돕기 위한
것인데, 오늘날에는 부세가富勢家집에만 부조가 넘친다. 이는 실로 오
랫동안 향약이 실시되지 못한 데 원인이 있다."[33]고 개탄하였다. 이는
곧 신분제를 기반으로 향약에 의거해 상부상조하던 유가적 향촌질서
가 무너지고 있고, 그 대신 부와 권세를 중심으로 하는 새로운 향촌
질서가 생겨나고 있음을 의미하였다. 그 과정에서 사족들의 사회적
통제력도 약화되어 갔다.

　　19세기 중엽 성주지방의 사회경제적 상태는 이상과 같았다. 상업

---

32) 성주목 읍지(1832년)에 기록된 호구 및 방리수는 각각 11,944호, 52,082명, 40
　 개 방리로 1방리당 299호 1,302명이 거주한 것으로 되어 있다. 일제하 젠쇼 에이
　 스케善生永助가 조사한 바에 따르면 자연부락의 85퍼센트 정도가 60호 이하의 규
　 모였다. 따라서 읍지의 1방리는 2~5개 정도의 자연부락으로 편제된 행정촌이었다.
　 읍지에서는 각 방리를 〈世居〉 또는 〈來居〉로 표시한 유력동족 부락을 중심으로 파
　 악하였다. 그것은 수령이 지방통치에서 그 가문의 자문을 구한다는 것을, 달리 말
　 하면 그 가문은 그 방리에 속한 인근의 동족 혹은 비동족 자연부락에 대해 지배적
　 인 영향력을 행사하고 있음을 나타내었다.
　　이와 같은 동족부락 중심의 촌락편재방식은 신분제 동요로 해체되어 갔고, 대신
　 지리 및 호구 중심의 순행정적 편제방식이 발전해 간 것으로 보인다. 한말 일제하
　 의 행정촌 편제방식은 기본적으로 이와 같은 것이었다.

출　　전	동리수	호수(리당)	구수(리당)	비　고
1832년 읍지	40개	299호	1302명	〈世居〉, 〈來居〉가 기록된 방리는 40개 가운데 28개
1928년 경상북도 통계년보	111개	131호	638명	동족부락으로 유명한 동리수는 25개

33) 《邑誌雜記》慶吊

적 농업이 발전하면서 한편에서는 농민층 분화가 진행되고 신흥 부농들은 합법적인 방식으로 신분상승이 가능하였다. 다른 한편 지배세력이었던 사족층은 당쟁에서 패하여 관료로 진출하지 못하게 되자 급속히 분화하면서 몰락하는 자가 속출하였다. 이로 말미암아 신분제적 지배체제가 약화되어 간 반면 총액제 수취방식을 고수했던 부세제도 때문에 삼정이 극심한 모순에 빠졌다. 특히 총액제 부세 수취는 부농 성장으로 몰락하고 있던 소·빈농층에게 이중, 삼중으로 부담을 편중시키면서 심각한 사회모순으로 떠올랐다. 대규모 유망이 상징하듯이 19세기 중엽 그 모순은 마침내 소·빈농뿐만 아니라 부농층, 나아가 지주들까지도 더 이상 감내하기 어려운 상태에 이르게 된다.

2. 1862년 농민항쟁의 발생과 전개

2.1 대·소민인大·小民人 주도의 1차 봉기

성주 지역은 1850년대에 두 차례의 큰 흉년을 겪게 된다. 1853년에 한 차례 큰 흉년을 겪고,[34] 그 피해가 채 복구되기 전인 1856년에 다시 흉년이 들었다. 연이은 흉년의 피해는 치명적이었다. 흉년으로 가장 치명적 타격을 입었던 집단은 소·빈농집단이었다. 먼저 흉년

---

34)《邑誌雜記》物價
　　癸丑歲之時 吾州米直之極價 爲一升十八文 而民多餓死 以爲大歎矣.

이 든 해에 굶어 죽거나 유망한 자가 이 집단에서 대거 발생하였다.
흉년이 든 해의 피해도 치명적이었지만, 보다 심각한 문제는 그 다음
해의 부세 납부였다. 흉년이 든 해의 부세는 면제 내지 경감 받을 수
있었지만, 그 다음 해부터는 면제 혜택도 없고 더욱이 흉년으로 대거
발생한 유망자의 결손부세까지도 부담해야 했기 때문이다. 남은 농민
이 농사를 지으려 해도 농량農糧이 없고 장사를 하려 해도 팔 물건이
없어 조석 끼니 잇기도 어려운 터에 부세는 날로 증가하여 한 사람이
열 사람의 부세를 감당해야 하고, 1호가 10호의 환곡을 감당해야만
했다.35) 이러한 부세 편중은 다시 유망을 확대하는 악순환을 불러오
고, 이로 말미암아 부세 수탈에 대한 불만과 저항이 폭발 직전의 상
태까지 끓어올랐다.

흉년의 피해는 소·빈농 집단에게만 한정되지 않고, 요호부농층에게
까지 미쳤다. 요호부농층은 흉년으로도 손실을 입었지만, 소·빈농층이
감당할 수 없는 결손세액의 상당 부분을 부득이 떠맡게 됨으로써 입
는 피해가 컸다. 흉년은 부세를 편중시켜 처음에는 빈농을 망하게 하
고, 다음에는 중농을 망하게 하며 끝에 가서는 요호부농을 망하게 하
였다. 더욱이 흉년에는 수령과 향리 등 지방관들의 부정이 요호부농
층에게 집중되었다. 임기가 제한되었던 지방관들은 흉년에도 가렴주
구를 멈추지 않았는데, 흉년일수록 그 수탈은 요호부농층에게 더욱

---

35) 성주는 1830년에도 두 차례의 연이은 흉년을 겪게 된다. 당시의 사정은 1850년
대의 흉년을 이해하는 데 도움이 된다.
《凝窩集》 권5 辭正言疏 戊戌(1838년)
臣所居嶺南…數十年前州里墟井之間 室屋連比桑麻翳然 當家饒戶 參錯其間 而假貸備
作之民 皆有所賴而生矣 近年以來 連値大歉 饑饉之餘 重以癘疫 近峽沿海之邑 被災尤
酷 昔居民 什無一二…如臣之近地 雖不至若此之甚而流忘死散 亦己過半 所餘殘民 鶉衣
鵠面欲農別無糧 欲商則無貨 欲去則溝壑在即 欲留則産業俱空汲汲遑遑 不保朝夕 而陳
荒之稅尚存 久逋之還猶督 昔之十人之賦 令則一人當之 前之十家之糴 今之一家納之始
而殘戶亡 次而中戶破 終而饒戶竭 其勢必盡無而後已

집중되었다. 이러한 상황 속에서 지방관의 중간 수탈은 요호부농층의 성장을 일거에 파괴할 위험물로, 더욱이 타협적 방법으로는 더 이상 모면하기 어려운 질곡으로 인식되어 갔다.

그 무렵 진주에서 대규모 농민항쟁이 일어났다는 소식이 전해졌다.[36] 1862년 2월의 일이었다. 진주항쟁의 소식은 포화상태에 있던 농민층의 불만을 일거에 폭발시키는 기폭제가 되었다. 항쟁의 소식이 전해지자 농민층이 즉각 행동하기 시작했고, 외촌外村 일대에 봉기를 선동하는 통문이 살포되었다.[37] 봉기의 기운은 3월에 들면서 더욱 무르익어 갔고, 마침내 지도부가 형성되면서 봉기계획과 요구사항 등이 구체화되어 갔다. 3월 24일 봉기 실행을 결의한 최종 회합이 초전면 대마大馬장터에서 개최되었다. 이날은 대마에서 장이 열리는 날이었

---

36) 1862년 농민항쟁 연구사 정리로는 방기중, 〈조선후기 수취제도·민란연구의 현황과 국사교과서 서술〉,《歷史敎育》39, 1986; 박찬승, 〈조선후기 농민항쟁사 연구현황〉,《한국중세사회 해체기의 제문제》, 도서출판 한울, 1987; 송찬섭, 〈중세해체기 농민항쟁 연구와 서술방향〉,《역사학연구》18, 2008; 배항섭, 〈조선후기의 민중운동 연구의 몇 가지 문제 -임술민란을 중심으로〉,《역사문제연구》19, 2008; _____, 〈임술민란의 민중상에 대한 검토〉,《역사와 담론》66, 2013 등이 있다.
  농민항쟁 사례 연구로는 박광성, 〈진주민란의 연구 -이정청 설치와 삼정교구책을 중심으로〉,《인천교육대학논문집》3, 1969; 김진봉, 〈진주민란에 대하여〉,《백산학보》8, 1970; 原田環, 〈晉州民亂と朴珪壽〉,《史學硏究》126, 廣島大學, 1975; 허권수, 〈단계 김인섭 연구〉,《사회과학연구》3(경상대 사회과학연구소), 1985; 권인혁, 〈철종조 제주민란의 검토 -제주목 안핵장계등록을 중심으로〉,《변태섭박사화갑기념사학논총》, 삼영사, 1985; 이영호, 〈1862년 진주농민항쟁연구〉,《한국사론》19(서울대 국사학과), 1988; 이윤갑, 〈19세기 후반 경상도 성주지방의 농민운동〉,《손보기박사 정년기념 한국사학논총》, 지식산업사, 2013; 송찬섭, 〈진주농민항쟁의 조직과 활동〉,《한국사론》21(서울대 국사학과), 1989; 손종호, 〈1862년 상주농민항쟁 연구〉, 경북대대학원 석사논문, 1990; 권내현, 〈18·19세기 진주지방의 향촌세력변동과 임술농민항쟁〉,《한국사연구》89, 1995; 김현영, 〈1862년 농민항쟁의 새 측면 -거창 민란 관련 고문서를 중심으로〉,《고문서연구》25, 2004; 송찬섭, 〈1862년 경상도 개령현의 농민항쟁연구〉,《논문집》43(한국방송통신대학교), 2007 등이 참조되었다.
37) 徐宅鉉, 〈星州民擾時前吏房徐宅鉉辨巫錄〉(이 자료는 연세대학교 중앙도서관에 소장되어 있음. 이하《辨巫錄》으로 표기함)
  同治元年 壬戌二月日 本邑外村愚民輩 轉聞晉州爻象 且値空官機會 謂以邑弊糾正 發通各面

고, 주모자들은 장꾼으로 가장하여 모의를 위한 회합에 참석하였다. 이날 회합에서는 개혁되어야 할 읍폐邑弊 12개조와 구체적인 봉기계획이 확정되었다. 그 계획은 3명의 대표를 선출해 경상감영에 의송議送을 보내는 한편, 같은 시각 그 요구가 관철될 수 있도록 읍내에서는 대규모 군중시위를 벌이는 것이었다.38)

이 계획에 따라 드디어 3월 26일 경상감영에는 의송이 제출되고 성주 읍내에서는 수만 명이 참가하는 대규모 군중시위가 벌어졌다. 군중대회가 열리자 흥분한 농민들은 감영의 처리를 기다릴 것 없이 즉각 탐학한 향리의 집을 공격하자고 결의하였다. 배구호·이영하·이동은·배우장·배경민 등 5명 향리와 각면의 서원書員들의 가옥 등 총 32호를 파괴하였고, 읍내 부호 30여 호의 재물을 탈취하였다.39) 그 즈음에 읍폐를 바로 잡겠다는 관문關文이 감영에서 내려와 시위에 참가한 군중들은 해산하고 항쟁은 끝이 났다.40)

3월 26일의 항쟁(이하 1차 봉기로 부름)은 그 전개방식이 부정한 향리나 서원의 재물과 가옥을 탈취하고 파괴한 행위를 제외하면 19세기의 발전된 향회鄕會 일반의 전개방식과 크게 다를 바 없었다. 즉 통문通文→취회聚會→의송발송議送發送→관문하달關文下達→해산解散이라는 전개방식이 그것이며, 이는 당시 조정이 허용하였던 최고의 사회운동 형태였던 것이다.41) 성주항쟁이 향회식의 운동방식을 기본

---

38) 《辨巫錄》
    三月日約會 于大馬酒幕 差出三狀頭公事員 一邊往營門而呈議 一邊入來邑底會于川邊沙場矣
39) 《辨巫錄》
    是在二十六日 自會中發令 毁破裴逑虎 柳榮河 李東段 裴瑀章 裴敬敏家舍 當日日暮時 又毁將校裴小新及 各面書員若而家
    《壬戌錄》 p.44.
    星州牧使報內…則三月二十六日 本州大小民人幾萬名 聚會於邑底沙場 作薰欄入府中 吏校家舍之毁破者 爲三十二戶
40) 《辨巫錄》
    是在二十六日…際於此時 革弊事營關來到 亂民輩日齊散去

으로 하였다는 것은, 군중집회에서 큰 영향력을 행사하였던 이참봉이 후일 "많은 사람들이 흥분해 있어 얼마나 많은 집을 훼파할지 몰라 내가 그것이 누구의 집이 되든 5호 이상은 파괴하지 말자고 하여 약속하였다"[42]고 증언한 데서도 살필 수 있듯이, 주동자들이 가능한 한 폭동이나 파괴를 억제 내지 금지하는 방식으로 군중집회를 진행하고자 한 점에서도 확인된다.

이와 관련해 주목되는 것은 항쟁 주도층과 그들이 내건 요구조건이다. 항쟁에는 수만 명의 대소민인大小民人이 참가하였고, 그 준비도 1개월 이상에 걸쳐 조직적으로 이루어졌던 점으로 미루어 항쟁의 주도층은 다수였을 것으로 생각된다. 그러나 자료를 통해 구체적 면모를 살필 수 있는 주동자는 다음 두 사람이다. 한 사람은 3월 24일의 주동자 회합에서 감영에 의송을 가지고 갈 대표로 선출된 이발李浡이다.[43] 그는 신분이 양반이었고, 과거장에 출입하면서 영향력을 행사하기도 했다.[44] 경제적으로는 읍에서 30여 리 떨어진 낙동강 포구 진두리津頭里에서 뱃사람들을 상대로 상업과 고리대업을 했던 것으로 추정된다. 말하자면 양반이면서 구래 사족과는 달리 상업과 고리대업 등으로 치부하였던 요호였다. 다른 한 사람은 앞서 거론한 이참봉이다. 그는 성산 이씨 동족부락인 한개마을에 거주하였던 사족으로, 그 자신은 여러 사람에게 위협받고 떠밀려 그 대회에 참여했다고 하나, 그가 제시한 행동원칙을 대중들이 받아들일 정도로 향회에서 큰 영향

---

41) 安秉旭,〈朝鮮後期 自治와 저항조직으로서의 鄕會〉《聖心女大論文集》18, 1986.

42)《辨巫錄》

43)《辨巫錄》
   (李浡曰) 年前民擾時 吾被多民威逼 忝在狀頭名色

44)《辨巫錄》
   大抵李浡即 霞鶩亭宅 至族舊鄕 而自來行多浮雜 締結人物行其不義視若茶飯 三爲定配
   每於科場時爲雜技接長 旦居江邊 侵魚船民

력을 발휘한 인물이었다.[45]

이 두 인물이 각각 경상감영을 상대로 한 의송 제출과 성주 군중 대회에서 핵심적인 역할을 담당하였다는 점으로 미루어, 여타 주동자도 이들과 유사한 성격의 인물이었을 것으로 생각된다. 이들은 사회집단으로는 각각 전통적 지배층이었던 사족과 요호부농층을 대표하였다. 물론 주동자 가운데는 소·빈농 집단의 이익을 대표하는 인물도 다수 있었던 것으로 생각된다. 이는 사전 모의과정에서 향리들의 가옥을 파괴하자는 주장이 나올 때 이발이 적극 만류하자, 다수 주동자가 그를 힐난하며 가마에 태워 집으로 돌려보냈다는 사실에서 확인된다.[46] 그를 구박한 자들 가운데 다수는 소·빈농 집단의 이익을 대변하는 인물들이었을 것이다. 그러나 구체적 전개과정에서도 그렇고 또 다음에 검토할 요구사항에서도 드러나지만, 이들의 역할은 주도적이지 못했다.

1차 봉기의 요구사항은 부정한 향리나 서원들을 처벌하고 폐정개혁을 요구한 것으로 총 12개 조항이었다. 그 내용은 다음과 같다.

(1) 이무미移貿米 6,000석을 몰래 착복한 것 : 배구호·서택현·유영하·배 유종
(2) 강미江米를 결당 10두씩 책정하여 잉여미 1,700여 석을 본읍의 대동 명목으로 착복한 것 : 서택현

---

45) 《辨巫錄》
旦本州大浦李參奉進賜主 適其時被民侵逼 留在邑會中 明知事狀也 小人欲知小人家舍 不毀之委脫 權辞告達日 年前民擾時 吏房三人中二人家毀 小人家獨全者 實是進賜主厚 念之澤 伴爲獻賀 進賜主曰 其時民多爻象 將不知幾許毀破故 吾無論某家 五家外切勿毀 破之意 定爲約束 而此捧投書 則汝之名即第七番上來故 自爾不毀

46) 《辨巫錄》
(李浮日) 年前民擾時 吾被多民威逼 忝在狀頭名色 臨事發議 每每挽留弊家等說之故 受打於多民處擔舁歸家方爲痛卧

(3) 결대전結代錢으로 매 결당 2냥 7전씩 더 징수한 것 : 유영하

(4) 각면의 초관哨官이 향리로 나가 피해를 입힌 것 : 당해 교리校吏와 초관哨官

(5) 재결災結을 착복한 것 : 업무 담당 도서원都書員

(6) 허부虛卜로 피해를 입힌 것 : 각 면 서원書員

(7) 직재미直載米를 마련할 때 농간을 부린 것 : 배창호

(8) 관수미管需米를 마련할 때 농간을 부린 것 : 서택현

(9) 별미別米를 마련할 때 농간을 부린 것 : 배창호

(10) 산미山米를 마련할 때 농간을 부린 것 : 배창호

(11) 공목公木 대동취을 환전할 때 가격을 올린 것 : 상하납을 관장한 향리

(12) 환곡 분급에서 요호에게 뇌물을 받고 환호에서 빼준 것 : 당해 창색倉色[47]

이상 12개조 폐정을 다시 분류하면 지세에 관한 것이 9개항(전세: 3·5·6, 대동세: 2·11, 부가세: 7·8·9·10) 군정에 관한 것이 1개항 (4), 환곡에 관한 것이 2개항(1·12)이다. 군정과 환곡에 관련된 것은 일부분에 지나지 않고 대부분이 지세와 관련된 폐정을 거론하고 있다. 또한 문제된 폐정의 내용도 업무 담당 향리와 서원, 초관들의 부정행위와 중간 착복 등이 대부분인 점도 주목된다. 말하자면 1차 봉기에서는 위로는 지주층에서 아래로는 소·빈농층에 이르기까지 모든 계층에 공통되게 해당되는 폐정들, 그 가운데서도 특히 향리나 군관의 불법수탈을 개혁하고자 하였다.

물론 이상의 요구가 받아들여지면 향리들의 불법적 중간 수탈이 감소해 지주층에서 아래로 소·빈농층에 이르기까지 모두의 부세 부담이 다소간 가벼워질 수 있었다. 특히 군역이나 환곡을 면제받았던 지

47) 《辨巫錄》

〈자료 1-3〉 이원조 생가

주층이나 요호부농층은 이를 통해 큰 부담을 덜 수 있었다. 그러나 소·빈농층의 처지는 달랐다. 이들에게도 중간 수탈의 감소로 혜택이 있겠지만 그것만으로 이 층이 부세제도의 모순에서 벗어날 수 있는 것은 아니었다. 이들에게는 향리의 중간 수탈보다 더 심각한 모순, 곧 총액제 수취방식에 따른 군역과 환곡에서 인징·족징 등의 모순이 해결되어야 했다. 그러나 제1차 봉기에서는 소·빈농층에게 집중적으로 피해를 입혔던 군역이나 환곡의 총액제 수취방식의 개혁은 요구되지 않았다.

1차 봉기는 비록 양반지주층에서 소·빈농층에 이르는 '대소민인大小民人'이 참가했지만 그 전개방식·주도층·요구사항 등에서 보면 소·빈농층보다는 요호부농층이 주동이 되었다. 이들은 연이은 흉년으로 형성된 공분대共憤帶를 이용해 부세제도의 모순으로 가장 큰 피해를 입고 있던 소·빈농층을 변혁추진력으로 활용하고 동시에 다른 한편으로는 대토지소유자로서 피해를 입고 있던 사족층의 지원을 끌어내는 방식으로 삼정제도 운영의 부정을 바로잡는 봉기를 일으킨 것이었다. 이러한 특징은 1차 봉기 직후 전임 목사에게 보낸 이원조李源祚의 편지에서 확인할 수 있다. 그의 편지는 사족 보호를 위해 사실을 왜곡시킨 면도 있지만 비교적 당시의 사태를 정확히 서술하고 있다. 그는 이번 봉기의 주동자를 향청과 향교에서 직임을 차지하기 위해 다툼을 일삼는 잡류雜類들로 지목하고, 그들이 자신의 불만을 해결하기 위해 폐막을 제거한다는 명목으로 간악한 향리의 횡포에 울분이 쌓여 있던 민중을 동원하여 봉기를 일으킨 것이라 하였다. 그는 이 봉기에 사족들이 관여하지 않았고 오히려 공격을 당했다고 했으며, 사태를 수습하는 과정에 사족들이 참여하게 된 것은 일읍一邑이 도륙되는 변을 막기 위해서였다고 하였다.[48]

1차 봉기는 대규모 군중시위에 놀란 경상감영이 즉각 폐정을 개혁하겠다는 관문을 내려 보냄으로써 하루 만에 끝이 났다. 감영의 조치로 요호부농층과 지주층은 큰 어려움을 덜 수 있었다. 그러나 소·빈농층은 원한의 대상이었던 향리들에게 한차례 분풀이한 것 이외에 실질적 소득이 크지 않았다. 소·빈농층에게 부세를 편중시켰던 구조적 모순이 거의 해결되지 못했기 때문이다. 그럼에도 불구하고 1차 봉기

48) 《凝窩先生續集》 권 9 答舊明府書 李牧吏寅卨
本州士族之動 不干涉於邑事 想己洞悉而鄕廳鄕校 爭任之雜流 與士於泳炭 必欲甘心亦想俯諒矣 今番起鬧專出於此輩外假除弊之名 內售逞憾之計 以爲藉名言抂民之術 鄙家及校長之橫遭阨會戕 此之由 而無知衆民積憤於吏奸之恣橫 場市一榜及匿名一通 萬人齊起如影如響…非不知終始牢拒 甘受燒毁之禍 而勝之不武 死亦無名 且其頭勢若徒爲自己之謀 不徒衆民之願 則一邑屠戮之變 將無所下至故 一邊往復營門邀來幕裨 一邊親往會所責諭衆民 得免投越○燒之變 反爲不幸中幸也
이 편지는 그 말미에 晋州尙未得刑一人 而僐吏命徒費時日 於一州之事 殊甚泄泄也라고 쓰고 있음으로 보아 늦어도 5월 12일 이전에 작성되었으며, 민란에 대한 그의 입장변화를 고려하면 4월 초순 무렵에 작성된 것으로 보인다.

는 소·빈농층에게 중요한 의미를 지녔다. 이들의 사회적 의식을 각성시키고, 자신들의 요구를 실현하기 위해 조직적으로 행동할 수 있는 길을 열어주었기 때문이었다. 소·빈농들은 자신들의 이해가 요호부농층의 이해와 다르다는 것을 항쟁을 통해 뚜렷하게 인식할 수 있었다. 항쟁에서 내걸어진 요구 사항 대부분은 자신들의 고통과는 거리가 있었고, 특히 군정이나 환곡에 대해서는 구조적 모순에 대한 개혁요구 없이 향리의 가렴 등 운영상의 모순만을 문제 삼았을 뿐이었다. 3월 26일의 1차 봉기에서 그와 같은 한계가 인식되면서 소·빈농층은 당일 이미 지도부의 통제를 벗어나고 있었다. 이참봉은 당일의 상황을 다음과 같이 증언하였다.

> 많은 사람들이 흥분해 있어 얼마나 많은 집이 훼파될지 몰랐다. 그리하여 내가 그것이 누구의 집이 되든 5호 이상은 파괴하지 말자고 제안하여 그렇게 하기로 약속하였다. …(5호 외에 파괴된—인용자) 다수의 가옥들은 장교 및 각 면 서원배들의 가옥으로 난민들이 자의로 훼파한 것이다.[49]

1차 항쟁의 지도부가 향리들의 가옥 5호만을 부수도록 결정하였지만, 민중들은 그 지시를 어기고 독자적으로 장교 및 각 면 서원배들의 사가私家를 공격하였던 것이고, 그리하여 총 32호의 가옥이 파괴되고 30여 호의 재물이 탈취당했던 것이다. 항쟁 지도부가 보다 더 많은 양보를 얻어낼 수 있었음에도 불구하고 서둘러 항쟁을 종결지었던 이유도 소·빈농들의 이와 같은 동향과 결코 무관하지 않았다.

이에 더해 소·빈농들은 1차 봉기를 통해 자연부락 단위의 분산 고

---

49) 《辨巫錄》
  小人曰 其時所毀之家 非但五戶 則今此五戶之數 有何所據乎 進賜主曰 自會中收捧投書 而所毀者乃五戶…而其外若而戶 即將校及各面書員家 而亂民之自爲毀破者也

립성을 넘어 단일한 지도체계 아래 공동으로 행동하는 발전된 운동경험을 체험할 수 있었다. 자연부락 단위로 고립되어 있다가 일시에 한 공간에 모일 수 있었고 분산성을 떨쳐버리고 통일된 지도 아래 공동으로 행동하였으며, 나아가 일시적이었지만, 자신들 집단만의 독자적인 집단운동의 경험도 축적할 수 있었다.

그리하여 1차 봉기 이후 소·빈농층 가운데서 자신들의 독자적 이해에 입각해 부세제도의 모순을 개혁할 새로운 봉기를 일으켜야 한다는 요구가 강하게 제기된다. 이런 상황 속에서 인근의 선산·개령·인동 등지의 농민 봉기 소식이 속속 전해져 소·빈농층의 봉기를 부추겼다. 이들 지역 항쟁에서는 성주항쟁과는 비교가 안 될 정도로 소·빈농층의 요구가 전면에 제기되었던 것이다. 그리하여 결국 1차 봉기로부터 보름 뒤인 4월 12일 성주에서는 또 다시 수천 명이 참가한 대규모 농민 봉기(이하 2차 봉기라 부름)가 일어나게 된다.

2.2 소·빈농층 주도의 2차 봉기

1차 봉기는 만여 명의 민중이 성주 읍내로 결집해 시위를 벌이는 방식으로 전개되었다. 이와는 달리 2차 봉기는 읍내가 아닌 외촌外村에서 봉기해 읍내를 공격하는 방식으로 전개되었다. 1차 봉기 수습 후 관헌의 감시와 경계가 삼엄한 상황에서 다시 봉기해야 하는 까닭에 외촌이 봉기장소로 정해졌는데, 그곳은 읍에서 20여 리 떨어진 명암明巖 장터 즉 현재 벽진면 해평동이었다.

　4월 12일 외촌 명암장터에서 취회取會하여 인가를 훼파한 것이 8호나 되었으며 재물을 탈취한 것은 부지기수였다. 그 이후로 교구를 칭하거나 혹은 소원한다고 하면서 모였다 흩어졌다 하여 읍촌이 소란했다. 판

속들이 모두 놀라 무서워하며 도망해 불러 모을 수가 없다.[50)]

3월 이후 소위 향회가 열리지 않는 날이 없었고, 5·6백 인이 항상 읍
내에 와서 소란을 피웠다.[51)]

이 기록에 따르면 2차 항쟁은 그 전개과정이나 주도층·요구사항이
1차 항쟁과 달랐다. 먼저 전개과정에서 나타나는 차이는 봉기군의 주
요 공격대상이 인가人家들이었다는 점이다. 2차 봉기에서는 농민들은
8호의 가옥을 파괴하고, 수많은 집에서 재물을 탈취하였다. 파괴된 가
옥은 그 대부분이 향리들의 가옥이었을 것으로 추정되며, 재물을 탈
취당한 경우는 상당수가 읍내에 거주하였던 지주와 요호부농들의 집
이라 생각된다.

다음으로 주목할 차이는 2차 봉기에서 이른바 향회鄕會를 만들어
근 1개월 여 동안 실질적으로 군현을 지배하고 그 조직역량을 담보로
자신들의 요구를 관철시키려 하였던 점이다. 이 점은 1차 봉기와 가
장 차이를 보이는 것이었다. 2차 봉기에서 만들어진 향회는 전통적인
향회와는 근본적으로 달랐다. 이 향회는 2차 봉기에서 주동적 역할을
한 5,6백 인이 참여해 주요 의사를 결정하는 일종의 대중집회였다. 1
차 봉기가 시위 등의 다소 강압적인 수단을 이용해 자신들의 요구를
관철하고자 했더라도 근본적으로는 전통적인 군현지배체제를 부정하
지 않았던 것이라면, 2차 항쟁은 이와는 달리 비록 불철저하고 일시
적이었지만 농민들이 독자적인 권력을 수립하여 억울함을 풀고 폐단
을 바로잡으려 하였다. 그것은 당시 조정이 허용하던 체제 내 저항운
동의 한계를 벗어난 것이었다. 1차 봉기가 비록 군중시위 형태를 취

---

50) 《壬戌錄》, 45쪽.
51) 《壬戌錄》, 223쪽.
　　自洞以後 所謂鄕會無日無之 五六百人 常常來閙於邑底

하더라도 기본적으로 상급기관에 호소, 청원하는 방식이었다면, 2차 봉기는 호소나 청원보다 자신들의 저항역량을 담보로 요구를 관철시키려 한 것이다.[52]

2차 봉기의 이러한 특징은 5월 13일 선무사宣撫使를 상대로 한 결가結價 담판에서 잘 나타났다. 선무사는 공조판서를 역임한 이 지방의 유력자 이원조의 자문에 따라 30냥에 달하던 결가를 10냥으로 인하하자고 제안하였지만, 농민들은 이를 받아들이지 않고 8냥으로 인하할 것을 고집하였다. 이에 선무사는 10냥으로 징수하더라도 재정이 부족하다고 설득하면서 이를 받아들이지 않으면 농민 봉기를 가차 없이 처벌하겠다고 위협했지만 농민들은 끝까지 8냥을 고집하였다. 결국 선무사는 그 단결된 위세에 눌려 그 요구를 받아들이게 되고 방문榜文으로 그 수락을 알렸지만 농민들은 여기에 만족하지 않았다. 농민들은 방문으로는 안 되고 그 실현을 보장할 완문完文과 절목節目을 발급해 주도록 집요하게 요구하였다.[53] 결국 농민들은 감영에서 이를 수락한 관문이 내려오기를 기다려 봉기를 마무리하였다. 1차 봉기의 마무리와는 좋은 대조를 이루는 광경이었다.

2차 봉기는 그 주동자와 조직, 참가층에서도 1차 봉기와는 달랐다. 1차 봉기에는 '대소민인大小民人'이라 하여 사회 경제적 처지가 상이한 여러 집단이 같이 참가하고 있었지만, 2차 봉기에는 '들판에서 농사짓는 무리〔田疇襏襫之類〕'와 '장시를 떠도는 유랑배〔場市流浪之背〕' 곧 소·빈농층과 행상行商들이 주류를 이루었다.[54] 당시 행상 가운데

---

52)《承政院日記》제 2654책 철종 13년 8월 9일 行護軍 李源祚 上疏
　　方其時也 街巷偶語 以營邑因循 控訴無效 如欲洩僿莫如邑會
53)《壬戌錄》, 217~219쪽.
54) ①《寒州先生文集》권4, 應旨對三政策
　　發晋陽先倡 列邑效尤 一榜懸街 萬夫同聲 此皆田疇襏襫之類 場市遊浪之輩
　　②《承政院日記》제 2654 책 철종 13년 8월 9일 行護軍 李源祚 上疏
　　耒耜襏襫之類 一唱萬和 群聚作變 外議不諒 或以倡亂之罪 歸之於大民

는 몰락한 농민 출신이 많았다.

물론 이 항쟁에도 일부 사족이 관여하였다.《성산지星山誌》에 따르면 농민들의 요청으로 사족집단의 원로였던 이원조가 그의 아들을 보내 폐정을 개혁하는 데 관여하게 하였다.[55] 그러나 봉기 직후 농민들이 이원조를 찾아가는 과정을 보면 "백건을 두른 수만 명이 밤에 동네로 들이닥쳐" "방방이 소리 지르며 부르고 찾아다녀 집안사람들이 모두 달아나 숨었다"[56]고 하였듯이 도움을 청하러 가는 자의 예를 전혀 갖추지 않았고, 선무사와의 결가 담판과정에서도 농민들은 이원조의 의견에 따르지 않았다. 여기서 볼 수 있듯이 2차 봉기에 사족이 참여한 것은 타율적으로 이루어진 일이고, 농민들도 그들에게 중요한 역할을 맡기지 않았다. 그럼에도 농민들이 굳이 사족층을 가담시킨 이유는 전직 고관을 지낸 사족을 항쟁에 끌어넣음으로써 자신들의 봉기를 정당화하고 부세제도 개혁을 보다 쉽게 관철시킬 수 있을 것으로 생각했기 때문이다. 농민들의 이러한 의도를 이원조는 후일 상소에서 농군(‘耒耜襏襫之類’)들이나 시정잡배(‘閒雜無名之類’)들이 무리지

이원조는 임술민란과 관련해 내용이 상이한 두 개의 자료를 남겼다. 하나는《凝窩先生續集》권9에 실린 答舊明府書 李牧使寅嘉이고, 다른 하나는 위의 상소문이다. 앞의 자료에서는 항쟁의 주체를 〈鄉廳鄉校爭任之雜流〉라 했고 사족들도 항쟁 수습에 참여했다고 했지만, 뒷 자료에서는 항쟁의 주체를 소빈농과 행상들이라 하였고 사족들은 공격을 받았다고만 했을 뿐 수습에 가담했다는 사실을 전혀 언급하지 않았다. 두 자료의 내용이 이같이 상이한 것은 두 자료가 작성된 시기가 달랐기 때문이다. 뒤의 자료에서 두드러지는 특징은 소·빈농집단에 대한 입장이 동정적인 자세에서 비판적 자세로 변한다는 점이다. 이점은 2차 항쟁에서 사족들이 직접 공격을 당했다는 사실과 관련이 있다. 즉 앞의 자료는 1차 항쟁 직후에, 뒤의 자료는 2차 항쟁 후에 작성된 까닭에 내용이 달라진 것으로 보인다.

55)《星山誌》권2 叢談
56)《寒州先生文集》附錄 권2 行錄
　壬戌州民怨官吏 群聚爲援 乞定憲公矯革邑弊 白巾數萬人夜入洞 定憲公出次洞外 命府君守舍 頑類簇室號索家人走匿 府君排燭不爲動 有逼入內近者 府君徐諭作頭者曰 公策欲矯弊 而如此不識體禮乎 頑民逐輯退
　1차 항쟁은 감영에서 요구를 수락하는 관문을 내려 보내 하루 만에 종식되었다. 따라서 위와 같은 절차가 필요 없었다.

어 난을 일으키면 조정에서는 "자세한 사정은 살피지도 않고 밖에서 보이는 것만으로 논의하여 간혹 난을 일으킨 죄를 대민大民에게 돌린다"[57)]고 하였다.

참가층이 달라지면 조직이나 지도부 구성도 달라지기 마련이었다. 2차 항쟁을 이끌었던 조직은 이른바 '향회鄕會'였다. 그러나 그것은 전통적인 향회와 성격이 달랐다. 이 향회는 각 면에서 선출된 두민頭民 곧 농민대표들로 구성된 일종의 평의회였다.[58)] 향회와 두민들의 지도력은 뛰어났다. 그 좋은 예가 결가 담판 때 선무사의 집요한 회유와 위협에도 불구하고 동요하거나 이탈하는 농민이 없었다는 사실이다.[59)] 두민으로 구성된 향회가 결가 담판을 주도할 때는 그 활동을 개시한 지 겨우 1개월 남짓한 시점이었다. 사전조직화가 충분히 이루어져 있지 않고는 그와 같이 지도력을 발휘하기 어려웠다. 그러나 1차 항쟁에서 이들은 거의 영향력을 행사하지 못했고, 따라서 그 시점까지는 그러한 조직화가 이루어지지 못했다. 그렇다면 1차 항쟁 이후 불과 보름 만에 어떻게 이러한 변화가 일어날 수 있었던가? 이와 관련해 주목되는 것이 두민頭民이다. 당시 선무사 기록에 따르면 향회

---

57) 《承政院日記》 제 2654책 철종 13년 8월 9일 行護軍 李源祚 上疏
58) 《壬戌錄》, 218쪽.
   余(宣撫使)曰…汝等之罪 決不可容貸矣 民曰旣蒙生活 盍垂終始之澤乎 各面頭民 一齊 在此 均被罪罰 以活萬命焉…余曰 汝等旣有悔悟之色 則亦不必深責 而何可路上治罪汝 等乎 本倅即民所稱父母之官也 其將久於此州 理民爲政 汝等須入官家請罪也
   《壬戌錄》, 223쪽.
   又四十里至星州 僅免擧火之撓 本倅出見 故問近日民情 則向於宣撫移發之日 有八九十 民人 來入官庭 自願被罪 故諭以旣已開悟孚惑 則不必罪之 而各各散去 自三月以後 所 謂鄕會無日無之 五六百人 常常來鬧邑底
59) 《壬戌錄》, 217쪽.
   (宣撫使) 遂不得已從其言 以十兩定給 見庭下物情 則擧皆忭烈喜歡 而忽有亂民六七作 頭大呼曰 以八兩定給然後 民可紓力而得生矣 余招問一民之髮白者曰 汝之知覺後 凡 見十兩結價者果幾次乎 民曰 即是罕有之惠澤而波猶云不足者 即亂民之喜事者也 作願倡 率 曰可曰否 惟其言莫達 故諸民雖知其非 而不敢言矣

에 관여했던 두민의 수는 약 90여 명 정도였다. 19세기 중엽 성주에
는 행정구역상 5개 면 40개 동이 있었다. 당시 1개 동은 2~3개의 부
락으로 이루어져 있었으며, 각 부락은 평균해서 130여 호 6백여 명
정도의 인구가 거주하는 규모였다. 따라서 두민은 대체로 부락당 1명
정도로 선출되었던 것으로 생각되는데 두민의 신분은 '민民'이라는 그
명칭에서도 알 수 있듯이 평민이었다. 부락에서 평민으로 소빈농 집
단에 대해 탁월한 지도력을 발휘하였던 자가 누구였을까? 그것은 부
락단위로 결성되어 있던 두레의 간부 곧 행수行首나 수총각首總角들
이었을 것으로 추정된다.60) 곧 일정한 규율과 지휘체계로 소빈농층을

---

60) 소·빈농 집단의 조직으로는 상부상조나 부세 납부 혹은 공동노동을 위한 각종의
계契조직이 있었다. 그 가운데 부락민의 대다수를 포괄하면서도 높은 조직성을 유
지했던 것이 공동노동조직인 두레였다. 두레는 그 인적 구성이나 조직 및 운영 원
리에서 전형적인 평·천민 소·빈농집단의 조직체였다. 두레에는 부락 장정 모두가
참여하게 되어 있었지만, 양반은 참여하지 않았고 요호부농들도 노비나 머슴을 참
가시켰다. 그리하여 실제는 평·천민 신분의 소·빈농층이 주축이 되고 머슴 품팔이
등 농업노동자가 참가하는 방식으로 구성되었다. 두레는 주로 수전의 공동경작 특
히 모내기와 제초작업을 위해 조직되었던 것으로, 늦게 잡아도 19세기쯤에는 삼남
지방 수전지대 대부분에서 결성되어 있었다(印貞植, 《朝鮮農村襍記》, 1943; 鈴木榮
太郎, 〈朝鮮의 村落〉,《東亞社會研究》 1, 1943; 愼鏞廈, 〈두레공동체와 농악의 사회
사〉,《한국사회연구》 2, 1984 참조).
   성주에서 두레가 성행했음은 다음의 몇 가지 사실을 통해 확인된다. 첫째, 민속
조사에 따르면 일제 때까지 〈손더듬이〉라는 일종의 성년식이 거행되었다. 〈손더듬
이〉는 남자가 정신적 신체적으로 성년이 되면 정식 두레원으로 입회시키는 절차를
지칭하는 것으로, 두레에는 필수불가결한 민속이며 지방에 따라서는 〈주먹다드미〉
로 불리기도 하였다. 둘째, 공동노동이 성행했음을 알려주는 공동노동요와 농악대
가 다수 존재하였다. 공동노동요는 모내기와 논메기 노래가 대부분이었는데, 특히
논메기 노래는 세벌 논메기 노래까지 남아 있으며, 농악은 그 자체가 두레의 존재
를 입증할 만큼 두레와는 밀접한 관계를 가졌던바 주로 지신밟기나 논메기 때 연
주되었다. 셋째, 다소 변형되기는 했으나 두레의 풍속이 최근까지도 남아 있다.
1972년에 조사된 바에 따르면 월항면 안포동 백인부락에서는 모내기철이 되면 동
네 어른들이 모여 부락 전체의 모내기를 총지휘할 〈모래장〉을 선출하고, 이 〈모래
장〉의 지휘 아래 부락민 전체가 공동으로 모내기를 하여 작업이 완결되면 각 호별
경지 및 참가노동력을 계산해 노임을 일괄 정산하였다. 이러한 공동 모내기 방식
은 공동식사를 하지 않는다는 점을 제외하면 두레와 거의 다를 바가 없었다(문화
공보부 문화재관리국, 《韓國民俗綜合調査報告書》(경상북도편), 1974, 제6편 제2장
民俗놀이, 614~634, 46쪽 참조).

단련 결속시켜 왔던 두레조직이 1차 항쟁을 계기로 성격을 급전환하여 항쟁조직으로 발전하고, 각 두레의 지도자들이 연합해 평의회를 구성하여 지도부를 형성하였던 것이 아닐까 생각한다.

다음으로 향회 안에는 소수로 구성된 집행부가 존재하였다. 결가 담판 때 대표로 참가한 6~7명의 농민이 그들이라 생각된다. 향회는 항쟁을 실질적으로 지도하고 모든 의사를 심의, 결정하였고, 그 결정 사항은 향회에서 선출된 집행부에 의해 실행되었던 것이다. 집행부는 그 수로 보나 또 그들이 "각면各面 두민頭民"이라는 표현을 사용한 점으로 미루어 면별로 그 지역 두민들이 1~2명씩 선출한 것으로 생각된다. 또한 읍내에는 항상 5·6백 인이 모여 있었다고 한 걸로 보아 봉기를 수호할 별도의 무장대도 조직된 것으로 보인다.[61]

항쟁의 주체가 달라지면 그 주체의 이해관계를 반영하였던 요구사항도 달라지기 마련이었다. 2차 항쟁에서는 평·천민 소·빈농 집단의 이해와 불가분의 관계에 있던 여러 모순의 개혁이 광범위하게 요구되었다.[62] 그 가운데서도 특히 "부세가富勢家는 뇌물로 면제받고 잔독호殘獨戶에게 그 피해가 편중되어 1년 농사를 다 털어 넣어도 오히려 부족할"[63] 정도로 문제가 심각했던 환곡의 폐단과 "가난하고 영세한 농민[窮殘愚蠢]" "한 사람에게 4·5명 심지어 8·9명의 부담을 지게"[64]

---

61) 《壬戌錄》, 223쪽.
62) 《壬戌錄》, 217쪽.
　　十二月…本州三月二十六日亂民輩 以結弊還弊事 値空官 燒毀人家四十餘戶 尙撓撓不息 宣諭後 人民六七百屯聚官庭 達夜喧聒 盖其所願 卽還弊 結弊 軍弊 江米 統米 公作木 等事也
　　성주의 상황을 정확히 인식할 수 없었던 선무사는 2차 봉기를 1차 봉기의 연장으로 파악하여 위와 같이 기록하였다. 선무사에게 제시된 〈還弊…公作木〉의 개혁은 2차 봉기의 요구였다.
63) 《寒州先生文集》 권4, 應旨對三政策
　　及其分等之際 富勢之家 用賂而免 而殘獨之戶 偏受其害 至有竭一歲之所農而不足以充納
64) 《寒州先生文集》 권4, 應旨對三政策
　　最下窮殘愚蠢若爾輩 僅列於正兵束伍之籍 一身而或四五番 甚至八九番

하였던 군정의 폐단이 가장 중요한 문제로 제기되었다. 여기에 더해 1차 항쟁에서 문제가 된 결세의 폐단과 화폐나 목면으로 대납시키지 않고 쌀로 납부하도록 강제함으로써 흉년에 특히 큰 피해를 주었던 강미江米·공작목公作木의 폐단,[65] 수탈이 과다하고 가혹하기로 악명 높던 통영 환곡의 폐단 등도 제기되었다.[66]

문제를 제기하는 방식도 1차 항쟁과는 달랐다. 1차 항쟁이 주로 향리들의 불법적인 가렴加斂을 문제 삼았다면 2차 항쟁에서는 삼정문란의 구조적 모순 해결을 요구하였다. 1차 항쟁에서도 문제가 된 결폐結弊가 그 좋은 예였다. 1차 항쟁의 경우 전정田政의 폐단은 법외 가렴에 초점을 맞추어 거론되었다. 이에 비해 2차 항쟁에서는 법외 가렴보다는 결가結價 곧 조세부담액 인상을 더 중요한 모순으로 제기하였다. 당시 성주의 결가는 1결당 30냥에 달하였던바 그 인상의 요인은 환곡과 잡세 및 부가세가 지세로 이전된 데 있었다. 따라서 결가에 초점을 맞추어 전정의 모순을 제기하면, 수령의 법외 가렴뿐만 아니라 결가 인상을 불러온 도결都結의 모순, 나아가 도결 도입을 불가피하게 한 부세제도 전반의 모순이 문제될 수밖에 없었다.

이에 따라 요구하는 해결책도 달라졌다. 2차 항쟁에서는 향리들의 불법적인 가렴 폐지뿐만 아니라 부세제도 자체의 개혁을 요구하였다.

---

65)《寒州先生文集》권4, 應旨對三政策
   今以本州言之 數十年前 各項稅納 以錢則不過每年八九兩 而近年通計 各邑不下三十兩 分而言之 則江米條近例多不過十斗 而昨年十二斗云
  《凝窩集》권5, 請減本州下納米疏
   臣所居星州世所稱大邑雄府 而近日凋殘尤甚 民不聯生者 以下納米木之逐年增加捧 沿邑倭供米 或以錢代納或給還改者 以獨本州以本邑米 全數收納故 每遇歉歲 偏受其害 … 街談巷議 皆以爲本州米木折半劃下事 宣撫使旣面諭於衆民 本牧使又條陳於對策 前巡使亦己往復該司

66)《備邊司謄錄》철종 5년 8월 29일
   司啓曰 卽見慶尙右道 暗行御史 李鍾淳別單 … 其一統營餉耗別擇精米 觔大於邑用 民之受害 乃至偏苦 而所捧每多於支放之數 故發賣高價 以添營用

환곡에서는 실곡實穀은 없고 장부에만 남아 있는 허유곡虛留穀의 탕
감을 요구하였다.[67] 당시 성주의 환곡 총액은 5만여 석이었으나 실제
남아 있는 환곡은 4천여 석에 불과하고, 4만여 석이 허유곡虛留穀이
었다.[68] 이를 탕감하지 않는 한 매년 환곡 분급 없이 이자만 거두는
백납白納을 면할 수 없고, 따라서 환곡의 폐단을 근본적으로 해결할
수 없었다. 허유곡 탕감의 요구는 재정제도 전반에 대한 개혁, 즉 취
모보용取耗補用하는 환곡제도를 전면적으로 폐지할 것을 요구하는 것
이었다. 전정에서는 도결都結 폐지와 결가結價 인하를 요구하였다. 결
가 인하와 도결의 폐지는 환곡제도의 개혁을 전제로 해서만 가능한
것이기 때문에 결국 환곡제도 개혁론의 연장선상에서 제기된 것이다.
군정에서는 동포제洞布制 또는 호포제戶布制 실시를 요구한 것으로
보인다. 선무사로 파견된 이참현李參鉉이 어느 군현에 가든 소민들이
하나같이 동포제 실시를 요구하였다고 보고한 사실,[69] 그리고 이 지
방 농민들이 이미 19세기 초반에 호포제 실시를 강력히 요구하였다는
사실[70] 등이 그러한 추정을 뒷받침한다.

   2차 항쟁에서 농민들은 부세문제와 관련해 지주전호제의 문제도
제기했던 것으로 생각된다. 농민항쟁 수습책으로 제시된 이진상의 감
조론減租論이나 대원군에게 보낸 이승희의 편지 등에서 한전법을 제안

---

67)《壬戌錄》宣撫使 別單, 231~232쪽.
　　星州則浦還 亦爲四萬餘石 … 浦還則令道臣 昭詳報來 特下別般示意之澤
68)《寒州先生文集》권4 應旨對三政策
　　還穀元摠 五萬石有寄 而今夏新淬到任後 始以改斛量 精實分給 則入倉見在穀 僅爲四
千石 此亦該色之臨時貿充者也
69)《壬戌錄》釐整節目頒行後擬疏, 268쪽.
　　至若軍政之口疤洞布 各隨其宜 亦甚妥當…而小民則必欲洞布者 一洞之中 與大民同出役
錢也 大民則必欲口疤者 一邑之中使小民各分其黨 撓撓聒聒不寧靖者 亦八路同然之勢也
70)《承政院日記》제1995책 순조 11년 3월 19일 慶尙道陳弊册子
　　其一星州良丁之投驛者 査括還入事也 良丁投入驛屬者 査括還入 自是不可己之政 至於
戶布事 前輩之議 屢欲行之 而不果 此二條 己於安東及金山咸昌 有所論列 一體施行

하는 등 지주전호제의 개혁이 주요 문제로 거론되고 있기 때문이다.[71]

한편 2차 항쟁에서는 신분제도에 대한 저항도 공공연하게 행해졌다. 향회의 업무 가운데 "소원訴冤"한다는 것이 그것이었다. 이를 이원조는 소민이 대민에 대해 평소 품고 있던 원한을 구폐한다는 명목으로 앙갚음한 것이라 하였다. 그는 조정에 올린 상소에서 당시 아랫사람이 적게는 언사로 위협하고 크게는 몸짓으로 위협하면서 윗사람을 능욕하였다고 하였다.[72]

2차 항쟁은 5월 13일 선무사가 자신의 재량으로 해결할 수 있는 사안에 대해서는 농민의 요구를 수용하고, 그 나머지는 조정에 보고해 선처하겠다고 약속함으로써 종결된다. 요컨대 2차 항쟁은 1차 항쟁을 계기로 독자적인 사회의식과 조직을 발전시킬 수 있었던 소·빈농 집단과 유민 등이 부세제도의 구조적 개혁을 요구하고 일으킨 것이었다. 2차 항쟁은 1차 항쟁에 견주어 중세적인 부세제도의 전면적 개혁을 요구하기 시작하였다는 점에서, 그 주체에서 체제변혁의 가장 큰 잠재력을 내포하고 있던 소·빈농층과 유민 집단이 고립분산성을 극복하고 독자적인 세력을 형성하였다는 점에서, 그 전개방식에서는 지배층의 선정에 의존하는 청원이 아니라 자신들의 조직역량을 담보로 목적을 관철시키려는 한 점에서 진일보한 모습을 보였다. 농민항쟁은 그 성과에서도 후술하는 바와 같이, 농민경제 안정에 기여할 유의미한 부세제도의 개혁을 이끌어 내었다.

그럼에도 불구하고 1862년의 농민항쟁은 기존 지배체제 내의 개혁

---

71) 《韓溪遺稿》 권1 上興宣大院君
　　田制 … 又著爲一令 大論一國 期以三年立限民名田法 … 其田 過其品者 許當人自分
　　其九族姻友 達者沒官又各以名田之半 定爲永業田 呈官給牒 永不許賣渡 買者與同其罪
　　如是立制 斷然行之 庶幾杜姦揖之路 殺兼并之勢 不惟民生得蘇 國用亦敷

72) 《承政院日記》 제2654책, 철종 13년 8월 9일 行護軍 李源祚上疏
　　小民之於大民素所憎疾 外假除弊之名 內售逞憾之計 小而驅脅 大而焚蕩, 肆其氣焰 莫
　　敢誰何 下凌上替 名分倒置 尤豈下凜然而寒心哉

운동을 벗어나지는 않았다. 1차 봉기는 말할 것도 없고, 2차 봉기에서
도 농민들이 선무사나 사족층에 대항해 다소 과격하게 자신들의 요구
를 관철시키기는 했지만, 기존 체제를 부정하거나 변혁하는 투쟁으로
나아가지는 않았다. 농민들의 관심과 투쟁은 어디까지나 자신들이 안
정적으로 생계를 이어갈 수 있도록 삼정의 모순과 부정을 개혁하는
것이었다. 항쟁에서 신분제 지배에 대한 저항이 시도되었지만, 그것은
부차적인 것이었고 개인적인 설욕 차원을 넘지 못했다. 수탈구조의
변혁을 요구하면서도 그 실현의 전제가 되는 신분제의 개혁을 추구하
지 않았던 것이다. 이는 농민들의 문제의식이 부세제도 개혁이라는
경제문제에 국한되어 있을 뿐 이를 신분제도 개혁이나 정치문제로 인
식하지 못하고 있음을 나타내는 것이었다. 이는 농민들이 국왕의 덕
정德政을 자명한 것으로 인식하였던 데서 단적으로 드러난다.[73] 그로
말미암아 농민들은 청원적 운동방식을 완전히 불식할 수 없었다. 2차
항쟁에서도 농민들은 결가 담판을 제외한 다른 문제에서는 조직적인
저항 역량을 담보로 끝까지 개혁을 요구하지 못하고 국왕의 선처를
청원하는 선에서 항쟁을 마무리 짓는다. 말하자면 신분제의 개혁을
내포하는 부세제도 개혁을 요구하면서도 정작 그 실현을 기존의 지배
층에게 의뢰하는 한계를 보인 것이다. 항쟁이 마무리될 즈음 농민 지
도부는 자신들의 봉기가 정당했음에도 불구하고 자진해 선무사에게
단죄를 청하기까지 하였다.[74]

---

73) 鄭昌烈, 〈조선후기 농민봉기의 정치의식〉, 《한국인의 생활의식과 민중예술》, 성균
   관대출판부, 1984.
74) 《壬戌錄》, 218쪽.

3. 농민항쟁 이후의 사회변동

1862년의 농민항쟁은 삼남지방을 중심으로 무려 70여 개 군현에서 연쇄적으로 폭발하였다. 지배층으로서는 항쟁을 사전에 막는 것이 불가능하였다. 사태의 심각성을 인식하고 정부는 황급히 삼정이정청三政釐整廳을 설치하고 수습에 나섰다. 국왕은 전국의 관료와 유생들에게 삼정개혁방안을 제출하게 하였고, 그 방안들을 수렴해 응급조치로 전정에서는 과외부렴科外賦斂 금지, 도결都結·방결防結 금지, 군정에서는 유아 노인에 대한 부세 금지, 모칭유학冒稱幼學에 의한 탈역 금지, 각 군현의 군액軍額 재조정, 환곡에서는 파환귀결破還歸結 및 사창 설치 등 구체적인 개혁방안을 공포하였다. 그러나 이 개혁방안은 기존의 부세체제를 그대로 두고 부분적으로 개선하는 미온적인 것이었고, 가장 혁신적이었던 파환귀결은 실행 전에 취소되고 만다.

임술년을 넘기면서 폭동은 가라앉았지만 이상과 같은 미봉책만으로 사태를 진정시키기는 어려웠다. 농민들의 불만은 오히려 더 고조되었고, 계기만 주어지면 즉각 폭동 형태로 폭발하였다. 실제 농민폭동은 1864년부터 재개되었다. 이 위기를 진정시키자면 부세제도의 전면적이고 대대적인 개혁이 불가피하였다. 이 과제를 담당하게 된 것이 대원군 정권이었다.

대원군 치하에서 단행된 부세제도 개혁은 먼저 전정에서 부분적이지만 양전을 실시하였으며, 진전陳田에 대한 실사實査를 강화하고, 감관·도장 및 향리들의 중간 작폐와 무명잡세 징수를 금지하였다. 군정에서는 고종 8년 평민에게만 부담시켰던 군포가 양반에게까지 확대되는 호포법을 시행하였다. 환곡제도에서도 개혁이 이루어졌다. 허유곡虛留穀을 대폭 탕감하는 대신 내탕금 30만 냥과 새로 주조한 화폐 150만 냥을 내려 보내 환곡을 복구하고, 허유곡을 제외한 원래 환곡은 종전과 같이 취모보용取耗補用하도록 했으나 새로 충당한 환곡은 진대 기능만 담당하는 사창제로 전환시켰다.[75]

대원군은 이러한 개혁과 함께 무단토호武斷土豪를 단속하고 서원을 철폐하는 개혁을 단행하였다. 토호나 서원에 의해 자행되는 탈세나 피역 그리고 불법수탈이 심각하였기 때문이다. 토호 무단에 대한 처벌과 단속은 고종 3년에 시작되어 대원군 집권기간 동안 계속되었고, 서원에 대한 개혁은 고종 1년의 서원 모입冒入에 대한 규제를 시발로 고종 2년 만동묘 철폐, 고종 5년 미사액 서원 철폐로 확대되고, 마침내 고종 8년에는 전국적으로 47개소만 남기고 나머지 서원을 전부 철폐하였다.[76]

대원군 정권의 이와 같은 개혁은 농민항쟁에서 제기된 개혁요구를 많은 부분 수용한 것이었다. 성주에서도 항쟁 직전 30냥에 달했던 결가는 8~10냥으로 인하되었다. 낙동강 인근의 홍수 피해가 잦았던 농지에 대해서는 양전이 실시되어 전세의 감면이 이루어졌다. 환곡에서는 장부에만 남아 있던 허유곡이 탕감되고, 대신 새로 보충되는 환곡

75) 金容燮, 〈哲宗朝의 應旨三政疏와 〈三政釐整策〉《韓國史硏究》 10, 일조각, 1974; _____, 〈朝鮮後期의 賦稅制度 釐整策〉, 《韓國近代農業史硏究 －農業革命論·農業政策－》 上, 일조각, 1984; 송찬섭, 〈19세기 환곡제 개혁의 추이〉, 서울대 국사학과 박사논문, 1992.
76) 성대경, 〈대원군정권 성격 연구〉, 성균관대 사학과 박사논문, 1984; 김병우, 《대원군의 통치정책》, 혜안, 2006.

은 사창제로 전환하여 농민들의 부담이 줄었다. 군역 또한 호포제의 실시로 소빈농층이 이중, 삼중으로 군포를 부담하는 폐단이 사라졌다.

농민항쟁의 성과는 여기에만 그치지 않았다. 농민들은 항쟁을 경험한 이후 삼정제도 개혁에 적극적으로 관여하는 것을 당연하게 생각하게 되었다. 항쟁 이후 상황을 이원조는 농민들이 "조정의 조처가 조금이라도 공평 균일성을 잃으면 주저함 없이 소란을 피우고 공공연히 불복한다"[77]고 하였다. 이로 말미암아 지방행정에서도 변화가 일어났다. 1864년 겨울 부정한 향리 처벌이 그것이었다. 대원군 정권 초기 농민항쟁의 뒷수습과 삼정제도 개혁이 지지부진하자 농민들이 수령의 통치에 공공연히 불복하며 다시 동요하기 시작하였다. 이를 진정시키기 위해 1864년 겨울 성주목에서는 원악향리元惡鄕吏와 범포리犯逋吏를 처벌하였다. 이때 처벌된 향리는 8명으로 1명은 효수되었고, 나머지 7명은 정배되었다.[78] 처벌된 향리는 농민항쟁 당시 부정비리로 농민들의 공격대상이 되었지만 그때까지 여전히 요직을 장악하고 있던 자들이었다. 삼정제도의 개혁에 시일이 걸리자 먼저 부정부패로 원성을 샀던 향리들을 처벌함으로써 동요하는 민심을 진정시키려 한 것이었다.

농민들은 또한 농민항쟁의 결실로 호포법이 시행되자 양반들의 신분적 특권을 공공연하게 부정하였다. 성주에서도 호포제가 시행되자

---

77) 《凝窩集》권5 請減本州下納米疏 癸亥
　　古語曰 民可使由之 不可使知之 今之民 異於古之民 困於積瘼 喪其本心 只知有利害 不知公稅之重王法之嚴 惟渠所欲 取心於上 風習一變騷訛四起 朝家措處 若或少失其公 平均一之政 則指指不服 聑聑無忌 勢所必至此際 鎭服撫摩之方 尤不可少忽也
78) 《辨巫錄》
　　前此甲子冬(1864년 -인용자) 徐巡使道座營時 以本邑民擾後 郡情尙未鎭定之故 捉上 本邑元惡吏與犯逋吏屢朔刑訊多岐探探矣 忽於十二月二十一日 在囚諸吏 幷捉上營庭… 則卽地下令 裵昌虎梟首警衆…通計前後諸囚 梟首者一人 定配者七人(柳永河·裵述虎·林 進文 등등 -인용자) 放送者二人 蓋吏輩之上使也

과거 상민이었던 자들이 자신도 이제 양반과 다를 바 없다고 주장하며 사족들을 향해 "너도 호포를 내고, 나 또한 호포를 내는데 어찌 차등이 있을 수 있느냐"며 아예 권위를 인정하려 하지 않았다.79)

다른 한편 이러한 변화를 배경으로 농민들 사이에서는 천주교나 동학이 확산되어 갔다. 천주교는 봉건국가와 재지사족이 극력 금압하였던 까닭에 그 전파가 극히 완만했으나, 항쟁을 전후하여 금압이 소홀해지자 급속히 확산되었다. 이를 우려해 이원조는 1864년에 제출한 〈응지상소應旨上疏〉(1864년)에서 천주교에 대한 금압을 주장하였고, 이진상 또한 1867년 모연제에서 개최된 《대학》 강회에서 천주교 배척을 강조하였다. 그럼에도 천주교는 이후 더욱 확산되어 1880년 즈음이 되면 민간의 초동樵童들까지도 그것이 무엇인지 알 정도로 사회 구석구석까지 침투하게 된다.80)

한편 갓 창도된 동학도 성주에 빠르게 유입되었다. 동학은 1864년 교조 최제우가 처형되고 교도들이 유배당하는 탄압을 받았지만 다시 교세를 회복하며 확산되고 있었다. 성주에서도 농민들 사이에서는 동학이 은밀히 확산되었다. 이에 이원조는 1860년대 말 통문을 내어 성주에도 궁벽한 외진마을이나 산간부락에 동학의 무리가 없다고 보기 어려우니 사족들은 경학을 밝히고 사설 배척에 힘쓰며 왕래하는 사람을 유심히 살펴, 적발 즉시 관에 고발할 것을 주장하였다.81)

다음으로 대원군 치하의 이러한 개혁과 변화는 요호부농층에게도 이익을 주었다. 먼저 대원군이 권력형 부정부패와 향리 상층부 및 무

---

79) 《管軒集》 권18 對三政策
　　軍欲查丁 則當今戶布之日 人皆稱班 絶無常賤…軍漢子孫 皆自稱班民 與士夫不有分別 焉 彼之言曰 爾亦戶布 吾亦戶布 何有差等云 以之而名分倒喪 班常無別
80) 《管軒集》 권3 書 上寒州先生 庚辰(1880)
　　邪蘇旣曰 天主之變名, 則天主之爲邪學 我東方街童走卒之所皆誦知者也…問樵童曰 汝 爲天主學乎 則必艴顏反辱 按劒而相對
81) 《凝窩集》 권10 東學禁勅事通論一鄉文

단토호를 집중 단속한 것은 이들의 성장에 유리한 환경을 조성하였
다. 향리 상층부의 부정은 그들만의 문제라기보다 수령이나 토호들의
탐욕과 직결되어 있었다. 요호부농층은 향리 실세들과 결탁해 신분을
상승하거나 특혜를 얻었고, 면리임직에 진출하기도 했으나, 그들 또한
수령이나 토호 및 그 하수인인 이들의 권력형 수탈에서 자유로울 수
없었다.[82] 또한 요호부농층은 많은 토지를 소유했기 때문에 전세나
환곡 심지어 군역의 결손액 때문에 해마다 늘어나는 결가의 피해를
입었다. 그런 까닭에 부정한 향리 상층부의 처벌은 이들의 성장에 유
리한 환경을 조성하였고, 삼정제도의 개혁은 이들의 결가 부담을 줄
였다.

요호부농층은 이러한 변화를 이용해 부정한 방법으로 자신들의 이
익을 확대해 가기도 하였다. 대원군 치하에 성주에서도 낙동강 인근
8개면 개간지에 대한 양전이 실시되었는데, 호강豪强의 농간으로 결
총結摠이 원래보다 200결이나 줄어들었다.[83] 호강이란 토호 사족이나
세력 있는 향리, 그리고 요호부농집단 등을 지칭하는 것이었지만, 당
시는 무단 토호나 부정한 향리에 대한 처벌이 거듭되었던 상황이었으
므로 양전에서 부정을 주동한 집단에는 요호부농층 상당수가 포함되
었을 것이다.

요호부농층은 서원이 철폐되고 호포제가 실시되어 사족들도 군포
를 부담하게 되는 등 사족층의 위세가 약화되자 사족만이 관리로 진

---

82) 김현영, 〈1862년 농민항쟁의 새 측면 –거창 민란 관련 고문서를 중심으로〉,《고
    문서연구》25, 2004.
      이 연구는 거창지역의 고문서를 분석해 "부농 가운데 정상적인 제반 세를 내는
    계층을 요호부민으로, 여러 가지 탈법으로 징세에서 누락되고 빠져나간 층을 토호"
    로 분류하였다. 거창 민란에서는 토호층이 농민군의 공격을 받았다.
83)《邑誌雜記》田結
      豪强而僞頹者 百計倖免 蠢愚而無告者 課○白徵 甚至於沿江八面泥生打量之後 結總不
    足謂二百餘結之多 始則都結取剩而充數 今又每結三負式民排 竟爲州民之大瘤

출할 수 있는 과거제도의 개혁을 주장하였다. 이 층의 입장을 대변했던 도한기는 사족과 평민 사이에 차별을 두어 사족에게만 사회적 제반 특권을 부여하는 것은 고법古法의 정신에 어긋난다고 비판하고, 천자에서 서인에 이르기까지 차별 없이 교육 기회를 부여하고 능력에 따라 관리를 선발할 것을 주장하였다.[84] 물론 그의 주장은 신분제를 전면적으로 부정하는 것은 아니었다. 신분제를 유지하되 다만 교육의 기회를 신분제한 없이 모두에게 부여하여 능력에 따라 신분이동이 가능하게 하자는 것이었다.

이에 견주어 전통적 지배세력이었던 사족층은 이러한 개혁으로 결가結價 부담이 줄어드는 등 부분적으로 이익을 보기도 했지만, 호포제가 실시되고 서원이 철폐되어 신분제의 특권과 지배세력으로서의 권위가 약화되는 등 큰 타격을 입었다. 농민항쟁 과정에서 그들은 재지 지배층으로서 농민들에 대해서도, 수령과 향리층에 대해서도 거의 영향력을 행사할 수 없었다. 뿐만 아니라 삼정문제를 비롯해 개혁이 요구되는 제반 사회문제에 대해서도 속수무책으로 아무런 해결방안을 제시하지 못하였다. 당시의 상황을 이원조李源祚는 당시 평·천민이 "난리들 일으키지 않도록 앞서 모순을 교구하지도 못했고, 난리를 당해서도 능히 이를 눌러 다스리지 못하는" 지경에 이르렀다고 개탄하였다.[85] 신분제가 동요하고, 삼정문란이 농촌사회를 해체로 몰아가고 있는 상황이었음에도 그들은 지배층으로서의 아무런 사회적 역할도 하지 못했고, 그로 말미암아 자신들의 사회적 위상이 그토록 추락하였음을 농민항쟁을 통해 뼈저리게 느꼈던 것이다.

이를 계기로 성주의 사족층은 농민항쟁 이후 실추한 자신들의 사

---

84) 《管軒集》 권15 用人不抱門地說
85) 《凝窩集》 권5 三政詢瘼後陳懷疏
　　臣忝居鄕大夫之列 旣不能先事矯救 又不能臨機鎭服 公私慚悚 無以抗顔

〈사진 1-4〉 한개마을 전경

회적 위상을 되찾는 운동을 전개하였다. 그 운동에 앞장선 것은 공조
판서를 역임한 한개마을의 이원조와 성리학자로 명성이 높았던 그의

조카 한주 이진상이었다. 19세기 중엽 성주의 사족을 대표할 만한 가
문은 한개마을의 성산星山 이씨李氏였다. 이 가문은 사도세자에 대한
절의로 정조의 특별한 호의를 입었고, 이를 기반으로 이원조는 19세
기 중엽 그 벼슬이 공조판서에 이르렀다. 한주는 이원조의 조카로 17
세 때 그에게서 성리학을 배웠고, 이후 독자적으로 연구에 몰두해 40
대 중반 '심즉리설心卽理說'을 발표하며 일가를 이루었다. 임술항쟁
당시 신분질서의 붕괴를 누구보다도 개탄하였던 이원조는 항쟁 직후
올린 상소에서 소요를 억누르고 와언訛言을 진정시키기 위해 유교 진
흥과 향약 실시가 시급하다고 주장하였다.[86] 그러나 당시는 이러한
방식만으로 신분제적 질서를 회복하기는 어려웠다. 지배세력으로서
권위를 회복하기 위해서는 먼저 가장 중요한 현안이었던 삼정문제에
대해 독자적 해결책을 제시할 필요가 있었다. 그 해결책 없이는 농민
층에 대해서도, 중앙권력에 대해서도 독자적인 영향력과 권위를 회복
하기 어려웠기 때문이다.

   그 해결책 제시에 앞장선 것은 한주 이진상이었다. 한주는 1862년
농민항쟁이 발생하고 그 수습책으로 삼정책을 구하는 윤음이 발표되
자 〈응지대책應旨對策〉을 작성하였다. 그는 그 후 이를 확대, 발전시
켜 1866년에 《묘충록畝忠錄》을 지었다. 한주가 《묘충록》을 짓게 된
이유는 삼정문제를 해결하기 위해서는 부세제도의 개혁뿐만 아니라
그 운영과 관련해 수령제도 및 과거제도, 향리제도, 나아가 신분제도
와 토지소유관계의 개선이 필요하였기 때문이다. 그는 《묘충록》에서
중앙 및 지방 관제, 교육 및 과거제, 군정軍政, 부세제도, 이서제吏胥
制 등 국정 전반에 대한 개혁안을 제시하였다.[87] 여기서 그 개혁안

---

86) 《凝窩集》 권5 應旨疏 甲子(1864)
   臣敢推演其義 以一本四要之說 爲對揚明旨萬一焉…謂曰要 勤學問…節財用…獎恬退…
   明儒教而距詖淫申鄉約而鎭騷訛

전체를 다룰 여유는 없으므로 향촌사회의 변동에 직접 관련이 있는 문제에 국한해 그의 개혁안을 검토하면, 먼저 한주는 삼정제도의 개혁에 대해 "국가의 안위가 생민의 휴척에 달렸고, 생민의 휴척은 부세의 경중에 달렸다"고 하여 부세문제를 국가 안위와 직결된 중대한 문제로 인식하였다. 그는 우선 전세의 부정을 개혁하기 위해 시급한 것이 양전量田이라 보았다.[88] 전세와 관련한 대부분의 부정이 양전이 이루어지지 않는 데서 연유하였기 때문이다. 그는 2년 기한으로 양전사업을 시행할 것을 주장하였다. 그는 양전의 방법을 결부법에서 경무법으로 바꿀 것을 주장하였다. 결부법은 토지의 비옥도에 따라 측량에 사용되는 자가 다르고[隨等異尺], 토지등급에 따라 수세액에 차등이 나기 때문에 부정이 발생할 소지가 크다는 것이 그 이유였다. 이에 비해 경무법은 토지등급에 관계없이 동일한 자를 사용하기 때문에 부정이 크게 줄어들 수 있다는 것이다. 그는 양전의 장점을 두 가지로 설명하였다. 하나는 전세가 공평하게 부과되어 담세자들의 불만이 해소되고 민심이 안정된다는 것이고, 다른 하나는 은결이 전부 적발되어 탈세가 사라지고 재정이 충실해질 수 있다는 것이다.

그러나 한주는 이 양전만으로 전세의 모순이 전부 해결될 수 있다고 보지 않았다. 농민의 대부분이 소작농이기 때문이었다. 이에 한주는 전세 문제를 소작제도의 개선과 연계해 해결하는 감조론減租論을 주장하였다. 한주가 제시한 감조론은 수확은 3/10을 지대로, 1/10을 지세로 납부하고, 나머지 6/10을 소작농의 수입으로 하는 것이었다. 한주는 소작농이 수확의 6/10을 갖게 되면 부족하나마 생계유지가 가능하고, 지주도 3/10을 지대로 받게 되면 현재보다 다소 수입은 줄지

---

87) 우인수, 〈한주의 경세론 ―《묘충록》에 나타난 한주의 국정개혁론〉, 《한주 이진상 연구》, 도서출판 역락, 2006.
88) 《寒州先生文集》 권4 擬陳時弊仍進歈忠錄疏

3. 농민항쟁 이후의 사회변동 79

만 살아가는 데 큰 지장은 없을 것이라 하였다. 실제 당시 소작농에게 후한 지주들은 수확의 1/3을 지대로 받고 있었다.[89] 말하자면 한주는 소작농민의 최소한의 생계유지 보장을 위해 무리하지 않는 선에서 지주의 양보를 요구한 것인데, 그렇게 하는 것이 곧 주자와 성리학의 가르침에 부합하는 것이고 동시에 동요하는 농촌사회를 진정시킬 수 있는 길이라 생각한 것이다.

다음으로 군정 개혁에 대해서는 호포제가 아니라 15세 이상 장정 전체를 대상으로 역포役布나 역전役錢을 징수하는 방안을 제시하였다. 그 징수액은 직업에 따라 차등을 두었는데 유학幼學·업무業武·농업農業·장획臧獲은 역전 1냥, 공장工匠·상고商賈는 역포 1필, 포정庖丁은 우피牛皮 1영領, 승니僧尼·무격巫覡·창우倡優·유수游手는 역포 4필이었다. 한주는 이러한 차등 징수를 통해 '무본억말務本抑末'을 이루려고 하였다. 한주는 군역 면제자를 국가 업무에 복무하는 관리와 하급 관속, 예비 관료로 공인된 문인층, 그리고 현역에 군무에 종사하고 있는 무인층으로 한정하였다. 곧 관료官僚·이서吏胥·조예皂隸와 수사秀士·준사俊士·진사進士·선사選士와 정병正兵·별무사別武士·무사武士·갑사甲士 등이 군역 면제자로 그 수는 정해져 있었다. 이에 따를 경우 양반신분이라 할지라도 현역 관료이거나 시험을 거쳐 향교나 사학四學 외사外舍에 수사秀士 이상의 신분으로 등록된 자 이외에는 모두 군역을 부담해야 했다.[90]

한주의 군정 개혁안은 국가 업무를 담당하는 문무 관리와 군인 그리고 시험을 통해 공인된 일정 수의 관료 예비군을 제외한 15세 이

---

89) 《畝忠錄》 권1 疆理原, 穀等式
90) 《畝忠錄》 권2 敎選式, 役民式
　　이러한 의도로 한주는 면역이 되는 나이에도 차등을 두었다. 통상은 60세가 되면 면역이 되지만, 상고商賈는 70세, 천직에 종사하는 별적자別籍者는 90세가 되어야 면역이 되게 하였다.

상 남정 모두에게 신분에 따른 면역 특권을 부정하고 직업에 따른 차등만 두어 군역을 부담하게 하는 방안이었다. 그는 이러한 방안으로 누징·인징·족징이라는 군역 편중 모순을 해결하고 군대를 충실하게 만드는 재원을 확보하려 하였다.

한주는 이와 같은 부세제도 개혁을 중앙 및 지방관제 개혁, 교육 및 과거제도 개혁, 군제 개혁과 결합시켜 추진해야 한다고 주장하였다. 그 방안 가운데 지방사회의 운영과 직접 연관되는 내용만 보면 지방관제를 도道 아래에 영營-주州-부府-군郡-현縣 5등급을 두는 것으로 변경하고, 읍의 총수는 당시 군현수의 절반이 되도록 통폐합하며, 관리의 녹봉을 인상할 것을 주장하였다. 또한 지방관의 임기를 늘려 지방관아의 업무를 실질적으로 장악할 수 있게 하였다.[91] 이와 같은 개혁으로 지방관의 청렴을 도모하고, 부세제도 운영을 담당하는 하급 관속들을 철저히 통제하여 부정을 막으려 한 것이다.

마지막으로 한주는 부세업무를 담당하는 향리를 단속하기 위해 향리제도의 개혁이 단행되어야 한다고 주장하였다. 그는 국가제도가 무너지고, 재정 결손이 발생하며, 민원이 발생하는 이유가 상당 부분 향리들의 부정에 있다고 보고 향리제도의 개혁을 중시하였다. 한주는 향리제도 개혁방안으로 향리에게 녹봉을 지급하는 방안을 제안하였다. 지금까지는 향리에게 녹봉을 주지 않았기 때문에 그 부정을 원천적으로 막을 수 없었고, 이를 금지하고 처벌하는 것도 한계가 있었다는 것이다. 다음으로 그는 향리에 대한 감시 감독을 강화해야 한다고 주장하였다. 보다 구체적으로 수령이 직접 문서와 장부를 살피고, 스스로 출납을 관장하며, 공물과 세를 납부 받을 때 뇌물을 받고 점퇴하는 폐습을 혁파하고, 송사를 처결할 때에도 관속배의 농간이 없는지

---

91) 우인수, 앞의 논문.

엄밀히 살필 것을 제안하였다.[92]

요컨대 한주는 당면한 국가적 위기를 극복하고 민심을 진정시키기 위해 지주제도와 부세제도, 나아가 국가제도 전반과 향리제도의 개혁이 필요하다고 주장하고 아울러 그 운영에서도 혁신이 있어야 한다고 보았다. 이러한 개혁안은 군역에서 양반의 신분적 특권을 부정하고, 감조론으로 지주제의 개선을 추구한 점에서 당시 조정의 개혁안보다 진일보한 것이었고 농민층의 호감을 살 수 있는 것이었다.

한주는 이러한 개혁안을 바탕으로 사족들을 결집하는 활동을 펼쳤다. 사족들이 지배층으로서의 권위와 사회적 영향력을 되찾기 위해서는 삼정모순을 비롯한 당대의 제반 사회문제 해결에 주도적 역할을 담당할 수 있는 학문적, 도덕적 역량을 확보해야 했다. 한주는 《묘충록》 저술로 독자적 개혁안을 체계적으로 제시할 수 있게 되자 이듬해부터 경전 강회를 개최하면서 사족들을 결집하는 활동에 나섰다. 1867년 회연서원에서 개최된 《대학大學》 강회講會가 그 시작이었다. 《대학》은 유학이 수기치인修己治人의 학문이고 그 공부는 천하에 밝은 덕을 구현하는 데서 시작된다는 것을 명확히 하며, 나라를 다스리고 천하를 고르고 화평하게 하는 공부는 수기修己로부터, 수기는 격물치지格物致知로부터 출발한다는 공부의 순서와 방법을 체계적으로 제시하였다. 한주가 《대학》 강회로 사족들의 결속을 시작한 것은, 사족이 그 사회적 역할을 제대로 감당할 수 있어야 비로소 그 권위가 회복될 수 있다고 생각하였기 때문이다.

이 강회에서 한주는 유학의 부흥을 역설하는 한편 농민들 속에서 확산되고 있는 천주교를 배척하자고 주장하였다. 한주는 천주교를 부자와 군신 관념이 결여된 허망한 사상으로 비판하고, 대학의 유교정

---

92) 《寒州先生文集》 권4 擬陳時弊仍進猷忠錄疏

신으로 굳건히 무장해 이를 배척하고 확산되지 못하도록 막아야 한다
고 강조하였다. 말하자면 유학의 진흥으로 천주교를 배척하고 흐트러
진 사상과 민심을 바로잡을 것을 촉구하였던 것이다.[93]

　이런 상황에서 대원군의 서원 철폐가 단행되고, 호포제가 실시되었
다. 성주에서는 모든 서원이 철폐되었고, 훼철된 서원의 목재는 관아
를 보수하는 데 사용되었다. 사족들에게는 호포제의 실시보다 서원
철폐가 훨씬 충격적이었다. 서원은 사족들의 학문적, 사상적 스승이자
선조의 위패를 모신 교육기관으로 사족 결속의 구심이었다. 그런 까
닭에 서원 철폐는 극심한 반발을 불러와 결국 2년 뒤 대원군은 권좌
에서 밀려나게 된다.[94] 서원 철폐에 저항하면서 다시 결속하기에 이
른 사족층들은 대원군이 실각하자 철폐된 서원을 서당으로 개칭해 복
구하고 1867년 이후 중단된 경전 강회를 재개하며 실추된 권위를 회
복하기 위해 노력하였다. 그 출발이 된 것이 1875년 훼파된 회연서원
에 모연제慕淵齊를 지어 한주를 강장으로 모시고 수백 명이 참가하는
《논어》 강회를 개최한 것이다.

　사족들의 이러한 움직임은 1876년 개항을 계기로 더욱 고조되었
다. 서구 열강의 침략에 대한 경계심이 이러한 움직임을 더욱 강화시
켰던 것이다. 사족들은 1877년 고반동계考槃洞契를 결성하여 동강東岡
김우옹金宇顒의 유적지 복구에 나섰다. 유교 경전 강회 또한 더욱 자
주 개최하였다. 한주를 강장으로 1878년 회연서당에서 《근사록近思錄》
강의와 향음례가, 1880년에서 이연서당伊淵書堂에서 향음례와 강회가,
1881년에는 갈천서당葛川書堂에서 향음례가, 1882년에는 각산角山에서
향음례와 《중용》 강의가 개최되었다.[95]

---

93) 《寒州先生文集》 附錄 권1 年譜
94) 이수환, 〈대원군의 서원철폐와 영남유소〉, 《교남사학》 6(영남대 국사학과), 1994.
95) 《寒州先生文集》 附錄 권1 年譜

사족층들은 이러한 활동을 통해 지배층으로서의 위신과 역할을 되찾으려 하였다. 농민층들이 비록 신분제 지배에 저항하고, 부세제도와 지주제의 개혁을 요구하고 있지만, 그 저항이 아직은 기존의 체제를 전면 부정하는 단계로 발전하고 있지 않았다. 따라서 이들의 개혁요구를 타협적으로 수용하면서 지배층의 역할을 되찾는다면 이전과 같은 영향력과 위신을 회복할 수 있을 것이라 생각한 것이다.

한편에서는 대원군 정권의 부세제도 개혁이 추진되고, 다른 한편에서 사족층의 이러한 활동이 전개되면서 1862년 성주지역에서 고조된 농민항쟁의 열기는 점차 진정되어 갔다. 그러나 그것은 어디까지나 표면적인 현상일 뿐 이면에서는 도리어 사회적 긴장이 높아지고 있었다. 신분제적 지배질서에 대한 농민층의 저항이 날로 커지는 상황에서 지배층의 권위와 사회적 위상을 되찾으려는 이러한 활동은 두 집단 사이의 긴장과 대립을 고조시키는 것이었다.

제2장

개항 이후의 사회적 갈등과

동학농민전쟁

1. 1870년대 삼정개혁의 추이와 1883년 농민항쟁

1.1 고종집권 초기의 반동과 1883년의 농민항쟁

1862년 농민항쟁 이후 소농층의 정치의식과 저항운동은 급속히 발전하였다. 그러나 그에 반해 그들의 경제적 처지는 크게 나아지지 않았다. 그것은 당면 과제였던 부세제도의 개혁이 제한적으로 불충분하게 이루어졌고, 그마저도 소농층과 이해관계를 달리했던 향리 및 요호 부농층이 그 집행을 맡게 됨으로 말미암아 소빈농층이 받을 수 있는 실익이 적었기 때문이다.

양전이 그 좋은 예였다. 대원권 집권기에 낙동강에 인접해 있는 성주의 8개 면 니생처泥生處에 대한 양전이 부세개혁의 일환으로 실시되었다. 소농층은 이를 통해 부세가 줄어들기를 기대했지만 결과는 호강豪强의 농간으로 양전 실시 전보다 오히려 200여 결의 결손이 발생해 세금이 도리어 결당 3부씩 더 늘어나게 되었다.[1] 또한 경복궁 중건 등 토목공사에 소요되는 재정을 새로 농민에게 부담지운 것도 부세제도 개혁의 성과를 체감하기 어렵게 만들었다.

농민들의 경제 상태는 대원군이 하야하면서 더욱 악화되었다. 대원

---

1)《邑誌雜記》田結
　　豪强而僞頉者　百計倖免　惷愚而無告者　課○白徵　甚至於沿江八面泥生打量之後　結總不
足謂二百餘結之多　始則都結取剩而充數　今又母結三負式民排　竟爲州民之大瘼.

군이 물러나자 부세제도 개혁으로 피해를 입었던 지배층들이 기득권을 되찾고자 공세를 폈기 때문이었다. 그리하여 1862년 농민항쟁 직후 7·8냥으로 인하되었던 결가는 1870년대 말 다시 20·30냥으로 인상되었고,[2] 군포호가 줄어들어 동징洞徵·족징族徵의 모순도 다시 나타났다.[3] 그리하여 결국 무거운 조세부담으로 농사를 포기하는 자가 다시 속출하고 진폐된 농지가 늘어나기 시작했던 것이다.[4]

1883년 계미항쟁은 이러한 상황에서 발생하였다. 계미항쟁의 원인은 이방吏房 선임을 둘러싼 사회적 갈등이었다. 임술항쟁 이후 농민층의 개혁요구는 향리 선임에도 영향을 미쳤다. 1864년 폭동 예방적 조치로 향리에 대한 일대 숙정肅正이 단행되었음은 이미 언급한 바있지만, 농민층의 저항이 고조되고 있던 국면에서는 수령들이 향리 선임이나 통제에 각별한 주의를 기울였다. 그리하여 그 국면이 지속된 1870년대 중반까지는 향리의 중간 수탈이 크게 문제되지 않았고, 그 선임도 농민들의 여망에 부응하는 방식으로 이루어졌다. 임술항쟁 당시 요직의 대부분을 장악하고 있던 배裴씨들이 물러나게 된 반면 도都씨와 군소 이족吏族인 이李씨·박朴씨 등이 주요 향리직에 임명된 것이 이러한 변화를 반영하는 것이었다.[5] 후일 계미항쟁을 주동하게

---

2) 앞의 책, 出結
　　以結價言之 左前則每結爲七八兩 而今二三十兩.
3) 위의 책, 戶口
　　自戶布以後 戶數年年減損 今則雖逐竈搜括 未滿萬戶者 以其役繁〇荒 昔之析産者 今之合焉 昔之貧屋 則今毁焉 而槩由於戶役之 閒則洞徵 族則族徵也……古有均役 所爲其均排戶役 俾無偏重偏歇之嘆矣 今則規模漸弛 公論不行 此亦無存 操縱無常 可歎.
　　《日省錄》고종 20년 癸未 8월 23일 副護軍 許稷論時弊疏.
　　疏略曰 臣是嶺人慣於嶺治之得失 嶺民之不得聯生者 不一其端……戶布之每戶所徵 無論被邑此邑 少不下四五兩 多或至六七兩 昔之名布不是戶戶爲之 一年所徵 不過二三兩 今之戶布戶戶爲之 每年徵出何若是多也.
4) 《邑誌雜記》田土
　　瘠土則雖使代小耕食 而人皆不願 四境之內 陳廢者相望 其故何哉 蓋由於農無其利也 結弊多而賦稅漸重錢路 貴而容入則倍 富者多其土而人不并耕 貧者并其耕而全無剩利.

되는 이득석李得石은 바로 이 시기에 농민들의 지지를 받아 향리의
우두머리인 이방직을 여러 해 동안 역임하였다.[6]

그러나 1870년대 후반 이후 향리 선임에도 변화가 일어났다. 지배
층들은 구래의 특권을 복구하기 위해 국가권력의 실질적 집행자인 향
리직의 임명과 운영을 독점하고 싶어 하였다. 수령과 향리집단은 농
민층의 감시와 견제로부터 벗어나 독자적으로 지방권력을 행사하고자
했고, 서원 철폐와 호포법 시행으로 신분제적 특권이 약화되었던 양
반층 또한 자신들의 권익을 되찾기 위해 지방권력을 자신들의 통제
아래 두고 싶어 했다. 이들은 힘을 합쳐 향리 임명방식을 농민항쟁
이전 방식으로 되돌리려 하였다. 그것은 오로지 향청의 천거에 의거
해 수령이 일방적으로 향리를 임명하는 방식이었다. 이들의 공세는
1880년 신임 목사 이용준李容準이 향청에서 추천한 배장한裵章翰을
이방에 임명하는 것으로 마침내 결실을 맺는다.[7] 1883년의 계미항쟁
은 이러한 반동에 저항해 일어난 농민항쟁이었다. 그런 까닭에 계미
항쟁은 이방 선임을 직접적 원인으로 하여 일어났지만, 이전의 수취
제제와 지배질서를 복구하고자 하는 지배층의 공세에 대한 전면적 반
격이자 임술항쟁 이후 발전해 온 농민들의 반봉건투쟁을 총괄하는 것
이었다.

---

5) 鮮初 성주에서 족세가 강성했던 향리 성은 李氏·裵氏·白氏·全氏·八莒都氏 등이었
   다(李樹健,《嶺南士林派의 形成》, 1979, 100쪽). 그러나 李氏·白氏·全氏 등은 土族
   으로 상승하거나 혹은 몰락하여, 19세기가 되면 裵氏, 都氏 등이 중요 향리직을 독
   점한다. 1862년 농민항쟁 당시 주로 향리직을 장악하였던 것은 裵氏였고, 이들이
   1864년 숙청되면서 都宜龍(吏房)·都錫五 등이 요직을 장악하였다(《星州民擾時前吏
   房徐宅鉉辨巫錄》).
6) 《漢城旬報》 제2호 1883년 11월 10일.
   慶監狀啓. 同月十四日 監司趙康夏馳啓 因星州民亂事……其中有崔炳奎 李志活等 以李
   得石 多年吏房信任事 云云.
7) 1883년 농민항쟁에서 농민들의 배척대상이 된 것은 특정인물의 이방이 아니라
   '鄕薦吏房'이었다는 사실에 주목할 필요가 있다. 배장한은 유향소의 천거로 이방에
   임명되었으며, 그 시기는 1881년에서 1882년 사이로 보인다.

항쟁의 조짐은 1883년 봄부터 나타나기 시작했다. 그해 봄 읍폐교 구를 내세워 이방 배장한을 교체해야 한다고 선동하는 익명의 통문이 성주 일원에 살포되었고, 경상감영에도 이방을 탄핵하는 정문呈文이 제출되었다. 이후 6월 말까지 통문을 이용한 선동과 경상감영에 탄핵 정문 제출은 여러 차례 되풀이되었다.[8] 그러나 이러한 저항은 별다른 성과를 내지 못했다. 하지만 수개월 동안 지속된 이러한 저항운동은 농민들의 불만과 저항의식을 크게 고조시켰다.

분위기가 점차 봉기를 요구하는 방향으로 전환하고 있던 때에 마 침 목사牧使가 서울에 다녀와야 할 사정이 발생하였다. 목사의 서울 행차는 봉기를 결행할 수 있는 결정적 호기가 되었다. 목사의 상경 소식이 전해지자 분위기는 봉기로 요구를 관철시키는 방향으로 급선 회되었고, 농민 동원에 필요한 통문을 작성하는 등 봉기 준비가 빠르 게 진행되었다. 지배층들도 이러한 동향을 감지하고 대처방안을 마련 하였다. 목사는 종전 경험에 비추어 주모자를 사전에 체포하면 봉기 가 무산되리라 판단하고 서울로 출발하기 앞서 이방 배장한에게 유향 소와 협력하여 농민들을 이끌던 정중집鄭仲執을 체포, 구금하라는 밀 명을 내렸다.[9]

그러나 정중집의 체포로 봉기가 중단되지는 않았다. 오히려 그것은 농민을 자극해 봉기를 앞당기는 결과를 초래했다. 수개월 동안 계속 된 이방 탄핵운동에는 정중집 외에도 여러 명의 지도자가 참가하였 다. 정중집이 체포되자 그를 대신해 최병굉崔炳宏이 봉기를 주도하였

---

8) 《漢城旬報》 제2호 1883년 11월 10일.
　　慶監狀啓. 同月十四日 監司趙康夏馳啓 因星州民亂事……星州民人 稱以邑弊矯抹 已自 春夏構罪吏房裵章翰 匿名發通偸名呈營 非止一再.
9) 위의 책.
　　茂桂驛民鄭仲執 實爲首倡故 該牧使李容準京行時出給密紙於裵章翰 使之跟捕矣 鄭仲執 又乘空官 發通動民故自留鄕所依密紙捉囚.

다. 성주 목사가 상경하자 최병굉은 수백 명의 농민을 결집해 향청을 공격하고 정중집을 구출하였다. 구출된 정중집은 즉각 통문을 살포하고 읍에서 10여 리 떨어진 유목정柳木亭에서 군중대회를 개최하였다. 이 대회에서 읍폐가 폭로되고 이방 교체가 관철될 때까지 봉기로 맞설 것이 선언되었다. 6월 12일의 일이었다.

봉기는 즉시 순영巡營에 보고되었다. 순영은 다른 항쟁의 경우와 동일하게 무력진압과 기만적인 교구책으로 사태를 수습하려 하였다. 먼저 군사를 파견해 정중집과 최병굉을 체포하여 봉기를 진압한 다음 조사관[査官]을 파견해 읍폐를 조사하고 결가를 18냥 7리로 인하하는 교구조치를 발표하였다.[10) 그러나 감영의 이러한 대처에도 불구하고 농민 봉기는 진정되지 않았다. 농민들은 쉽게 물러나지 않았다. 그들은 경험을 통해 결가 인하의 기만성을 이미 알고 있었다. 1862년 농민항쟁으로 결가를 8냥까지 인하시킨 바 있었지만, 이후 이런 저런 구실로 결가는 다시 30냥까지 인상되는 것을 보았던 것이다. 농민들에게 미봉적인 결가 인하는 더 이상 해결책이 될 수 없었다. 농민들은 결가 인하가 아니라 부세행정을 실질적으로 관장하는 향리의 선임에, 그중에서도 특히 향리집단을 통솔할 이방 선임에 자신들의 요구를 반영하라고 요구하였다. 농민들은 순영의 조치에는 꿈적도 않고 향청에서 천거한 인물 대신 자신들이 천거한 이득석李得石을 이방에 임명하라고 요구하며 농성을 이어갔다.

서울로 올라갔던 목사 이용준은 농민 봉기 소식을 듣고 급히 성주로 돌아왔다. 그러나 그는 봉기한 농민들이 감영의 조치에도 불구하

---

10) 《漢城旬報》, 앞의 책.
　六月十二日 同邑法山居崔炳宏 欲救鄭仲執 聚衆數百 攔入鄕廳 勤奪獄鏁　開金擅放仲執　仲執更爲發通 會民於州東十里柳木亭故 自邑一邊馳告兼邑 一邊狀報巡營　巡營發校 捉仲執崔炳宏而去 又自巡營定送査官 另行減役 每結定十八兩七厘 成其節目.

고 이방 교체를 요구하며 농성을 이어가는 것을 보고 당황하였다. 이에 그는 농민들의 요구를 수용하는 척하며 먼저 이득석을 이방에 임명해 농성을 해산시킨 다음 전격적으로 이득석과 농성과정에서 드러난 지도자들을 일거에 검거하는 계략을 꾸몄다. 이 계략에 따라 배장한이 이방에서 물러나고 이득석이 이방에 임명되었고, 이어서 농민들이 농성을 풀자 목사는 전격적으로 이득석과 농성을 주도했던 최병규崔炳奎, 이지호李志浩 등을 체포하였다.11) 그는 이번에도 이들 지도자만 검거하면 항쟁이 종식될 것으로 판단하였다.

그러나 이 소식이 전해지자 농민들은 바로 봉기하였다. 6월 25일 재봉기를 알리는 통문이 살포되고, 다음날 새벽을 기해 항쟁이 재개되었다. 농립農笠을 쓰고 목봉木棒으로 무장한 수백 명의 농민은 이른 새벽 좌수座首 여우규呂禹奎와 향민 김효능金孝能의 집을 파괴하였고 곧장 읍내로 공격해 들어가 향리와 관속들의 집[吏校家] 7호를 파괴 방화한 다음 목사에게 체포된 지도자의 석방을 요구하였다. 대치상태로 밤을 밝힌 이들은 다음날 무력으로 관아를 점령하고 구금된 지도자를 구출하는 한편, 관속들을 닥치는 대로 구타하고 자신들을 기만한 목사를 시장터로 끌어내어 능욕한 다음 성주 밖으로 내쫓았다.12) 그런 다음 농민들은 이번 사태에 관여한 사족들을 공격하기 시

---

11) 《漢城旬報》, 앞의 책.

　　時該牧使適還官　依節目智委於民間　汰吏房裴章翰　然邑民會議猶有不已　且鄕薦吏房莫智　李得石云故　爲其息鬧依願差出　使得石散退衆民　其中有崔炳奎 李志浩等 以李得石多年吏房信任事　連呈不止故　該牧使以爲今番民會　出於得石之指囑　汰去見任而刑囚之　又崔李兩民略加刑懲　邑民始解.

　봉기의 주력군은 무계, 법산 등 성주 남부지방의 농민들이었다. 이들은 이득석이 이방에 임명되자 대부분 향리로 돌아간 것으로 생각되며, 이득석이 구금된 후 해산된 농민들은 봉기에 가담한 읍내농민과 남부농민 가운데 읍내에 잔류한 자들로 추정된다. 이들은 공격이 자신들에게도 미칠 것을 우려하여 일단 피신한 것으로 보인다.

12) 위의 책.

　　同月二十五日　自南面等地　又發聚民　二十六日曉　民衆皆着農笠持末捧　毀座首呂禹奎家及

작하였다.13)

농민층의 재봉기 소식은 밤을 틈타 도주한 성주 관노官奴에 의해 6월 28일 아침 감영에 보고되었다. 감사監司는 즉시 수백 명의 군사를 출동시켜 봉기를 진압하고 다시 진상조사를 위해 안동부사 조병호趙秉鎬를 파견하였다.14) 감영군의 공격에 농민군은 무너져 흩어졌고, 결국 최병규·이지호·이득석 등 주모자들은 도주하고 봉기에 참여한 수십 명의 농민이 체포되었다. 감사는 이 항쟁을 "밖으로 폐막 교구를 내세웠지만 그릇된 짓으로 남을 속이고 부정한 이익을 꾀한"(陽托捄弊之說 陰售挾雜之計) 난동으로 몰아세우며 주동자와 연루자를 엄하게 처벌하였다.15) 항쟁을 주도한 정중집·최병굉·최병규·이지호 등

鄕民金孝能家 突入邑中 又燒毁校等吏七家 二十七日巳時 欄入東軒 扶舁官長送出將臺.
《星山誌》권2 叢談
高宗癸未七月 … 入邑取會 毁燒鄕任及吏校十餘家 攔入官衙威脅牧使李容準 舁出市場 吏校衙屬 逢輒歐打 使不得近前 千百匝圍備 盡凌辱 仍擁向州北七里許路上 數百吏卒盡爲逃躱.

13)《寒州先生文集》附錄 권2 行錄
辛巳 州民又大擾 迫州牧出境外 因擁里(전형적 班村인 한 개부락 – 인용자) 中爲惡將入 相戒曰愼勿入讀書 李進士宅(辛巳(1881년)는 癸未의 誤記임)
《管軒集》권1 詩.
癸未 七月二十七日 邑有民變 大浦李進士源孝 爲亂類輩毁燒其家 及又搆捏撝供待罪邑底.

14)《備邊司謄錄》고종 20년 8월 8일
府啓曰, 以慶尙監司趙康夏狀啓, 星州牧亂 民作鬧事, 傳曰, 觀此狀啓, 則星州民擾駭惋之極, 寧欲無言, 爲守宰者, 苟能字撫得宜, 政理相孚, 則寧 有致此獰頑, 且以民習之, 設有可冤, 呼訴營邑, 何患無計, 而嘯聚徒黨, 甘做干犯之罪乎, 按覈懲治之 道, 令廟堂稟處事, 命下矣, 此誠無前之大變怪也, 乃敢聚黨起鬧, 以至毁燒人戶, 攔入政堂, 舁出命吏, 犯分干紀, 孰甚於此, 安東府使趙秉鎬, 按覈使差下, 令該曹口傳單付, 使之馳往該邑, 捕獲亂民, 窮覈定罪, 首倡諸漢, 先梟後啓事, 三懸鈴知委該牧, 道 啓旣請罷黜, 待査事究竟, 以爲勘處之地何如, 答曰, 允。
《星山誌》권2 叢談
官奴尹雲大 … 冒夜急走巡營 口告監可 請發鎭卒數百名 鎭厭危鋒 繼而送按使 趙秉鎬查覈蓋.

15)《承政院日記》고종 20년 癸未 10월 15일
議政府啓曰 卽見星州按覈使 趙秉鎬狀啓 … 陽托捄弊之說 陰售挾裸之計 猾吏奸鄕 互作梟鳴而鴟應 特類亂徒 遂成承突而很奔 以情以跡 旣係○浚犯之案 殲之醊之 安有有從之別.

에게는 효수형[梟首警衆]을, 김용발金用發 등 5명에게는 2차 엄형과 원악도遠惡嶋 정배定配를, 이성유李性有 등 3명에게는 1차 엄형嚴刑과 원지遠地 정배를, 이하수李夏秀 등 14명과 도윤조都閏祚 등 15명에게는 차등 형배刑配를, 박이인朴以仁 등 21명에게는 태형台形을 내렸다. 무려 63명이 처벌을 받았고, 그 가운데 엄형을 받은 자가 13명이나 되었다. 이지호와 최병규는 도망쳐 그 가족들이 대신 혹형을 받았고, 이득석은 도주하다 발각되어 결국 낙동강에 투신하여 자결했으며, 정중집과 최병굉은 9월 9일 성주 교장평敎場坪에서 효수되었다.[16] 목사 이용준도 항쟁을 막지 못한 책임으로 파직되었다. 그러나 그는 그해 10월 치적이 우수했다는 이유로 사면되었다.[17]

1883년의 농민항쟁의 경과는 이상과 같았다. 항쟁의 주도세력은 지역적으로는 무계, 법신 등 성주 동남부지역의 소·빈농층과 이들의 추대를 받았던 향리들이었다. 항쟁은 소·빈농층의 입장에서 부세문제를 해결할 목적으로 일어났다. 소·빈농층은 항쟁을 주도하였고 항쟁의 요구사항 또한 이들의 이해에 입각한 것이었다.[18] 항쟁에 가담한 향리들은 소수였고 성주의 향리집단에서는 주변집단으로 세력이 미약했다.[19]

---

16) 《承政院日記》고종 20년 10월 15일 星州按覈使趙秉鎬狀啓
《漢城旬報》제2호 1883년 11월 10일 慶監狀啓.

17) 《日省錄》고종 20년 8월 5일
爲守宰者 苟能字撫 得宜政理相孚 則寧有致此變 該牧使李容準 旣當民變有難仍置 爲先罷黜事.
《備邊司謄錄》고종 20년 10월 10일
監司趙康夏狀啓 則該牧使當此民變 不可以罷職而仍置 然本無失措 變出倉卒 論罪一疑 不無恭恕之端 請令廟堂稟處矣 道臣之啓 旣論無所失措 按覈之狀 且陳其茂績可措勘罪 特爲寬之何如 答曰允.

18) 주15 참조.
《管軒集》권1 詩
癸未 七月七日 邑有民變……次逃懷三首.
知有凶魁暗費神 愚民墮術却忘身 一呼百應圖何事 盡是鉏 檴龍畝人.

성주에서는 계미항쟁에 앞서 1862년에도 농민항쟁이 발생하였다. 약 20년 간격으로 발생한 두 항쟁을 비교하면 가장 먼저 눈에 띄는 변화는 1883년의 농민항쟁이 비록 초보적인 형태이나 정치운동으로 발전하고 있다는 점이다. 1862년의 농민항쟁은 부세제도의 모순을 해결하는 데 치중하였고, 그 개혁의 시행은 지배층에게 일임하는 방식으로 마무리되었다. 이에 비해 1883년의 농민항쟁은 부세제도의 모순을 이방 탄핵이라는 정치운동으로 발전시키고,[20] 감영이 주모자 체포, 결가 인하 등의 조치로 항쟁을 수습하려 했지만 이에 맞서 끝까지 이방직 장악을 목표로 투쟁을 전개하였다. 농민들은 1862년 항쟁 이후의 경험을 통해 부세제도의 개혁은 그 운영의 개혁 없이는 결코 효과를 낼 수 없다는 점을 명확히 인식하게 되었다. 그런 까닭에 1883년 항쟁에서는 이방 선임권을 장악하기 위해 비타협적으로 투쟁하였다.

다음으로 주목되는 변화는 소·빈농층의 정치의식이 발전한 것이다. 농민운동의 변화는 정치의식의 발전이 뒷받침됨으로써만 가능한 것이었다. 1862년 항쟁 당시 농민들의 정치의식은 지배층의 정치의식과 크게 다르지 않았다. 이들은 국왕의 권력을 초계급적인 것으로 인식하고 국왕의 덕정을 자명한 것으로 받아들였다. 그런 까닭에 부세 모순의 해결을 국가권력에 일임했던 것이다. 그러나 1883년 항쟁에 이르면 농민들은 더 이상 국왕의 덕정을 기대하지 않았다. 농민들은 부제제도 운영의 실권을 장악한 향리층을 자신들이 통제할 수 없다면 개혁은 불가능하다고 인식하였다. 그리하여 수령에게 이방 교체를 요

---

19) 주동자 가운데 李得石, 朴性寬(意在仰薦 而藉其願留 動得衆論 而薦其私人 《承政院日記》 고종 20년 10월 15일) 등이 향리 출신이었다. 안핵사 조병호는 '猾吏奸鄕互作 梟鳴而鵂應'이라 하여 향리와 향반이 모의해 이 사건을 일으켰다고 보고하였다.

20) 《漢城旬報》 제1호 1883년 10월 31일 慶監狀啓
高宗 癸未 七月 茂溪鄭仲執等 謂以邑弊改革 結稅低價斜合徒黨 煽動人民 入邑聚會云云

구하며 봉기를 일으켰고, 감영의 대처에 동요하지 않고 그 요구를 관철하기 위해 끝까지 봉기를 이어 갔으며, 그 과정에서 기만적 술수로 농민 봉기를 제압하려 한 수령을 공격하여 내쫓기까지 하였다. 이러한 변화는 기본적으로 1862년 농민항쟁의 성과를 무산시켜 간 대원군 실각 이후의 급격한 반동에서 비롯되었다. 또한 1864년의 서리교체사건 이후 대두했던 군소이족의 정치운동도 이러한 변화의 한 요인으로 작용하였다. 이들은 대원군 실각 이후의 반동국면에서 향리직에서 밀려났고, 그 열세를 만회하고자 농민운동과 적극 결합하였다. 이들은 수령과 향반, 향리가 결합해 부세부정을 저지르는 방식을 농민들에게 폭로하고 농민운동의 방향을 제시하였다. 1883년 항쟁에서는 이득석과 박성관21)이 향리 출신으로 그러한 역할을 담당하였다.

셋째로, 조직 면에서 1883년의 농민항쟁은 1862년 농민항쟁에 견주어 주목할 만한 발전을 보인다. 1862년 농민항쟁 당시 소·빈농층의 운동조직은 각면 두민들로 구성된 일종의 평의회 즉 향회였다. 향회는 대중성이 뛰어나지만 응급한 상황에서 임시적으로 구성된 평의회였기 때문에 체계성이나 일관성이 약하고 조직을 지킬 수 있는 역량도 부실하였다. 그러나 계미항쟁의 농민조직은 조직을 유지하고 지키는 역량이나 대중성과 통일성에서 크게 발전된 모습을 보였다. 항쟁 진압 후 주모자로 처벌된 자는 총 13명이었는데, 수개월 동안에 걸쳐 통문 살포, 1차 봉기, 공개농성 등이 이어졌지만 최종 봉기까지 관에 파악된 자는 불과 5명뿐이었고 그것도 4명은 투쟁을 공개적으로 주도하면서 신원이 드러났을 뿐 사전에 파악된 자는 정중집 1인에 불과하였다. 항쟁 지도부와 농민 대중의 결합도 또한 매우 높았다. 두 차례

---

21)《承政院日記》고종 20년 10월 15일
　　朴成寬 意在仰薦 而藉其願留 動得衆論 而薦其私人.

의 봉기와 한 차례의 공개농성에 수백 명의 농민이 조직적으로 참가
하였고, 감영의 무력진압에 굴복하지 않고 대다수의 농민이 지도부의
지휘에 적극적으로 따르고 있었다. 또한 1883년 농민항쟁에서는 봉기
를 선동하고 조직하는 역할과 통문·정문 등 전단이나 문서제작을 전
문으로 하는 역할이 분화되어 있었고, 감영의 진압에 대비해 항쟁을
지휘할 별도의 예비대도 조직되어 있었다.22) 이는 지도층의 자질과
역량에 따라 항쟁에 필요한 역할들을 분화하고 전문화시킨 것으로 이
를 통해 항쟁의 역량을 높이고자 한 것이다. 따라서 각 부문을 유기
적으로 연결하는 조직 내부의 체계적인 통일성도 그만큼 강화되었다
고 볼 수 있다.

　그럼에도 불구하고 1883년의 농민항쟁은 정치투쟁으로는 초보적
수준을 벗어나지 못했다. 농민들은 부세제도 운영과 연관된 제한된
범위 안에서만 정치권력의 문제를 제기할 뿐이었다. 그러나 그 문제
를 해결하기 위해서도 수령권의 행사라는 지방권력의 작동방식 전반
을 개혁할 필요가 있었고, 그 과제는 국가권력 전반의 혁신과 불가분
하게 결부되어 있었다. 이러한 개혁은 결코 일개 군현의 농민의 힘만
으로 가능한 일이 아니었다. 성주의 농민들이 봉기를 일으켜 성주의
관아를 장악할 수 있었지만, 그 봉기는 감영에서 출동한 군대에 의해
일거에 제압당했던 사실이 이를 보여주고 있었다. 그 점에서 1883년
의 농민항쟁은 1862년의 농민항쟁에 견주어 군현 차원에서나마 정치

---

22) 안핵사 조병호의 장계에 따라 역할분담을 정리하면 다음과 같다.
　봉기조직책 ─ 鄭仲執, 崔炳宏, 金用發, 李今述, 李尙伊(前官异出 縱有指使 歃興扶擁
　　　　既皆輪飮).
　이방 교체 공작조 ─ 李志浩, 崔炳奎, 李得石, 李性寬, 李啓明(薦吏則信任呈稟 稧案
　　　　則妄奏題序).
　통문, 정문 제작조 ─ 鄭仲執, 李啓明, 李源正(語逼巳犯分義 薦記難掩形跡) 李順瑞
　　　　(營呈之事 甘聽指揮 鄕薦之吏 稟同挽留).
　후비대(後隊) ─ 李性有(參會誰某 渠旣所知 立在後隊 亦有自服).

권력의 문제를 제기한 점에서 분명 진일보하였으나 중세체제 내에서의 농민항쟁 그 이상이 되지는 못했다.

1.2 농민항쟁 이후 향약 시행과 요호부농층의 동향

1883년의 농민항쟁은 농민들의 참담한 패배로 끝났다. 조정은 감영군을 파견해 농민항쟁을 무력 진압하고, 안동부사 조병호를 안핵사로 파견해 농민항쟁 최고지도자 4명에게 효수형[梟首警衆]을, 기타 지도층과 적극 가담자 58명에게 엄형과 원악도 정배, 태형 등의 무거운 처벌을 내렸다. 효수형을 포함해 엄형을 받은 지도층만 13명에 달했다. 농민들이 고대했던 부세개혁도 성과 없이 무산되고 말았다.

그러나 비록 실패로 끝났지만 이 항쟁이 성주사회에 끼친 영향은 1862년의 농민항쟁보다 훨씬 컸다. 농민들은 더 이상 수령과 향리, 그리고 권력과 결탁한 사족층 일부가 장악하고 있는 지방권력을 신뢰하지 않았다. 농민들은 이들을 부패한 모리배로 인식했고, 따라서 그들이 권력을 독점하고 있는 한 농민층에 유리한 개혁은 실효를 내기 어렵다고 보았다. 나아가 농민들은 국왕이나 조정에 대해서도 더 이상 덕정을 기대하지 않았다. 조정은 부패한 수령을 내려보내고, 민원이 일어나도 통치질서 확립이라는 명분으로 그들을 두둔하고 비호할 뿐이었다. 그리하여 이 항쟁을 계기로 부세문제를 둘러싼 농민층과 지방권력 및 그 지배층의 대립과 충돌은 보다 확대되고 공공연해졌다. 이는 결국 사회적 분열은 더욱 심화시켰고, 지배층의 정통성과 그들에 대한 신뢰가 추락함에 따라 신분제적 질서와 윤리 또한 빠르게 무너질 수밖에 없었다.

이러한 사태는 수령을 위시한 지방권력층에게도, 지방권력과 거리를 두었던 사족층 일반에게도 심각한 위기로 느껴졌다. 신분질서가

무너지면 지방 통치나 행정이 그만큼 더 힘들어지는 것이고, 사족층
의 사회적 권위나 특권은 물론이고 성리학적 가치나 도덕, 윤리도 무
너지는 것이었다. 수령도, 사족층도 이 위기를 수습할 필요를 강하게
느꼈다. 이에 계미항쟁 직후 성주목사로 부임한 이주하李周夏는 이
지역 유림을 대표했던 한주 이진상李震相을 찾아가 민심을 안정시키
고 신분질서를 회복할 방도를 자문 받고자 했다. 당시 한주는 향청에
관여하지 않는 등 지방권력과 거리를 두고 있었고, 개혁안에서도 신
분적 특권 폐지나 민생안정책에서 조정의 대책보다는 진일보한 입장
을 취하고 있었다. 그럼에도 신임 목사가 먼저 한주를 찾아 수습책을
물은 것은 지방권력층이 고수했던 종전의 통치방식으로는 더 이상 민
심을 안정시키는 것이 어려웠고, 농민들도 한주에 대해서는 호감을
갖고 있었기 때문이었다. 농민들이 한주의 개혁안과 유림혁신운동에
대해 얼마만큼 지지를 보냈는지는 알 수 없으나 1883년 농민항쟁 당
시 한주에 대해 호감을 갖고 존경하고 있었음은 분명하다. 봉기한 농
민들이 부패한 수령을 읍치 밖으로 내쫓고 돌아가는 길에 한개마을로
들어가 평소 원성을 샀던 토호 진사 이원효의 집을 부수고 불을 지르
는 등 보복을 가했지만, 그 인근에 있던 한주의 집에 피해가 가지 않
도록 서로 경계하고 조심하였다는 사실이 이를 보여준다.23)

　한주는 신임 목사의 요청에 민심수습책으로 향약 실시를 건의하였
다. 한주가 민심수습책으로 향약 시행을 자문한 것은 자신이 살던 마
을에서 시행하고 있던 대포의사계大浦義社契가 실효를 내고 있었기
때문이다. 대포의사계는 항쟁이 발생한 1883년 한주가 살던 성산星山
이씨李氏 동족부락인 한개마을에서 결성된 것으로, 빈부 격차로 발생

23)《寒州先生文集》附錄 권2 行錄
　　辛巳 州民又大擾 迫州牧出境外 因擁里(전형적 班村인 한개부락 - 인용자)中爲惡將
　　入 相戒日愼勿入讀書 李進士宅(辛巳(1881년)는 癸未의 誤記임)

한 일족 내의 갈등 특히 부세 분배를 둘러싼 갈등과 대립을 해소하고
성리학적 향촌질서와 윤리를 확립할 목적으로 설립되었다. 대포의사
계는 3백 냥의 자금을 마련해 의장義庄을 설치하고, 그 수입 백여 석
으로 가난한 일족들의 부세를 대납하고 흉년에는 구휼사업도 행하였
다.24) 대포의사계는 이승희가 결성을 주도했지만 그것은 어디까지나
부친이자 스승인 한주의 지도와 승인 아래 만들어진 것이었다. 이 경
험의 의거해 한주는 사회적 분열과 대립이 격화되면서 무너져가던 향
촌사회를 상부상조하며 화합하고 연대하는 윤리적 사회로 되돌리기
위해서는 향약만한 것이 없다고 보았다. 이에 신임 목사에게 향약의
시행을 민심안정책으로 건의하였고, 목사는 그 자문을 수용해 1885년
성주 전역에서 향약의 시행을 추진하였다. 목사는 한주에게 향약의
약문을 제정하고 시행을 주관하도록 의뢰하였다.

이때 시행된 성주향약은 여씨향약〔藍田呂氏鄕約〕에 주자의 백록동
규白鹿洞規를 첨부한 것으로 전해지지만 그 약문은 남아 있지 않다.
대신 이 향약을 보완한 성산향약이 남아 있는데, 성주향약 시행 7년
뒤인 1891년 한주의 아들 이승희가 성주향약에 일부 내용을 첨가해
만든 것으로, 이를 통해 성주향약의 대강을 살펴볼 수 있다.25) 성산
향약의 약문을 검토하면 4개의 강목과 35개의 절목 및 운영규정으로
이루어져 있다. 이 향약의 강목과 절목은 기본적으로 여씨향약呂氏鄕

---

24)《大溪集》권31 大浦義社契案序
　　我李之奠于大浦且三百年矣 宗族廊廡炊爨寔繁 貧富不均 甘苦殊情 重以政綱日紊 貧汚
　　剝割 每値科外徵索 逐戶排配 互相怨嫉至於禍亂 飢荒之迫則漸路人矣.
　　《大溪集》권5 大浦義社條約
　　一立社之意 將以奉公恤私 勸善懲惡 利用厚生 興禮悖俗 云云.
25)《寒州先生文集》附錄 권2 年譜
　　乙酉(1885년 -인용자) 遂與鄕裏士友定鄕約 先生以儒化不振 鄕俗頹敗 嘗因州牧李候
　　周夏之問 而請行鄕約李候樂聞之 要爲請定條目 且令一州通行 旣而李候去 先生因是會
　　而申其議 大要以藍田呂氏之約爲主 而兼寓朱子庶洞之規.

約을 따르고 있고 다만 일부 절목에서 한말 성주사회의 조건을 고려해 새로운 내용이 첨가되어 있다.26)

약문의 내용을 검토하면 성주향약은 기본적으로 천주교나 동학 등 반체제 사상의 확산을 막고 성리학적인 가족윤리와 신분제적인 향촌질서를 재건하는 것을 목표로 삼고 있다. 그러면서도 후술하겠지만 성주향약에는 전통 향약에서는 찾을 수 없는 새로운 내용이 추가되었던 것으로 보인다. 전통 향약만으로는 결코 동요하는 향촌사회를 안정시킬 수 없다는 것을 누구보다도 한주 자신이 잘 알고 있었기 때문이다. 그는 1862년의 농민항쟁을 경험하면서 국가와 향촌사회를 안정시킬 체계적인 개혁안을 《묘충록》으로 제시한 바 있었다. 그런 까닭에 향약이 향촌안정에 기여하려면 최소한 그 개혁안 가운데 향촌 차원에서 실행 가능한 내용만이라도 포함되어야 한다고 생각하였다. 또한 한주는 당시의 혼란과 갈등이 외세의 침략과도 연관되어 있음을 잘 알고 있었다. 말하자면 향촌사회를 진정시키기 위해서는 민생을 안정시킬 개혁방안과 외침에 대한 대비책이 향약을 통해 동시에 추진되어야 하는 것이었다.

이에 한주는 성주향약에 자신의 개혁론과 연계된 새로운 약문을 추가하였던 것으로 보이고, 그 시행을 아들 이승희가 주관하게 하였

---

26)《大溪集》권30, 星山鄕約 辛卯(1891년)
　　約 倣呂氏鄕約立網 而節目則少異.
　　새로 첨가된 절목 내용 가운데 주목되는 것은 과실상규過失相規에 '몸가짐을 삼가지 않는 것[持身不謹]' '일족의 화목을 깨는 것[不睦于族]' '법령을 두려워하지 않는 것[不畏法令]' 등이다. '몸가짐을 삼가지 않는 것[持身不謹]'은 동학이나 천주교를 믿는가 유언비어를 유포하는 행위를, '일족의 화목을 깨는 것[不睦于族]'은 일족 내부에서 질서 및 결속을 해치는 행위를, '법령을 두려워하지 않는 것[不畏法令]'은 부세 납부에 불성실하고 고의로 국가의 법령을 위반하는 행위를 규제하는 내용이다. 환난상휼患難相恤에서는 '굴욕 당한 자 돕기[屈辱有扶]' 절목이 추가된다. '굴욕 당한 자 돕기[屈辱有扶]'란 향리나 군교 등 지방관원이나 서민들이 정당한 사유 없이 사족을 능욕할 경우 작은 사건은 사족들이 합좌해 처벌하고 큰 사건은 관에 고발해 치죄한다는 내용이다.

다. 그러나 성주의 향약 보급운동은 1886년 이진상이 세상을 떠나고 그 실무를 맡았던 이승희 또한 부친의 3년상을 치르게 되면서 더 이상 진척되지 못하였다.

이승희는 3년상을 마치자 부친의 유업을 이어가는 활동을 적극적으로 펼쳤다. 그 시작이 1899년에 결성한 유동방약柳洞坊約이었다.[27] 유동柳洞은 현재 월항면 유월리의 버들이 마을(柳村 혹은 柳等)로, 여기서 시행된 유동방약은 사창社倉과 향약鄕約을 결합하였다. 유동방약은 구휼기능을 하는 사창과 향약을 결합한 일종의 마을 단위의 사창계社倉契였다. 1885년의 성주향약은 사창과 결합되지 않았으나 당시 상황에서 의장이나 사창과 결합되지 않은 향약이 민생 안정과 민심 수습에 효과가 없었다. 그 점을 개선해 유동방약은 사창과 향약을 결합하였다.

유동방약의 주요 강목은 (1) 성리학적 인륜 확립〔明人倫〕, (2) 민업民業 장려〔勸民業〕, (3) 국법 준수〔嚴邦典〕, (4) 마을 풍속을 바로잡기〔正鄕俗〕 등으로 여씨향약의 4대 강령체제와는 다르다.[28] 그 약문을 여씨향약과 대조하면 명인륜明人倫, 정향속正鄕俗에서는 내용상 큰 차이가 없다. 그러나 권민업勸民業은 여씨향약에서는 찾아볼 수 없는 내용으로, 이 항목에서는 사업士業·농업·공업·상업의 네 부문으로 나누어 장려할 내용을 제시하고 있다. 여기서 주목되는 것은 사업士業의 장려 범위에 유학자〔士〕들이 전통적으로 중시해 왔던 도학道學과 경학經學은 물론이고 경시 내지 천시해 왔던 병兵·농農·율律·역易학의 사공학事功學, 천문·지리·의醫·산算·복卜·역譯학의 상수학象數學,

---

27) 유준기, 〈한계 이승희의 사회개혁사상〉, 《건국대대학원논문집》 23, 1986.
28) 《韓溪遺稿》 6, 〈坊約序〉, 14쪽.
　　州之地有坊曰柳洞 其民力稼穡畏法令 … 歲己丑(1889년 - 인용자) 冬合一契 名之曰坊約 置約正副正直月掌其政別差公員 掌金穀 約曰明人倫·勸民業·嚴邦典·正鄕俗·立約法 蓋今之坊旣古之鄕若黨也 是將因崇安之意倣藍田之規 而寓周之法也.

서書·화畵·궁弓·총銃의 기예학技藝學까지를 포함시키고 있다.[29] 이는 주周의 육예六藝 교육을 계승한 것으로 말하자면 유학자들에게 인문·경세학을 비롯해 인간 생존에 필수적인 자연과학과 공학, 군사학 그리고 예술 분야의 전문지식을 공부하고 생산하도록 요구하는 것이었다. 이는 도학과 경학 공부만으로는 당대의 사회적 모순과 외침을 해결할 수 없다는 문제의식을 보여주는 것으로, 내수외양이라는 당대의 시대적 과제를 감당하기 위해서는 유학자들이 반드시 실용적인 학문을 연구해야 된다는 것이었다.

그러한 문제의식에서 유동방약은 사업士業과 함께 농·상·공업도 중시하여 4업을 "천지의 공용功用이요, 인생의 통무通務"[30]라 하여 어느하나도 소홀히 할 수 없다 하고, 특히 농업과 상업을 장려할 것을 강조하였다. 유동방약은 산업 장려를 통해 민생을 안정시키고 향상하여 동요하는 사회를 안정시킴과 동시에 다른 한편으로 날로 확대되는 외세의 침략에도 대비하려 하였다.

이러한 특징이 보여주듯이 유동방약은 성리학적인 윤리기강과 향촌질서를 바로 세울 목적으로 만들어진 전통 향약과는 달랐다. 그것은 거기서 한 걸음 더 나아가 향약을 통해 향촌사회 안정과 외침에 동시에 대비하려는 진일보한 내수자강책을 추진하려 한 것이었다. 한주가 《묘충록》에서 구상하였던 개혁론은 계승하는 것이자 이를 더욱 진일보시킨 것이었다.

유동방약 시행을 계기로 성주에서는 유림층 주도로 다시 향약을 확대하는 운동이 일어났다. 한주의 죽음으로 향약의 시행이 답보상태에 머물렀던 것을 안타까워하던 유림들이 1891년 청천서원과 회연서

---

29) 《한계유고》 6, 〈柳洞坊約〉, 287쪽.
30) 위와 같음.

원을 중심으로 결집하여 이승희에게 성주향약을 보완하는 새로운 향약 제정을 요청하였다. 이승희는 이 요청을 받아들여 부친이 입약한 성주향약에 일부 내용을 첨가하여 성산향약星山鄉約을 만들었다.[31]

성산향약의 강목과 절목은 기본적으로 여씨향약呂氏鄉約을 따르고 있지만 그 내용에서는 차별성을 보인다. 덕업상권德業相勸의 절목을 보면 여씨향약이나 종래의 전통 향약과 공통되게 오륜의 덕목이 기본이 되지만 여기에 더해 종전 향약에서 볼 수 없었던 새로운 항목이 추가되어 있다. 6경 4서와 주자서朱子書를 위시해 송대의 성리학 대가의 학설을 궁구하여 밝히는 '능명경학能明經學', 병兵·농農·율律·역易·의醫·산算·복卜·역학譯學에 능통한 '능통술업能通術業', 사장詞章·서書·화畵·사어射御에 숙련되는 '능련기예能鍊技藝', 가사 경영과 부를 이루는 직업에 부지런히 힘쓰는 '능근사공能勤事功'이 그것이다.[32] 이 부분은 1899년에 만든 유동방약의 권민업과 같은 내용이다. 이러한 내용은 한주의 개혁론을 계승하여 성주향약을 진일보한 새로운 내수자강책으로 발전시킨 것이었다.

한편 1883년 농민항쟁 당시 농민층의 공격을 받았던 성주의 요호부농층은 항쟁이 진압된 후 빠르게 세력을 회복하였다. 그러나 이 층은 신임 목사와 유림층이 주도하는 향약 실시에는 적극적으로 동조하지 않았다. 향리 도한기는 1893년에 쓴 편지에서 중인中人층의 그러한 동향을 오로지 명리名利와 관직(仕宦)을 좇는 데만 급급할 뿐 소학小學·대학大學 등 유교 공부에는 관심이 없고, 간혹 동료 가운데 유학을 공부하는 자가 있으면 "학자가 될래? 군자가 될래?"하고 비웃으며 모자란 사람 취급한다 하였다.[33] 대신 이 층은 개항 후 빠르게 확

---

31) 《韓溪遺稿》 7, 〈年譜〉, 534~535쪽.
32) 《韓溪遺稿》 6, 〈星山鄉約〉, 295쪽.
33) 《管軒集》 권3 書 與權炳林 癸巳(1893)

대되는 곡물유통에 참여해 부를 축적하고 있었다. 개항 이후 대일 곡
물수출은 급속히 확대되었다. 성주 지역은 수출항 부산에 바로 연결
될 수 있는 낙동강을 끼고 있었던 까닭에 곡물이출穀物移出이 빠르게
확대되었다. 그리하여 1890년대 초반에 이르면 곡물이출 때문에 종곡
種穀 부족사태가 일어나기도 하였다.³⁴⁾ 또한 낙동강을 통해 외국산
면포가 수입되어 시장을 확대하고 있었다. 1870년대 말이 되면 성주
거리에서는 종종 서양산이나 일본산 면포로 옷을 지어 입은 사람이나
버선을 만들어 신고 다니는 여성들을 볼 수 있었다.³⁵⁾ 요호부농층들
은 향리직을 이용하거나 지주 또는 상인으로서 다른 지배층보다 앞서
유통경제에 참여해 부를 축적해 갔고, 그로 말미암아 소·빈농층과 경
제적 이해를 둘러싸고 대립도 심화되었다.

　이에 비해 1883년 농민항쟁을 주도했던 소·빈농층은 농민항쟁이
관군에게 무력 진압당하면서 엄청난 피해를 입었다. 다수의 지도자들
이 효수되거나 유배형을 받았고, 적극적으로 관여했던 이들은 모두
처벌을 받고 이후로도 줄곧 관청의 보복과 감시를 받았다. 1883년의
농민항쟁을 거치면서 농민들은 군현 차원의 지방권력은 물론이고 그
상위의 국가권력까지 개혁 대상으로 삼아야 비로소 삼정 모순의 해결
이 가능하다는 것을 깨닫게 되었다. 농민들에게 그러한 가능성을 열
어준 것은 동학의 성장이었다.

新政以講學爲最先急務　屢遭令飭　…令依令敎以小學大學……令吾儕中人　皆以名利仕宦
滔滔爲事　孰有肯有一分置心於此邊事乎　同儕中　惑聞對卷伊吾之聲　則莫不冷笑腹誹　指
以癡狂曰　汝爲學者乎　君子乎.
34)《管軒集》권18 對三政策 癸巳(1893년)
　近年異方來貿穀出他境故　所農之穀乃有不足之歎矣.
35)《邑誌雜記》衣服
　甚至於洋布洋紗　倭布倭繪之屬　惑極細縷　惑氈毯褙子　恬然出入於官庭　橫行於公廳野哉.
　위의 책, 鞋襪
　襪者不過足穿之物　而好奢者惑用細三升木　惑用洋布等屬.

2. 동학의 전파와 1894년 동학농민전쟁

2.1 동학의 전파와 동학군의 개혁운동

성주 지역에 동학을 전파한 것은 인접한 김산金山·지례知禮의 동학교도들이었다. 김산·지례의 동학은 상주로부터 전래되었는데, 상주·보은은 1880년대 후반 이래로 동학의 2대 교주 최시형이 자리 잡고 활동하던 동학의 본거지였다. 동학교단은 1880년대에 들면서 종전까지의 은둔적·수세적 자세를 버리고 경전을 간행하고 육임제六任制를 창설하는 등 조직을 정비하면서 적극적인 포교활동에 나섰다.[36] 당시는 동학에 대한 지배층의 탄압이 다소 느슨해졌고 일본과 서구 열강의 침략이 날로 확대하던 상황이라 반침략의 기치를 내걸었던 동학은 적극적으로 세력을 확대할 수 있었다. 성주에도 이 무렵 동학이 전파된 것으로 보인다.

그러나 성주 지역의 동학은 다른 군현에 견주어 그 세력이 크게 성장하지는 못했다. 1862년 농민항쟁 직후부터 유림들이 그 전파를 우려해 동학에 대한 감시와 단속을 지속해 온 데다 1883년의 농민항쟁이 실패하면서 관청의 감시가 더욱 강화되었기 때문이었다. 그리하여 1893년 보은에서 열린 교조신원대회에는 성주접에서 30여 명의

---

36) 天道敎史編纂委員會, 《天道敎의 百年略史》 上 제2편 隱道時代, 1980.

교도가 참석하였는데, 이 대회에 참가한 인근 지역의 동학교도가 선산접 100여 명, 상주접 160여 명, 인동접 40여 명, 김산접 100여 명, 안동접 40여 명이었던 것과 비교하면 성주의 동학은 인동, 안동과 함께 경상도에서 최하위 수준이었다.[37] 이때까지 성주의 동학은 최시형의 영향 아래 정치운동의 색채가 거의 없는 종교운동으로 발전했다고 할 수 있다.

성주의 동학은 보은대회 참가를 계기로 교세를 확대하고 사회개혁 세력으로 그 성격을 전환해 가기 시작하였다. 보은대회는 비록 교조신원을 목표로 한 종교집회였고 이를 위해 '척왜양창의斥倭洋倡義'의 민족적 기치를 내걸었지만, 그 참가자들의 현실적 처지를 반영해 이미 '보국안민輔國安民'의 사회개혁 색채를 강하게 드러내고 있었다. 비록 길지 않은 기간이었지만 2만여 명의 동학교도가 조직적으로 한자리에 모여 교조신원을 요구하는 시위를 벌였다는 사실은 농민층에게도 지배층에게도 엄청난 충격이었다.[38] 이듬해 봄 전라도 고부에서 전봉준이 이끄는 동학농민군이 봉기해 '보국안민輔國安民'의 개혁을 내세우며 전라도 일대를 석권하고 마침내 정부군과 전주화약을 체결하자, 경상도 일대에서도 동학군의 혁명운동이 개시되었다.

3월부터 관동수접주關東首接主를 칭했던 최맹순(최맹정)이 예천 소야리에서 공공연히 접接을 설치하여 농민들을 규합하였고, 6월이 되자 하루에 입도하는 사람이 천 명에 이를 정도로 급속히 세력이 확대되자 폐정개혁에 나섰다.[39] 7월이 되자 전봉준과 전라 감사 김학진이

---

37) 金義煥,〈1892·3년의 東學農民運動과 그 性格 —參禮聚會·伏閣上疏·報恩集會를 中心으로—〉,《近代朝鮮의 民衆運動》, 풀빛, 1982.
38) 보은취회의 소식은 성주에서 즉시 유포된 것으로 보인다. 가령 이승희의〈通論東學徒文〉은 바로 보은취회의 소식을 듣고 지은 것이다. 보은취회 소식뿐만 아니라 《討匪大略》에 金溝聚黨이 기록되어 있는 것으로 보아 남접농민군의 활동도 전해졌던 것이 아닌가 생각된다.
39) 申營祐,〈1894년 영남 예천의 농민군과 보수집강소〉,《東方學》44, 1984.

전주에서 회담을 갖고 '관민상화官民相和'의 원칙에 의거해 동학군의 집강소가 전라도 일대에서 폐정개혁을 위해 행정권을 행사하기로 합의했다는 소식이 전해졌다. 전라감사가 동학군을 개혁 주체로 인정했다는 소식이 전해지자 이에 고무되어 경상도에서도 동학의 세력 결집과 폐정개혁운동이 적극적으로 추진되었다. 성주의 동학교도들에게 직접 영향을 미쳤던 김산에서는 8월 초부터 도집강 편보언이 김산 시장에 도소都所를 공개적으로 설치하고 조직적으로 포교활동을 펼쳐 군내 동학이 미치지 않는 지역이 없을 정도로 세력이 확대되었다. 동학에 입도한 자들은 사족과 천류가 신분차별을 폐지하고 서로 공경하고 맞절을 하며 평등을 실천했고, 노비가 동학에 입도하면 그 상전은 대가 없이 속량할 수밖에 없었다. 김산의 동학군은 평소 권세를 부리고 부정을 저질렀던 토호나 관속들을 처벌하고 그 재물을 탈취하였으며, 농민들의 오랜 민원을 해결하는 데도 앞장섰다.[40]

　　동학농민전쟁이 이렇게 확대되자 성주 목사 오석영吳錫英은 사족들을 불러 대처방도를 논의하였고, 사족들의 의견에 따라 읍폐를 교구하고 향약 실시를 강화하는 조치를 발표하였다.[41] 그러나 동학의 개혁운동이 급속히 확대되는 상황에서 이러한 조치가 농민들의 동요를 진정시킬 수는 없었다. 성주의 동학교도들이 본격적으로 세력 확대에 나선 것은 8월 하순부터였다. 성주의 동학 접주는 읍내 시장 부근에 거주한 문용원文龍元이었다. 문용원과 함께 성주의 동학세력을 이끌었던 인물은 읍내에 거주했던 서달용徐達龍이었다. 이들은 문용원의 집에 공개적으로 접소를 설치하고 활동을 시작하였다.[42] 그러나

---

40) 《世藏年錄》 甲午 八月 初三日 初六日
41) 《星山誌》 권 4 儒望
　　都源默 … 甲午東擾 主倅吳錫永問以邑弊矯捄之方 逐條供對 嚴立課規除去民瘼 倣藍田約 以勸規交恤爲網 領依鹿洞規以扶正斥邪爲急務 開于明倫堂 設坊約于本坊 勸德業 敦風俗以圖永久不替.

성주의 동학은 인근의 김산金山·개령開寧·선산善山·지례知禮 등지에 견주어 세력이 작았고, 독자적으로 봉기해 개혁을 추진할 역량이 없었다. 이에 문용원은 김산·지례·상주·인동 등 인근 지역 동학교도들의 지원을 받아 개혁에 나섰다.

인근 지역 동학교도들이 성주로 들어와 활동하기 시작한 때는 8월 23일이었다. 지원군의 힘을 바탕으로 성주의 동학군은 이날부터 탐학한 아전들과 토호들을 공격하고 그들의 재물을 탈취하는 것으로 개혁활동을 시작하였다. 8월 23일 농민군의 공격을 받았던 인물은 천창泉倉의 진사 여명구呂命九와 장참판댁 차남 장순화張舜華, 도원리桃原里의 배덕립裵德立, 대산령大山嶺의 배좌수裵座首, 용전龍田의 이치우李致雨, 좌방리左方里의 배응천裵熊天 등이었다. 이들은 평소 관아와 향청을 거점으로 부정을 일삼고 위세를 부렸던 향리들과 양반토호들이었다.[43)]

물론 향리라고 모두 공격을 받았던 것은 아니었다. 도한구都漢求, 도한기都漢基는 향리를 역임했거나 현직에 있었고 두 형제 모두 읍내에 거주했지만 동학군은 "도아무개는 죄가 없다"며 공격을 하지 않았다.[44)] 사족층 또한 마찬가지였다. 향청에 관여하며 향리들과 결탁해 부정을 저질렀거나 부당하게 위세를 부렸던 토호들은 공격을 받았지만, 농민들의 곤궁한 처지를 개선하고 부세제도의 모순을 해결하고자 애썼던 자들은 피해를 입지 않았다. 가령 한개마을의 이승희 일가는

---

42)《東擾日記》甲午 8월 24일(《동학농민혁명 국역총서》3권 347쪽).
　《東擾日記》는 성주 향리 도한기가 작성한 성주의 동학농민전쟁 기록이다. 성주에 동학군이 활동을 개시한 1894년 8월 23일부터 동학군의 공격으로 읍내가 전부 불타는 9월 6일까지 성주에서 일어난 일을 날짜별로 자세히 기록하고 있다. 도한기는 성주에서 동학농민전쟁이 끝난 직후 그 기간 중에 자신이 본 것과 들은 것, 직접 관여한 일 등을 정리하였다.
43)《東擾日記》甲午 8월 23일(《동학농민혁명 국역총서》3권 346~347쪽).
44)《東擾日記》甲午 9월 6일(《동학농민혁명 국역총서》3권 371쪽).

피해를 입지 않았다. 이승희는 당시 부친 이진상의 개혁정신을 이어받아 부세제도의 개혁과 사창제의 시행이 민생안정에 필수적임을 역설해 왔고, 그 자신이 사창제를 확충하기 위해 애쓰고 있었다. 또한 그는 이해 봄 전라도에서 동학군의 봉기 소식이 전해지자 이에 대한 대책으로 공납과 요역의 대폭 경감을 제안하였다.[45] 이승희 일가는 종조부가 호조판서를 역임하는 등 성주를 대표하는 양반가였고, 동학 금압에도 앞장섰던 유림의 우두머리였지만 동학군의 공격을 받지 않았다. 의성 김씨 동족부락 사월리沙月里의 심산 김창숙 일가도 성주를 대표할 만한 사족 명문가였지만 동학군으로부터 아무런 피해를 입지 않았다. 김창숙의 부친 하강河岡 김호림金護林은 명문가의 종손이었지만 부락 내의 양반 자제들에게 장차 동학군이 지배하게 될 것이고 신분제는 폐지될 것이니 이러한 변화에 맞추어 처신해야 한다고 가르치는 등 진보적인 입장을 가지고 있었다.[46] 평소 이를 알고 있었던 동학군들은 사월리 앞을 지날 때 "여기는 김하강의 마을이다. 조심하여 범하지 말라!"고 서로 경계하여 사월리 전체가 아무런 피해도 입지 않고 동학농민전쟁을 넘길 수 있었다.[47]

---

45) 《東擾日記》甲午 9월 6일(《동학농민혁명 국역총서》3권 371쪽).
　　김산金山에서두 봉계鳳溪에 살았던 도사都事 정운채鄭雲采가 사족으로 집이 부유했으나 동학군의 피해를 입지 않았다. 봉계는 동학의 세력이 강성했던 지역이었고, 김산의 부호는 모두 동학군의 공격대상이 되었지만 유일하게 정운채만이 공격을 받지 않은 것은, 그가 자신이 소유한 논 6석 3두락지를 의장義庄을 만들어 종중에 희사해 빈곤한 일족을 도와주는 등 평소 덕행으로 존경을 받았기 때문이었다(《世藏年錄》甲午 10月 25日 기사 참조).

46) 《心山遺稿》권 5 雜記 躉翁七十三年 回想記 上篇
　　甲午東學蜂起 域內大亂 翁時與同學諸生做夏課 一日君出外郊 觀耕農移秧 招諸生使之前 日若等衣食於父母 徒讀古人書 知今天下爲何時 而彼農夫之勢若爲何如也 今日可與彼農夫共其勞 庶知粒粒辛 若之實也 諸生不敢違 至饁時 命與諸農奴相間環坐於樹陰下 而告之曰 今日則若等 俱是農夫 當問是老是少 不當問何貴何賤也 因使炊婢饁之 先於老奴 而次及於諸生 諸生多內懷不平 而不敢形辭色 饁已仍戒之曰 此天下之大變之會也 若等讀易而不知易之理可乎 若等異日宜思老夫之言 而講處世立命之方也.

47) 《心山遺稿》권4 先君子下岡府君遺事

다음으로 동학군들은 호남에서 집강소가 행정권 행사를 인정받은 사실에 의거해 수령을 면담하고 부세를 경감하는 개혁을 요구하였다. 8월 25일 이른 아침 동학군 대표 7명은 성주목사를 방문하고 부세개혁을 요구하였다. 동학군의 요구는 부세를 대폭 인하하는 것으로 내년 결가結價를 1결당 15냥, 호포전戶布錢을 봄·가을에 각각 6전씩 납부하는 것이었다. 목사는 동헌에서 주안상을 마련해 이들을 접대하고 그 요구를 수용하였다. 목사는 그 자리에서 부세 인하조치를 담은 영지令紙를 작성하고 이날 오후 동학군 1명, 장교 1명, 군뢰 1명으로 조를 편성해 영기令旗를 들고 읍내 각 동리를 순행하며 이를 공포하게 하였다. 이들이 개혁조치를 공포하며 순행하는 도중 동학군의 개혁활동과 목사의 대처에 울분을 느낀 관원 배태만이 이들을 가로막고 영지令紙를 빼앗아 찢고 욕하며 저항하는 소동이 벌어졌다. 동학군들이 배태만을 잡아들여 처단하려 하자 목사가 황급히 그를 관아로 압송해 영지를 찢은 벌로 곤장 10대를 때림으로써 어렵사리 그의 목숨을 구하였다.

부세개혁 조치가 공포된 이후에도 동학군은 향리와 토호들을 처벌하고 재물을 탈취하였다. 8월 25일에는 배숙현, 배경일 부자가와 배국언의 집을 공격했고, 그 다음 날에는 읍내 이원집, 이백원, 헌풍리 상

"갑오년에 동학당이 크게 일어나, 가는 곳마다 약탈을 하며 떼를 지어 휩쓸고 다니는 자들이 하루도 문 앞에 끊어지지 않았다. 그러나 그들 무리가 서로 일러 말하기를 〈여기는 김하강의 마을이다. 조심하여 범하지 말라〉고 하였다. 이리하여 사월리 일대는 아무 일도 없었다."
《心山遺稿》 권5 雜記 蘉翁七十三年 回想記 上篇.
甲午東學蜂起 域內大亂 翁時與同學諸生做夏課 一日君出外郊 觀耕農移秧 招諸生使之前 曰若等衣食於父母 徒讀古人書 知今天下爲何時 而彼農夫之勞若爲如何也 今日可與彼農夫共其勞 庶知粒粒辛若之實也 諸生不敢違 至饁時 命與諸奴相相間環坐於樹陰下 而告之曰 今日則若等 俱是農夫 當問是老是少 不當問何貴何賤也 因使炊婢饟之 先於老奴 而次及於諸生 諸生多內懷不平 而不敢形辭色 饁已仍戒之曰 此天下之大變之會也 若等讀易而不知易之理可乎 若等異日宜思老夫之言 而講處世立命之方也.

인 김사일, 봉산의 이항수의 집을 공격했다. 동학군의 공격은 조직적으로 이루어졌다. 처벌 대상을 미리 선별하고, 총과 환도, 창 등으로 무장한 5개의 체포조를 편성해 지역을 나누어 공격하였다. 동학군의 공격은 당사자를 체포할 경우 먼저 폭행하고 수백 냥에서 천 냥에 이르는 재물을 탈취하는 방식으로 전개되었다.[48] 그러나 체포 대상이 되었던 당사자들 상당수가 미리 피신하는 바람에 동학군은 그들 대신 가족이나 노비를 인질로 잡고 돈을 요구하였다. 이렇게 탈취된 재물은 주로 김산, 상주, 지례, 인동 등 인근에서 지원하러 온 동학교도들의 주둔 비용으로 사용된 것으로 보인다.

동학군의 개혁활동이 시작되자 가담하는 농민이 빠르게 늘어났다. 8월 24일 공개적으로 활동을 시작할 때만 해도 동학군의 규모는 인근 지역에서 지원 나온 자까지 합쳐 25~26명쯤이었고, 25일에 다시 김산, 지례에서 15명의 동학군이 더 가세하여 40여 명 정도가 되었다.[49] 비록 소수였지만 이들이 개혁활동을 펼치자 동학군에 가담하는 자가 빠르게 늘어났는데 성주 장날이었던 8월 27일 문용원 접주집에 모인 동학군만 백여 명에 이를 정도였다. 불과 이틀 사이에 그 수가 배 이상으로 늘어난 것이다. 도한기는 이때의 상황을 동학군이 "모인 지 며칠이 지나지 않았는데 그 무리들의 수가 쉬지 않고 늘어났다"고 하였다.[50]

이때 동학군에 가담한 자들은 생존 위기에 내몰렸던 하층민들과 동학의 이념에 동조하였던 양반들, 그리고 동학군의 기세가 두려워 생명과 재산을 보존할 목적으로 동학에 입도했던 일부 향리나 부호, 양반들이었다.[51] 실제 성주로 지원 나온 외부 동학군의 구성을 보면

---

48) 《東擾日記》甲午 8월 25일(《동학농민혁명 국역총서》 3권 348~350쪽).
49) 《東擾日記》甲午 8월 24일(《동학농민혁명 국역총서》 3권 347쪽).
50) 《東擾日記》甲午 8월 25일(《동학농민혁명 국역총서》 3권 353쪽).
51) 《東擾日記》甲午 8월 25일(《동학농민혁명 국역총서》 3권 52쪽).
    "고을과 마을을 가리지 않고 이 무리들이 한번 지나가면, 무리들이 날로 번성한

떠돌며 행상이나 금광에서 일하던 광부 출신이 다수였고, 상주에서
온 신씨 성을 가진 향리도 있었다.[52] 그 향리는 동학군의 위세에 굴
복해 동학에 입도한 자는 아니었고 자진해 성주로 지원 나올 정도로
열렬한 동학교도였다. 성주에서도 작촌鵲村에 사는 강진사姜進士는 재
산이 넉넉한 양반으로 이전부터 입도한 동학교도였다.[53] 성주의 동학
군 구성도 이와 다르지 않았다. 당시의 상황을 《성산지星山誌》에는 다
음과 같이 기록하고 있다.

> 갑오년에 호남의 최복술(최재우의 초명—필자)이 스스로 동학을 칭
> 하면서 도당을 불러모아 도처에서 난을 일으키니 8도가 소란했다. 8월
> 이 되자 (동학군들이—필자) 읍내로 돌입하여 접接을 세우고 도당을 모
> 으니 우맹패류愚氓悖類들이 다투어 그 당에 들어갔다.[54]

그러했던 까닭에 성주에 진입하였던 일본군은 이 지역의 동학당이
대부분 가짜 동학도[僞東學]들이었다고 보고하였다.[55]

2.2 지방관아세력의 반격과 동학농민군의 성주읍성 점령

동학군이 개혁활동을 펼치고 이에 호응하는 농민층이 하루가 다르
게 늘어나자 그들의 공격을 받았던 지배층들은 심각한 위협을 느꼈

다. 대부분 자원해서 무리에 들어간다고 하는데, 재해를 당해 굶주린 사람들과
도둑 같은 무뢰배들까지 따라서 들어가지 않음이 없다. 이것도 오히려 부족하다
고 말할 수 있으니, 심지어 대대로 향리의 역을 맡은 자들이나, 이름이 나고 크
게 번창한 집안 또한 그들의 엄청난 기세가 두려워 화를 면하기 위하여 종종 저
들의 무리에 이름을 올린다."

52) 《東擾日記》甲午 8월 25일(《동학농민혁명 국역총서》3권 351쪽).
53) 《東擾日記》甲午 8월 26일(《동학농민혁명 국역총서》3권 355쪽).
54) 《星山誌》권2 叢談
55) 韓㳓劤, 《東學과 農民蜂起》, 일조각, 1983, 152쪽.

다. 동학군이 활동을 개시한 지 닷새 만에 읍촌에서 동학군의 공격을 받고 재물을 빼앗겼던 자가 30명을 넘었다. 이들은 더 이상 피해를 입지 않기 위해 동학군을 제압할 대책을 강구하려 했다. 여기에 앞장선 것은 동학군에게 집중적으로 피해를 입었던 읍내의 향리와 관속, 토호들이었다. 그러나 동학군 진압에 앞장서야 할 성주 목사는 동학군의 위세에 눌려 그들의 요구에 순응하려 할 뿐 대적할 의지를 보이지 않았다. 목사는 동학군이 관아로 방문하자 공손히 접대하고 이들을 도인이라 부르면서 그 요구를 선선히 수용할 뿐 아니라 심지어 지시를 내려 이들에게 제공할 200냥을 긴급히 마련하게 하였다.[56] 이로 말미암아 피해를 입었던 향리와 관속들은 목사와 상의 없이 독자적으로 세력을 결집해 동학군을 공격할 계획을 세웠다. 이들은 성주의 토착 동학세력이 미약하고 새로 동학에 가담한 자들이 아직은 소수인데다 조직화되어 있지 못한 점에 주목해 인근에서 지원 나온 동학군만 물리치면 성주에서 동학군을 진압할 수 있을 것으로 보았다.

　향리와 장교, 감옥사령 등 관속들이 읍군邑軍을 결성해 동학군을 공격한 것은 8월 28일 밤이었다. 먼저 이들은 동학군에게 술과 음식을 보내 경계와 방비를 풀게 만들었다. 그런 다음 자신들과 거느리고 있던 초군과 머슴들을 성밖 송대松坮에 결집시켜 무장시키고 기습적으로 동학군을 공격하였다. 동학군 공격에 가담한 읍군의 수는 100여 명에 이르렀다. 이들이 공격을 개시하자 동학군은 관아로 난입해 옥문을 부수고 군영과 읍의 죄수들을 풀어주며, 군기고를 깨뜨려 총칼과 탄환을 탈취해 대항하였다. 그러나 그 수가 적고 조직력이 약했던 까닭에 얼마 지나지 않아 무너졌다. 읍군은 이 공격에서 동학군 18명을 살해하고, 읍내에 있던 접주 문용운과 서달용의 가옥을 불태웠다.

---

56) 《東擾日記》甲午 8월 26일자(《동학농민혁명 국역총서》 3권 355쪽)

전세가 불리해지자 살아남은 동학군들은 밤을 틈타 읍내를 탈출하여 김산, 지례 등지로 도주하였다. 읍군의 공격은 이튿날에도 계속되어 동학교도였던 진추와 망건상인 장가의 집을 불태웠다.[57]

읍군은 읍내에서 동학군을 제압하고 구축하는 데 성공했지만 바로 인근 지역 동학군의 보복에 대비하지 않을 수 없었다. 18명의 동학군이 희생되었기 때문에 세력이 강했던 인근 지역 동학군이 가만히 있을 리 없었다. 읍군은 공격이 끝나자 무장을 풀지 않고 읍내 장대 교장에 머물면서 동학군의 공격에 대비하였다. 이 소식을 들은 도한기는 수성조목守城條目을 작성하여 보다 체계적으로 동학군의 공격에 대비하도록 도왔다. 이 조목에 따르면 관속과 성내외의 각동에서 호당 1명씩 차출한 장정으로 읍성을 방위하고, 각 면의 동마다 연락책을 두어 동학군이 나타나면 바로 관에 보고하게 하였다. 또한 새로 동학에 가입하거나 동학교도로 활동하는 이가 적발되면 타살하고 가옥을 파괴하고 가산을 몰수하게 하였고, 동학군을 격퇴하는 데 공을 세운 이들을 포상하게 하였다.[58]

성주목사는 사태가 진정되자 동학군을 격퇴한 경과와 사후조치를 순영에 보고하였다. 순영은 그 보고에 대해 "난리를 일으킨 무리들을 모두 죽여서 쫓아버린 것과 백성을 위하여 해악을 제거하는 것"은 매우 통쾌한 일이었다고 높이 평가하면서도, 동학군을 격퇴하는 과정에서 "법을 제대로 시행하지 않고 마음대로 죽이고 마음대로 불을 지른 것은 매우 놀랍다"고 비판하면서 이러한 보복이 동학도의 불법행위와

---

57) 《東擾日記》甲午 8월 28일(《동학농민혁명 국역총서》3권 357~358쪽)
  《星山誌》권2 叢談
  邑人不勝憤惋 募集精壯 發軍器 乘友直擣巢窟 刺殺十餘名 餘黨皆逃散.
  《世藏年錄》甲午
  星州諸吏 殺東投數十 恐有後慮 招聚邑近洞民 日夜守直.
58) 《東擾日記》甲午 8월 28일(《동학농민혁명 국역총서》3권 359~361쪽)

무엇이 다를 것이냐고 나무랐다. 그리고 동학군의 보복 공격에 대비하는 것은 좋지만 동학군의 봉기로 민심이 동요하는 상황에서 많은 사람들을 방어에 동원하는 것은 바람직하지 않다고 하였다.[59]

　한편 읍군의 공격을 피해 탈출한 동학군들은 즉각 김산·지례·상주 등지로 퇴각해 그 지역 동학지도부에 피격사실을 보고하였다. 성주 동학군의 피격사실을 보고 받은 상공접尙公接과 충경접忠慶接은 상주, 김산의 동학군을 대거 파견해 성주읍을 공격하기로 결정하였다. 그리하여 9월 초부터 성주읍에서 북쪽으로 15리가량 떨어진 초전면 대장리 대마大馬장터로 무장한 동학군들이 속속 집결하였고, 그 수가 만 명에 이르렀다. 동학군의 공격이 임박하자 읍내 향리와 관속, 토호들도 이들에 맞서 결전을 준비하였다. 그러나 성주 목사 오석영吳錫永이 지레 겁을 먹고 밤을 틈타 도주하였고, 그 소식이 전해지자 향리와 관속들 또한 전의를 상실하고 뿔뿔이 도망하여 읍내 방어는 무산되고 만다. 동학군은 아무런 저항도 받지 않고 다시 성주읍을 점령하였고, 동학군 공격을 주도하였던 읍내 향리들의 집을 부수고 불을 질렀다. 이때 동학군을 이끌었던 지도자는 상주접 소속의 여성탁과 장여진 등이었다.[60] 때마침 큰바람이 불어 불은 순식간에 인근의 민가로 번졌고, 이후 3일 동안 천여 호의 집을 태워 읍내를 잿더미로 만들었다. 9월 6일의 일이었다. 읍내를 점거한 농민군들은 송대松臺에 군막軍幕을 설치하고 서리 및 부호들의 재산을 몰수하는 등 농민지배를 재개하였다.[61]

59)《東擾日記》甲午 9월 1일(《동학농민혁명 국역총서》3권 363쪽)
60)《討匪大略》
　十日月二十七日　進軍向互池　擒接司呂聖度 … 呂賊包率數千人　往星州陷城　奪軍器軍木　自尙州變後更圖起句者也.
　十二月六日　曉發至水石　砲殺自稱左翼將張汝振 … 張汝振卽賊魁左翼將　而再陷星州性擾奪水石李台家產者也.
61)《星山誌》권2　叢談

경상감사는 성주읍이 함락되고 천여 호의 인가가 불탄 사건을 즉시 조정에 보고하였다. 고종은 당일로 목사 오석영을 파직한 대신 조익현趙翼顯을 신임 목사로 임명하고, 경상감영에 급히 군대를 파견해 동학군을 진압하고 그 두목을 참수하라고 지시하였다.[62] 감영은 일본군에게 동학군 진압을 요청하였고, 이에 따라 무장한 일본군 백여 명이 성주로 출동하였다. 일본군이 성주로 진격한다는 소식이 전해지자 동학군은 김산, 상주 등지로 후퇴할 것을 결의하였다.[63] 동학군의 대부분이 김산, 지례, 상주 등지에서 와서 성주의 지리에 어두운 데다 읍내 민가가 전부 불에 타 제반 여건이 일본군을 상대하기에 부적합하였기 때문이다. 동학군이 김산·상주 등지로 퇴각하면서 성주에서의 농민전쟁은 끝이 났다.

소빈농층 주도의 반봉건투쟁은 동학농민전쟁에서 최고단계에 도달하였다. 비록 동학의 종교조직에 의거해 이루어진 것이나 조직면에서

其後徒黨 大會於大馬市 謂欲報讐入邑 誇張聲勢 牧使吳錫泳大生恐怖 夜深逃避 厥明邑人知之 爭相避匿城內一空 東徒只是虛聲而已 不敢卽入 將欲由樹村向高靈 聞主倅逃亡邑內一空 轉入西城 逐戶衡火 以及城北時 則狂風大作 頃刻之間 近千戶人家燒盡無餘 烟焰漲天 灰燼滿地 臊腥焦羶之臭 達於數十里 … 蓋九月初六十也 東徒設幕於松臺高處 家家府庫 恣意收取 金貨酒肉 積聚如山.
《大溪集》권34 星山李公墓碣銘
甲午東匪猖獗適 州牧馳書有棄城意 公陳防禦之策 請守死勿去 竟潛逃 匪類肆行
《世藏年錄》甲午
東徒各起句率 各持銃槍 四面雲集 幾乎萬名 留陳於代馬市 朝夕之供 自附近村擔任 民皆魚肉 星牧吳錫永慌 惘夜逃 諸吏亦四散 匪類湊入府中 一時衡火 近千戶人家 三日連燒 烟霧長旦百餘里 不燼者 惟公廨而已 諸東家錢財與布帛與寶貨與衣件 莫不偸窃埋地也.
62)《承政院日記》고종 31년 甲午 9월 9일
又以議政府言啓日 卽見嶺伯電報 則匪徒幾百名 將入星州 … 牧使吳錫泳 爲先罷黜 亟令王府
掌問嚴勘 其代以僉知中樞院事趙翼顯差下 當日給馬下送 仍命該道臣 另飭梱鎭 剋日調兵剿捕
先斬其渠魁 形止登聞事 三顯鈴知妾如何 傳日允.
63)《星山誌》권2 叢談
數日後 自監營送日本軍隊百餘名 未及到着 徒黨知機逃走.

군현 단위의 고립 분산성을 극복하고 전국적 공동투쟁을 전개하였고, 투쟁 목표에서도 군현 차원의 부세제도 개혁을 넘어 국가적 차원의 정치개혁, 경제개혁, 사회개혁을 추진하였다. 그 전개방식도 먼저 물리력으로 지배계급을 압도하고 농민군이 주체가 된 권력을 수립하여 부정한 향리와 토호들의 재산을 빼앗고 처벌하면서 부세제도와 신분제를 개혁하였고, 나아가 특권 벌열세력이 독점하고 있던 정치권력을 민생 안정을 우선시하는 민본 권력으로 개혁하고자 하였다. 다른 한편 농민군은 일본의 침략에 맞서 반침략투쟁도 전개하였다. 남·북접 연합으로 가장 많은 동학군이 참가한 2차 봉기는 오로지 일제의 침략의 물리치기 위한 반침략투쟁이었다. 요컨대 동학농민전쟁에서 농민군은 군현 차원의 고립성을 극복하고 스스로를 반봉건 반침략운동의 주체로 결집시켜 갔던 것이었고, 그것은 곧 근대 민족으로의 성장과정이자 민중적 민족주의의 형성 과정이었다.

그러나 성주의 동학농민전쟁을 살피면 거기에는 한계도 뚜렷하였다. 성주의 농민전쟁도 동학농민군의 전국적인 개혁운동의 일환으로 전개되었다. 동학군이 성주에서 펼친 개혁활동은 두 가지로, 성주 목사에게 결가와 군포의 감액을 요구해 이듬해부터 실시하기로 약속을 받아낸 것과 부정한 향리와 토호를 처벌하고 재물은 탈취한 것이 전부였다. 그 가운데 부세개혁은 19세기 후반 성주 사회 자체에서 추진되어 온 부세개혁을 계승하는 것이자 동학농민군의 전국적인 개혁운동의 일환으로 이루어진 것이었기 때문에 그 의의가 크다. 이에 비해 성주 동학군의 활동에서 주조를 이루었던 부정한 향리·토호 처벌은 개혁활동으로는 한계가 있었다. 이들로부터 재물을 탈취하는 데 주력하였을 뿐 이를 정치적, 사회적, 경제적 개혁운동으로 발전시키지 못했기 때문이다. 성주 동학농민전쟁의 한계는 반침략투쟁에서는 더욱 뚜렷이 드러났다. 성주 동학군의 활동에서 당시 진행 중이던 일본군의 침략을 경계하고 대비하는 활동은 찾아볼 수 없었다. 동학군이 성주에서 활동을 개시한 때는 호남의 동학군은 일본군을 공격하기 위해 서둘러 재기포再起包를 준비하고 있었고, 예천에서는 이미 일본군이 동학군을 공격한 때였다. 그럼에도 성주 동학군의 활동에서는 일본군 공격에 대해 관심을 갖거나 경계한 흔적을 찾기 어렵다.

　성주의 동학세력은 일본군의 공격을 피해 김산으로 이동한 동학군을 따라간 것으로 보이지만 이들의 이후 행적을 보여주는 자료는 아직 발견되지 않고 있다. 북접의 동학군이 관군과 일본군의 공격으로 궤멸되면서 성주의 동학세력도 자취를 감춘 것으로 보인다. 성주는 동학농민전쟁으로 읍내가 전부 불타는 막대한 피해를 입었다. 그런 까닭에 이 전쟁이 진압된 후 동학교도는 물론이고 이와 관련된 자들은 전부 처벌 혹은 보복을 받아 자취를 감출 수밖에 없었을 것이다. 이를 계기로 1862년 농민항쟁 이후 성장해 왔던 성주의 소빈농층 주도의 개혁운동 또한 재기불능 상태로 파괴되고 해체되었다.

제3장

한말 유교지식인층의
현실 인식과 국권회복운동

1. 한계 이승희의 내수자강 개혁론과 국권회복운동

1.1 내수자강론의 형성과 〈의진시사소擬進時事疏〉의 국권회복론

청일전쟁에서 승리하고 동학농민전쟁을 무력 진압한 일본은 조선을 식민지로 점유하려 하였지만 한반도에 새로운 강자로 부상한 러시아의 견제로 후퇴하지 않을 수 없었다. 일본의 적극적인 외교활동과 독립협회 운동의 영향으로 한반도에서 열강들 사이에 일시적 세력균형이 형성되자 대한제국은 그 기회를 활용해 광무개혁을 추진하였다. 그러나 그 개혁이 미처 성과를 내지 못하는 사이 일본은 영국·미국과 차례로 동맹을 맺고 러시아를 상대로 전쟁을 일으켰다. 영국과 미국의 재정적·군사적 후원을 등에 업고 육전에서 승기를 잡은 일본은 동해에서 러시아 최강 전력 발틱 함대를 격파하면서 승리로 전쟁을 마무리지었다.

일본은 러일전쟁에서 승리하자 영국과 미국의 국제적 엄호를 받으며 대한제국을 식민지로 만드는 침략을 서둘렀다. 을사조약이 강요되어 외교권이 박탈되고 통감부가 설치되어 내정간섭이 하루가 다르게 늘어났다. 일본 상인·사업가·지주들도 식민지 초과이윤을 노리고 경쟁적으로 조선으로 진출하여 경제적 요충을 장악해 들어갔다.

민족 위기가 급격히 고조되자 전국에서 들불처럼 국권회복운동이

〈사진 3-1〉 한주 이진상 생가 사랑채

일어났다. 성주에서도 국권회복운동이 일어났다. 성주에서 국권회복운동을 선도하였던 인물은 이승희였다.

  이승희의 사유체계와 사상형성에 결정적 영향을 미친 인물은 그의 부친이었던 한주寒洲 이진상李震相(1818-1886)이었다.[1] 이승희는 한주가 29세 되던 해인 1847년에 태어났다. 이승희가 유년기 처음 글을 배우고 공부를 시작하게 되던 시기는 부친 한주가 과거를 단념하고 오로지 학문에 전념하기로 마음을 굳히고 성리설 연구에 몰두하던 때였다.[2] 그러했던 까닭에 한주는 충실히 퇴계의 가르침을 따라 이승희를 교육하였다. 그 공부는 철저히 성현을 본받는 학습을 기본으로 거경궁리居敬窮理하는 것이었다. 이러한 교육을 두고 장석영은 이승희의 행장에서 "가저家底에서 귀와 눈에 물든 것은 모두 성현이 말한 의리

---

1) 한주 이진상의 생애와 학문에 대해서는 다음 연구 참조. 홍원식, 《한주 이진상의 생애와 사상》, 예문서원, 2008.
2) 이승희의 생애는 다음 자료에 의거해 정리하였다. 《韓溪遺稿》 7, 〈韓溪先生行狀〉 (張錫英撰), 508~527쪽과 〈韓溪先生年譜〉(李基元撰), 527~565쪽.

〈사진 3-2〉 한주 이진상 사랑채 현판

의 글이요, 천인에 대한 성명性命의 학설"이었고, "오로지 성리학에
정진하여 책을 읽고 사색하며, 그 이치를 궁리하여 귀추를 밝혔다"고
썼다.3)

이승희는 이러한 교육으로 여러 경사經史에 박통하게 되었을 뿐
아니라 성리학의 이기론理氣論에도 깊이 있는 이해를 갖게 되었다.
이승희가 가학으로 성리학에 몰두했던 시기는 이진상의 '심즉리설心卽
理說'이 완성되던 시기였다. 이진상의 '심즉리설'은 도덕의 근본성격을
참으로 인식하고, 이를 현실사회에서 실현 내지 구현하도록 성리학의
목표와 지향 그리고 그 구체적인 공부의 방법을 재정립하려 한 유교
개혁론이었다. 이승희는 한주의 이러한 고민을 곁에서 직접 살피고
체감할 수 있었던 까닭에 '심즉리설'에 깊이 공감하고 이를 자신의 학

3)《韓溪遺稿》7,〈韓溪先生行狀〉, 510쪽. 이 행장에서 장석영은 그 교육의 보다 생생
  한 모습을 다음과 같이 서술하였다.
  "부자가 한방에 거처하면서 강의하고 질문하며 논변하여 아들이 옳은 것이 있으
  면 아버지는 아들의 도움을 받지 않을 수 없고, 의심나는 곳이 있으면 아들은 감
  히 아버지라 하여 구차스럽게 합하지 않으므로 보는 사람들이 "서산의 부자가 지
  금 세상에 다시 나타났다"고 하였다."

문과 삶의 확고한 지표로 받아들였다.

이승희는 경세론에서도 부친의 영향을 크게 받았다. 한주는 당대의 혼란과 위기를 해결하기 위해서는 유학개혁을 바탕으로 나아가 민생을 안정시키고 외세의 침략으로부터 나라를 지킬 수 있는 내수자강內修自强의 국정개혁과 사회적 실천이 절실하다고 보았다. 그러한 문제의식에서 1862년 삼정책三政策을 작성하였고 이를 더욱 발전시켜 49세 되던 해인 1866년 《묘충록畝忠錄》으로 완성하였다.4) 이승희는 《묘충록》을 쓰게 된 부친의 고민을 직접 곁에서 보았기 때문에 그 개혁사상에 정통하였고 특히 부친의 교육개혁사상에 깊이 공감하였다.

이승희는 척사위정사상에서도 부친의 영향을 강하게 받았다. 한주가 자신의 사상체계를 확립하고 경전 강회 등으로 유교개혁운동을 활발히 전개하고 있을 무렵 조선의 개항이 이루어졌다. 개항 이후 조정은 청국과 일본에 시찰단을 파견하고 1881년 청의 외교관 황준헌이 쓴 《조선책략》을 배포하며 개화정책에 본격적으로 나서자, 영남 유림들이 척사위정을 주장하며 만인소 운동을 일으켰다.

한주는 영남 유림의 추대를 받아 만인소 운동의 부소수副疏首로 척사위정에 앞장섰다. 한주는 이 운동에 참여하는 유생들 모두에게 척사소斥邪疏를 짓도록 독려하였다. 이승희도 이때 부친의 명을 받고 〈청척양사소請斥洋邪疏〉를 지었는데 그 글에서 그는 야소교와 천주교를 군주와 부모를 부정하는 사설邪說로 배척하고, 통상개화는 많은 비용을 소모하고 채무를 증가시킬 것이므로 서둘 필요가 없다고 비판하며, 황준헌의 '친중국, 결일본, 연미국'론에 대해서도 중국·러시아와 연대하여 미국과 '서적西敵'인 일본의 침략을 막아야 한다고 주장

---

4) 묘충록의 국정개혁안에 관해서는 다음 연구 참조. 우인수, 〈한주의 경세론 - 《묘충록》에 나타난 한주의 국정개혁론〉, 《한주 이진상연구》, 도서출판 역락, 2006.

하였다.5)

이승희의 민족문제 인식에 또 다른 영향을 미친 것은 만국공법사 상이었다. 그가 만국공법사상을 수용하게 된 계기는 청일전쟁과 명성 황후 시해사건이었다. 이승희는 일본의 만행에 치를 떨며 곽종석과 상의하여 강구상·윤주하·장완상·이두훈 등과 연명으로 일본의 만행을 국제적으로 제재할 것을 요청하는 호소문을 작성하여 각국 공관 앞으로 보냈다. 그는 〈以討日本國事通告天下各國公館文〉에서 일본공사 미우라의 만행은 천하만국 어디에서도 용납될 수 없는 패역행위라 규정하고, 국제사회가 이를 단죄하지 않고 방관한다면 천하만국에 우환이 될 것이라 주장하고 천하 공법에 비추어 이를 반드시 단죄해야 한다고 호소하였다.6)

이승희가 만국공법의 논리를 도입하여 일본에 대한 국제적 제재를 요청한 것은 이 호소가 처음이었다. 만국공법의 논리가 조선에 처음 소개된 것은 1880년대 초반이었지만 유생들에게 애초 이 논리는 부정적으로 인식되었다. 유생들에게 이상적인 국제관계는 도덕윤리적, 문화적으로 중화中華를 지향하는 국가들이 서로 유교적 예로써 교린하고 도우며 평화를 이루는 것이었다. 청국이 중화제국中華諸國의 중심으로 건재하는 한 조선 유생들에게 합당한 국제관계는 사대교린이었지 결코 만국공법의 논리가 아니었다. 유생들에게 이 논리는 오륜의 질서를 부정하고 인간을 금수로 전락시킬 부정한 사상으로 서구근대의 자유·평등·공화주의와 같이 배척되었다. 그러나 청국이 일본에 패배하면서 사대교린체제가 완전히 무너졌고, 조선도 더 이상 여기에

---

5) 《韓溪遺稿》 1, 〈請斥洋邪疏〉, 169~177쪽.

6) 《韓溪遺稿》 6, 〈以討日本國事通告天下各國公館文 乙未〉, 245쪽. 夫一國之逆臣, 即天下萬古之逆臣也, 一國逆臣之黨, 即天下萬古逆臣之黨也, 今天下有公法, 以一萬國, 必將爲天下討凶逆, 使得以君君臣臣也,

의지해 국제적 보호를 받을 수 없게 되었다. 국제적 조건이 급변하면서 일본의 침략을 물리치기 위해 타국의 지원이 절실하다고 판단한 이승희는 만국공법의 논리를 유가적 윤리로 재해석하고 여기에 의거해 국제적 지원을 호소한 것이다.

대한제국이 출범하고 황제 주도로 '구본신참舊本新參'의 광무개혁이 추진되던 시기에 이승희는 한주의 심즉리설에 대한 이단 시비에 대처하느라 국권회복과 일본 침략을 물리칠 대책 마련에 거의 관심을 기울이지 못했다. 이 시비는 1902년 박해령 등이 상주에서 《한주문집》을 불태우면서 정점에 이르렀지만, 이승희와 곽종석이 한주의 '심즉리설'을 적극 해명하고 옹호함으로써 차츰 진정국면으로 들어갔다.

심즉리설을 둘러싼 시비가 가라앉을 무렵이던 1903년 고종황제는 유일遺逸로 천거된 이승희에게 환구단참봉·장릉참봉을 제수하고, 이승희가 사퇴하자 이듬해 조경묘참봉을 제수하였다. 또한 고종은 이승희와 절친한 면우 곽종석에게 비서원승秘書院丞을 제수하였다. 곽종석은 신기선 등 고관들의 간곡한 요청을 받아들여 10여 일 동안 고종을 독대하고 내수자강으로 구국할 것을 상주하였다. 고종은 곽종석의 충정과 경륜에 감복하여 의정부 참찬에 임명하고 삼세三世를 추존하는 특전을 베풀었다.

자신과 절친한 동지인 곽종석에게 국정에 참여할 기회가 생기자 이승희는 안팎의 위기로부터 국가를 구할 개혁론을 본격적으로 구상하기 시작하였다. 그러나 1904년 일본이 영국·미국과 동맹을 맺고 러시아와 전쟁을 시작하면서 제1차 한일의정서를 강요하고 전면적으로 조선을 침략하였다. 러일전쟁에서 승기를 잡은 일본은 다시 한일협약을 강요하여 재정·외교고문을 두게 하고 내정에 개입하며 주권을 침해하였다. 러일전쟁에서 승리하자 일본은 1905년 을사조약 체결을 강요하였다. 사태가 급변하여 비상시국이 조성되자 그해 8월 이승희는

국권회복 구상을 담은 〈의진시사소擬進時事疏〉를 작성하여 고종에게 상주하려 하였다.[7]

　〈의진시사소擬進時事疏〉는 을사늑약 체결에 야합한 매국대신들을 성토하면서 시작된다. 이승희는 이들을 선왕의 인민과 왕토와 전장典章·도덕을 적국에 팔아넘긴 패역죄인으로 처단할 것을 주장하고, 이 위기에서 나라를 구하기 위해서는 무엇보다 먼저 황제의 결연한 각오와 국가기강의 확립이 긴요하다고 내세웠다. 그는 예로부터 국가의 흥망은 기강 확립 여부에 좌우되었음을 강조하고 그 증거를 수·당에 맞서 싸운 고구려에서 찾았다. 고구려가 비록 국력에서는 열세였지만 수·당에 맞서 이길 수 있었던 것은 확고했던 기강 덕분이었다는 것이다.[8]

　이승희는 이 상소에서 국가 기강을 바로 세우는 관건은 황제의 일심一心에 있다고 강조하였다. 곧 지금 내외의 위기로부터 나라를 구하려면 주권을 지키겠다는 황제의 각오가 결연해야 하고 그 어떤 요인에도 흔들리지 않을 만큼 굳건할 필요가 있다고 본 것이다. 그는 황제의 일심을 그렇게 만드는 방법은 황제 스스로가 마음에서 인욕人慾을 끊고 천리天理를 따르며, 말과 행동이 반드시 삼대 요순의 법도를 따르는 것이라 하였다.[9] 그렇게 하면 황제의 권위가 회복되고, 황

---

7) 《韓溪遺稿》1, 178쪽. 〈擬進時事疏〉.
8) 위와 같음. 自古國家興亡, 只在紀綱之立不立, 不在乎大小衆寡, 昔者句麗, 我一方也, 用之以禦隋唐之師, 女眞, 我小部也, 金人用之, 則屠遼獵宋, 若拉朽也, 堂堂我朝, 何反遜於彼時也, 矧此兵力財源, 只是紀綱中消息之物, 今日紀綱一立, 則凡頂趾於化內者, 盡出爲國家精兵, 絲粒於域中者, 盡入爲國家財簿, 今日紀綱一墜, 則武庫戈戟, 盡化爲敵兵, 帑府錢帛, 盡輸爲冠資,
9) 《韓溪遺稿》1, 180쪽. 〈擬進時事疏〉. 今, 陛下一心, 小而爲一身之主, 大而爲國家之主, 一朝奮發, 自作之主宰, 則天地可旋, 鬼神可動, 强弱變於呼吸, 予奪由於伸縮, 凡在邦域之內者, 疇敢不丕應而徯志, 今擧國臣民, 尙是我韓腸肚, 憤憤日人之暴殘, 望陛下之有一大運動, 若大渴之望一飮 … 陛下一心, 嚴立法程, 克察乎天理人欲之際, 斷却一切宴安苟且之念, 凡一語一動, 必以堯舜三代爲法, 振作綱紀, 明施政刑.

제의 권위가 회복되면 국가 기강이 진작되고 정형政刑이 바르게 시행
될 수 있다는 것이다. 그는 모든 개혁의 동력을 왕도정치로 정통성을
회복한 황제의 권위에서 찾았다.

이승희는 고종황제가 삼대의 왕도정치 실현에 앞장서 황제의 권위
를 회복하고, 왕명을 지엄하게 내려 황제 주도로 국권 회복에 필요한
개혁을 신속히 추진해야 한다고 역설하였다. 그는 이 상소에서 국권
회복을 위해 추진해야 할 국정개혁의 요체를 네 가지로 제시하였다.
첫째는 '인륜을 밝혀 종교로 세우는 것〔明人倫以立宗敎〕'이고, 둘째는
'조정의 기강을 바로잡아 어진 인재를 진출시키는 것〔整朝剛以進賢才〕'
이며, 셋째는 '사리私利를 제거하여 백성의 생업을 안정시키는 것〔去
私利以安民業〕'이고, 넷째는 '백성의 대위隊位를 결속하여 병위兵威를
장성壯盛하게 하는 것〔團民伍以壯兵威〕'이다.

먼저 '인륜을 밝혀 종교로 세우는 것〔明人倫以立宗敎〕'은 유교를 국
교로 만들어 나라가 다시 자립할 수 있는 정신적 근거와 중추를 확고
히 세우는 것이었다. 이승희는 조선이 자립할 수 없는 가장 큰 원인
은 백성을 교화하는 정신적, 윤리적 근본이 무너진 데 있다고 진단하
였다.10) 그는 요·순과 복희 등 삼대의 성인이 천지의 '참된 성품正性'
에 근원을 두고 사람이 살아가는 대륜大倫을 세운 것이 오륜五倫이라
하고, 오륜이야말로 가정과 사회, 나라가 안정되고 조화롭게 발전하는
토대가 되는 것이라 하였다. 그런 까닭에 오륜은 우리가 만세토록 지
녀야 할 종교이고, 천지는 변할 수 있어도 그 가르침은 바꿀 수 없는
것이었다. 그럼에도 조선에서는 세월이 흐르면서 기강이 해이해지고
교육이 무너져 끝내는 성현을 모시고 따르던 서원마저 철폐되기에 이

---

10) 《韓溪遺稿》 1, 183쪽.〈擬進時事疏〉. 其一曰, 明人倫以立宗敎, 臣竊惟古者帝王建邦,
　　必先立敎, 敎以人倫, 夫人無此倫, 父而不能父於家, 君而不能君於國, 其亂亡, 可立待
　　也, 今我邦所以不能自立者實由自失敎化之本, 眩於邪正之分, 至於不能自立其心也,

르렀고, 그 위에 개항 이후 개화정책이 추진되면서 기독교와 천주교, 동학, 정토교 등이 빠르게 확산되어 오륜과 이를 가르치고 익히는 유학은 이제 그 뿌리까지 흔들리는 위기를 맞았다. 이승희는 바로 이러한 사태가 조선이 외세의 침략을 받고 자주권을 위협받는 가장 근본적인 원인이라 진단하였다. 그런 까닭에 그는 지금 가장 시급하고 큰 일은 무너진 대륜 곧 오륜을 확고히 재건하는 것이고, 그 방법은 이를 종교로 세우는 것이라 하였다.11)

이승희는 대륜을 재건해 국가 운영의 근본이 되도록 만들기 위해서는 먼저 황제 스스로가 솔선해 경연을 활성화함으로써 삼대 교법으로 국정을 운영하는 모범을 보여야 하고, 아울러 태자 교육도 어진 스승을 초빙해 대륜大倫을 밝히는 것을 근본으로 삼아야 한다고 하였다. 그는 이와 나란히 주周의 교육제도를 본받아 아래로는 가숙家塾에서 위로는 태학太學에 이르는 체계적인 교육제도를 수립하여 오륜을 밝히고 덕행을 닦게 하며, 이를 근본으로 그 위에 생업과 국가 구성 및 운영에 필요한 전문지식과 기예를 학습하는 새로운 학교제도와 교육과정의 도입을 주장하였다. 달리 말하면 그는 국가와 사회의 기강을 확립하는 방법으로 위로는 황제에서 아래로 서민에 이르기까지 모두 오륜을 밝히고 덕행을 닦아야 하고, 그렇게 하자면 황제가 주도하는 국정운영 방식에서는 물론이고 국가의 공교육 체계 전반에 개혁이 필요하다고 본 것이다.

그는 이 상소에서 교육개혁의 대강을 제시하였다. 학교제도는 주례周禮를 모범으로 백가百家에는 숙塾을, 천가千家에는 서원書院을, 부군府郡에는 향교를, 중앙에는 태학太學을 둔다. 교육과정으로는 아동이

---

11) 《韓溪遺稿》1, 185쪽. 〈擬進時事疏〉. 嗚呼, 敎之不行, 將何以國, 本之不立, 末於何傳, 孟子論邪說之害正, 只曰反經而已, 臣愚謬妄, 亦以爲我韓今日急務, 莫先於明大倫, 莫大於立宗敎,

8세가 되면 귀천 구분 없이 모두 입학시켜 덕행을 가르치는 소학 교육을 시작으로 육예六藝를 교육하는데, 학교수준에 따라 범위나 깊이에 차이가 있지만 먼저 정심正心·수제치평修齊治平의 이치를 궁구하는 법을 가르치고, 이를 기본으로 생업을 발전시키고 나아가 부국강병에 필요한 병·농·율·역·의·역술과 공·상·어업 기술 등의 전문지식과 기예를 가르친다. 각급 학교에서는 입학 후 일정 기간이 지나면 덕행을 우선해 학업과 술예術藝, 기능을 평가하여 상급학교로 진학할 학생을 선발한다. 평가를 거쳐 상급학교로 진학하는 학생의 비율은 하급학교 학생 가운데 상위 10퍼센트이다. 제한 연령이 될 때까지 상급학교로 진학하지 못하는 학생은 퇴교하여 자신에게 적합한 생업에 종사하게 된다. 또한 서구문명이 앞서는 기술이나 공학을 배우기 위해 해외 공관을 통해 유학생을 파견한다. 이승희는 이러한 교육개혁이 이루어지면 10년 안에 강상綱常이 다시 바로 서고 인정人情이 크게 순해질 것이며, 영웅과 호걸이 곳곳에서 경쟁하듯이 배출되어 굳이 애쓰지 않아도 저절로 나라가 부강해질 것이라 전망하였다.[12]

　이승희는 학교 교육의 개혁을 위해 이 상소와 별도로 〈학제규칙〉과 〈학안규칙〉, 〈학과규칙〉 그리고 〈향약〉을 작성하였다.[13] 그는 국

---

12) 《韓溪遺稿》1, 〈擬進時事疏〉, 185~186쪽. 首及太學, 大明立敎之本, 增置齋舍, 如宋朝治事之規, 各立敎員, 分掌藝業, 下至府郡校宮, 皆立敎授, 直作初仕之窠, 收拾見在學田, 隨宜加劃, 以爲養士之需, 令民百家置一塾, 有上下二舍, 千家立一院, 直倣周制, 有鄕先生司祭者, 許民自祀之, 皆置訓長, 令民推薦之, 使人生八歲, 皆入下舍, 敎之以古者小學愛敬隆親之道, 灑掃應對之節, 禮樂射御書數之文, 十有五歲, 選其俊秀, 限十人升于上舍, 敎之以窮理正心修齊治平之道, 如兵農律曆醫譯之術, 工冶商賈漁獵之技, 亦皆隨材分敎, 參以時宜, 使適於用, 由是而選升之, 大略院十人, 郡二十人, 府五十人, 太學二百人, 皆分番受敎, 因其所習而益精之, 月有課歲有試, 三年大比, 皆先之以德行, 次之以術藝, 必待其德成行立, 兼通三五藝以上, 以次升仕, 一一劃立科條, 俾成一三之制, 期以十年, 庶幾綱常復明, 人材作成, 可使擧國之人, 子死父事, 臣死君事, 國家有所恃而自立.

13) 이 자료에 대해서는 정낙찬의 연구(〈한계 이승희의 학교교육론〉, 《교육철학》 25, 2004; 〈한계 이승희의 지역사회교육론〉, 《교육철학》 27, 2004)가 있다. 그러나

권 회복을 위한 개혁의 핵심은 대륜大倫을 다시 세우는 교육개혁에 있다고 보았고, 그 방안을 개혁상소의 첫째 요체로 제시했지만, 상소문의 특성상 그 핵심 내용인 대강만을 제시할 수 있을 뿐 상세한 개혁안을 전부 담을 수는 없었다. 이에 이승희는 고종 황제가 자신의 개혁안을 받아들일 경우에 대비해 실행이 가능한 구체적인 개혁안을 별도로 작성한 것이 이들 규칙과 향약이었다.

〈학제규칙〉에서는 먼저 단계별 학교와 각 단계에서 부설해야 할 교육시설을 제시하였다. 상소문에서 숙塾이 기초교육시설이었음에 견주어 학제규칙에서는 10호를 1통으로 편성해 가숙家塾을 두고, 10통 백호를 1리로 편성해 서당書堂을 세우게 한 것이 다르고, 나머지는 전부 같다. 상소문에 숙은 학제규칙의 서당에 해당한다. 부대 교육시설로는 서당은 동몽교육을 담당하는 하사下舍와 의국醫局, 공사장야工肆匠冶, 상전식화商廛食貨 각 1개소를 설치한다. 10리 1천 호가 되는 방坊에는 서원書院과 선현을 모신 사당을 세우고, 부대시설로는 의국醫局, 공사장야工肆匠冶, 상전식화商廛食貨, 연무장鍊武場 각 1개소를 설치한다. 10방 1만 호가 되는 군郡에는 鄕校향교를 세우고, 부대시설로는 악樂·농農·역학譯學 교육을 담당하는 외사外舍와 의국醫局, 공창工廠, 연무장鍊武場 각 1개소를 설치한다. 부府에는 부학府學을 설치하고, 부대시설로는 악樂·병兵·농農·역譯·산학算學을 교육하는 외사와 의국과 공창을 설치한다. 최고교육기관인 태학太學에는 예禮·악樂·병

정낙찬의 연구는 이 자료들을 〈의진시사소〉와 연계해 연구하지는 않았다. 〈학제규칙〉·〈학안규칙〉·〈학과규칙〉·〈향약〉은 그 작성시기가 밝혀져 있지 않지만, 이 자료들이 상소문과 연계되어 있음은 첫째, 이들 자료가 국가 차원의 교육제도 개혁과 지방제도 개혁을 전제로 작성되어 있다는 점, 둘째, 상소문과 이들 자료가 내용에서 정합하도록 작성되었다는 점에서 확인할 수 있다. 또한 교과목에 서양의 학문이 도입되고, 향약문에 국법 준수와 화적에 대한 대처가 들어가 있는 점을 보면 대한제국 시기에 작성되었으며, 이승희의 활동을 감안하여 보다 구체적인 작성 시기를 추정하면 〈의진시사소〉를 쓴 1905년 8월 전후라 할 수 있다.

兵·농農·천문天文·지리地理·서筮·산算·역학譯學을 교육하는 외사와 의국, 공창, 연무장을 설치한다. 한성漢城은 여타 지역과 행정편제가 다르기 때문에 분부分部는 군군과 같게 하고, 방坊과 리里의 구분도 외군外郡의 방·리와 같게 하였다. 다음으로 각급 학교의 교원 명칭과 교원 선정방식과 이어서 부대시설에서 술예術藝 교육을 담당할 교원 수 및 선정방법을 제시하였다. 그리고 이어서 각급 학교에 입학연령과 재학상한 연령, 그리고 상급학교로 진학하는 학생 수 그리고 학생들에게 부여되는 특전을 제시하였다.[14]

〈학안규칙〉에서는 교육 내용을 본원本原·대칙大則·대경大經·대무大務·대전大全으로 구별해 제시하고 있다. 본원은 학문의 근본으로 인의예지신仁義禮智信 5덕을 교육하는 것이고, 대칙은 예의에 맞는 위의威儀와 동작을 가르치는 것이다. 대경은 오륜십의五倫十義를 교육하는 것이고, 대무는 사士·농農·공工·상商·병兵의 5업과 각각의 직업윤리를 교육하는 것이다. 마지막으로 대전은 전인적 사회성을 갖추게 하는 덕행德行·정치政治·명업名業·기예技藝·문학文學을 교육하는 것으로, 이 규칙에는 각 분야별로 교육에 사용되는 교재가 구체적으로 제시되어 있다.[15]

〈학과규칙〉에서는 각급 학교의 교과과목과 일과표, 교육과정 등을 상세하게 제시하였다. 그 내용에서 주목되는 것은 교육과정에서 실천적인 면을 중시하며, 외세가 침략하는 상황에 대처해 자국의 역사, 지리 교육을 강화해 자주의식을 고취하였고, 과거의 교육이 경학經學 공부에 치중한 것과 달리 병兵·농農·공工·상商 등 실업교육을 적극 장려한 점이다.[16]

---

14) 《韓溪遺稿》 6, 〈學制規則〉, 321~323쪽.
15) 《韓溪遺稿》 6, 〈學案規則〉, 323~326쪽.
16) 《韓溪遺稿》 6, 〈學課規則〉, 327~334쪽.

〈학제규칙〉과 〈학안규칙〉, 〈학과규칙〉이 교육개혁의 체계와 내용을 구체적으로 제시한 것이라면, 〈향약〉은 새로운 교육체계에 부합하는 윤리적 자치공동체 구성방안을 제시한 것이었다. 교육개혁과 향약을 결합하려는 시도는 한주의 성주향약에서 시작되어 이승희의 유동방약, 성산향약으로 이어졌던 것인데, 이승희는 〈의진시사소〉 작성을 계기로 향약이 실질적으로 교육개혁을 담당하는 구속력 있는 자치조직이 되도록 그 역할과 기능을 확대, 강화하였다.

이승희는 당면한 사회적, 민족적 위기를 극복하기 위해 가장 절박한 것이 오륜을 회복하는 것이라 보았고, 이를 위해 교육개혁이 절실하다고 보았다. 그 개혁이 성공하기 위해서는 그것만 단독으로 추진되어서는 안 되고 반드시 그에 상응하는 사회 전반의 문화 혁신과 기강 수립이 필요하였다. 이승희는 그 방법으로 일찍이 향약에 주목하였다. 그러나 기존의 향약은 신분제를 기반으로 한 유교윤리 교화와 진작에 주안을 두었기 때문에 그러한 역할을 수행하기에 부적합하였다. 이에 이승희는 교육개혁과 국권회복에 부합하게 향약의 권한과 기능을 대폭 강화하고 확충하였다.

그가 구상한 향약은 교육제도와 부합하게 군郡, 방坊, 리里를 단위로 조직된다. 각급 향약에는 약소約所를 두고, 약임約任으로는 향약 전반을 관장하는 약정約正, 부약정副約正, 실무를 담당하는 직월直月, 장무掌務, 청직廳直 등을 둔다. 또한 교육을 담당하는 훈장과 실무를 맡은 장의掌儀(郡)-방·리에는 직월直月-와 교사校士(郡)-방에는 방사坊士, 리에는 리사里士-를 두는데 특별한 사정이 없는 한 약정이 훈장을 겸하게 한다. 또한 호부戶簿·결전結錢·병적兵籍 업무 등 각 단위의 행정업무를 관장하는 향장鄕長(郡)-방·리에는 방장坊長·리장里長-과 연락과 치안업무를 담당할 정병正兵(郡)-방·리에는 방병坊兵·리병里兵-을 둔다. 이러한 약임 구성은 기존의 향약에서는 찾아볼 수

없는 것으로 향약운영을 규정한 사례事例에서는 이러한 차이가 보다 확연하게 드러난다.[17]

사례를 보면 이장里長은 관내 15세 이상 남성의 연령, 본관, 가족 구성과 직업을 파악하며, 사회적 구호가 필요한 가호, 범죄 전력이 있는 자, 무당·광대·승려 등의 실태와 변동사항을 조사하고 호부戶簿를 작성하여 방坊을 통해 향장鄕長에 보고하여 상호 점검을 받는 등 호적업무 전반을 관장하고, 토지의 형상과 비척도, 수해지와 개간지 변동을 파악하여 호적과 같은 경로로 방과 향장에 보고하여 검증을 받고, 이를 근거로 관의 지시를 받아 부세를 징수한다. 또한 리里는 15세 이상 60세 이하 남자 장정의 정부丁簿를 작성하여 병적兵籍을 만들어 군역을 징수한다. 이상에서 보듯이 종전과 달리 향약이 국가의 징세 업무 전반을 실질적으로 관장하고 수행하는 주체가 되고 있다.

또한 향약 단위로 자본금을 조성해 의창을 설치하여 지역의 금융 수요를 감당하며 그 운영에서 발생하는 수익금을 자체 재정에 충당한다. 또한 향약은 호세나 결세에 준해 부가세를 징수하고, 수공업자나 상인, 무당, 광대, 승려 등에게 일정액의 준조세를 징수하여 재정에 충당한다. 향약은 이렇게 조성된 재정으로 약임約任들에게 급료를 지급하고 자체 사업경비로 사용한다.

또한 향약은 각종 금령禁令을 위반하거나 관내에서 발생하는 쟁송爭訟을 자체에서 처결할 수 있고, 조세 징수와 관련된 각종 부정행위를 처벌할 수 있으며, 도적이나 화적을 수사하고 추포하고 노획한 장물의 1/3을 포상금으로 줄 수 있는 기본적인 사법권과 치안권도 보유하였다. 물론 관내에서 처결이 곤란한 사건은 상급 단체나 관에 그 처벌을 의뢰할 수 있었다.[18]

---

17) 《韓溪遺稿》 6, 〈鄕約〉, 307~308쪽.

이상에서 보듯이 이승희가 구상한 향약은 단순한 교화조직이 아니라 그 구성원의 일상적 생활 전반에 직접 영향을 미치고 구속력을 행사할 수 있는 공적인 자치조직이었다. 그런 만큼 향약 운영에서 실질적 권한을 행사하는 약정, 훈장, 향장의 선임 방식 또한 그 구성원들로부터 충분히 권위를 인정받을 수 있게 마련되었다. 그 선임절차를 보면 약정의 경우 마을사람(里人)을 한곳에 소집하여 먼저 70세 이상의 위신과 덕망을 갖춘 3인을 삼노三老로 추대하고 실무를 담당할 직월直月 2인(40세 이상의 문자사용이 가능한 자)을 엄선한다. 삼노가 직월의 보좌를 받아 50세 이상으로 위신과 덕망을 겸비한 인물을 추천받아 3명을 후보로 정하고 참석자 모두의 권점圈點에 부쳐 최다득점자를 리약정里約正으로 선출한다. 이 절차가 끝나면 삼노와 직월이 그 결과를 방坊을 거쳐 향鄕에 보고하고, 그 선출과정에 문제가 없음이 확인되면 향은 이를 지방관에 보고해 승인을 받는다.19) 자격요건에서 다소 차이가 있지만 훈장, 리장의 선임방식도 약정 선임과 다르지 않았다. 이승희는 정당한 절차를 거쳐 선임된 약임들이 고의로 국법을 위반하거나 향약운영에서 심각한 물의를 빚는 경우가 아니면 교체할 수 없도록 이들의 신분과 지위를 보장하였다.

이상에서 보듯이 이승희가 구상한 향약은 자치체로서 보유한 실질적 권한과 그 운영주체들의 정통성과 권위로 말미암아 그 구성원들의 일상에 강력한 영향을 행사하고 구속력을 발휘할 수 있었다. 그는 이러한 향약을 통해 향촌에 오륜을 재건하고 기강을 바로 세우는 사회

18) 《韓溪遺稿》6,〈鄕約〉事例, 308~313쪽.

19) 《韓溪遺稿》6,〈鄕約〉事例, 310쪽. 敦事之始, 先自坊里, 里人齊會開座, 推七十以上有位望者三員, 爲里三老, 極選四十以上有文行者二員, 爲直月, 合座推薦五十以上位望兼備者, 備約正三望, 輪座受圈多者, 書望帖, 直月先采該里物議, 入坊約堂, 先推請坊三老赴座, 其推薦奉請如里儀, 其薦鄕約正, 則各坊約正坊長直月及里約正赴會, 先推請鄕三老赴座, 其推薦奉請如坊儀, 副約正則因前三望序請, 旣出座三老以上, 具狀保明于官.

개혁을 이루고자 하였다. 이 향약은 덕업상권 조항에서 지知, 인仁, 경敬, 용勇, 성誠을 권장할 덕목으로, 효孝·충忠·열烈·우友·목睦·인婣·임任·휼恤을 권장할 행行으로 제시하였다. 또한 권장할 학學으로는 육경六經을 공부하는 덕행학德行學, 각국 역사와 법전과 지리 등을 공부하는 정치학政治學, 예禮·악樂·병兵·형刑·농農·공工·상商·천문天文·지리地理·의방醫方·복서卜筮 등을 공부하는 명업학名業學, 권장할 예藝로는 문장文章·서화書畫·주산籌算·역어譯語 등을 익히는 문예文藝, 포사砲射·도창刀槍·거선車船·기보騎步 등을 익히는 무예武藝, 종종·직織·장匠·야冶·광鑛·수泗·어업漁業 등을 익히는 업예業藝 등을 제시하였다.20) 여기에는 그가 학교교육에서 덕행, 학업, 술예로 나누어 제시한 교육 내용이 모두 포함되어 있다. 이 향약은 교육시설로 약당約堂과 농학외사農學外舍와 연무장鍊武場을 설치하고, 대로변 교통이 편리한 곳에 전업적으로 영업하는 의국醫局, 장사匠舍, 야사冶舍, 상전商廛, 점사店舍 등을 설치하였다.21) 향약은 이러한 시설들을 이용해 지역민 전체를 대상으로 오륜 중심의 윤리·덕행 교육과, 국내외 정세변화에 대처할 정치학과 치안과 국방에 필요한 군사교육, 그리고 생산성 향상과 사회적 분업 발달에 필요한 생업교육을 일상적으로 시행하는 것이었다.

또한 이승희는 이 향약이 그가 상소문에서 제시한 교육개혁체계를 뒷받침하게 하였다. 향약 운영을 규정한 사례事例에는 8세 이상의 아동은 귀천을 막론하고 모두 가숙에 입학시키고, 10세 이상은 모두 서

---

20) 《韓溪遺稿》 6, 〈鄕約〉 德業相勸, 313~314쪽.
21) 《韓溪遺稿》 6, 〈鄕約〉 事例, 309쪽. 每邑, 置鄕約堂於校堂之傍, (力未集則姑從校堂), 又置外舍於其近, (倣宋湖州治事齋之覎, 以處名業技藝之學, 如有公私立小學校之類, 幷合之每一業一師) 又擇廣地, 爲演武場, 每坊立坊約堂, (從道里均處立之, 力未集則從其地所有堂院), 必有學舍及農學外舍演武場, 又別立醫局匠舍冶舍商廛店舍各一區, (必從大路通會處), 禁其亂作, 各專利業, 每里立里約堂, 仍爲書塾, 有二舍, 上舍處里士, 下舍處童蒙, 亦量立醫局匠舍冶舍商廛店舍, 專其利業, 每統◆一塾, 合處蒙幼.

당 하사에 입학시켜 15세까지 교육하는데, 그 가운데 재덕才德과 문예文藝가 뛰어난 학생 10명을 선발해 상급학교로 승급시키고 나머지는 15세가 되면 서당에서 졸업시켜 생업에 종사하게 하였다.[22]

이러한 향약 구상은 망명 후 이승희가 시도한 공교회 운동과 많은 점에서 공통되었다. 이승희가 구상한 공교회는 강유위가 만든 공교회와는 많은 면에서 달랐다. 이승희는 비록 그 체제나 형식에서는 강유위의 공교회를 따랐지만, 그 정신적 지향이나 교육 내용에서는 전통적인 유학에 충실하려 하였다. 그는 이를 위해 〈공교교과론〉과 〈공교진행론〉을 저술하였던바 이 두 자료를 향약과 대비하면 그 정신적 지향에서는 물론이고 내용에서도 공통된 점이 많다. 말하자면 망명 후 그의 공교회 운동은 이 향약을 바탕으로 강유위의 공교회 운동을 수용해 변용하려 한 것이라 할 수 있다.

〈의진시사소〉에서 개혁의 두 번째 요체로 제시된 '조정의 기강을 바로잡아 어진 인재를 진출시키는 것[整朝剛以進賢才]'은 과거제의 폐단을 시정하여 개혁에 필요한 유능한 인재를 관리로 임용하는 방안이었다. 그는 우리나라가 자립하지 못하는 이유를 조정의 기강이 문란하여 현명한 인재가 관리가 될 수 없기 때문이라 보았다. 그는 기존의 관리 인사방식으로는 지조 있고 유능한 인재들을 관리로 임용할 수 없다고 비판하였다. 당쟁으로 말미암아 과거제가 집권당의 세력 확장과 권력 재생산의 수단으로 전락해 버린 지 오래되었고, 이로 말미암아 무능하고 부패한 자들이 뇌물과 혈연, 지연을 이용해 관리가

---

22) 《韓溪遺稿》6, 〈鄕約〉 事例, 310~311쪽. 民八歲以上, 無論貴賤, 皆入家塾, 十歲以上, 皆入里堂下舍, 十五歲退, 各從所業, 其才德出類, 精習文藝者, 自十三歲, 升上舍, 合十員, 十員外, 又有自願留學者聽, 원주二十歲退, 從所業, 其身收壯健, 精習武技者, 每統一名, 合十名爲里兵, 三十退, 從所業, 坊士十員, 十五歲以上入, 三十退, 坊兵十名, 每里一名, 自十七歲試入, 三十五退, 校士, 隨邑大小, 大略視兵數, 十七歲升, 三十退, 其尤俊秀者, 以次升府學太學, 鄕兵限每坊四人, 二十升, 四十退, 其技勇尤著者, 以次升府兵京兵.

되는 것이 다반사가 되었기 때문이라는 것이다.[23] 이승희는 심지어 근년에 이르러서는 황실이나 권세가의 총애를 받는 내시나 궁녀들까지 매관매직에 가세해 별시위別侍衛 임명이 남발되는 지경에까지 이르렀다고 하고 고금 천하에 지금과 같이 관리임용이 엉망인 시절은 어디에도 없다고 개탄하였다.

그는 조정의 기강을 바로 세우고 현명한 인재를 관리로 진출시키기 위해서는 모든 관리를 반드시 공천公薦을 거쳐 임명해야 한다고 주장하였다. 이 제도는 당색과 문·지벌 일체를 불문에 붙이고 오로지 그 직책에 적합한 덕성과 능력만을 심사해 공천하는 방식으로, 관리를 임명할 때 그 임명장에 공천 주관자의 이름을 같이 기재하여 그 관리가 업무상 잘못으로 처벌을 받게 되면 공천 주관자 또한 책임을 지게 하는 것이었다. 그는 이러한 제도 도입을 통해 혈연, 학연, 뇌물로 무능하고 부패한 자가 관직에 임명되는 것을 막고 유능한 인재를 조정에 진출시키려 하였다. 이와 더불어 남발된 각종 별시別侍 별사別司와 허계직虛階職을 전부 혁파하고 앞으로도 영구히 철폐할 것을 주장하였다.[24]

또한 마비된 과거제를 대신해 학교제도와 연계된 주周의 선거제도를 본받아 학교 교육에서 공정한 평가를 거쳐 선발된 덕망과 학업, 재예를 갖춘 우수한 인재들에게만 관리 선발시험에 응시할 자격을 부

---

23) 《韓溪遺稿》 1, 〈擬進時事疏〉, 187쪽. 今我國家所以不能自立者, 以朝綱紊而賢才不進也…一自黨目分裂, 國家公器, 遂入偏黨手分, 馴致戚里專權, 予奪惟意, 則又轉作私門事物, 區域旣分, 套圈旣成, 外此則雖成德通才, 皆自分廢棄, 我陛下御極, 稍張公道, 收拾幽滯, 而賢愚混淆, 樊習因循, 倖竇百出, 苞苴公行, 國事日非, 民生日瘁, 內有利權之相軋, 外有冠賊之闖至,

24) 《韓溪遺稿》 1, 〈擬進時事疏〉, 188쪽. 命自今以後, 內外百官, 非關公薦, 不得任職, 其薦主銓官, 皆懸錄於職帖仕版, 任者有大罪, 薦主隨坐次律, 銓官隨情論勘, 仍使內外專達之官, 皆得薦人, 如宋朝十科薦才之法, 更不問黨目東西, 門地華寒, 憸論某人有某德, 某才某員, 當某官某職, 修立保狀, 付諸銓府, 審其當寀, 布諸百職, 盡罷別侍別使之名, 借啣虛階之職,

여할 것을 주장하였다. 그가 제시한 학교개혁안에 따르면 관리 임용
시험인 대과에 응시할 자격은 숙塾 → 서원書院 → 향교鄕校 → 부학
府學에 이르는 과정에서 덕행, 학업, 술예에 대한 엄정한 평가를 거쳐
태학에 진학한 진사들에게만 부여되었다. 요컨대 이승희는 초급교육
에서 고등교육에 이르는 과정에서 엄정한 평가를 통해 관리로서의 윤
리성과 자질, 능력을 온전히 갖춘 인재를 관리로 선발하고, 공천제를
도입해 이들을 적재적소에 임용함으로써 개혁에 필수적인 현명하고
유능하고 책임감 있는 인재를 확보하려 한 것이다.

　개혁의 세 번째 요체로 제시된 "사리私利를 제거하여 백성의 생업
을 안정시키는 것〔去私利以安民業〕"은 부세제도와 지주제를 개혁하여
국가재정과 민생을 안정시키는 개혁방안이었다. 이승희는 맹자의 말
을 인용해 사적인 이익이란 공공의 이익과 상반되는 것으로 권력층이
사리私利 추구에만 매몰되면 나라도 가정도 혼란에 빠지고 쇠약해져
망하고 만다는 점을 상기시키고, 지금 조선이 자립할 수 없을 정도로
쇠약해진 원인은 여기에 있다고 비판하였다. 그는 인의仁義로 세운
나라가 조선이었기 때문에 권력자들이 원래부터 그러했던 것은 아니
라 하였다. 그러나 중기 이후 점차 기강이 무너지고 당쟁이 치열해져
권력을 사리 추구에 악용하는 폐습이 만연하게 됨으로써 결국 위로는
고관들이 사리 추구를 위해 인사와 행정을 시행하고 아래로는 지방관
들이 사욕을 채우기 위해 향리 인선이나 재판에 농간을 부리고 각종
부가세를 남설하기에 이르렀다는 것이다. 이로 말미암아 민생이 극도
로 피폐해져 끝내는 민란이 일어나고 화적이 횡행하는 등 나라 전체
가 분열과 혼란에 빠지게 되었고, 설상가상으로 외세가 침략해 결국
자립할 수 없는 지경으로까지 국권이 쇠약해진 것이다.[25]

---

25)《韓溪遺稿》1,〈擬進時事疏〉, 190쪽.

그는 이러한 모순을 개혁하기 위해서는 먼저 황제부터 사리 추구를 척결하는 모범을 보이면서 엄하게 조칙을 내려 뇌물 받는 관리를 엄벌하고, 무명잡세를 전부 혁파해야 한다고 주장하였다. 그는 민생의 안정을 위해 1/10세보다는 조금 가볍게 세율을 개정할 것과, 조세금납을 폐지하고 쌀과 콩 등 현물로 세금을 징수할 것, 그리고 세곡稅穀을 이용해 전국 곳곳에 상평창을 설치해 곡가가 폭락하거나 폭등하지 않도록 조정할 것을 제안하였다.

이와 함께 그는 지주제에 대해서도 지대 인하를 법제화해야 한다고 주장하였다. 지금과 같이 수확의 절반을 소작료로 수취하는 지주제 아래에서는 요순이 다시 출현해도 민생을 안정시킬 방도가 없다고 비판하였다. 그는 전국적으로 양전量田을 시행하고 지주가 수확의 3/10 이하만 수취하도록 법제화할 것을 주장하였다.[26] 지대수취를 제한하는 대전론貸田論은 한주가 《묘충록》에서 제시했던 방안을 계승한 것이었다. 나아가 그는 보다 근본적인 민생안정을 위해 한전법의 시행도 적극 검토해야 할 것이라 역설하였다. 이승희는 이러한 경제개혁을 통해서만 민생을 안정시킬 수 있고, 민생이 안정되어야만 주권을 회복할 대중적 동력을 형성할 수 있다고 보았다.

〈의진시사소〉에 제시된 개혁의 네 번째 요체는 '백성의 대위隊位를 결속하여 병위兵威를 장성壯盛하게 하는 것〔團民伍以莊兵威〕'이었다.

---

26) 위와 같음. 我朝賦稅之薄, 本幾三十而稅一, 轉轉增加, 以至今制, 歲儉穀翔, 則尙未大加於十一, 而一値穀賤, 將主二三, 民何以支, 所宜及今裁損, 以救民命, 竊惟, 先王定制, 斷以米豆, 上不病國, 下不病民, 況今海陸車船, 運路無艱, 似宜還尋古法, 罷錢還米, 可命政府, 大集群議, 酌古今之中, 必使稍輕於什一, 畫立一制, 俾爲永規, 且漢氏常平之法, 深得裕國恤民之意, 或可命各道列郡, 皆立常平倉, 視歲之豊歉, 此豊則增價而糶民米, 彼歉則減價而糶官米, 錢米相權, 南北流轉, 自然蓄積有所增豊凶皆有賴, 惟在得人而任之耳, 但井田旣廢, 兼幷遂行, 國家行什一之稅, 而農民作半分之田, 雖使堯舜在上, 將無以均博施之化, 今國家方行量田, 竊謂宜因新結之頒, 劃定一制, 使田主所收, 無得過十之三, 嚴立科條, 使佃民稍舒其力, 若復一聽公理, 割斷私權, 從以限民名田, 爲井制之兆, 亦何不可, 惟在君上建設之如何,

〈사진 3-3〉 한계 이승희(출처: 한국민족문화대백과)

약육강식의 대립이 격화되는 국제사회에서 외세의 침략에 맞서 나라를 지키자면 군사력이 강성해야 한다. 그러나 조선의 군사력은 극도로 취약했는데 그 이유는 첫째, 사대부들이 무반직을 천시하였기 때문이고, 둘째, 군포를 납부하는 균역법 도입 이후 군인이 되는 것을 기피하는 풍조가 만연하였기 때문이었다. 이로 말미암아 결국 조선의 군대는 무뢰한이나 파락호들로 채워지는 한심한 지경에 이르게 되었고, 그 군사력은 외적의 침략은 고사하고 화적이나 도적의 습격으로 부터도 백성을 지킬 수 없을 정도로 약화되었던 것이다.

이승희는 군사력 강화를 위해 신분 구분 없이 모든 장정을 군대로 편성하는 군대개혁안을 제시하였다. 이 방안에 따르면 15세 이상 60세 이하의 모든 장정은 정안丁案에 등록해야 하고, 20세에서 50세 사이의 장정은 각자 장長·단短의 두 가지 무기를 마련해 출입 시 반드시 휴대해야 하며, 일상적으로 무예를 익혀 월 1회씩 관청의 점검을 받아야 한다.

또한 빈부귀천 구분 없이 5가를 1오伍로 편성해 오장을, 10가를 1통統으로 편성해 통장을, 100가를 1총總으로 편성해 이정里正을, 1천가를 1부部로 편성해 방정坊正을 두어 통솔하게 하고, 1만 가를 군軍으로 편성해 수령이 이를 통솔하게 하였다. 또한 공동 군비로 통마다 활과 창 1개씩 마련하고, 리 단위로 군대운영에 필요한 깃발과 신호용구를 마련하며, 방 단위로 1백 명을 선발해 역참〔亭〕과 봉화대〔堠〕를 운영하게 하였다. 또한 역전驛田을 이용해 군마軍馬를 기르고 군병郡兵에게 기마술을 익히게 하였다.

방리의 군대는 5대로 나누어 돌아가며 경내 순찰, 범죄자 체포, 훈령 전달과 연락, 도로·교량·제언·부두의 시설과 정비 등 일상적 군무를 수행하게 하였다. 또한 매년 100가 단위로 무예와 진법을 점검하여 최우수자 10인을 병적에 등록하고 병기를 분급하는 등 우대하였다. 강가나 해변에서는 노櫓 젓는 데 뛰어난 장정들로 수군을 편성해 어업을 보호하고 항구의 세관을 지키며 함선을 건조하고 해운업무를 겸하게 하였다.[27]

중앙군은 각 군郡으로부터 무예가 뛰어나고 기마술에 능한 정예병

---

27) 《韓溪遺稿》 1, 〈擬進時事疏〉, 194~195쪽.

만을 뽑아 각 2천 명씩 5개 영營으로 편성하였고, 서울의 치안과 방위를 담당하였다. 궁성을 호위하는 금군禁軍은 5영에서 선발된 정예병 3천 명으로 편성하였고, 그 가운데 시험을 거쳐 선발한 최정예병 2백 인으로 황제를 호위하는 근위병을 구성하였다. 황제 근위병으로 3년을 과실 없이 복무하면 사적仕籍에 올려 조관朝官으로 우대했다.

이에 더해 이승희는 사회 전반에 상무기풍을 진작하기 위해 황제가 매년 초에 직접 대사례大射禮를 개최하여 무예가 뛰어난 자를 포상하고, 학교 교과 및 시험에도 반드시 총포 사격을 포함시켜 문학과 무예 모두에 능통한 유사儒士만 관리로 선발하게 하였다.

이승희의 군정 개혁안은 말하자면 국민개병제로 군대를 편성하여 군사훈련과 진법훈련을 일상화하고, 그 가운데서 시험을 거쳐 선발한 정예병으로 중앙군을 편성해 평상시 치안업무와 국가기관을 지키게 하며, 외세의 침략을 받는 비상시에는 모든 장정을 군대로 동원하여 나라를 지키게 하는 방안이었다. 그가 이 상소문과 별도로 작성한 향약에서는 방坊 이하 군대의 훈련과 업무 및 상급부대로 승진시킬 정예병 선발을 향약의 업무로 편성하였다.

이상과 같이 이승희는 러일전쟁 직후 을사조약이 강요되고 있던 긴박한 상황에서 국권회복을 위한 개혁방안을 내수양이론內修攘夷論에 입각해 구상하고 있었다. 그 방안은 부친 한주의 내수자강론을 계승하여 일본이 침략을 물리치고 국권을 회복할 내수양이론 곧 국권회복론으로 발전시킨 것이었다.

요컨대 이승희는 내수자강이 국권을 회복하는 길이고 그 핵심 관건은 무너진 오륜과 기강을 바로 세우는 교육개혁이라 생각하였다. 그는 그 개혁을 "대륜을 밝혀 종교로 세우는 것[明大倫以立宗敎]"이라 하였다. 따라서 그가 종교를 세운다는 것은 특정 신을 믿고 숭상하는 서구식 종교를 만드는 것이 아니라 전 사회적으로 인륜을 교육하고 체득시키는 체계적 유교교육체계를 건립하는 것이었다. 그는 이러한 개혁을 바탕으로 공천제에 입각한 관리임용제 도입, 무명잡세 혁파와 부세제도 개혁과 대전법貸田法에 의거한 지주제 개혁, 국민개병제에 의한 군사력 강화를 추진할 것을 주장하였다. 그는 이러한 개혁방안을 제시하면서 이 개혁을 이룰 수 있는 핵심 동력은 왕도정치 회복과 국권수호에 대한 황제의 결연한 각오와 굳건한 실천의지로 보았다.

이승희는 일본이 조선을 식민지로 재편하는 을사늑약을 강요하던 상황에서 〈의진시사소〉를 지었다. 따라서 그가 이 상소문에서 제시한 국가개혁론은 일본의 침략과 내정개입을 차단하지 못하면 애초 실현될 수 없는 것이었고, 이승희 또한 그 점을 잘 알고 있었다. 그리하여 그는 이 상소문에 일본의 간섭을 배제할 방안도 제시하였다.

그 방안은 황제가 일본 공사와 고문관을 상대로 조선의 민생을 안정시키고 국권을 강성케 할 독자적인 개혁방안과 구체적 실행계획을 설명한 다음 이를 외세의 개입을 배제하고 자주적으로 실천할 것임을 선언하는 것이다. 물론 일본이 이를 순순히 받아들일 리 없었다. 이에 이승희는 일본이 이를 거부하고 내정개입을 고집할 경우 목숨을 걸고 국익을 지킬 강직한 신하를 일본에 파견해 강력히 항의하고, 그 전말을 세계에 공개함과 동시에 적극적인 외교활동을 펼쳐 일본이 조선에서 물러나도록 국제적 영향력을 형성하는 방안을 제시하였다. 그는 그렇게 하면 밖으로는 공의公義를 중시하는 여러 나라의 지원을 얻을 수 있을 것이고, 안으로는 일본 침략을 목숨 걸고 물리치려는 의병이 일어날 것이므로 결국 러일전쟁에서 이미 국력을 손상한 일본이 조선에서 물러나게 될 것으로 보았다.

이승희는 이러한 방안의 현실적 근거를 스위스의 독립에서 찾았다. 스위스는 비록 나라가 작고 군사력이 약해 인접한 독일, 프랑스, 이탈리아, 오스트리아 등으로부터 여러 차례 침입과 간섭을 받고 심지어 주권까지 빼앗기기도 했으나, 천하 공의에 의거한 외교활동을 적극적으로 펼쳐 마침내 독립을 성취할 수 있었다는 것이다.[28]

그의 이러한 외교독립론에는 일본의 침략행위가 이익 추구만 중시하는 일부 패역집단의 일탈된 만행이고, 따라서 일본이 이를 방치하면 국제적으로 열국의 압력을 받을 것이고 안으로 분열과 대립 나아가 반역을 초래해 결국에는 자국의 존립마저 위태롭게 될 것이라는 인식이 깔려 있다. 그는 임진왜란을 일으켜 조선을 침략한 토요토미 히데요시의 몰락이 그 역사적 교훈이 된다고 보았다.[29] 그런 까닭에 공의에 입각한 외교활동을 적극 펼치면 심지어 일본 안에서조차도 이러한 침략집단을 경계하고 처벌하려는 여론이 형성될 수 있을 것으로 보았다.

이승희의 만국공법의 논리는 청일전쟁 이후 고종의 기본 외교 노

---

28) 《韓溪遺稿》1, 〈擬進時事疏〉, 181~182쪽. 臣愚死罪, 竊以爲宜斫孫權之案, 斷楚莊之懸, 斷然自立, 奮發乾剛下一張哀痛之詔, 以與一國更始, 使臣民內外, 曉然知有爲之志, 先從, 陛下一心, 嚴立法程, 克察乎天理人欲之際, 斷却一切宴安苟且之念, 凡一語一動, 必以堯舜三代爲法, 振作綱紀, 明施政刑, 凡所以明大倫整朝綱, 安民業壯兵威之方, 一一劃立成規, 首與日國公使及諸顧問官, 一同對勘, 苟其相合而無違, 直依此本, 自力自行, 不容久稽他人代手, 如彼故加厭炒, 必欲侵懷我政令, 別宜簡遣使臣, 必得如申包胥者幾輩, 抗議日迫, 布公列邦, 開誠引咎, 指陳事情, 期得罷還顧問, 施我自主之權, 明永約誓, 永敦久遠之圖, 則爲日邦者, 亦應觀機覘形, 有所却顧, 天下列邦, 亦宜有公義之宣부者, 臣請據理而斷之, 臣竊考西方, 瑞西小國也, 介在獨佛伊奧之間, 縱有崇山之險, 非有兵力之强, 且被佛奧征服, 已有年矣, 猶因維納之會, 承認其獨立之權者, 以天下公義, 有非强隣之所可遏也, 彼日邦者, 旣以我韓自主, 保明於天下, 繼之以隣好和局之約矣, 又方以露亞之背公肆臆, 擅割滿洲, 聲而討之矣, 今反用露亞誘食波蘭之計, 施之我邦, 天下固已不韙之, 況我韓君臣, 旣能自立爲國, 則天下大國, 將何心而承認日人之鉗制乎, 彼日人者, 亦將何辭而掩天下之目乎, 設使日人, 專恣肥臆, 妄加威殺, 又有所不是懼者, 今日國方與露亞搆釁, 兩虎相鬪, 一斃一困, 勢所必至, 天下列雄, 已有爲卞莊子之觀者, 如復畔棄天下公義, 虐侵無辜之隣邦, 則又必有執雀彈而隨其後者, 此智伯宋偃之所以覆亡也, 我邦臣庶, 涵濡我先王漬仁厚澤, 五百年餘, 苟能感之以恩, 動之以義, 則皆將張拳冒刃, 誓死赴敵, 內因一國之憤, 外牽天下之所共怒, 以與日人抗, 則日邦雖强, 亦豈能擅其利哉,

29) 《韓溪遺稿》1, 〈擬進時事疏〉, 182쪽. 在昔龍蛇大創, 兵力器械, 萬不相敵, 只緣秀吉之縱欲肆禽, 自底覆滅, 是當爲日邦之鑑,

선이기도 하였다. 물론 만국공법적 국제질서는 당대 현실에서는 존재하지도 작동하지도 않았다. 그럼에도 불구하고 고종과 유림들이 이를 외세의 침략에 대처하는 기본적인 외교술로 삼았던 데에는 그 나름의 이유가 있었다. 그들은 제국주의 열강이 식민지 쟁탈전을 벌이고 있던 당대현실을 약육강식의 전쟁과 합종연횡의 외교가 교차하던 중국고대의 정치상황과 다르지 않은 것으로 인식하였다. 그들은 그 상황에서 약소국 조선을 지키고 독립을 유지하는 가장 유리한 방도는 천리에 부합하는 외교를 추구하고, 만국이 평등하게 공존하는 대동세상의 국제질서를 수립하는 것이라 생각하였다.

1.2 국채보상운동과 구국외교활동

이승희는 1905년 10월 을사조약에 강제로 체결되자 본격적으로 국권회복운동에 뛰어들었다. 을사조약이 체결되기 두 달 전인 그해 8월 그는 국운이 일제의 침략으로 위태로워짐을 우려하며 〈의진시사소擬陳時事疏〉를 올리려 했지만 일제는 그 상소가 고종에게 전달되지 못하도록 가로막았다. 상소가 차단당하고 불과 2달 만에 을사조약이 강제로 체결되었다. 이 소식을 전해 들은 이승희는 성주 유생들과 함께 조약 파기를 요구하는 상소투쟁을 전개하였다.

이승희는 먼저 이완용 등 을사조약 체결에 협력한 다섯 대신의 죄를 성토하고 조약 파기를 상소한다는 통문을 도내 유림들에게 보내고, 11월 14일 장석영·이두훈 등과 함께 상경하여 상소투쟁을 전개하였다. 그들은 10월 26일과 29일에 두 차례 을사오적을 주륙할 것과 늑약폐기를 요구하는 상소를 올렸다. 이승희는 또한 고종의 부름을 받고 상경해 있던 면우 곽종석을 통해 위기에 빠진 나라를 구할 방도를 국왕에게 건의하려 하였고, 일본 병사가 상소투쟁을 탄압하고 체포하려 하자 〈항일본사령부문抗日本司令部文〉을 지어 일본의 침략적 죄상을 성토하였다. 이 항소투쟁으로 이승희는 그해 12월 25일 체포되고 대구경무서에 구금되어 이듬해 4월 8일까지 심문을 받았다. 그는 옥중에서도 일본이 조선에 통감부를 개설한다는 소식을 듣고 이토 히로부미를 문책하는 글을 짓는 등 항일투쟁을 이어 갔다.

감옥에서 풀려난 이승희는 1907년 1월 대구에서 국채보상운동이 시작되자 이 운동에 적극 참여하였다. 국채보상운동은 1907년 2월 중순 대구광문사 특별회의에서 김광제·서상돈·박해령 등 16명의 발기로 시작되었다. 이들은 즉석에서 모금활동을 전개하는 한편, 이 운동의 취지를 알리는 격문 〈국채일천삼백만원보상취지서〉를 전국에 발송하였다. 이에 호응해 대한매일신보·황성신문·제국신문·만세보 등 민족지들이 적극 지원에 나서고, 대한자강회·신민회·서우학회·한북흥학회 등 계몽운동 단체들이 동참하면서 국채보상운동은 단기간에 각계각층이 참여하는 전국적인 민족운동으로 발전하였다.

이승희는 국채보상운동이 시작되었다는 소식이 전해지자 주저하지 않고 바로 성주도 이 운동에 동참하자는 통문을 돌렸다. 그는 이 통문에서 지금 대한은 500년 종사宗社의 존망과 이천만 백성의 생사가 위태로운 위기를 맞고 있지만, 일본이 황제를 고립무원의 상태로 강제 격리시켜 계책을 낼 수 없기 때문에 백성들이 직접 나서 나라를 구하는 것이 마땅한 도리라 하고, 다행히 이 위기를 벗어날 방법으로 외채를 갚는 길이 남아 있으므로 국민 모두가 분발하여 단연斷煙으로 국채를 갚을 의연금을 마련하자고 호소하였다. 그는 사람과 짐승의 구분이 삼강三綱에 있고 "자식이 아비를 위해 죽는 일, 신하가 임금을 위해 죽는 일, 지어미가 지아비를 위해 죽는 일은 천지의 상경常經"이라 하며, 상경을 위해서는 죽을 수도 있는데 재화 정도로 이를 위한

다는 것은 너무도 당연한 일이라 역설하였다.[30]

　이승희는 이 통문에서 국채보상운동을 위한 조직을 만들기 위해 성주 장날인 3월 19일 장터에서 모임을 열자고 제안하였다. 그는 이 통문에 발기인 대표로 자신과 배우홍의 이름을 올렸다. 배우홍은 비록 웅천군수를 역임했지만 성주 지역에서는 이름난 향리집안 출신이었고 부호였다. 배우홍을 발기인 대표로 내세운 것은, 국채보상운동이 성과를 내기 위해서는 유림층뿐만 아니라 요호부민이 많은 향리층을 적극 참여시켜야 했기 때문이다. 향리층의 참여는 모금과 그 관리 및 국채보상운동 본부와 지회 사이의 연락업무 등의 실무를 원활히 처리하기 위해서도 필요하였다.

　이 제안이 성사되어 3월 20일 정식으로 성주군 국채보상의무회가 조직되었다. 국채보상의무회는 이승희를 회장으로, 이덕후를 부회장으로 추대하였다. 이승희는 회장으로 추대되자 향약의 조직 원리를 변용하여 국채보상의무회의 규칙을 만들고, 그의 제자였던 김창숙과 종질이었던 이기철, 향리집안 출신의 배상락, 도갑모 등을 실무자로 선임하고 의연금 모금활동에 착수하였다.[31]

　의연금 모금활동은 군민대회를 개최하여 국채보상운동의 취지를 설명하는 데서 시작되었다. 《대한매일신보》는 당시의 상황을 다음과 같이 보도하였다.

　　"성주군 국채보상의무회를 음력 2월 7일(양력 3월 20일)에 개설하였는데, 모인 사람이 수천 명이라. 전 의관議官 이회영씨의 일장연설에 중인이 모두 박수치고 의연금이 운집할새 군수 김흥기金興基씨가 1백 원

---

30)《韓溪遺稿》6, 250쪽. 以國債義務事通本鄕文.
31)《韓溪遺稿》6, 257쪽. 辭免國債會會長單子 又 戊申.
　　恐瀆僉鑑 伏李承熙老朽昧事 畏忝會長之任 全仰總務·財務諸公 各勤其職 免致大錯

을 봉치하고 중민을 향하여 눈물을 흘리며 재배하여 애국지의愛國之義를 감사하였고, 전남 광주에 사는 부싯깃 장수 장도선張道宣이 10냥을 납전하고, 두채상豆菜商 장경보張京甫의 처 김씨는 주머니를 털어 신화新貨 1원을 납부하고, 기녀妓女는 반지를 바치고 과부는 비녀를 바쳐 당일 의금義金이 1천여원에 달하매 전참봉 이기철씨와 전주사 배상락 양씨가 즉시 상경하여 황성신문사에 내납來納하얏다더라."32)

이 기사에서 보듯이 성주에서 전개된 국채보상운동은 이를 발기한 이승희, 배우홍을 비롯해 군수 김홍기, 전 의관 이회영, 전 참봉 이기철, 전 주사 배상락 등 양반 지배층이 주관하였지만, 시장의 상인, 기녀, 과부 등 다양한 계층의 하층민이 참여하였다. 대한매일신보와 황성신문의 국채보상운동 보도 기사를 검토하면 성주에서는 유독 가난한 하층민의 참여가 돋보였다.

대한매일신보는 1907년 4월 18일자 신문에 〈노신애국老臣愛國〉이라는 제목으로 성주군에 사는 장석진이 나이가 많고 집은 가난하여 집안에 곡식 한 말도 없고 땅이라고는 한 필지筆地도 갖고 있지 못하지만 이번에 집안 살림을 모두 팔아 10원 80전을 마련해 전액을 국채보상회에 의연했다고 보도하였다. 또한 그는 자손들에게 국채를 갚기 전까지는 단연은 물론이고 술과 안주 비용 지출도 금한다고 엄명을 내리고, 친척이나 친지들에게도 국채보상운동의 취지서나 발기문을 돌리고 참여를 독려하였다.33)

또한 이 신문은 5월 14일자와 6월 27일자 두 차례의 기사로 성주군의 시장상인 김사일金士日의 국채보상 모금활동을 보도하였다. 5월 14일자 기사에는 김사일이 주업인 상업을 전폐하고 의연금 모집에 전

---

32) 《대한매일신보》 1907.4.13. 星州出義.
33) 《대한매일신보》 1907.4.18. 老臣愛國.

력하여 성주 사람들이 모두 찬사를 보내고 있다고 전했고,[34] 6월 27
일자 기사에는 김사일의 보다 자세한 모금활동과 죽음을 보도하였다.
이 기사에 따르면 성주군에서 장사를 하며 살아가던 김사일이 매일
국세가 위급함을 논하고 종종 미친 듯이 노래를 부르며 통곡하고 지
내다가 국채보상운동이 시작되자 집안을 돌볼 겨를도 없이 오로지 이
운동에 전념하였다. 그는 국채보상이라고 강개 적절한 언변으로 참여
를 독려하고 상대가 이를 듣지 않으면 공격하며, 공격해도 듣지 않으
면 부모도 임금도 모르는 금수 같은 자라고 꾸짖었다. 그러던 3월 27
일 밤 그는 비분강개해 술을 마시고 밤늦도록 주먹으로 땅을 치며 이
번 국채보상에 참여하지 않는 백성이 많으니 언제 국세를 만회하겠는
가 하고 통탄하다가 피를 토하고 죽었다고 하였다.[35]

또한 이 신문 5월 9일자 기사에서 성주의 극빈자 김달곤의 사례를
소개하였다. 이 기사에 따르면 김달곤은 나무를 팔아 살아가는 지극
히 가난한 하층민이었는데 국채보상의무회가 활동을 시작하자 다른
형제에게 부모 부양을 일임하고 자신이 나무를 팔아 번 돈을 전부 의
연금으로 내겠다고 선언하고 이후 장날마다 나무를 팔아 총 7냥의 의
연금을 납부하였다. 그 마을 사람들이 이를 가상히 여겨 음식 한상을
차려 대접하였고, 국채보상의무회에서도 장날을 택해 음식 한상을 차
려 상으로 주니 그는 거듭 사양하다가 술만 마시고 나머지 고기와 떡
은 부모님께 갖다 드렸다고 한다.[36]

성주의 국채보상운동에 하층민의 참여가 유달리 돋보였던 것은 국
권상실의 위기감이 그만큼 높았기 때문이지만, 그에 더해 성주의 국
채보상운동을 이끌었던 이승희의 사상과 충정이 하층민에게도 큰 공

---

34) 《대한매일신보》 1907.5.14. 金氏熱心.
35) 《대한매일신보》 1907.6.27. 憂國深矣.
36) 《대한매일신보》 1907.6.27. 賣薪捐金.

감을 불러일으켰기 때문이었다. 이승희는 1905년 10월 을사늑약이 강요되자 장석영·이두훈 등과 함께 상경하여 이완용 등 을사조약 체결에 협력한 다섯 대신의 죄를 성토하고 조약파기를 주장하는 상소투쟁을 전개하였다. 이승희는 이 항소투쟁으로 말미암아 그해 12월 25일 일본 경찰에 체포되어 대구경무서에 구금되었고 이듬해 4월 8일에야 석방되었다.

또한 그는 국채보상의무회 회장으로 추대되자 거처를 의무소로 정하고 모금활동에 전념하였는데, 가족들이 고령을 염려해 집에 돌아오기를 간청하여도 국가의 안위가 국채금 모금에 달렸으므로 집에 돌아갈 수 없다고 거절하였다. 또한 회갑이 되어 그 자질들이 잔치를 베풀려하자 그 비용을 국채보상금으로 납부하게 하였다. 일가친지가 여기에 감동하여 부인들이 은반지를 의연한 것이 4개나 되었고, 그 종질 또한 가사를 포기하고 오로지 국채보상 모금에 전력하게 되었다.

이 무렵 이승희는 고종에게 국권회복방안으로 건의하려 하였던 〈의진시사소〉가 일본의 탄압으로 실현될 수 없게 되자 지역 유림의 요청을 받아 성주에서라도 이를 추진할 향약을 입안하였다. 그 향약은 신분 차별 없이 일정한 연령에 이른 아동을 전부 학교에 입학시켜 능력에 따라 상급학교로 진학시키는 방식으로 국권회복에 필요한 인재를 기르고, 각급 향약 단위들을 체계적으로 구성해 주권을 지키고 개혁을 수행하는 자치체로 성장시켜 가는 것이었다. 이러한 개혁은 신분차별을 철폐하여 구성원 각자의 능력을 온전히 발휘할 수 있게 해야만 성공할 수 있었다. 이승희는 신분차별 철폐 사상을 그의 부친으로부터 물려받았고, 이를 전제로 국권회복방안을 구상하였을 뿐 아니라 이를 철저히 실천하였다.

그는 이러한 사상에 의거해 성주의 국채보상의무회를 이끌었다. 그는 하층민을 아무런 차별 없이 이 운동에 동참시켜 실무진에 임명하였다. 가령 앞서 언급한 김사일이 그 대표적인 사례였다. 김사일은 신분이 미천한 상인이었는데 이승희는 오로지 그의 충정만 보고 임원으로 임명하였고, 오랜 친구와 같이 대하며 국채보상 모금업무를 진행하였다. 이에 김사일도 감동하여 아예 자기 직업을 중단하고 헌신적으로 모금활동을 펼치다가 울화와 과로가 쌓여 돌연 세상을 떠났다. 김사일이 죽자 이승희는 그의 시신 앞에서 슬퍼하며 통곡하였고, 그 아우가 장사를 지내도록 주선하고 별도로 애사哀辭를 지어 그의 희생을 기렸다.《황성신문》기사에 따르면 김사일이 죽은 후에도 그를 기렸던 자들은 이승희를 찾아와 울면서 슬퍼하였다고 한다.[37] 이승희가 그를 얼마나 가족처럼 대했던가를 확인하게 해 주는 일화이다.

일본의 탄압에 조금도 굴하지 않고 국권회복을 위해 앞장서 신분차별을 뛰어넘었던 이승희의 국권회복운동은 다양한 계층에게 감명을 불러일으켰고 국채보상운동에 앞다투어 참여하게 하였다. 김창숙 또한 국채보상운동에서 보여준 스승의 이러한 실천에 감복하여 그림자처럼 이승희를 보좌하면서 모금 활동 전반을 관장하는 총무로 활동하였다. 또한 향리집안 출신의 도갑모·배상락 등도 이승희를 따라 국채보상운동에 적극 참여하였다. 이들은 회계 및 장부관리업무 등을 담당하는 재무로 활동하였다.

국채보상운동과는 별도로 이 무렵 이승희는 네델란드 헤이그에서 개최된 만국평화회의를 상대로 민간차원의 구국외교활동을 전개하였다. 이승희는 만국평화회의가 개최된다는 소식을 접하자 평화회의에 참석하는 각국 대표들에게 보낼 〈여화란국해아만국평화회중서與和蘭國

---

37)《韓溪遺稿》6, 257쪽. 金士一哀辭.
　　金君士一 世於我舊 所業商販 今年丁未 本郡人士 設國債報償義務會 推爲任員 君卽關
　　其室 處事務 棄其商業 早夜籌會務 有熱血在心 忽一夜無疾而死 余悲其志 爲一哭于其
　　室 其十月 以葬告其弟 有繼而事者 謁余泣 病其跡之烟沒也 辭以哀之

海牙萬國平和會中書〉와 〈이해아변무사통고만국정부문以海牙辯誣事通告萬國政府文〉을 작성하고 이를 유학생을 통해 전달하려 하였다. 전자는 조선을 무력침탈한 일본의 죄상을 폭로하고 이를 만국공회에서 심판할 것을 호소하는 서신이고, 후자[38]는 헤이그 밀사 파견을 문제 삼아 고종의 퇴위를 강요하는 일본의 만행을 폭로하는 서신이었다.[39] 이 두 서신 모두 만국공법의 논리에 의거해 작성되었다.

또한 이승희는 일본이 고종을 강제 퇴위시키자 곽종석과 상의해 이를 각국 정부에 알리고 일본정부를 상대로 항변하는 글을 지어 보내고 동지를 모아 항의운동을 전개하려 하였다. 그러나 그 계획은 성사되지는 못했다.

2. 대한협회 성주지회 참가층의 현실 인식과 구국계몽운동

2.1 대한협회 성주지회 참가층의 현실 인식

성주의 국채보상운동은 모금활동을 개시한 지 한 달 만에 모금액이 7천 원에 이를 정도로 활기를 띠었다. 국채보상운동이 활발히 전개되던 그해 7월 헤이그 밀사사건이 일어났다. 이 사건이 일어나자 통감 이토 히로부미는 특사파견의 책임을 구실로 고종황제를 강제 퇴

---

38) 이승희, 《韓溪遺稿》 7, 546쪽.
39) 위의 책 6, 423쪽.

위시켰다. 고종이 물러나고 순종이 황제로 즉위하자 일본은 즉각 정미칠조약을 강요하고, 곧바로 민족언론을 탄압하는 〈신문지법〉과 집회·결사를 금지하는 〈보안법〉을 공포하고, 7월 31일에는 대한제국의 군대해산령을 내렸다. 이와 함께 이 무렵 활발히 전개되었던 국채보상운동에 대한 탄압도 강화하였다. 1908년이 되자 일본은 대한매일신보 사장 베델을 추방하는 공작을 본격화하고, 베델과 함께 국채보상운동의 구심점 역할을 했던 양기탁을 구속하였다. 이로써 국채보상운동은 중단되고 만다.

헤이그 밀사사건을 계기로 일본이 민족운동을 탄압하며 한국의 병탄을 서둘게 되자 국권상실의 위기의식은 더욱 높아졌지만, 국내에서 민족운동을 전개할 여지는 하루가 다르게 사라져 갔다. 이에 이승희는 1908년 4월 다수의 민족운동가들이 망명해 독립운동을 펼치던 러시아 블라디보스토크로 망명하였다.

이승희가 망명하자 성주의 국권회복운동은 크게 동요하였다. 이승희는 성주의 국권회복운동을 이끈 정신적 지도자이자 실질적 구심이었다. 당시 성주에서 그를 대체할 지도자는 없었다. 그러했던 만큼 그가 망명하자 성주의 민족운동은 크게 동요할 수밖에 없었다.

이러한 상황을 타개할 목적으로 추진된 것이 대한협회 성주지회의 설립이었다. 지회설립에 앞장선 인물은 김창숙이었다. 김창숙은 이승희를 마음 깊이 존경하고 따랐던 문인으로 을사조약 파기 상소투쟁 이래 스승 곁을 떠나지 않고 보좌하며 헌신적으로 국권회복투쟁을 펼쳤다. 이승희는 러시아로 망명하면서 국채보상운동의 마무리를 김창숙에게 부탁하였다.

대한협회 성주지회 설립을 주도한 인물은 김창숙이었지만 지회 설립과 활동에 참여한 회원들은 두 집단으로 구성되어 있었다. 《대한협회회보》 제9호에 수록된 성주지회의 임원과 회원명단을 분석하면 한 집단은 성주를 본관으로 하는 성산·벽진·성주·광평·경산 이씨, 의성 김씨, 청주 정씨, 성산 배씨, 성산 여씨 등 유력 사족가문 출신들이다. 다른 한 집단은 성주 도씨·성산 배씨·광평 이씨 등 성주읍에 거주하고 있던 향리가문 출신들이다.[40] 회장과 부회장은 사족가문 출신이 맡았고, 총무, 회계, 서기 등의 실무진은 향리가문 출신들이 맡았다.

이러한 협업구조는 국채보상운동에서도 발견되지만 차이가 있었다. 국채보상운동에서는 성주의 유림의 수장 격인 이승희가 주도하고 중인층이 이를 보조하는 역할을 하였던 데 견주어 대한협회 성주지회에서는 양자가 거의 대등한 관계로 결합하여 업무를 분담하고 활동을 전개하였다. 중인층이 보다 주체적, 능동적으로 국권회복운동에 진출하였던 것이다.

A. …… 당시 유림층의 입장을 대표하였던 인물은 김창숙이었다. 김창숙은 동강 김우옹의 주손으로 태어나 어려서부터 부친에게서 성리학을 배우며 성장하였다. 그에게 성리학을 가르친 부친 김호림은 성주의 대표적인 명문사족인 의성 김씨 가문의 종손이었지만, 신분 철폐가 시대적 흐름임을 알고 앞장서 이를 실천하고 가르쳤던 진보적 유학자였다.[41]

---

40) 권대웅, 앞의 논문, 2014.
41) 심산사상연구회편, 《金昌淑文存》, 1987, 178쪽.
　김창숙 자서전에 따르면 그의 부친은 동학농민전쟁이 일어났던 1894년 여름 김창숙과 그의 글방 동료들을 들판에 데리고 나가 모내기하던 농민들과 한자리에서 같이 점심을 먹게 하였다. 그렇게 한 이유는 두 가지였다. 하나는 양반들이 편히 살고 공부할 수 있었던 것은 농민들의 노고 덕분이었다는 점을 깨우쳐 주기 위해서였고, 다른 하나는 신분을 차별하지 않는 것이 시대 흐름임을 알려 주기 위해서였다. 김창숙과 그의 글방 동료들이 점심을 같이 먹은 농민들은 노비가 다수를 이룬 하층 신분이었다. 김호림은 점심을 나눌 때 "오늘은 너희들도 다 같은 농부이다. 응당 나이의 노소만 따질 것이지 누가 귀하고 천한가를 물을 것이 없다"하고 나이 순서에 따라 차례로 밥을 나누어 먹게 하였다. 신분차별을 당연한 이치로 배우고 자란 학동들이 이러한 처사를 못마땅하게 여기는 기색이 보이자, 김호림은 "지금

그로 말미암아 김호림은 하층민들로부터도 존경을 받았다. 동학농민전쟁 당시 농민군이 성주의 유력사족이나 토호들을 공격하고 재물을 빼앗았어도 유독 김호림의 종가 앞을 지날 때에는 어떤 피해도 입히지 않으려고 조심할 정도였다. 김호림은 1895년 일본의 만행으로 민비가 시해되자 이에 격분해 의병을 일으키려 동분서주하였다. 그러나 주변의 호응을 얻지 못해 거병에 실패하였고, 그 좌절의 울분으로 병을 얻어 김창숙이 18세 되던 해인 1896년에 세상을 떠났다.[42]

부친이 세상을 떠나자 김창숙은 한주의 학문을 계승한 이종기, 곽종석, 이승희, 장석영을 스승으로 섬기며 성리학을 공부하였다. 그들 가운데서도 김창숙이 특히 존경하고 따랐던 스승은 대계大溪 이승희李承熙였다. 김창숙은 자서전에서 "특히 이대계 선생에게는 마음속으로 절로 감복되어 성심껏 섬기게 되었다"고 기술하였다. 김창숙은 이승희가 러시아로 망명하는 1908년까지 그의 문하에서 학문을 닦았고, 이승희가 을사조약 파기와 매국대신 처단을 요구하며 대궐 앞에서 상소투쟁을 벌일 때에도, 또한 성주의 국채보상운동을 이끌 때에도 스승과 행동을 같이하였다.[43]

김창숙이 유독 이승희를 스승으로 섬기고 따랐던 데에는 부친과의 돈독한 관계도 작용했지만 보다 중요하게는 계급문제나 민족문제 인식에서 자신의 지향과 상통하는 점이 많았고, 사회개혁과 구국활동에서 보여준 과단성이 그의 마음을 사로잡았기 때문이었다. 김창숙은 자서전에서 1908년 이승희가 망명하자 내심 자신도 스승을 따라가고

세상이 크게 변해 가는 즈음인데, 너희들이 주역을 읽고도 변혁의 이치를 몰라서야 되겠느냐. 너희들은 다른 날에 마땅히 이 노부의 말을 생각해서 처세 입명하는 방도를 강구해야 할 것"이라 훈계하였다. 김창숙은 이 일를 계기로 신분차별의 구습에서 벗어나 새 길을 도모하였다고 술회하였다.
42) 심산사상연구회편, 《金昌淑文存》, 170~172쪽.
43) 심산사상연구회편, 《金昌淑文存》, 178~180쪽.

싶은 마음이 간절했지만 홀로 종가를 지키게 될 어머님 생각에 결국 망명을 포기하였다고 술회하였다.

김창숙이 이승희를 스승으로 모시고 따랐던 기간에 이승희는 〈의 진시사소擬進時事疏〉를 작성하고, 을사오적을 규탄하는 상소운동을 전 개하며, 국채보상운동을 주도하였다. 〈의진시사소〉는 고종황제에게 제 출할 국권회복방안을 담은 상소로 대한제국을 외침을 막아낼 튼튼한 자주국가로 재정비하려는 내수자강론內修自强論이었다.[44) 이러한 활동 을 지켜보면서 김창숙은 스승에게서 세 가지로 큰 영향을 받았다.

첫째는 의리를 실천함에 주저함이 없고 과단성이 있었던 이승희의 삶의 자세였다. 이진상의 '심즉리설心卽理說'의 문제의식은 리理의 공 도公道가 현실에서 실천되어야 한다는 것이었다. 이승희는 부친의 이 러한 성리학을 고스란히 계승하였고, 그 학문에 의거해 의리를 실천 하는 데 매진하였다. 그러했던 까닭에 이승희는 당대의 사회문제에 대해 자신의 입장이 명확하였고, 의리를 실천하는 데 조금도 주저함 이 없었다. 김창숙이 스승에게서 가장 감명받았던 것은 이러한 의리 실천정신과 과단성이었다.

둘째는 이승희가 신분차별을 마땅히 폐지되어야 할 구습으로 인식 하고, 국권회복 역량을 온전히 결집하기 위해서는 신분차별을 폐지해 야 한다는 인식을 확고히 가지고 있었던 점이다. 이승희의 이러한 사 상은 그의 부친 이진상의 《묘충록》에서 비롯되었다. 이승희는 이를 계승해 〈의진시사소〉의 핵심 자수내강방안으로 아동 나이가 8세가 되 면 귀천과 지위를 가리지 않고 모두 학교에 입학시켜 덕성과 학업성 취도만을 기준으로 상급학교로 진학시켜 인재를 양성하고, 당색과 문

---

44) 이윤갑, 〈한말 이승희의 국권회복론 연구〉, 《한국학논집》(계명대학교 한국학연구 원) 63, 2016.

벌·지벌에 구애되지 않고 오로지 덕성과 능력과 자질로만 인재를 선발하는 방안을 제시하였다.[45] 이승희는 고종에게 국권회복상소를 전달할 수 없게 되자 향촌사회에서 이를 실천하는 방안으로 그의 교육구국의 구상을 담은 향약을 작성하여 성주에서 시행하려 하였다.[46]

셋째는 이승희가 척사위정론자였음에도 불구하고 국권회복을 위해 서양의 근대학문을 받아들이고 가르칠 필요를 인식하고 이를 시도하였던 것이다. 이승희는 〈의진시사소〉에서 국권회복을 위해 가장 중시되어야 할 것으로 무너진 대륜大倫을 다시 일으켜 세우고 국권회복의 실질적 역량을 기를 교육체계의 혁신이라 주장하고, 그 교육내용에 유교경전과 주자를 위시한 성리학자들의 학설과 동양 전통의 경세서는 물론이고 서양 각국의 헌법, 법률, 지리학, 역사와 물리학 등도 포함시켰다. 서구 문명에 대한 그의 입장은 동양 전통의 인문학과 실용학을 기본으로 서양의 과학기술문명을 일부 흡수 융합해야 한다는 것이었다. 그는 특히 물리학 분야와 공학, 기술문명에서 서양이 동양을 앞서고 있다는 사실을 인정하고 그 성과를 적극 도입하고자 하였다. 그는 자신의 개혁안이 일본의 봉쇄로 고종에게 전달되지 못하자 대신 이러한 교육개혁을 실현할 방안으로 향약을 구상하고, 이를 성주 일원에서 실행하려 하였다.[47]

---

45) 《韓溪遺稿》1, 〈擬進時事疏〉, 185~186쪽.
　　首及太學, 大明立敎之本, 增置齋舍, 如宋朝治事之規, 各立敎員, 分掌藝業, 下至府郡校宮, 皆立敎授, 直作初仕之窠, 收拾見在學田, 隨宜加劃, 以爲養士之需, 令民百家置一塾, 有上下二舍, 千家立一院, 直倣周制, 有鄕先生司祭者, 許民自祀之, 皆置訓長, 令民推薦之, 使人生八歲, 皆入下舍, 敎之以古者小學愛敬隆親之道, 灑掃應對之節, 禮樂射御書數之文, 十有五歲, 選其俊秀, 限十人升于上舍, 敎之以窮理正心修齊治平之道, 如兵農律曆醫譯之術, 工冶商賈漁獵之技, 亦皆隨材分敎, 參以時宜, 使適於用, 由是而選升之, 大略院十人, 郡二十人, 府五十人, 太學二百人, 皆分番受敎, 因其所習而益精之, 月有課歲有試, 三年大比, 皆先之以德行, 次之以術藝, 必待其德成行立, 兼通三五藝以上, 以次升仕, 一一劃立科條, 俾成一三之制, 期以十年, 庶幾綱常復明, 人材作成, 可使擧國之人, 子死父事, 臣死君事, 國家有所恃而自立
46) 이윤갑, 앞의 논문, 2016.

이승희가 국권회복운동을 지속하기 위해 1908년 러시아로 망명하자 그의 국권회복론은 그가 사후수습을 부탁하고 떠난 김창숙에게 계승되었다. 김창숙은 스승의 망명 이후 이를 기반으로 국권회복운동에 앞장섰다.

B. …… 김창숙이 대한협회 성주지회에 참여하는 유림층의 입장을 대표했다면 중인층의 입장을 대표했던 인사는 도갑모였다. 대한협회 성주지회 활동에 참여한 중인층은 읍내를 기반으로 활동했던 인사가 중심을 이루었다. 이들은 향리로 선임되어 지방행정에 참여하는 한편 지주경영과 발달하고 있던 유통경제에도 적극 참여하여 부를 축적하였다. 이들은 가학으로 지방행정에 필요한 전문지식을 익혔고, 대부분 이름 있는 유생 문하에서 유교 경전도 공부한 지식층이었다. 계층으로는 요호부농층 상층을 대표하는 집단이었다. 이 집단의 입장을 대표하였던 도갑모는 국채보상운동에 참여하면서 김창숙과 뜻을 같이하게 되어 대한협회 성주지부 설립에도 적극 참여하여 총무로 활동하였고, 성명학교 설립에서도 중요한 역할을 맡았다.

도갑모는 전통적인 성주의 향리가문에서 태어났다. 그의 숙부 도한기都漢基와 부친 도한구都漢求는 1860년 전후하여 향리로 복무하기 시작하여 중간에 일정 기간 퇴임한 시기도 있었지만, 1894년 동학농민전쟁에 이르기까지 향리직을 수행하였다.[48] 도갑모는 도한구의 장남으로 태어나 어릴 때부터 집안에서 가학을 전수받았다. 가학 교육에서 스승이 되었던 인물은 그의 숙부 도한기였다. 도한기는 청년기부터 40대에 이르기까지는 향리로 복무하면서 공정하고 청렴한 업무처리로 이름을 날렸다. 40대 중반 건강상의 이유로 향리직에서 물러

---

47) 이윤갑, 앞의 논문, 2016.
48) 이윤갑, 《《邑志雜記》(19세기 후반)의 사회경제론 연구〉, 《대구사학》 36, 1989.

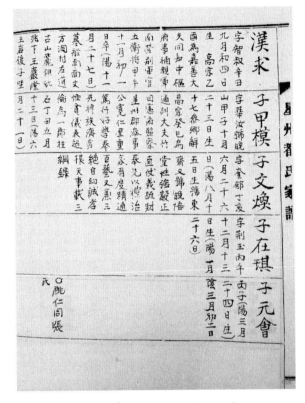

〈사진 3-4〉 성주星州 도씨都氏 가보

난 이후에는 한주 이진상의 문하에 출입하면서 유학 연구에 몰두하였
고 많은 저술을 남겼다.

장석영이 쓴 행장에 따르면 도한기는 학자로서의 자질이 뛰어났고
부지런하였으며 여러 방면으로 박식하였다. 그는 중년 이후 성리학
공부에 집중하면서 2천여 권의 경서를 비치한 자신의 서재 탁래정濯
來亭을 세웠다.[49] 그가 잠심강학潛心講學을 위해 손수 세운 탁래정은
자신의 공부공간이자 또한 그가 일족 자제들에게 가학을 전수하는 교

---

49)《悔堂先生文集》, 권42 處士都君禮叔行狀.

육공간이기도 했다. 그는 자신의 자제는 물론이고 아우 도한구의 두 아들 갑모·준모, 손자 문환의 이름〔冠名〕을 유가적 의미를 부여하여 지어 줄 정도로 일가친지를 아꼈고 그들 교육에 힘썼다. 도갑모 또한 그런 숙부에게서 교육을 받았고, 숙부의 사상에 큰 영향을 받았다.[50]

도한기가 활동하였던 19세기 후반은 중세사회 해체기의 모순이 집 중적으로 폭발한 극심한 분열과 대립의 시기이자, 동시에 근대로의 전환이 모색될 무렵이었다. 이 시기 성주에서는 1862년과 1883년에 대규모 농민항쟁이 발생했고, 1894년에는 읍내 전체를 불태운 동학농 민전쟁이 일어났다. 도한기는 현역 향리로서 혹은 안일호장安逸戶長으로 최일선에서 이 사태들을 수습하기 위해 노력하였다.[51]

도한기의 문집으로는 그의 사후 간행된 《관헌집管軒集》이 있다. 그러나 이 문집은 회당 장석영이 문집 편찬을 주관하면서 성리학과 관 련된 저술 위주로 편집되었기 때문에 그의 저술 전부를 수록하지는 않았다. 그의 사회경제관은 《관헌집》에 수록되지 못한 자료에서 오히려 더 풍부하게 살필 수 있는데 《계미민요록》·《동요일기》·《읍지잡기邑志雜記》 등이 그러한 저술들이다. 이 가운데서 특히 도한기의 사회경제관을 가장 자세하게 살필 수 있는 자료는 《읍지잡기》이다. 《읍지잡기》의 저술 시기는 1880년대 중후반이며,[52] 그 내용은 읍지 형식을 빌어 성주사회의 실태를 서술하고 주요 읍사邑事에 대해 자신의 견해를 피력한 책이다.[53]

---

50) 李基馨, 〈通訓大夫司憲府監察星州都公(諱甲模)墓碣銘〉.

51) 도한기는 자신이 경험한 사건을 기록한 자료를 남겼다. 그 대표적인 것이 1883 년 성주농민항쟁 관련 기록을 편집한 《계미민요록癸未民擾錄》과 동학농민전쟁 당 시 사정을 기록한 《동요일기東擾日記》이다.

52) 《읍지잡기》 '의복'조에는 양포洋布가 시중에서 거래되고 있음을 기술하였고, '금 광'조에는 금을 채취하기 위해 서양인이나 일본인들이 성주에서 활동하고 있는 사 실을 기술하고 있다. 그러나 동학의 전파와 관련한 기술은 발견되지 않는다. 이로 미루어 보아 이 책의 저술 시기는 1880년대 중반에서 후반이라 할 수 있다.

《읍지잡기》를 중심으로 도한기의 사회경제론을 살피면, 그는 당시의 가장 심각한 사회경제적 모순을 일차적으로는 부세문제에서 찾았다. 부세제도 자체가 문란하고 공정성을 상실한 데다 그 운영 또한 탐학한 수령과 아전의 수중에 장악되어 있는 것이 당대 사회 모순의 진원이라 인식한 것이다. 그는 부세제도의 문란과 부정이 농경을 포기하게 만들어 소농민들을 유리도산으로 몰아넣었으며 나아가 지주제의 존립마저 위태롭게 하고 있고, 또한 시장을 피폐하게 만들어 상공업의 발달을 저해하고 있다고 비판하였다.[54]

그에 견주면 토지소유의 불균등과 지주제의 확대는 사회적으로 심각한 문제는 아니라고 보았다. 그는 이런 관점에서 당시 주장되던 균전제적 토지개혁에 대해서 부정적인 입장을 취했다.

이러한 인식에서 그가 당대의 사회경제적 위기를 해결할 가장 중요한 대책으로 제시한 것은, 호포제 등과 같은 부세제도의 개혁을 통해 부세 편중을 구조적으로 제거하고 수령이나 향리들의 불법적 가렴주구를 금지하는 것이었다. 그는 부세제도의 모순을 바로잡기 위해 부세제도 자체를 합리적으로 개혁해야 한다고 보았다. 그는 부세제도의 개혁방안으로 호포법戶布法을 높이 평가하였다. 당시 부세제도의 심각한 모순은 지역적, 계층적 편중이었다. 그는 이 모순을 해소하기 위해서는 지역 간 차등을 없애는 방식으로 부세를 균배하고 신분고저에 관계없이 모두에게 고르게 부세를 부과하는 것이 필요하다고 보았다. 이런 입장에서 그는 비록 개혁으로는 한계가 있지만 대원군 정권의 호포법이 그 좋은 선례가 된다고 보았다.[55]

---

53) 이윤갑, 앞의 논문, 1989.
54) 《邑志雜記》 田土.
　　結弊多而賦稅用重　錢路貴而用入則倍　富者多其土而人不竝耕　貧者竝其耕而全無剩利
　　凶年則穀無收而但徵其稅　樂年則計其出而未滿所入　奈之何不廢土而抛農哉
55) 《管軒集》 권18, 對三政策 癸巳.

그러나 그는 이러한 대책만으로 부세제도의 모순과 부정을 바로잡기에는 한계가 있다고 보았다. 이러한 제도개혁이 성공하자면 무엇보다도 군현에 파견되는 수령이 청렴하고 개혁의지가 확고해야 하는 것이었다. 그런 까닭에 그는 부세수취의 모순을 해결하기 위해서는 청렴한 관리를 뽑을 수 있도록 과거제도를 개혁하는 것이 부세제도개혁보다 더 긴요한 선결과제라 인식하였다.

그는 이러한 인식에 의거해 과거제도와 신분제도의 개혁이 당대의 사회경제적 모순을 해결하는 가장 근본적이고 선결해야 할 해결책이라 보았다. 그는 당시 조선에서 관리가 될 수 있는 신분이 오로지 양반으로 제한된 데서, 그에 더해 오로지 문벌과 지벌에 의해서만 관리의 선발과 관직 임용이 이우러지는 데서 매관매직과 부정부패가 성행한다고 보았다.56)

그는 이런 모순을 개혁하기 위해 양반과 문벌 중심의 신분제도 및 과거제도를 전면적으로 개혁할 것을 주장하였다. 당시 양반들은 중인이하 서민에 대해서는 물론이고 심지어 양반서얼에 대해서도 차별을 엄격히 하였다. 이들 가운데 학식과 재덕이 출중한 자가 있어도 대학에 입학할 수 없게 막았고 일부 중인〔占科曆官之人〕들과는 혼인조차 하지 않으려 하였다. 그는 이러한 차별이 근본적으로 인도人道의 벼리가 되는 고법古法에 어긋난다고 비판하고 마땅히 철폐해야 한다고 주장하였다. 그는 기존의 차별적 신분제도를 폐지하는 대신 위로 천자天子의 원자元子에서 아래로는 준수한 서민에 이르기까지 모두 대학에 입학시키고, 귀천의 차등 없이 오로지 장유의 질서에 따라 교육을 시켜 능력이 뛰어난 자를 관리로 선발하는 고법古法으로 돌아갈

---

56)《管軒集》권15, 用人不拘門地設.
　　本國徒尙門地 俗成苟且 惟論族世之華楚 不問行義之修否 是其先王體道規世之意乎

것을 주장하였다.[57] 그는 신분제 자체가 무의미한 것이라고는 보지
않았다. 신분제 자체의 본래적 의미를 살리기 위해서는 기존의 차별
적 신분제 대신, 신분에 구애되지 말고 모두에게 고르게 교육 기회를
부여하여 오로지 능력에 따라 관리를 선발하는 성취형 신분제로 전환
해야 한다고 보았던 것이다.

그는 이러한 관점에서 사회윤리로 장유의 질서를 중시하였다. 이는
그가 《읍지잡기》에서 당시 대원군의 서원철폐나 호포법 시행에 대해
서는 평가를 유보하고 오로지 장유의 질서가 무너지는 것에 대해서만
"노소老少"라는 별도의 항목을 두어 사소한 사례까지 거론하면서 바
로잡으려 한 데서 확인할 수 있다. 요컨대 도한기의 사회개혁론의 핵
심은 혈연을 중시하는 기존의 폐쇄적 신분제를 능력에 따라 이동이
가능한 개방적 신분제로 전환시키는 것이었고, 이러한 신분제도와 과
거제도 개혁을 기반으로 부세제도를 개혁하면 당시의 사회적 모순과
분열, 대립의 주된 원인이 되었던 지배층의 부정부패를 근본적으로
해결할 수 있을 것으로 보았다.

도한기가 향리직에서 물러나 성리학 공부와 집안 자제들 교육에
전념하기 시작한 것은 1870년대 중반 이후였다. 《읍지잡기》를 집필한
1880년대 중반이 되면 그는 안일호장의 지위로 향리 업무에는 거의
관여하지 않고 주로 한주 문하를 출입하면서 성리학 공부에 전념하였
다. 도갑모가 숙부에게서 가르침을 받았던 시기는 이 무렵이었다. 도
갑모는 1864년에 태어났고, 7세부터 글을 배우기 시작하여 공부할 수
있는 나이가 되자 숙부에게 나아가 학업을 닦았다. 도갑모는 17세 되

---

57) 《管軒集》 권15, 用人不拘門地說.
　　古者敎人之法　自天子之元子卿士大夫之嫡子　以至於凡民俊秀　皆入大學　惟次長幼之序
　不分貴賤之等　而我國之俗　專尙門地　有兩班庶孽庶族之分　品類定隔不相爲齒　故非兩班
　之族　則雖有學行才德之士　不許入大學　亦或有占科曆官之人　不許通籍　甚非先王綱紀人
　道之意也

던 해인 1881년에 처음 향시에 참여하였는데 그때까지 숙부 문하에서 공부에 전념했다. 이후 과거를 단념하였지만 그 뒤로도 계속 숙부의 지도 아래 공부를 계속하였다.[58] 도한기는 아우의 장남이었던 도갑모의 교육에 특히 많은 관심을 쏟았다. 이런 연유로 《읍지잡기》에 나타난 도한기의 사상은 도갑모의 의식 형성에 지대한 영향을 미쳤다.

도갑모는 숙부이자 스승이었던 도한기를 존경하였고 그의 사상을 계승하였다. 숙부에 대한 흠모는 그가 숙부의 잠심강학처潛心講學處였던 탁래정濯來亭을 중수한 사실에서도 알 수 있다. 숙부가 돌아가시고 난 뒤 세월이 흘러 탁래정이 기울고 무너지자 도갑모는 이를 애통히 여겨 자신이 모든 경비를 부담하여 탁래정을 보수하고, 추가로 전토를 기부해 그 수입으로 해마다 한 번씩 그곳에서 숙부의 학문을 기리는 강회가 열릴 수 있게 하였다.[59]

도갑모가 숙부의 사상을 따랐던 이유는, 우선 그 사상이 양반 사족층에게 차별받았던 중인층의 입장과 이해를 잘 대변하였기 때문일 것이다. 당시 중인층들은 상당수가 양반 상층에 못지않은 재력과 학식을 갖고 있었다. 도한기 일족 또한 재력과 학식만으로 평가하면 성주사회에서 여느 사족 상층에 못지않았다. 그럼에도 이들은 중인이라는 신분제약 때문에 그에 상응하는 사회적 대우를 받지 못했다. 도한기는 신분제와 과거제 개혁을 통해 이러한 차별과 제약이 없는 사회, 신분에 구애되지 않고 자신들의 사회적 역량을 재량껏 기르고 펼칠 수 있는 사회로 개혁할 것을 주장하였다.

여기에 더해 보다 중요하게는 그의 사상이 시대의 흐름에 부합하는 선진적인 것이었기 때문이다. 그가 《읍지잡기》를 집필하던 1880년

---

58) 李基馨, 〈通訓大夫司憲府監察星州都公(諱甲模)墓碣銘〉.
59) 李基馨, 〈通訓大夫司憲府監察星州都公(諱甲模)墓碣銘〉.
　　嘗受業于叔父管軒公 … 月田濯亭傾圮 乃重修堂顔依舊 復劃田以資歲一講會

대 중반 신분제 개혁 주장은 아직은 시기상조로 보였다. 그러나 도갑모가 사회적 활동을 시작하게 되는 1890년대 후반이 되면 상황은 급변한다. 동학농민전쟁이 일어나고 갑오개혁이 단행되면서 신분제도와 과거제도가 폐지되었고, 차별적 신분제에 기반을 둔 중세적인 부세제도도 전면적으로 개혁된다. 이 개혁은 일본의 간섭과 아관파천을 거치면서 일시 좌초되기도 하지만 대한제국이 출범하면서 대부분 실현되었다. 이러한 개혁들로 도한기가 추구하였던 신분에 구애되지 않고 누구나 능력을 발휘할 수 있는 새로운 사회로의 이행이 시작되었다. 도갑모는 현실의 이러한 변화를 목격하면서 숙부의 사상이 시대흐름의 변화를 앞서 내다보고 새로운 사회에 적합한 삶의 자세와 사회윤리 및 질서를 선도적으로 제시하였음을 확인할 수 있었다. 그 과정에서 그는 숙부를 더욱 존경하게 되고 그 사상을 계승하게 된 것이다.

도한기의 사상은 도갑모뿐만 아니라 당시 중인층 일반에게도 큰 호응을 받으며 영향을 미쳤다. 그들은 이러한 사상을 바탕으로 국채보상운동과 대한협회 성주지부의 국권회복운동에 참여하였던 것이다.

2.2 대한협회 지회 설립과 친일합방파 규탄운동

김창숙은 이승희 망명 이후 크게 동요하던 성주 국권회복운동을 재정비하고 다시 힘을 모으기 위해 대한협회 성주지회 설립을 추진하였다. 김창숙은 1908년 10월부터 대한협회 성주지회를 설립하기 위한 준비에 착수하였다. 본부에 지회 설립을 신청한 다음 11월 1일 지회 설립발기회를 개최하였고 이어서 11월 8일에 조직총회를 개최하여 박의동을 지회장으로 선출하였다.[60] 이러한 과정을 거쳐 대한협회 성주

---

60) 심산사상연구회편, 《金昌淑文存》, 180~181쪽.

지회가 정식으로 설립된 것은 11월 11일이었다.

그러나 김창숙은 대한협회의 방침이나 지시에 따라 국권회복운동을 할 목적으로 성주지회를 결성한 것은 아니었다. 그 점은 지회 결성 이후 김창숙이 대한협회와 거의 연결을 갖지 않고 활동한 사실에서 확인할 수 있다. 오히려 그는 이 조직을 통해 이승희의 국권회복론을 추진하려 하였다. 그럼에도 대한협회 지회조직을 빌려 성주의 민족운동세력을 결집한 것은, 일본의 침략에 효과적으로 대항하기 위해서는 전국적인 국권회복운동 형태로 전개될 필요가 있다고 판단하였기 때문이다. 대한협회의 지방지회는 전국에 77개가 설립되었으며, 경상북도에서도 10개군에 지회가 설립되었다.[61]

1908년 11월 11일 성주읍내 회노당會老堂에서 개최된 발기인 총회에는 대한협회 본부에서 파견된 사찰원 윤효정이 참석하였고, 성주에서는 김창숙·이항주·배상락·이진석·도갑모·김원희 등등 약 70여 명의 회원이 참석하였다. 그로부터 한 달여 뒤인 1908년 12월 8일 성주지회는 조직총회를 개최하여 아래와 같이 임원을 선출하였다.[62]

> 회장 : 박의동
> 부회장: 이덕후
> 총무 : 도갑모
> 회계 : 배동옥
> 서기 : 이명하
> 평의장 : 이장확
> 평의원 : 김원희 박해증 이진석 이호순 도학모 김창숙 도헌모 정영
>   진 배상락 이기후 이기원

---

61) 김도형, 앞의 논문, 1988. 경상북도 지역에서 대한협회 지회가 설립된 군은 대구·경주·영천·자인·칠곡·성주·인동·선산·김산·안동 등이다.
62) 《大韓協會會報》 제9호, 융희 2년 12월(1908.12).

이순흠 시민식 원용택 여지연
간사 : 이영하 주병순 배용환 이우원 김성백
찬의장 : 이구연
찬의원 : 이항주 여홍연 문인주 이욱석 김형충 유승렬 이광한

임원구성을 보면 회장과 부회장은 사족가문 출신이 맡았고, 총무, 회계, 서기 등의 실무진은 향리가문 출신이 맡았다. 이 명단에는 도갑모가 총무로 올라 있는데 김창숙은 자서전에서 자신이 총무로 추대되었고 주요 회의를 주재한 것으로 기술하였다.[63] 따라서 같은 총무라 하더라도 김창숙은 성주지회의 회의 주재나 활동을 주관하였고, 도갑모는 지회 운영에 필요한 행정적 실무를 담당하였다고 볼 수 있다. 이러한 협업구조는 앞서 국채보상운동에서 형성되었다.

인적 구성으로 보면 성주지회 회원들의 대다수는 한주 이진상의 영향을 받았다. 한주의 문인이었던 이덕후가 부회장을 맡았고, 김창숙을 비롯한 회원들 대다수는 '주문팔현洲門八賢'이었던 이승희·곽종석·장석영의 문인들이었다. 향리 출신 참여자들에게 가장 영향력 있었던 도한기 또한 한주의 문인이었다. 여기에 더해 사미헌 장복추의 문인들도 성주지회에 참여하였다.

성주지회에 참여한 회원들 대부분은 앞서 전개된 국채보상운동에도 적극적으로 참여하였다. 이승희가 국채보상운동을 이끌면서 그의 지도 아래 이들은 하나의 세력으로 결집하였다. 그러나 이들은 대한협회 성주지회에서는 그와 같은 결집력을 보여주지 못하였다. 성주지회가 창립되고 얼마 지나지 않아 분열이 일어났다.

분열을 불러온 계기는 신분차별의 철폐, 곧 계급타파 문제였다. 김

---

63) 심산사상연구회편, 앞의 책, 181쪽.

창숙은 성주지회가 창립되자 회원들에게 "우리들이 이 모임을 만든 것은 장차 조국을 구하고자 함이다. 조국을 구하고자 할진대 마땅히 구습혁파부터 시작해야 하며, 구습을 혁파하고자 할진댄 마땅히 계급타파로부터 시작해야"한다고 역설하였다.[64] 곧 지부의 활동 목표는 위기에 처한 국권을 수호하는 것이고, 이를 위해 절실한 것이 모든 사람의 힘을 하나로 모아야 하는 것이다. 그러자면 선결할 것이 계급타파, 곧 일체의 신분적 차별을 타파해야 한다고 주장한 것이다.

신분차별 타파는 평소 김창숙의 소신이기도 했다. 그가 이런 소신을 갖게 된 데에는 신분철폐가 시대적 흐름임을 가르쳤던 그의 부친의 영향이 컸다. 또한 김창숙이 스승으로 모시고 따랐던 이승희도 신분차별 철폐를 주장하고 앞장서 실천하였다. 부친과 스승의 이러한 영향 아래서 성장한 김창숙은 신분철폐를 당연한 것으로 받아들였다.

그가 이날 신분철폐를 우선적 과제로 주장한 것은 그것이 단지 그의 소신이었기 때문만은 아니었다. 신분철폐는 당시 국권회복운동을 위해 절실한 과제였다. 물론 신분제는 갑오개혁 이후 법적, 제도적으로는 폐지되었다. 그러나 신분제는 오랜 세월 동안 생활 전반과 의식속에 굳건히 자리잡아 이미 고정관념이 되고 관습이 되었기 때문에 법적, 제도적 개혁만으로는 쉽게 폐지되지 않았다. 현실에서는 여전히 신분차별을 당연한 것으로 받아들이고 있었다. 그런 까닭에 이 차별을 타파하지 않고서는 민족역량을 온전히 결집할 수 없었다. 당시 성주 지부의 회원 구성을 보더라도 크게 두 신분 출신이 있었다. 하나는 전통적인 사족가문 출신이었고, 다른 하나는 중인 신분인 향리가문 출신이었다. 현실이 이러했던 만큼 그의 주장은 국권회복이라는 본래의 활동 목적에 비추어 현실적으로도 매우 절실한 과제였다.

---

64) 심산사상연구회편, 앞의 책, 181쪽.

그럼에도 김창숙의 계급타파 주장에 대해 성주 지부에 참가한 사
족층 다수는 비판적 입장을 보였다. 이 주장에 대해 박수치며 환호하
는 이들도 있었지만, 화를 내며 큰 소리로 욕하는 이들이 더 많았다.
계급타파에 대해 반대한 이들은 이후 대한협회 성주지부 활동에서 이
탈하였고, 심지어 적대세력으로 돌아서기까지 하였다. 이 사건에 대해
김창숙은 "내가 수구하는 고루한 유생들과 서로 사이가 나빠진 것은
이때부터였다"고 술회하였다.[65] 그러나 이 사건은 중인층이 보다 적
극적으로 지회활동에 참여하는 계기가 되기도 하였다.

분열의 또 다른 계기는 1909년 한일합방론을 주장한 송병준·이용
구 등 일진회의 매국노들을 성토하는 건의서를 제출하는 문제였다.
일진회의 매국노들이 조선통감 이토 히로부미의 사주를 받아 한일합
방론을 주창한다는 소식이 전해지자, 김창숙은 이들을 성토하는 건의
서를 중추원에 제출할 목적으로 회합을 소집하였다. 그는 비록 대한
협회 성주지회를 결성해 국권회복운동을 펼치고 있지만 그 활동은 스
승 이승희의 국권회복론을 실천하는 것이어야 한다는 입장이 확고하
였다.[66] 이승희는 을사오적과 같은 매국노들을 처단해야만 국권회복
운동이 성과를 낼 수 있다고 보았다. 그런 까닭에 〈의진시사소〉의 상
주와 을사늑약 파기 및 을사오적 처단 상소운동을 병행했던 것이다.
김창숙 또한 스승을 따라 일진회 매국노들을 규탄하고 처벌하는 상소
운동이 국권회복운동에 반드시 필요하다고 보았다. 일진회 매국노를
규탄하는 중추원 상소를 추진한 것은 그러한 문제의식에서였다.

일진회 매국노 규탄 상소를 논의하는 회합은 성주 향교에서 개최
되었고 70여 명의 유림이 참석하였다. 김창숙은 이들 앞에 자신이 작

---

65) 심산사상연구회편, 《金昌淑文存》, 181쪽.
66) 이러한 입장은 안동지회를 이끌었던 이상용에게서도 찾아볼 수 있다. 김도형, 앞
   의 책, 2017, 190~191쪽.

성한 규탄 상소 초안을 내어놓았다. 김창숙이 작성한 초안은 그 표현이 매우 과격하였다. 김원희가 "이 글이 극히 과격하나 기왕 역적을 성토하고자 한다면 무어 주저할 것이 있겠는가" 하고 원안 채택을 주장하였고 반대하는 자가 없어 그대로 통과되었다. 그러나 이 건의서를 중추원에 제출하기 위해서는 서명이 필요하였는데 참석자 대부분이 처벌을 두려워해 서명하기를 거부하였다. 그리하여 결국 서명에 참가한 사람은 김창숙·김원희·이진석·최우동 등 네 사람뿐이었다.[67]

매국노를 성토하는 중추원 건의서가 신문에 보도되자 성주에 주재하던 일본 헌병은 서명자 네 명을 연행하였다. 헌병들에게 한 차례 취조를 받고 풀려난 이들을 다음 날에는 성주 경찰주재소로 연행되었다. 헌병과 경찰은 이들에게 건의서를 취소하라고 협박하고 회유하였다. 이러한 연행과 취조는 이후에도 여러 차례 되풀이되었다. 그런 후 연행이 중단되자 헌병과 경찰은 밀정을 붙여 김창숙을 감시하였다.[68]

이 두 사건을 계기로 대한협회 성주지회는 사실상 해체된 것이나 다를 바 없게 약화되었다.

2.3 성명학교 설립

대한협회 성주지회의 활동은 계급타파 논란과 한일합방을 주창한 일진회 매국노 규탄건의서 제출로 사실상 와해되고 말았지만, 이러한 시련 속에서도 김창숙은 소수의 동지들과 함께 신식학교 설립으로 국권회복운동을 이어 갔다. 국권 회복을 위해서는 근대적 지식으로 실력을 기르는 것이 절실하고 시급하다고 판단했기 때문이다.

김창숙이 근대적 지식을 교육하는 신식학교 설립에 앞장선 것은

---

67) 심산사상연구회편, 앞의 책, 181~182쪽.
68) 위의 책, 183~185쪽.

당시 계몽운동 일반의 영향도 있었지만 보다 기본적으로는 스승의 국
권회복운동을 계승한 것이었다. 이승희는 을사늑약을 전후해 국권회
복을 위한 구국방안을 상소하였는데 그 방안의 핵심을 이루었던 것이
교육개혁이었다.[69] 그 교육개혁안에는 덕행을 기르는 전통적인 육경
학六經學을 기본으로 서양 각국의 역사와 법전과 지리 등을 공부하는
정치학政治學, 예禮·악樂·병兵·형刑·농農·공工·상商·천문天文·지리地理·
의방醫方·복서卜筮 등을 공부하는 명업학名業學이 교과목으로 설정되
어 있었다.[70] 외세의 침략을 물리칠 실력을 기르기 위해서는 전통적
인 덕성 수행과 실용학문을 기본으로 서양의 근대적 지식도 받아들이
고 활용해야 한다는 것이 이승희의 입장이었다. 그러나 그는 결코 대
한제국기 사상 전환을 꾀한 변법론적 개신유학자는 아니었다. 그는
기본적으로 주리론에 입각해 고법에 합치하는 유학개혁으로 국권을
회복하려 한 실천적 성리학자였고, 외세의 침략이라는 현실을 돌파하
기 위해 필요한 실력배양을 위해 서양문화를 이해하고 비판적으로 채
용하는, 말하자면 '개방적인 도학자'였다.[71] 김창숙의 성명학교 설립

---

69) 이윤갑, 앞의 논문, 2017.
70)《韓溪遺稿》6, 學案規則, 326쪽; 學課規則, 331~333쪽.
　　학안규칙 政治之科의 교육내용에는 전통적인 周禮 春秋 등과 本國史 本國大典 등
　　과 함께 萬國憲法과 法律書, 萬國地誌圖籍이, 名業之科의 교육내용에는 工學에 考工
　　記 등 옛서적과 機器書 등 현대서적이, 商學에는 현대 商學이, 물리 교육에 이전의
　　性理大全 등과 현대 西國諸書가 교재로 열거되어 있다. 또한 학과규칙 書院 受課에
　　는 各國史가, 府學의 考證에는 萬國典章, 法律과 地誌, 物理, 化學이 들어 있다.
71) 김도형, 앞의 책, 2017, 198~202쪽.
　　박원재, 〈서구사조에 대한 면우학파의 인식과 대응〉,《국학연구》4집, 한국국학진
　　흥원, 2004.
　　당시 경북지역에는 이승희와 같은 입장에서 "수시변역隨時變易"의 변통 원리에
　　따라 신학 수용을 주장하며 학교를 설립한 유생층이 다수 있었다. 한주 문하에서
　　동문수학한 면우 곽종석과 한계 이승희 또한 이러한 입장에 속했다. 이들은 이른
　　바 '개방적 도학자'로 불렸는데 서구사조에 대해서는 이승희보다 곽종석이 조금 더
　　개방적이었다. 이들을 가운데 교육개혁안을 가장 체계적이고 구체적으로 제시했던
　　이는 이승희였다. 이승희는 교육개혁방안으로 학제규칙·학안규칙·학과규칙·학칙 등
　　을 체계적으로 작성하고, 새로운 교육체계를 포함하는 향약까지 입안하였다.

〈사진 3-5〉 성명학교 모습

운동은 기본적으로 스승의 이러한 국권회복론을 계승하는 것이었다.

성명학교 설립운동의 직접적 발단이 된 것은 국채보상의연금 처리
문제였다. 통감부의 탄압으로 국채보상운동이 중단되자 성주에서도
다른 지역과 같이 의연금을 자체 보관하고 있었다. 각지에서 보관되
고 있던 의연금 처리를 위해 이 운동을 이끌었던 대표단이 1910년
서울에서 회의를 개최하였다. 김창숙은 이 회의에 성주 대표로 참석
하였는데 전국에서 3백여 명의 대표가 모였다. 이 회의에서 일진회원
들은 모금한 돈을 전부 중앙에 모아 각 정당 감독 아래 처리하자고
주장하자 김창숙은 매국 역당에게 국채보상금 처리를 맡길 수 없다고
격렬하게 성토하고 그 모임에서 탈퇴하였다. 성주로 돌아온 김창숙은
국채보상운동 및 대한협회 성주지회 활동을 통해 뜻을 같이하게 된
인사들과 의연금 처리문제를 논의하였다. 그 논의를 통해 국채보상의

연금을 신식학교인 성명학교 설립기금으로 사용하기로 결정하였다.[72]

성명학교 설립에 참여한 인사는 김창숙과 김원희·도갑모·이항주·이진석·배동옥 등이었다.[73] 김창숙·김원희·이진석·이항주는 사족 출신으로 대한협회 성주지회 활동에 같이하였다. 특히 김창숙과 김원희·이진석은 일진회의 매국행위를 성토하는 중추원건의서에 서명하고 같이 일본 헌병과 경찰에 연행되어 고초를 겪었다. 도갑모와 배동옥은 국채보상운동과 대한협회 성주지회에서 실무를 담당했던 향리 출신의 개혁적 인사들이었다. 도갑모는 숙부 도한기의 가르침을 통해 일찌감치 농업과 상공업의 생산력을 증진시키는 실용적인 생업교육의 중요성을 인식하고 있었고, 이를 바탕으로 국권 회복을 위해 신식학교를 설립해 부국강병책을 교육하는 것이 급선무라 생각하였다.

성주에서 보관하고 있던 국채보상의연금은 10만 원 정도였다. 그 자금으로는 교사校舍를 신축하기 어려웠던 까닭에 교사는 서원을 개축하여 사용하고 그 자금을 학교 운영비로 사용하기로 합의하였다. 당시 교사로 개축이 가능한 서원은 회연서원과 청천서원 정도였다. 이들은 상대적으로 좋은 조건을 갖춘 회연서원을 일차 후보지로 정하고 동래 정씨 문중과 협의하였다. 그러나 정씨 문중은 회연서원의 사용을 허락하지 않았기 때문에 결국 이들은 김창숙의 선조 동강 김우옹을 모셨던 팔봉동의 청천서원을 교사로 개축하기로 하였다. 청천서원의 개축이 완료되자 이들은 사립 성명학교라는 간판을 내걸고 9월 개교를 목표로 준비를 진행하였다.

성명학교 설립이 추진되자 성주유림은 물론이고 경상도의 보수적인 유림들까지 가세해 신교육 도입을 반대하며 이를 공격하였다. 그

---

72) 심산사상연구회편, 앞의 책, 185~186쪽.
73) 위의 책, 186쪽.

들은 "김창숙이 나와서 청천서원이 망한다"고 공격하고 학교설립을 저지하려 하였다. 이에 대해 김창숙은 "걱정할 것이 없다. 내가 어찌 우리 조상을 잊고 유림을 저버릴 사람인가. 유림의 뜻만 순종하느라 사방에서 배우러 오는 학생들을 거절하기보다는 신진 영재를 양성해서 새 시대에 통하는 선비가 나오기를 기대하는 것이 옳지 않겠는가."하고 개교의 뜻을 굽히지 않았다.74) 그는 자신의 신교육운동이 새 시대에 통하는 선비를 기르고자 한 이승희의 교육개혁사상을 계승한 것이고, 그것은 결코 유학의 정신과 배치되는 것이 아니라고 확신하였던 것이다.

그러나 성명학교는 개교도 못한 채 폐교되고 말았다. 9월 개교를 목표로 준비가 진행되었지만 8월 29일 일본이 대한제국을 병탄하면서 성명학교 개교 자체를 금지시켰기 때문이다. 성주의 일본 경찰은 성명학교 운영기금으로 충당하려던 국채보상의연금도 압수하였다. 경찰이 김창숙의 가택을 수색하여 단연금 장부와 의연금을 빼앗아 갔다. 김창숙은 그 자금이 성명학교 운영기금이라 저항하였지만 경찰은 그 자금은 사립학교 비용으로 사용할 수 없고 국고로 귀속되어야 한다며 강제로 몰수해 갔다.75) 이로써 신식학교 설립운동은 개교도 못한 채 중단되고 말았다.

---

74) 심산사상연구회편, 앞의 책, 187쪽.
75) 위의 책, 188쪽.

제4장

일제강점기 사회변동과
민족운동

1. 일제 병탄 이후의 사회변동과 유림의 동향

1.1 민족운동 탄압과 식민지 지배체제의 구축

일제는 1910년 조선을 병탄하면서 모든 민족운동을 탄압하고 금지하였다. 한말 성주에서 국권회복운동의 일환으로 설립된 신식 성명학교 또한 개교도 하지 못한 채 폐쇄되었다. 일경은 성명학교를 강제 폐쇄했을 뿐만 아니라 김창숙의 집을 수색하여 성주의 국채보상금과 장부 일체를 압수해 갔다.[1]

일제의 병탄으로 마지막 희망이었던 성명학교 설립마저 좌절되자 김창숙은 끓어오르는 분노를 주체하지 못하고 망연자실하였다. 그는 "나라가 망했는데 선비로서 이 세상을 사는 것은 큰 치욕"이라 하면서 매일 취할 때까지 술을 마시고 통곡하였다.

조선 병탄 직후부터 일제는 이전에 관리를 지낸 양반이나 고령자 또는 효자 열녀들에게 은사금恩賜金을 나누어 주며 이들을 식민통치의 협조자로 포섭하는 친일화정책을 실시하였다. 이에 따라 성주에서도 은사금이 배포되었다. 은사금을 받은 일부 양반들은 일본이 자신을 우대한다는 생각에 고무되었다. 이러한 소식을 접한 김창숙은 주

---

1) 이윤갑, 〈한말 경상도 성주의 국권회복운동과 그 사상〉, 《한국학논집》(계명대 한국학연구원) 71.

체할 길 없는 치욕감을 느끼고 분노하였다. 그러면서 그런 류의 양반들과 아예 상종하지 않고 대신 이속 하인배나 술꾼 노름꾼과 어울리며 술을 마시고 미친 듯이 쏘다니면서 울분을 터뜨렸다. 이런 모습을 보면서 사람들은 "김창숙이 미쳤다"고 한탄하였다. 그의 방황은 1913년 겨울에 이르기까지 계속되었다.[2]

그동안 일제는 성주 일원에 식민지 통치체제를 확립해 갔다. 성주 관아 건물을 중심으로 군청과 경찰서를 세우고 일본인 관리와 헌병경찰을 배치해 행정과 치안을 장악해 갔다. 성주군 관할 12개면에도 면사무소를 두어 행정관리를 배치하며, 경찰서가 있는 성주면을 제외한 나머지 지역에는 헌병주재소를 설치하고 헌병경찰을 상주시켰다. 일제는 이들 식민지 관헌을 앞세워 토지조사사업, 벼품종 개량, 도로 개설 등등 식민지 지배정책을 강압적으로 추진하였다. 또한 식민지 교육을 강요하기 위해 병탄 이듬해인 1911년 성주면에 심상소학교와 공립보통학교 각 1개씩을 설립하였다.[3] 일본인 관헌과 교원이 파견되면서 성주군에는 상주하는 일본인이 60여 호, 2백 인을 상회하게 되었다. 이에 따라 이들에게 생필품을 공급하는 일본 상인도 진출하여 점포를 열었다.[4]

그러나 경상도의 다른 부군과 비교하면 성주로 진출한 일본인은 매우 적었다. 조선시대만 하더라도 성주는 목이 설치될 정도로 군세가 크고 행정적 위상도 높았다. 당시 비슷한 위상을 지녔던 상주나 경주와 비교하면 상주에 진출한 일본인은 4백여 호, 경주에 진출한 일본인은 5백여 호였다. 성주에 진출한 일본인은 상주나 경주와 비교

---

2) 국역심산유교간행위원회, 〈벽옹 73년 회상기 상편〉, 《국역 심산유고》, 대동문화연구원, 1977, 694쪽.
3) 慶尙北道編纂, 《慶尙北道統計年報 自大正八年至昭和三年》, 1930, 309쪽.
4) 위의 책, 17쪽.

하면 1/7~1/10에 지나지 않았다. 성주에 일본인 진출이 부진하였던 가장 큰 이유는 교통이 불편했기 때문이다. 경부철도가 애초 성주를 통과할 계획이었으나 지역 유림의 반대로 인근의 대구, 왜관을 거쳐 구미, 김천을 경유하는 방향으로 노선이 변경되었다. 그로 말미암아 성주는 일제 강점기 주된 교통로였던 철도를 편리하게 이용할 수 없었다. 외부와의 교통은 오로지 도로를 통해서만 이루어졌는데 그마나도 철도와 간선도로망과 연결하자면 산을 넘거나 낙동강을 건너야 하기 때문에 겨울철 결빙이 되거나 여름철 호우가 내리면 종종 외부와 교통이 끊겼다.5) 이러한 교통장애로 말미암아 일본인들이 성주로 진출하기를 꺼려했다. 경상북도에서 성주와 같이 일본인 진출이 소수였던 지역은 군위·청송·영양·고령·영주·봉화 등 대부분 교통의 오지였다.

성주에 진출해 상주한 일본인은 관리와 경찰·교원 등 식민통치를 위해 파견된 필수요원과 그 가족들이었다. 이들을 제외하면 농장을 경영하거나 상공업 경영을 위해 진출한 일본인은 거의 찾아볼 수 없었다. 그러했던 만큼 식민통치 또한 상대적으로 느슨할 수밖에 없었고, 친일파 양성정책 또한 적극적으로 추진되기 어려웠다.

1.2 1910년대 이승희의 민족운동과 성주유림의 동향

이런 상황에서 성주의 민족운동의 불씨를 지켜가게 한 힘은 망명지였던 중국에서 전개한 한계 이승희의 독립운동이었다. 성주에서 을사늑약반대상소, 국채보상운동 등 국권회복운동에 앞장섰던 이승희는 1907년 헤이그 밀사사건을 계기로 국내에서 활동이 어려워지자 독립운동을 이어 가기 위해 1908년 5월 러시아 블라디보스토크로 망명하

---

5) 《동아일보》 1927년 3월 2일, 〈순회탐방 존망의 秋에 立한 가야의 고도(1)-교통불편의 성주〉.

였다. 그의 망명에 동행한 사람은 이면와와 제자 정인화, 이수인 등이
었다. 이들 가운데 이면와와 정인화는 한 달여 만에 조선으로 돌아왔
고, 제자였던 이수인은 이승희와 함께 러시아에 남았다. 이승희는 블
라디보스토크에서 헤이그 만국평화회의에 고종의 밀사로 파견되었던
이상설을 만나 독립운동방안을 협의하였다. 이들은 중국과 러시아로
이민하거나 독립운동을 위해 망명한 조선인이 수만 명이 된다는 사실
에 착안해 이들을 결집하고 교육시킬 독립운동기지를 세우기로 하고
후보지를 물색하였다. 1909년 이들은 러시아와 국경을 마주하고 있는
중국 밀산부에 독립운동기지를 건설하기로 결정하였다.6)

　독립운동기지 건설에 착수하면서 이승희는 이수인을 귀국시켜 필요
한 자금을 모금하였다. 그는 밀산부로 이사하여 황무지를 사들이고 조
선인들을 모아 개간을 시작하였다. 여기에 모여든 조선인은 100여 호가
되었다. 이승희는 이 마을의 이름을 한흥동으로 붙이고, 마을의 규약
인 민약民約을 만들며 교육기관인 학사學舍를 세웠다. 이승희는 망명
하기 전 성주에서 향약운동을 전개하였는데, 한흥동 민약은 그 운동
을 계승하는 것이었으며, 학사의 교육 내용 또한 그가 매일 암송한 5
강 爲天地立心·爲父母立身·爲吾生立道·爲斯民立極·爲萬歲立範에서 살필
수 있듯이 성리학적인 것이었다. 이승희는 해외 독립운동기지의 건설
과 운영도 척사위정사상에 의거해야 한다는 신념을 가지고 있었다.

　이승희의 해외 독립운동을 성주 유생들과 연결시킨 것은 제자 이
수인과 아들 기원, 기인이었다. 이들은 성주와 밀산부 한흥동을 오가
며 이승희의 활동을 성주 유생들에 알리고, 자금을 모아 한흥동의 건
설을 뒷받침하였다. 이승희는 이들을 통해 1910년 성주 한개마을에 선

---

6) 금장태, 〈한계 이승희의 생애와 사상(1)〉, 《대동문화연구》 19, 1985; 유준기, 〈한
　계 이승희의 민족의식과 독립운동〉, 《윤병석교수화갑기념 한국근대사논총》, 1990.

〈사진 4-1〉 한주 이진상을 기념하는 강학소 조운헌도재

친 한주 이진상을 기념하는 강학소 조운헌도재祖雲憲陶齋를 짓고, 한 주의 유고 〈춘추집전春秋集傳〉을 간행하였다. 말하자면 이승희는 성주 의 한주학단과 연결하여 망명지 중국 밀산부 한흥동과 성주에서 한주 의 학문을 계승하고, 이를 바탕으로 척사위정의 독립운동을 전개한 것이었다.[7]

이승희가 망명한 후 성주에서 한주학단을 이끌었던 인물은 '주문팔 현'의 하나였던 회당 장석영이었다. 장석영은 1912년 이승희의 종질이 었던 이기병과 함께 밀산부 한흥동을 방문하였다. 당시는 중국에서 신해혁명이 일어나 단발령이 공포되는 등 근대개혁이 추진되고 있었 다. 이에 이승희와 장석영은 원세개 대총통에게 세 차례나 서한을 보

7) 이윤갑, 〈한말 일제초기 이승희의 민족운동〉, 《인문학연구》(계명대 인문과학연구 소) 47, 2013.

내 서양제도에 따라 강상의 윤리
와 중화를 멸망시키지 말도록 경
계하고 공자의 가르침을 실천할
것을 주장하였다. 이들은 또한
손문에게도 서한을 보내 서양의
공리설에 빠지지 말고 중화의 진
정한 실현을 요구하였다.[8] 이들
은 중국의 근대개혁에 대해서도
적극적으로 척사위정론에 의거해
중화와 강상의 윤리를 고수할 것
을 주장했던 것이다.

이승희는 4년 동안 중국 밀산
부에서 한흥동을 독립운동기지로
만들려고 애썼지만 성공하지 못

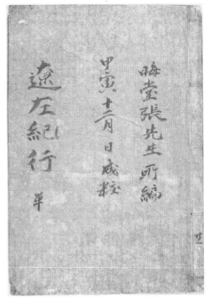

〈사진 4-2〉 장석영의 《요좌기행》 표지

했다. 그는 67세 되던 해인 1913년 한흥동을 떠나 안동현으로 갔다.
거기서 그는 북경을 중심으로 전개되던 공교회 운동에 관한 정보를
얻게 된다. 당시 중국에서 공교회 운동을 주도했던 것은 강유위였다.
강유위는 공자를 '중국의 교주〔中國之敎主〕'로, 곧 중국민족 구제의 교
주로 존숭하였다. 그는 중국의 일체 문명이 모두 공자의 가르침과 관
계되어 있다 하고, 공교를 버리면 일체의 문명이 없어질 것이며 따라
서 종족도 멸망할 것이라 하였다. 그런 까닭에 중국의 근대화도 공자
의 가르침에 의거해 이루어져야 한다고 확신하였다. 그는 금문 자료
를 중심으로 공자의 사상을 재정리하고, 이를 바탕으로 근대화 방안

---

8) 정우락, 〈《遼左紀行》을 통해 본 장석영의 만주체험과 그 의의〉, 《한국학논집》 66,
2017.

을 정립하였다.

강유위는 국가는 군주의 사유물이 아니라 하고, 중국의 토지·인민·물산도 국민의 공유여야 한다고 주장하였다. 또한 중국의 정치로는 공화제가 아니라 입헌군주제가 적합하다고 보았다. 말하자면 혁명보다는 점진적 개혁이 중국의 현실에 적합한 근대화 방안이라 생각한 것이다. 그는 또한 협의의 민족이 아니라 한·만·회·몽·장의 5족이 합일하여 국권을 강화해야 한다고 주장하였다. 강유위는 이를 실천하기 위한 사상적, 실천적 구심으로 공자교를 창설하였다. 공자교는 공자의 사상을 인민의 마음속에 굳건히 자리 잡게 하여 국혼이 되게 만드는 사상적, 실천적 구심이었다.

망명 이후에도 척사위정의 입장을 굳건히 지켰던 이승희는 공자사상에 의거해 근대화와 민족문제를 해결하려 하였던 강유위의 취지에 호감을 가졌다. 그는 공자교가 중국과 러시아로 산발적으로 망명 또는 이주한 조선인들을 유교사상에 의거해 결속시키는 사상적, 조직적 구심이 될 것으로 기대하였다. 그리하여 그는 안동에서 교민들과 의논하여 동삼성한인공교회 설립을 추진하였다. 마침 큰아들 기원이 안동현으로 아버지를 찾아오자 같이 북경 공교회를 방문하여 관계자들을 만나 공교회 운동에 대한 의견을 나누고, 동삼성한인공교회지회 설립을 신청하여 승인을 받았다. 이승희는 이때 북경 공교회 간부들에게 공자교 운동의 약점으로 공자사상에 대한 이해가 부실한 점을 지적하고, 그 보완책을 제시하기도 하였다.9)

---

9) 이 문제는 강유위가 손문의 근대적 혁명사상 등과 경합하면서 공자의 사상을 당대의 사회문제를 해결하는 현실적 사상으로 재구성하는 과정에서 발생한 것이었다. 이승희는 이 문제를 방치할 경우 공자교운동이 유교사상으로부터 이탈할 위험이 있다고 지적하였고, 북경 공교회 간부들도 이 점을 우려하고 있었다. 이에 그들은 이승희에게 그 점을 보완할 방안을 자문하였고, 이승희는 〈공교교과론孔教教課論〉·〈공교진행론孔教進行論〉·〈공사관복설孔祀冠服說〉을 지어 그 요청에 응했다. 〈공교교과론孔教教課論〉은 공교회의 교과목이 공자의 사상을 충실히 교육할 수 있도록

공교회 본부로부터 동삼성한인공교회지회 설립이 승인되자 이승희
는 〈동삼성한인공교회취지서〉를 발표하였다. 이 취지서는 동삼성한인
공교회의 설립 취지와 운영방안을 10개조 규약에 구체적으로 담고 있
었다. 그는 이 취지서에서 공교회 운동의 목적이 종교에 의한 재만
한민족 결속에 있음을 밝히고, 그 구체적 방법은 유교 윤리 강령인
오륜을 실천하고 6예(藝·樂·射·御·書·數) 4과(文·行·忠·信)를 배우고
익히는 것을 중심으로 하였다. 공교회 운동을 전개하는 것이지만, 보
다 유교에 충실한 공교운동으로 재만 조선인들을 결속시켜 민족운동
을 전개하려 한 것이었다.

북경 공교회 방문을 마치고 심양으로 돌아온 이승희는 권병문의
집에 머물면서 민족운동가들과 함께 요중遼中 지방의 황무지를 개척
하여 조선인 집단농장을 설립하는 운동에 착수하였다. 이들은 요중현
덕흥보에 280일경一頃의 땅을 사들이고 조선인들을 이주시켜 개간하
여 독립운동 기지를 만들려고 하였다. 물론 이승희는 여기에 모인 조
선인들을 공교회로 결속시키려 하였다. 그러나 그 사업은 구입한 토
지가 이듬해 해빙기에 물에 잠겨 농경지로 사용할 수 없게 됨으로써
실패하고 말았다.[10]

이후 가족과 함께 심양에 머물던 이승희는 이듬해인 1916년 2월
28일 70세로 세상을 떠난다. 그는 임종에 앞서 나라가 광복되지 않으
면 죽더라도 고국으로는 돌아가지 않겠다고 유언하였다. 그러나 이승
희의 부음이 전해지자 성주 유림은 물론이고 전국에서 유림과 지사들

5덕·5륜·6예·4과로 체계화한 것이고, 〈공교진행론孔敎進行論〉·〈공사관복설孔祀冠服
說〉은 공교회의 제도와 절차, 복제 등에 대한 정비방안이었다. 그는 또한 한주가
지은 〈춘추집전〉을 교육에 활용하도록 공교회에 보냈다.
10) 금장태, 〈한계 이승희의 생애와 사상〉 1, 《대동문화연구》 19, 1985; ＿＿＿, 〈근
대 유교개혁사상의 유형과 사상사적 전개〉, 《국사관논총》, 1989; 홍원식, 〈한국 공
자교운동과 이승희〉, 《공자학》 3, 1998; 김종석, 〈한계 이승희의 공자교운동과 유
교개혁론 문제〉, 《철학논총》(새한철학회) 38, 2004.

이 본가로 편지와 전문을 보내 국내 반장返葬을 촉구하였다. 유족들도 그 요구를 받아들일 수밖에 없어 결국 운명한 지 한 달 만에 그의 시신을 입관하여 기차 편으로 고향 성주 본가로 모셔왔다. 그로부터 한 달 뒤인 4월 28일, 전국에서 유림과 지사들이 운집해 애도하는 가운데 그의 장례는 사림장士林葬으로 성대하게 거행되었다.

이승희의 독립투쟁과 순국은 그와 학문적, 사상적 동지였던 '주문8현'에게는 물론이고 성주 유림 일반에게도 독립의식을 일깨웠고 독립운동의 투지를 촉발시켰다. 그의 순국에 특히 큰 영향을 받았던 인물은 김창숙이었다. 김창숙에게 이승희는 망명하기 전부터 그가 "충심衷心에서 나온 기쁨으로 정성껏 복종하였"던 스승이었다. 이승희 또한 김창숙을 깊이 신뢰하여 망명에 앞서 그가 회장을 맡았던 성주국채보상의무회의 뒤처리를 부탁하였다. 그러나 이승희가 망명한 후 김창숙은 스승과 연락이 두절되었다.

김창숙은 스승이 망명하자 그의 뜻을 이어 국권회복운동에 앞장섰으나 얼마 지나자 않아 일본이 조선을 무력으로 병탄하였고, 그는 그 울분을 이기지 못하고 몇 해를 방황하였다. 심산의 방황이 끝나게 된 것은 1913년 겨울이었다. 4년이 넘도록 계속된 심산의 방황을 멈춰 세운 것은 어머니의 간곡한 훈계였다. 김창숙의 어머니는 아들의 방황과 패악한 행동이 망국의 울분을 이기지 못한 데서 비롯된 것임을 누구보다도 깊이 알고 있었다. 그러나 그렇게만 살도록 내버려 둘 수 없는 것이었다. 오랜 방황으로 그 울분이 어느 정도 진정될 기미가 보이자 어머니는 간곡하고 엄하게 심산을 꾸짖었다. 이제 방황을 그치고 빼앗긴 나라를 되찾을 선비의 길을 찾고 준비해야 한다는 훈계였다. 김창숙의 어머니 장씨는 아들에게 "명교名敎 중에도 스스로 즐거움을 찾을 곳이 있어 안신입명安身立命할 수 있다"고 새로운 길을 제시하고 "학술을 닦으면서 서서히 우리나라의 광복을 도모하되 기회를 보아 움직이는 것이 너의 길"[11]이라 훈계하였다.

어머니의 간곡하면서도 엄한 훈계는 김창숙이 선비정신을 갈고 닦는 중대한 계기가 되었다. 김창숙이 방황을 끝내고 동요하던 마음의 안정을 찾아가자 어머니는 "제가 전날 굴레를 벗은 말처럼 날뛴 것은 글을 읽지 않은 때문이다. 지금부터라도 성현의 글을 읽고 의리의 학에 마음을 가다듬어서 특별히 경세의 도를 궁구하여 언젠가 쓰이는 날에 대비해야" 할 것이라 가르쳤다.[12] 이때부터 김창숙의 유학공부는 본격적으로 시작되어 4,5년 동안 지속되었다. 이 기간 동안 김창숙은 세상사에 일체 관여하지 않고 묻지도 않았으며 오로지 독서하고 의리의 학을 공부하는 데 전념하였다.

김창숙은 문정공 김우옹의 13대 종손이었다. 종가에는 남명의 제자였던 김우옹 당대부터 대를 이어가며 수집되고 전해 온 천여 권의 경서가 있었다. 대원군의 서원철폐령으로 문정공을 배향한 청천서원이 헐리자 김창숙의 부친 김호림은 선조가 세운 고반정考槃亭을 중수하여 가장家藏 경서를 보관하고 공부하는 서재로 삼았다. 김창숙은 가학의 전수처가 된 고반정에서 선조들이 체계적으로 수집한 경서를 읽으며 유학공부에 몰두하였다.

이 시기 김창숙이 경서공부에 매진할 때 그가 주로 찾았던 스승은 면우 곽종석이었다. 김창숙은 스승 곽종석의 학문에 대해 "어려서부터 늙을 때까지 언제나 조심하고 경계하고 두려워함에 심신성정心身性情의 미묘한 것에서 밖으로는 이륜예악彛倫禮樂의 명교名敎와 널리 천지·귀신의 정상변화情狀變化 및 고금 인물의 치란득실治亂得失에 이르기까지 밝게 연구하여 체득하지 않은 것이 없었다"고 서술하였다.

---

11) 국역심산유교간행위원회, 〈벽옹 73년 회상기 상편〉, 《국역 심산유고》, 695쪽.
12) 위의 책, 697쪽.

〈사진 4-3〉 김창숙의 생가

또한 스승은 "세상 선비들이 본원을 깊이 탐구하지 않은 채 다만 말하고 듣는 것에 힘써서 입에서 나와서는 귀로 들어갈 뿐, 끝내 실용이 없음을 안타깝게" 여기며 "치지궁리致知窮理와 거경역행居敬力行과 존차리순차리存此理循此理 등 실천에서는 잠시라도 게을리 한 적이 없었다"고 하였다.[13]

김창숙의 공부는 경서에 담긴 깊은 뜻을 탐구하여 귀착되는 취지를 이해하는 과정을 거친 다음 "백가百家의 글에서 그 다스려짐과 어지럽게 됨을 상고해서 바름과 간사함을 분별하는" 공부로 나아갔다. 경서에서 중시되는 덕과 의리가 나라의 역사와 흥망에 어떠한 영향을 미쳤는지를 고찰하고, 특정 국면과 상황에서 어떠한 방법으로 무엇을 기준으로 의리를 판단하고 실천해야 하는가를 밝히려 했던 것이다. 김창숙은 판별이 쉽지 않은 문제에 부딪치면 "눈을 감고 깊이 생각하였고, 깨달음이 있으면 촛불을 켜고 바로 그 부분을 다시 읽는" 방식으로 공부를 이어갔다고 하였다.[14] "눈을 감고 깊이 생각하였다"는

---

13) 국역심산유교간행위원회, 〈면우 곽선생 신도비명 병서〉, 《국역 심산유고》, 526~527쪽.

것은 마음의 동요를 가라앉히고 정신을 가다듬어 문제에 집중하는 방법이었다.

　이 기록에서 보듯이 김창숙의 공부는 역사의 구체적 현장에서 경서가 중시한 유가적 의리를 밝히고 구현하는 길을 찾고 밝히는 데 주안을 두었고, 마음을 고요하게 하고 사안에 집중하는 방식으로 그 이치를 찾아갔다. 의문을 책이나 스승에게 질문하여 답을 찾기보다 마음의 동요를 가라앉히고 정신을 집중하여 이치를 밝히는 공부법을 택한 것이다. 그것은 곧 경敬 곧 "마음을 수렴하고 항상 또렷한 정신상태"에 머물러 사물의 이치를 궁구하는 성리학 본연의 거경궁리居敬窮理의 공부법이었다.15)

14) 국역심산유고간행위원회, 〈면우 곽선생 신도비명 병서〉, 《국역 심산유고》, 697쪽.
　"나의 집에는 예전부터 장서가 많았다. 이에 먼저 경서를 들고 심오한 뜻을 탐색하여 담겨진 뜻을 이해한 다음 백가에 들어가서 치란治亂을 고찰하고, 옳고 그른 것을 분간해 보되 의심이 있으면 눈을 감고 조용히 사색하고, 터득한 바 있으면 촛불을 켜고 바로 적어 두었다. 이러기를 여러 해 쉬지 않고 계속하매, 비로소 인욕人慾을 막고 이성을 지킴이 학문하는 진수이며, 격물치지格物致知·성의정심誠意正心·수신제가修身齊家·치국평천하治國平天下의 도가 모두 여기서 벗어나 딴 데 구할 것이 아님을 믿게 되었다. 나는 4,5년 동안 독서에 전념하면서 세상사는 전혀 묻지 않았다."

15) 윤사순 역주, 《퇴계선집》, 1982, 353쪽.
　심산의 이러한 공부법은 부친 하강下岡으로부터 배운 것이었다. 하강은 일을 마주하면 반드시 먼저 마음속으로 이것이 옳은 일인지 그렇지 않은지를 물어 판별하였다고 한다. 하강이 마음에서 이치를 밝히는 이 공부는 퇴계선생의 공부법을 따른 것이었다. 하강은 젊은 시절 입신양명을 구해 과거를 준비하기도 했지만 말세에 선비가 벼슬을 탐하는 것이 부끄러운 일임을 알고는 과거공부를 단념하였다. 하강은 위기지학으로 공부의 방향은 전환하고 이후 퇴계의 성학십도를 공부의 길잡이로 삼았다. 하강이 청년기까지 살았던 봉화 해저리는 퇴계학의 전통이 강한 유향儒鄕이었다. 하강은 퇴계선생의 성학십도聖學十圖를 손수 그려 자신의 오른쪽에 걸어두고 경사자집經史子集을 읽고 음미하며 위기지학을 공부하는 것을 즐거움으로 삼았고, 이러한 공부는 생을 마칠 때까지 계속되었다(국역심산유교간행위원회, 〈선군자 하강부군 유사〉, 《국역 심산유고》, 677쪽). 심산은 부친이 이렇게 공부하는 모습을 보면서 자랐고, 자신의 공부 목표를 위기지학으로 세우면서부터는 그 가치를 깊이 깨닫고 "내가 아버님을 배우지 않고 누구를 배우겠는가" 외치면서 부친의 삶의 자세와 공부법을 계승하려 노력하였다(국역심산유교간행위원회, 〈벽옹 73년 회상기 상편〉, 《국역 심산유고》, 682쪽).

20대 초반 김창숙은 "성인의 글을 읽고도, 세상을 구제하던 성인의 뜻에 깨우침이 없으면 이것은 거짓 선비이다"라며 당시 퇴락한 유림 문화를 성토한 적이 있었다. 그러나 그것은 성토로만 해결될 문제는 아니었다. 유학은 애초 세상을 구제하던 성인의 학문이었고, 유학에 입문한 자는 세상을 구제하겠다는 다짐을 한다. 그럼에도 왜 유림들은 일신의 안위를 염려해 의리실천에서 멀어지는 것인가? 이 의문은 동시에 자신에 대한 질문이기도 했다. 당장은 의기가 앞서지만 자신 또한 시간이 지나면 그들과 같이 물러서게 되지는 않을까? 조선은 선비의 나라였기 때문에 김창숙으로서는 이 문제를 심각하게 고민하지 않을 수 없었다.[16] 경서를 공부하며 의리를 밝히고 역사 속에서 이를 실천하는 길을 찾으려 한 김창숙의 유학공부는 이런 문제의식을 바탕으로 진행되었다. 그 공부에서 김창숙은 비로소 "인욕을 막아서 천리를 보존함〔遏人慾存天理〕이 학문하는 진수"이고 "격물치지格物致知

---

16) 심산의 유학은 역사 현장에서 의리실천에 직결되는 학문, 곧 실천적 유학사상을 정립하는 것이 목표가 되었다. 심산의 공부가 이러한 지향을 가졌던 것은 외세의 침략으로 나라가 망하는 절박한 시대에 살았기 때문이지만, 동시에 국권회복투쟁에서 보게 된 유림들의 나약한 행동에 큰 충격을 받았기 때문이었다. 심산이 생각하기에 위기지학을 공부한 유림이라면 최소한 외세에 나라를 팔아넘기는 매국노를 처벌하라고 나서는 것이 기본적인 도리라 생각하였다. 유학은 무엇보다도 현실에서 의리를 밝히고 실천하는 것을 중시하는 학문이었기 때문이다. 그러나 당시 유림의 대다수는 무엇이 의리에 합당한 행위인지 모르지는 않았지만 일본의 처벌을 두려워해 그렇게 하지 않았다. 을사조약 체결에 앞장선 매국대신 처벌을 요구하는 상소투쟁에서도 그러하였지만, 특히 일본의 사주를 받아 한일합방을 제창하는 친일파들을 성토하고 처벌할 것을 요구하였던 중추원 건의서 제출과정에서는 더욱더 그러하였다. 성주에서는 당시 이 사안을 논의하기 위해 향교에 지역 유림 70여 명이 모였지만 일본의 위세가 날로 커지고 있는 상황이라 대다수가 처벌을 우려해 동참하지 않고 고작 5명만 건의서에 서명하였다. 이러한 현실에 심산은 큰 충격을 받았다. 심산을 더욱 충격에 빠뜨린 것은 일본이 조선을 병탄한 직후 민심 회유를 목적으로 살포한 은사금을 일부 양반들조차 감사하며 받은 사실이었다. 심산으로서는 지행이 합일하지 못하는 나약한 유림문화를 바로잡는 일이 무엇보다도 중대한 과제가 되지 않을 수 없었다. 조선은 유림의 나라였는데, 유림이 선비정신을 잃고 나약해지면 나라가 망할 수밖에 없고, 나라가 망해도 다시 독립을 기약할 수 없기 때문이다.

성의정심誠意正心 수신제가修身齊家 치국평천하治國平天下의 도가 모두 여기서 벗어나 딴 데 구할 것이 아님"을 깊이 깨닫기에 이른다.[17] 사물의 이치를 궁구하여 온전히 이치에 합당한 삶을 사는 것이 학문하는 목적이라면 그 앎과 행함에서 요체를 이루는 것은 언제나 "마음을 수렴하여 항상 또렷한 상태" 곧 거경居敬이요 지경持敬이다. 경敬을 이루는 방법의 핵심은 마음의 동요를 불러오는 삿된 욕심 곧 인욕人慾을 막고 끊어내는 것이다. 퇴계가 〈성학십도聖學十圖〉에서 경敬을 그토록 중시한 것은 이런 이유에서였다. 이러한 공부를 통해 김창숙은 당대 다수의 유림이 나약하게 의리 실천에서 멀어지는 이유도 명확히 알게 되었다. 그것은 다름 아니라 인욕에 구애되어 천리를 따를 수 없었기 때문이었다. 김창숙의 이러한 공부는 4~5년 동안 계속 되었다. 김창숙은 자서전에서 이때 자신이 성취한 공부를 두고 일평생 학문의 득력이 이 공부로 이루어졌다고 자부하였다.[18]

김창숙이 충심으로 존경했던 스승 이승희의 부음을 듣게 되는 것은 그의 공부가 이렇게 심화되어 갈 무렵이었다. 경서에 대한 깊이 있는 공부로 스승의 학문과 삶이 "인욕을 막아서 천리를 보존하는[遏人慾存天理]" 유교적 수행 위에서 건립된 것임을 비로소 알게 될 무렵 그는 스승의 부음을 듣게 되었다. 김창숙은 이승희의 부음을 듣고 큰 스승을 잃은 당혹감과 생전에 한 번 더 배움의 기회를 갖지 못한 안타까움에 통곡하면서 다른 한편으로는 결연하게 스승의 학문과 삶을 따르겠다는 각오를 다졌다. 그가 공산 송준필의 반대에도 불구하고 끝까지 이승희의 명정을 '대한大韓 한계韓溪 이선생李先生'으로 쓸 것

17) 국역심산유교간행위원회, 〈벽옹 73년 회상기 상편〉, 《국역 심산유고》, 697쪽.
18) 이우성, 〈심산의 민족독립운동〉, 《심산김창숙의 사상과 행동》, 대동문화연구원, 1986; 최일범, 〈심산 김창숙의 도학정신〉, 《유교문화연구》 16, 2010; 김현수, 〈심산 김창숙의 유교인식과 독립운동의 전개〉, 《한국학논집》(계명대 한국학연구원) 70, 2018.

〈사진 4-4〉 한계 이승희 묘소

을 주장한 것은 이러한 인식에 바탕한 것이었다.[19]

이승희의 장례가 끝나자 회당 장석영은 조운헌도제에서 이승희의 유고를 모아 교열하면서 문집을 간행할 준비를 시작하였다. 이 작업에는 김창숙도 참여하였다. 그는 이승희의 문집 편찬에 참여하면서 그의 유고 대부분을 검토할 수 있었다. 생전에 그 문하에서 가르침을 받을 수 없었지만, 사후 문집 편찬 작업에 관여하면서 유고를 통해 가르침을 받게 된 것이다. 김창숙은 이승희의 유고를 검토한 소회를 1916년 말 면우 곽종석에게 보낸 편지에서 "편언片言과 척구隻句가 하나라도 스승의 주리主理의 뜻에 근본하지 않음이 없습니다. 그의 도를 믿음의 두터움과 이치를 봄의 밝음과 의리를 집약함의 확실하심이 더욱 사람들로 하여금 공경하는 마음을 일으키고 눈물을 빚어내게 합니다." 라고 썼다.[20]

---

19) 국역심산유교간행위원회, 〈송공산 순좌에게 丙辰〉, 《국역 심산유고》, 226~227쪽.
20) 국역심산유교간행위원회, 〈면우 곽선생께 올림 丙辰〉, 《국역 심산유고》, 208~209쪽.

2. 유림단 독립청원운동과 3·1운동

2.1 유림단 독립청원운동과 유림의 참여

파리장서는 1919년 3월에 비밀리에 작성되어 유림대표의 서명을 받아 파리강화회의에 제출된 유림들의 독립청원서였다. 파리장서운동 의 발단은 면우 곽종석의 문인 윤충하가 고종 서거 후 서울에서 진행 되던 유림들의 동향을 곽종석에게 보고하고 파리강화회의에 유림단 명의의 독립청원서를 제출하자고 제안한 것이 그 발단이었다. 당시 서울에서는 조선총독부의 계략으로 이완용을 정당대표로, 김윤식을 유림대표로 내세운 독립불원서獨立不願書가 조작되어 일본 정부에 제 출되는 사태가 벌어졌다. 파리강화회의에 조선 독립문제가 제기되는 것을 사전에 차단하려는 일제의 계략이었다. 독립불원서 사건이 알려 지자 재경 유림을 중심으로 파리강화회의에 유림들의 독립청원서를 제출하자는 운동이 일어났다. 독립불원이 결코 유림들의 뜻이 아님을 내외에 천명하고, 나아가 파리강화회의에서 조선 독립에 대한 국제적 지원을 이끌어 내기 위해서였다.[21]

---

21) 유림단 독립청원운동에 관한 서술은 다음 연구 참조.
허선도, 〈3·1운동과 유교계〉, 《3·1운동50주년기념논집》, 동아일보사, 1969; 임경 석, 〈유교지식인의 독립운동〉, 《대동문화연구》 37, 2000; 오세창, 〈3·1독립운동과 파리장서〉, 《국역 유림단독립운동실기》, 한국고전번역원, 2001, 73~125쪽; 임경석, 〈파리장서 서명자 연구〉, 《대동문화연구》 38, 2001; 서동일, 〈1919년 파리장서운동

서울에서 유림들의 이러한 동향을 목격했던 윤충하는 2월 19일 스승 곽종석을 방문해 서울에서 벌어진 이러한 사태를 자세히 전하였다. 그 자리에서 윤충하는 파리강화회의가 열리는 이때가 조선의 독립을 쟁취할 수 있는 절호의 기회이므로 유림들이 파리강화회의에 독립청원서를 제출해야 함을 역설하고, 곽종석이 유림의 대표를 맡아 이끌어 줄 것을 요청하였다. 이에 곽종석은 고종의 장례식에 제자들을 대신 보낼 것이니 이들과 만나 상의해서 추진하자고 답변하였다. 곽종석은 조카 곽윤과 제자 김황을 서울로 보냈고, 이들은 2월 28일에 서울에 도착하여 윤충하를 만났다.

한편 서울에서 민족운동의 동향을 예의 주시하던 성태영은 김창숙에게 급히 상경하라고 연락을 보냈다. 성태영은 김창숙을 통해 곽종석과 김창숙을 유림대표로 기미독립선언서 민족대표에 참여시키려 하였다. 그러나 김창숙은 모친의 병세가 위중해 2월 25일에야 서울에 도착할 수 있었다. 그로 말미암아 결국 기미독립선언서의 민족대표로는 참여할 수 없었다.[22]

3월 1일 서울에서는 민족대표 33인 명의로 된 독립선언서가 발표되고, 대규모 만세시위가 일어났다. 친일 유림의 독립불원서 제출이 알려진 가운데 이날 발표된 독립선언서에 유림대표가 빠짐으로써 결국 유림들은 조선의 독립을 불원하는 꼴이 되었다. 사태가 이렇게 되자 김창숙을 비롯해 서울에 모인 일부 유림들이 독자적인 독립청원운동에 돌입하였다. 먼저 행동에 나선 것은 김창숙과 성태영·김정호였다. 이들은 유림단 대표 선정, 청원서문안 작성, 참여자 모집과 연락, 파리강화회의에 청원서 전달방법과 경비 등 유림단 독립청원운동 전

의 전개와 역사적 성격〉, 한국학중앙연구원 박사학위논문, 2009.

22) 국역심산유교간행위원회, 〈벽옹 73년 회상기 상편〉, 《국역 심산유고》, 697~698쪽.

반에 대해 논의하였다. 이들은 고종 장례에 참석하기 위해 서울에 와 있던 이중업·류준근·윤중수·유진태 등에게 연락해 이 운동에 합류시켰다. 이들은 독립청원서 대표로 곽종석과 전우를 추대하고, 그 청원서 문안 작성을 곽종석에게 의뢰하기로 하였다. 이에 김창숙은 3월 5일 곽윤·김황을 만나 거창으로 내려가 곽종석에게 이 소식을 전하고 독립청원서 문안 작성을 요청하게 하였다. 또한 이들은 전국을 나누어 3월 중순까지 유림의 서명을 받기로 하고 서둘러 맡은 지역으로 떠났다. 이중업이 강원·충북을, 김정호가 충남·충북을, 류준근이 전남·전북을, 윤중수는 함남·함북을, 유진태는 평남·평북을, 김창숙은 경남·경북을 맡기로 하였다.[23]

김창숙은 풍기·봉화·안동을 차례로 방문하면서 유림의 참가를 요청하고 성주로 들어갔다. 김창숙은 이기원을 만나 경·남북 지방의 유림 참가를 주선하도록 의뢰하고 거창 다전으로 곽종석을 찾아갔다. 앞서 곽윤과 김황으로부터 연락을 받은 곽종석은 유림대표가 되기를 수락하고 성주의 회당 장석영에게 독립청원서 문안작성을 부탁하였다. 그는 또한 제자 김황에게도 별도의 문안작성을 지시하고, 자신의 문도들에게 연락해 서명에 참가하도록 독려하였다. 장석영과 김황이 각각 청원서 문안을 완성하자 곽종석은 김창숙과 함께 검토에 들어갔다. 이들은 이 청원서가 파리강화회의에 제출되는 외교문서임을 중시하여 김황의 초안을 보완하는 방식으로 유림단의 독립청원서를 완성하였다.[24]

이 청원서를 파리강화회의에 전달하는 책임은 김창숙이 맡았다. 김창숙은 청원서 완성본을 휴대하고 참여자 명단 수합을 위해 서울로

---

23) 국역심산유교간행위원회, 〈벽옹 73년 회상기 상편〉, 《국역 심산유고》, 700쪽.
24) 위의 책, 703쪽.

떠났다. 재경 유림과 재회한 김창숙은 호남의 거유 간재 전우와 그의 문도들이 서명에 불참한 사실을 알게 되었다. 파리강화회의에 참가하는 열강을 오랑캐로 보고 그들을 상대로 독립을 청원한다는 것은 있을 수 없다는 이유에서였다. 결국 호남유림의 대다수가 불참하여 서명자 대부분이 영남유림이 되고 말았는데 다행히도 호서유림 김복한이 김창숙 그룹과는 별개로 파리강화회의 전달을 목표로 유림단 독립청원운동을 추진하고 있었다. 김창숙이 다시 상경하였을 무렵 호서유림 김경호도 김복한이 작성한 문안에 호서유림 대표 17명의 서명을 받은 독자적인 유림단 독립청원서를 가지고 서울로 왔다. 마침 서로 연락이 닿아 개별적으로 추진된 두 운동을 통합하는 협의가 시작되었다. 이들은 영남유림 대표 120명과 기호유림 대표 17명의 서명을 통합하고 곽종석과 김복한을 공동대표로 하여 곽종석이 작성한 유림단 독립청원서를 파리강화회의에 제출하기로 합의하였다.25)

합의가 성사되자 김창숙은 3월 23일 137명의 유림대표명단과 독립청원서를 지니고 어렵사리 기차로 국경을 넘어 상해로 출발하였다. 그 때 상해에는 대한민국임시정부 수립을 위해 당시의 민족운동을 대표하는 다수의 독립운동가들이 모여 있었다. 김창숙은 이동녕, 이시영, 신채호, 조완구 등과 협의해 유림단 독립청원서를 영어로 번역하여 인쇄하고 우편으로 파리에 특파된 김규식에게 보냈다. 김창숙이 상해에 도착하기 7, 8일 전에 김규식이 임시정부 대표 자격으로 파리에 특파되었기에 그를 통해 이 청원서를 전달하려 한 것이었다. 김창숙은 또한 이 청원서를 각국 대사, 공사, 영사관 및 중국 정계 요인들에게도 보내고, 해외 동포가 거주하고 있는 여러 항구나 도시에도 산포하였다. 뿐만 아니라 국내의 모든 향교에도 이 청원서의 한문 인쇄본을

---

25) 국역심산유교간행위원회, 〈벽옹 73년 회상기 상편〉, 《국역 심산유고》, 705~706쪽.

〈자료 4-5〉 파리장서 기념비(대구시 월곡역사공원)

우송하였다. 이로써 한국 유림대표들의 독립의지가 대내외에 공개적
으로 천명되었다.

　일명 파리장서운동으로 불리는 유림단의 독립청원운동은 곧 유림
단의 독립선언운동이었다. 이 청원서는 파리강화회의에 참가하는 열
강의 지원을 끌어내기 위해 제출되었지만 그 문안에는 유림단의 강고

한 독립의지가 천명되어 있다. 곽종석은 이 청원서에 "하늘이 만물을 낼 때 반드시 그 물에게 능력을 주었나니… 사람 스스로가 사람이 되며 나라 스스로가 나라가 되니 실로 각자가 제 나라를 다스릴 능력이 있을지라. 우리 한국이 비록 국력은 약소하나 삼천리에 퍼져 실로 2천만 명이 4천 년 역사를 지내 왔으며 우리 국사를 담당할 힘이 없지 아니할 것이어늘 어찌 이웃 나라의 다스림을 받으리오."라고 써 조선의 식민지화가 부당함을 역설하고, 우리가 지금은 "비록 일시에 위협에 굴복되어 압박받을지언정 그 심리인즉 장차 천 몇 년을 갈지라도 한국의 민족임을 잊지 않을 것이다"고 선언하였다. 나아가 "만일 그렇지(독립이 되지 못하면 – 인용자) 못할 때에는 종석 등은 차라리 몸을 묶이어 죽음에로 나갈지언정 맹세코 일본의 노예는 되지 않으리라"[26]고 자신들의 굳센 독립의지를 명확히 천명하였다.

유림단의 독립청원운동에는 다수의 경남·경북과 충남·충북의 유림대표 그리고 소수이지만 전남의 유림대표가 참가하였다. 유림단의 독립청원운동은 지연이나 학연을 초월한 전국적인 유림들의 독립운동이었다.[27] 그럼에도 이 운동은 성주 지역의 민족운동과 특별한 관계를 갖는다. 먼저 이 운동을 주창하고 청원서 작성과 서명자 모집 및 파리강화회의 전달에 이르는 모든 과정을 주도한 인물이 심산 김창숙이었다. 김창숙은 한말 성주 지역에서 국채보상운동에 참여하고 대한협회 지회설립과 신식학교 설립에 앞장서는 등 국권회복운동을 주도하였다. 이를 통해 형성된 김창숙의 독립의지와 민족운동의 역량이 3·1운동이 일어나자 즉각 유림단 독립청원운동을 주창하고 주도할 수 있게 뒷받침하였다. 물론 이 경험과 역량만으로 유림단 독립청원운동을

---

26) 남부희, 《유림의 독립운동사연구》, 범조사, 1994, 216~224쪽.
27) 임경석, 〈파리장서 서명자 연구〉, 《대동문화연구》 38, 2001.

주도할 수 있었다고 말하는 것은 불충분하다. 한말 국권회복운동을 전개했던 유림들 가운데 극소수만 유림단 독립청원운동에 참여했기 때문이다.

김창숙은 일제의 강제병탄에 절망하여 몇 년 동안 방황의 세월을 보내다가 어머니 장씨의 간곡한 훈계로 유학공부에 전념하며 다시 독립운동에 나설 기회가 오기를 기다리고 있었다. 당시 그는 경서공부에 전념하기 위해 세상사와 거리를 두고 있었고, 그런 연유로 3·1운동이 긴박하게 준비되던 2월 초 성태영이 상경을 독촉하는 연락을 보냈음에도 기민하게 움직이지 않았다. 당시의 긴박한 정세를 알지 못했던 김창숙은 고종의 인산일에 임박해 뒤늦게 상경하였고, 전후 상황을 듣기는 했지만, 3월 1일 독립선언서가 발표되고 만세시위가 일어나는 것을 목격하면서 비로소 당시의 정황을 깊이 있게 인식할 수 있었다.

3·1운동을 목격하고 당시 상경한 유림들 가운데는 유림들도 독자적으로 독립의지를 표명해야 한다고 생각하는 이가 적지 않았지만 그 방식을 두고는 의견이 나뉘었다. 당시 파리강화회의를 상대로 한 외교독립운동은 호남의 거유 전우가 거부한 데서도 보이듯이 유림사회 안에서 논란의 여지가 큰 문제였다. 곽종석은 외교독립운동에 대해서 지지하는 입장이었지만 3·1운동 발발 전까지는 그 결행 여부를 숙고하고 있었다. 김창숙 또한 스승 곽종석으로부터 이 문제에 대한 의견을 들은 적이 없었다.

당시 정황이 이러했음에도 불구하고 3·1운동이 일어나자 즉각 김창숙이 유림단 독립청원운동을 결행할 수 있었던 이유는 무엇일까? 그것은 그가 한말 국권회복운동에 참여하면서 기른 의리실천을 위한 과단성만으로는 결코 설명될 수 없다. 김창숙이 유림단 독립청원운동을 기획하고 주도하게 되는 데에는 의리실천에 대한 과단성에 더해 또 다른 요인이 주요하게 작용하였던 것이다. 그것은 김창숙이 "마음 속으로 절로 감복되어 성심껏 섬기고"[28] 따랐던 스승이자 한말 이 지역을 근거로 1908년 이후에는 러시아와 중국으로 망명해 해외독립운동기지 건설을 추진했던 한계 이승희의 독립운동론이었다. 이승희는 척사위정론에 의거해 한말 국내에서 국권회복투쟁을 벌였고, 망명한 후에는 중소국경 부근의 밀산부 한흥동과 심양 인근에서 독립운동기지 건설을 위해 분투하였다. 그는 1910년대 중반 심양 인근에서 중국의 공자교를 받아들여 독립운동기지 건설을 시도하다 생을 마쳤다.

이승희는 유교사상으로 단합되고 강화된 민족역량으로 독립을 쟁취할 수 있다고 믿었고 이를 위해 독립운동기지 건설에 주력하였다. 그러나 그는 또한 기회가 있을 때마다 만국공법론에 의거해 열강으로부터 지원을 이끌어 내기 위해 노력하였다. 이승희는 만국공법론에 의거한 외교활동으로 열강의 지원을 이끌어 낼 수 있을 것으로 인식했다. 이승희는 곽종석을 통해 만국공법론을 수용하였고, 그 시기는 명성황후 시해사건이 일어났을 무렵이었다. 당시 그는 곽종석과 함께 열강의 공관을 상대로 만국공법론에 입각해 일본의 만행을 규탄하고 조선의 주권회복을 지원해 달라고 호소하였다. 이승희는 1907년 헤이그에서 만국평화회의가 열렸을 때에도 유학생을 통해 조선의 주권회복을 열강에 호소하는 서신을 전달하려 시도하였다. 그의 외교독립운동은 블라디보스토크 망명 이후까지 이어졌다. 이승희는 블라디보스토크에서 헤이그에 밀사로 파견되었던 이상설과 만나 교류하면서 열강의 실체와 국제정세에 대한 인식이 깊어졌다. 이를 바탕으로 그는 이상설과 함께 봉밀산 독립운동기지건설에 참여하는 한편 열강의 지원을 이끌어 낼 진일보한 외교독립방안을 구상하였다. '만국대동의원

---

28) 국역심산유교간행위원회, 〈벽옹 73년 회상기 상편〉, 《국역 심산유고》, 683쪽.

〈자료 4-6〉 심산 김창숙의 모습(출처: 독립기념관)

사의萬國大同議院私議'가 그것이었다.[29]

김창숙은 이승희의 지근거리에서 그를 보좌하면서 국채보상운동을
펼쳤지만 이승희의 민간외교활동에 대해서는 거의 알지 못했고, 이승
희가 망명한 이후에는 연락이 두절되었다. 스승의 소식은 만주를 오
간 이승희의 아들 이기원과 스승으로 모셨던 장석영과 곽종석을 통해
가끔씩 단편적으로만 들을 수 있었다. 김창숙이 다시 스승 이승희와
만나게 되는 것은 스승의 장례를 치르고 난 뒤인 1916년 하반기였다.

---

[29] 김기승, 〈한계 이승희의 독립운동과 대동사회 건설 구상 —유교적 반전평화론에
기초한 독립운동 사례〉, 《한국민족운동사연구》 50, 2007; 김희곤, 〈성주지역의 독
립운동과 성격〉, 《한국독립운동사연구》 46, 2013.

당시 김창숙은 장석영을 도와 이승희의 문집 편찬 교열작업에 참여하였다.[30] 김창숙은 이 작업에 참여하면서 스승 이승희가 남긴 자료들 대부분을 살필 수 있었고, 그동안 자신이 몰랐던 이승희의 외교독립 활동에 관한 자료들도 자세히 검토할 수 있었다. 그 과정에서 김창숙은 자신의 독립운동이 나아가야 할 바를 고민하였고, 또한 이승희의 외교독립운동의 필요성에도 공감하였던 것 같다. 그리고 얼마 지나지 않은 1919년 봄 마침내 파리강화회의가 개최되면서 그와 연관해 국내에서 독립선언서가 발표되고 3·1운동이 일어났다. 이러한 정황과 직면하게 되자 김창숙은 바로 지금이 스승이 말한 외교독립운동을 펼칠 절호의 기회라 확신하였고 지체 없이 즉각 결행에 나섰던 것으로 보인다. 이렇게 보면 3·1운동을 계기로 한말에서 일제 강점 이후까지 계속된 이승희의 독립운동을 김창숙이 계승하면서 유림단의 독립청원운동이 전격적으로 기획되고 추진된 것이라 할 수 있다.

다음으로 성주 유림들은 유림단 독립청원운동의 추진과정에서는 물론이고 서명자로 참여하는 과정에서도 단연 적극적이었다.[31] 서명자 137명의 군별 분포를 살피면 성주는 전국 어느 지역보다 많은 15명의 유림이 서명에 참여하였다. 경북의 경우 성주 다음으로 많은 유림이 참여한 군은 달성군으로 12명이었고, 그 다음이 봉화 8명, 고령 6명, 안동 5명 순이었으며, 나머지 대부분 지역은 1~2명이 서명하는 데 그쳤다.

성주 유림의 서명 참여는 조직적으로 이루어졌다. 성주 유림들의 참여과정을 살피면 김황을 통해 김창숙의 연락을 받은 곽종석은 먼저 성주에 있는 자신의 문인들에게 서명에 참여하도록 독려하였다. 또한

---

30) 국역심산유교간행위원회, 〈면우 곽선생께 올림 병진〉, 《국역 심산유고》, 208쪽.
31) 김희곤, 앞의 논문, 2013.

장석영에게 연락해 청원서 초안을 작성하도록 의뢰하고, 성주 유림이
서명에 참여하도록 독려할 것을 부탁하였다. 장석영은 이 연락이 있
기 전에 파리강화회의가 열린다는 소식을 접하고는 곽종석과 자신만
이라도 파리강화회의에 참석하는 각국 대표들에게 서신을 보내 독립
외교활동을 하자고 제안하였다.[32] 그러했던 까닭에 유림 대표들이 집
단으로 독립청원운동을 전개하기로 했다는 연락을 받자 서명자 확보
를 위해 적극적으로 활동하였다. 그는 먼저 한주학파의 이기형과 자
신의 문도들에게 연락해 서명에 참여하도록 하였다. 다음으로 성주에
서 사미헌 문도를 이끌었던 공산 송준필에게 연락해 유림단 독립청원
운동의 취지를 설명하고 서명에 참여하도록 부탁하였다. 송준필은 자
신이 앞장서 서명하고 성주 일원의 사미헌 문인들과 자신의 문도들에
게도 서명에 참여하도록 독려하였다.[33] 그리하여 성주에서는 한주의
고제였던 장석영과 이기형, 사미헌의 문인이었던 송준필·성대식·송홍
래·이덕후·이현창, 곽종석의 문인이었던 이수인·이봉희·이기정, 장석
영의 문인이었던 이계원·이계준, 이승희의 문인 이만성 등 총 13명이
학연을 매개로 서명에 참여하였다.[34] 그리하여 성주의 서명자 15명

---

32) 張錫英/정우락 역,《黑山日錄》, 경북대학교 출판부, 2019, 22쪽.
   장석영이 파리장서운동에 적극적일 수 있었던 것은 1912년 이승희와 함께 원세개
   대총통에게 세 차례나 서한을 보내는 등 민간외교활동을 한 경험이 있었기 때문
   이다. 정우락, 앞의 논문, 2017 참조.
33) 유림단독립운동실기편찬위원회,《국역 유림단독립운동실기》의 〈인물록〉 참조. 이
   국역본에는 송준필이 유림단 독립청원운동을 주도한 것으로 기술하였으나, 그 부
   분은 원본 〈심중실기〉(송재소 소장)에 없고 국역과정에 추가된 기술이다. 원본에
   는 송준필이 송규선에게 김창숙에게 가서 독립청원운동에 대해 협의하라고 지시했
   고, 그로부터 10여 일이 지난 후 송규선·김창숙이 각지에서 수합한 명단을 가져왔
   다는 내용만 기술되어 있다. 따라서 국역본의 기술은 그 신빙성이 엄밀히 검증되
   기까지는 자료로 활용하기 어려운 한계가 있다.
34) 권영배, 〈성주지역의 3·1운동과 파리장서운동〉,《계명사학》23, 2012; ____,
   〈경북지역의 파리장서운동〉,《경북독립운동사Ⅲ》, 경상북도, 2013; 우인수, 〈사미헌
   장복추의 문인록과 문인집단 분석〉,《어문론총》(한국문학언어학회) 47, 2007.

가운데 무려 87퍼센트에 달하는 13명이 학연을 매개로 조직적으로 서명에 참여한 것이다. 성주에서는 이들과 함께 배종순과 수륜면의 동래東萊 정씨鄭氏 세거지 갓말마을의 정재기가 서명에 참여하였다.

유림단 독립청원운동에 유림들이 학연을 매개로 다수가 참여한 지역은 전국에서 성주가 유일하였다. 그 원인은 이 운동을 이끌었던 곽종석이 성주를 근거를 두고 형성된 한주학단의 리더였고, 이 운동을 주창하고 주도했던 김창숙이 곽종석의 문인이자 한말부터 이 지역 민족운동의 구심으로 활동하면서 사미헌 문인들과도 활발히 교류하였기 때문이다. 이러한 학연으로 성주 유림의 양대 학맥이라 할 한주 문인과 사미헌 문인 모두 주도적으로 이 운동에 동참하였고, 그렇게 되도록 이끈 역할을 한 인물은 양대 학단 모두에서 고제로 명성이 높았던 장석영과 성주 사미헌 문인의 수장 역할을 한 송준필이었다.

2.2 3·1만세운동과 주도층

성주 지역의 3·1운동은 3월 27일 선남면 소학동에서의 첫 번째 만세시위를 시작으로 4월 6일 안포동 만세시위까지 총 7회 일어났다. 성주의 만세시위는 경상북도의 다른 지역과 비교하면 다소 늦은 시기에 일어났다. 경상북도의 최초의 3·1운동은 3월 8일 대구 서문시장에서 일어났다. 대구의 만세시위는 곧 바로 경상북도 여러 지역으로 파급되어 3월 11일에는 영일·의성·김천에서, 13일에는 경주·칠곡에서, 16일에는 안동에서, 18일에는 영덕·봉화에서, 23일에는 상주에서, 24일에는 영양·청송에서, 26일에는 영천에서 독립만세시위가 이어졌다.[35] 이를 배경으로 3월 27일에 성주에서도 만세시위가 일어났다.

---

35) 김희곤, 〈총론〉, 《경북독립운동사Ⅲ》, 경상북도, 2013, 33~35쪽.

　　성주 최초의 만세시위는 3월 27일 선남면 소학동에서 일어났다. 선남면 선원동에 거주하는 이현기는 신문을 통해 전국에서 경북 여러 지역에서 만세운동이 일어났다는 소식을 접하고 자신도 "조국의 독립을 위해 만세운동을 일으키"기로 결심하고 소학동에서 주민 20여 명을 모아 만세운동을 벌였다.[36) 이현기는 다음날 성주읍에 장이 서자 장터에서 단독으로 만세시위를 벌이며 만세운동을 이어갔다.

　　이현기가 만세시위를 처음 일으킨 3월 27일 저녁 가천면 동원동에서도 만세시위가 일어났다. 이 마을에 사는 이상해는 자신의 집에서 하룻밤을 묵었던 행상 진성백으로부터 다른 지역에서 만세운동이 일어나고 있다는 소식과 자주독립을 위해서는 모두가 일어나 만세를 불러야 한다는 말을 듣고 3월 23일 마을 청년 2명을 불러 함께 만세시위를 일으킬 것을 모의하였다. 뜻을 같이한 이들은 3월 27일 저녁 무렵 마을 주민 10여 명을 모아 동네 가운데서 독립만세를 불렀다.[37) 이들의 만세시위는 소식을 듣고 출동한 창천동 창천주재소 경찰에 의해 제지당했다. 경찰은 즉석에서 시위에 참가한 8명의 주민을 체포하였다.

　　그로부터 1주일 뒤인 4월 2일 성주장터에서 대규모 만세시위가 일어났다. 4월 2일 성주장터 만세시위를 주도하였던 것은 성주의 유림들이었다. 성주 외부에서 만세운동이 활발하게 일어나고 있다는 소식이 전해지자, 초전면 고산동 유생 송인집은 월항면 대산리에 사는 이기정을 찾아가 같이 만세운동을 일으킬 것을 논의하였다. 뜻이 같았던 이들은 초전면의 송회근을 찾아가 성주의 유림들이 앞장서 만세시위를 일으킬 방안을 협의했고, 그 제안을 들은 송회근은 이들과

---

36) 〈이현기 판결문〉 1919년 4월 26일. 대구지방법원.
37) 〈이상해 외 7인 판결문〉 1919년 4월 28일. 대구지방법원.

〈자료 4-7〉 고산동 백세각. 3·1운동 거사 준비 장소

함께 초전면 고산동으로 송준필을 찾아가 도움을 청한다. 송준필은 성주에서 사미헌학파를 대표한다고 할 만큼 명망이 높은 유림의 지도자였다. 그는 그 무렵 장석영과 함께 성주 일원에서 비밀리에 유림단 독립청원운동을 전개하고 있었다. 이들이 송준필을 찾아온 시점은 마침 김창숙이 유림단청원서와 서명자 명단을 가지고 중국으로 탈출한 직후였다.

송준필은 이들의 거사 계획을 듣고 이 만세시위가 유림단 독립청원운동의 필요성을 알리고 유림들의 독립의지를 공개적으로 천명할 수 있는 절호의 기회라 판단하였다. 송준필은 자신은 물론이고 자신의 자질들과 야성 송씨 문중에서 뜻을 같이할 인사들을 대거 이 거사에 참여시키기로 결심하고 곧 바로 종택 백세각百世閣에서 거사 준비를 위한 회합을 개최하였다. 이 회합에서 거사일자가 성주 읍내 장날인 4월 2일로 결정되었고, 태극기 제작과 운송 등 시위 준비업무가

분담되었으며, 시위 참가 독려방안과 구체적 시위계획 등도 논의되었다.[38] 이와 별도로 송준필은 3월 26일 만세시위에 즈음해 유림단 독립청원운동의 필요성을 알리고 유림들의 적극적인 만세시위 참여를 촉구하는 〈통고국내문〉을 작성하였다. 〈통고국내문〉의 구체적 내용은 다음과 같다.

> 아! 죽고 사는 것은 하늘에 달렸다. 나라가 회복되면 죽어도 오히려 사는 것이요, 나라가 회복되지 못하면 살아도 또한 죽은 것이다. 이날은 무슨 날인가? 서울 이하 밖으로 이름 있는 도시, 큰 항구 및 궁산 벽촌에 이르기까지 혈기를 가진 모든 사람들이 환호하고 고무하며 일제히 한마음으로 함께 창의하였으니, 하늘의 뜻이 화를 뉘우치고 사람의 마음이 단결되었음을 이미 알 수 있다.
>
> 아! 우리가 입을 다물고 혀를 깨물면서 분루憤淚를 삼킨 지 어언 10년이 되었다. 천 년에 한 번 있는 기회를 만나, 만방의 공의가 자재하며 나라를 회복할 가망이 있게 되었다. 그런데 우리들은 어떤 사람인데 오히려 문을 닫고 앉아서만 기다릴 수 있겠는가? 이에 우리는 울분을 이기지 못하여 통문을 돌려 우러러 알리노니, 이는 진실로 팔역이 같은 심정일 것이며 여러 군자들도 또한 마음에 환할 것이다.
>
> 원컨대 지금부터 군에서 향으로, 향에서 동으로 각각 독립의 깃발을 세워 종노릇하지 않겠다는 우리들의 뜻을 밝히자. 그리고 다시 만국 회의에 편지를 보내 우리의 실정과 소원을 알게 하여 공의가 널리 신장되도록 한다면 천만다행이리라.[39]

이 통문에서 송준필은 지금이 천 년에 한 번 있을 법한 독립을 성취하기에 더 없이 유리한 기회라 하고, 이 기회를 살리기 위해서는

---

38) 〈이기정 외 11인 판결문〉 1919년 8월 21일. 대구지방법원.
39) 유림단독립운동실기편찬위원회, 《국역 유림단독립운동실기》, 21쪽.

〈자료 4-8〉 고산동 백세각 항일의적비

유림들이 적극적으로 독립의 깃발을 세워 일본의 종노릇하지 않겠다
는 의지를 천명하며, 아울러 밖으로는 마침 개최되는 만국회의에 일
제의 부당한 침략을 폭로하고 간절한 우리의 독립 소원을 알리는 편
지를 보내야 할 것이라 주장하였다. 그렇게 하면 만국의 공의로 조선
의 독립이 성취될 수 있을 것으로 보았던 것이었다. 송준필은 〈통고
국내문〉을 목판에 새겨 3,000매를 인쇄하였고, 이를 문인 송인집과
이수택으로 하여금 4월 2일의 만세시위를 전후한 시기에 성주 일대와
성주 외부의 다른 지역에까지 널리 배포하게 하였다.[40] 그가 유림 주
도의 만세시위를 앞두고 이 통문을 인쇄해 널리 배포한 이유는, 자신
을 비롯한 성주의 유림들이 이미 이를 실천하는 구체적 행동에 나섰
음을 공개적으로 알리고, 이 운동에 대한 유림 일반의 지지와 동참을

---

40) 유림단독립운동실기편찬위원회, 《국역 유림단독립운동실기》, 31쪽; 오세창, 〈파리
   장서와 송준필〉, 《한국근현대사연구》 15, 2000.

〈자료 4-9〉 송준필의 〈통고국내문〉

구하기 위해서였다.

송준필이 앞장서 만세시위를 준비하고 있을 무렵 성주의 기독교도들도 독자적으로 시위를 준비하고 있었다. 경북 최초의 3·1운동은 3월 8일 대구에서 일어났는데 이 시위를 주도한 것은 이만집 목사 등 기독교 지도자들과 신도들이었다. 이를 계기로 경북 여러 지역에서 기독교도와 교회들이 앞장서 만세운동을 주도하였다. 그 영향으로 성주 읍내의 기독인들도 조사助師 정진성을 중심으로 만세시위를 계획하였다. 유진성은 만세시위를 준비하는 과정에서 교인들로부터 유림들이 만세시위를 준비하고 있다는 정보를 듣게 되고, 같은 마을에 사는 송우선에게 연락해 함께 시위를 벌이자고 제안하였다. 유림측에서 이 제안을 받아들이자 3월 29일 초전면 동포동 예배당 영수 오인오(의모)가 송규선을 만나 4월 2일 기독교인들이 먼저 성주읍내 경산동 관제묘 뒷산에 올라 만세를 고창하고 이를 신호로 장터 중심에서 유생들이 만세시위를 전개하는 것으로 합의하였다.41)

〈사진 4-10〉 일제하 성주군청의 모습

4월 2일 성주 읍내에서 장이 열려 많은 군중이 모여들 무렵인 오후 1시가 되자 관제묘 뒷산에 모인 기독교인들이 먼저 대한독립만세를 고창하며 시위를 시작하였다. 경찰의 시선이 관제묘 뒷산으로 몰리는 틈을 타 시장 중앙에서도 곧바로 60여 명의 유림이 만세를 고창하며 장군들과 합세해 시위를 전개하였다. 이때 송우선·김희교·송천흠 등이 시장의 주막집 지붕에 올라가 대한독립기를 흔들며 기세를 돋우었다. 만세시위가 일어나자 장터에서 경계를 서고 있던 경찰이 현장에서 주동자 몇 명을 체포해 경찰서로 연행하였다. 이 광경을 목격하고 흥분한 군중들은 경찰서 앞 도로로 몰려가 대한독립만세를 외

41) 〈김재곤 외 4인 판결문〉 1919년 5월 23일. 대구지방법원; 〈이기정 외 11인 판결문〉 1919년 8월 21일. 대구지방법원.

치고 연행자 석방을 요구하였다. 당시 경찰서 주변에 운집한 군중은 경찰서 앞으로부터 남쪽 군청 앞과 그 양쪽 작은 길에 700~800명, 동쪽 우편국 앞에서부터 시장 통로에 이르는 거리에 약 1,500여 명에 이르렀다. 시위대가 경찰서를 에워싸고 대치하는 가운데 이태희가 경찰서 지붕에 올라가 독립만세를 고창하였다.[42]

만세시위는 날이 저물 때까지 계속되었고, 장이 파하면서 일부 사람들이 귀가했지만 수천 명이 모인 시위대의 규모나 위세는 여전하였다. 날이 저물어도 시위가 수그러들지 않자 위협을 느낀 경찰은 마침내 시위대를 향해 발포하였다. 당시의 상황을 장석영을 다음과 같이 기록하였다.

> "막 경찰서 문을 나서자 시인市人 수백 명이 교자轎子를 빽빽이 에워싸며 여관까지 따라와서 나에게 만세를 한번 부르라고 했다. 나는 "날이 이미 저물어 돌아가지 않을 수 없소. 날이 저물었는데도 흩어지지 않으면 다른 변고가 생길까 두려우니, 그대들도 즉시 해산하시오."라고 하였다.
>
> 드디어 교자를 재촉하여 출발하였다. 막 읍 밖으로 벗어나는데 만세 소리가 또 한 번 크게 일어났고 잠시 후 포성 역시 일어나더니, 시인市人들이 바람과 우박처럼 흩어졌다. 대개 수천 명의 시인들이 날이 저물어도 흩어지지 않고 캄캄한 밤인데도 곳곳에서 잇달아 만세를 부르니, 일본인들이 변고가 있을까 염려하여 발포했던 것이다. 군에서 갖고 있는 포를 쏘았는데, 포에 맞아 죽은 사람이 6명, 중상을 당한 사람이 10여 명이라고 하였다."[43]

만세 시위가 일어난 날 장석영은 경찰의 호출을 받고 성주경찰서

---

42) 慶尙北道警察部, 《高等警察要史》, 1934, 36~37쪽.
43) 張錫英/정우락 역, 《黑山日錄》, 41쪽.

에 출두해 조사를 받았다. 이 기록은 조사를 마치고 귀가하는 길에 자신이 목격한 것을 기술한 것으로, 지금 남아 있는 자료 가운데서는 가장 생생한 현장목격담이다. 이 기록에 따르면 해가 지고 난 후에도 수천 명의 시위대가 만세시위를 계속하였고, 이 기세에 위협을 느낀 경찰이 발포하여 결국 시위대 6명이 숨지고, 10명이 부상을 입었다. 이날 사망자 가운데 신원이 파악된 인물은 이태희가 유일하다.44) 이태희는 아우 이봉희와 같이 시위에 참여하여 경찰서 지붕에 올라 태극기를 휘두르는 등 시위대 맨 앞에서 열렬히 만세운동을 벌이다 경찰이 쏜 총에 맞아 목숨을 잃었다. 이봉희 또한 총상을 입고 체포되어 주동자로 처벌을 받았다.

경찰이 발포하자 시위대는 경찰서 주변에서 물러나 읍내 여러 곳으로 흩어져 시위를 이어 갔고, 마지막까지 남은 시위대는 서북쪽 산 위로 올라가 불을 피워 놓고 경찰과 대치하며 밤늦게까지 만세를 고창하였다.45)

성주 읍내에서 경찰의 발포로 시위대가 학살당하는 현장을 목격하였던 해평동 주민들은 밤에 마을로 돌아가 동민들과 함께 다시 만세시위를 벌였다. 경찰의 발포로 6명이 학살당하는 현장을 목격한 여우룡·여왕연·여문회·여호진 등은 그날 밤 늦은 시간에 해평동 월회당月會堂 앞 길목에 주민들을 불러 모아 경찰의 만행을 고발하고 주민들

---

44) 慶尙北道警察部, 《高等警察要史》, 37쪽.
  이 자료에는 성주 읍내장터 시위에서 경찰 발포로 2명이 사망하고, 7명이 부상당했다고 기록되어 있다. 《고등경찰요사》는 1934년에 작성된 것이고, 당시 일본경찰은 폭력통치의 실상을 은폐하기 위해 통계를 작성할 때 고의로 피해를 축소하는 경향이 있었다. 이에 견주어 장석영의 《흑산일록》은 그가 감옥에서 석방되고 3개월 후 직접 기록한 것이다. 여러 정황상 장석영의 기록이 《고등경찰요사》의 기록보다는 더 정확하다고 할 수 있다. 장석영의 《흑산록》의 자료적 가치에 대해서는 정우락, 〈회당 장석영이 쓴 《흑산록》의 서술 방식과 가치〉, 《영남학》 23, 2013 참조.
45) 慶尙北道警察部, 《高等警察要史》, 37쪽.

과 함께 다시 마을 안을 행진하며 만세를 불렀다. 이날 밤 해평동 만세시위에 참가한 주민은 2백여 명에 이르렀다.[46] 만세시위가 일어나자 벽진면 경찰관주재소 경찰이 출동해 시위대를 해산하였고, 여홍연 여우룡 등 6명을 체포하였다.

성주장터 만세시위가 일어난 다음 날인 4월 3일 오후 5시쯤 지사면 수륜동 만지蔓支시장에서 30여 명이 군중이 대한독립만세를 고창하였다. 청파면 신정동에 거주하는 장명준과 김기수가 성주장터 만세운동을 이어가는 시위를 만지시장에서 일으킨 것이었다.[47] 이 시위 또한 출동한 일본경찰에 의해 진압되었고, 주동자 3명은 체포되었다.

4월 6일에는 대가면 도남동에서 만세시위가 일어났다. 도남동에 거주하는 백개·김팔수·성덕이 등 세 사람은 이날 정오 무렵에 마을 뒤쪽 언덕에 올라 청년 10여 명과 함께 대한독립만세를 불렀다.[48] 이날은 가천 장날이라 경찰의 이목이 장터에 쏠려 있는 틈을 노려 기습적으로 만세시위를 벌인 것이다. 이 시위로 백개 등 주동자 3명이 체포되었다.

같은 날 정오 무렵 월항면 안포동에서도 이동근 주도로 주민 20여 명이 마을 뒷산에 올라 대한독립만세를 소리 높여 외쳤다.[49] 시위 소식을 뒤늦게 접한 경찰은 주동자 이동근과 주민 1명을 체포하였다. 이 안포동 시위를 끝으로 성주의 3·1운동은 막을 내렸다.

이상과 같이 성주에서는 총 7회의 만세시위가 일어났는데 이를 발생 원인별로 나누면 크게 두 유형으로 구분된다. 하나는 다른 지역의 만세운동에 영향을 받고 공감하여 단발성 비조직적 만세시위를 일으

---

46) 〈여홍연 외 5인 판결문〉 1919년 4월 28일. 대구지방법원.
47) 〈장명준 판결문〉 1919년 5월 6일. 대구지방법원.
48) 〈성덕이 판결문〉 1919년 4월 28일. 대구지방법원.
49) 慶尙北道警察部, 《高等警察要史》, 37쪽.

킨 유형이고, 다른 하나는 이 지역 유림들이 주도적으로 참여한 유림 단 독립청원운동과 연계해 조직적으로 계획하여 만세운동을 일으킨 유형이다.

앞의 유형에 해당하는 시위 가운데 선남면 소학동 시위와 가천면 동원동 시위는 성주 밖의 다른 지역에서 전개된 만세운동에 영향을 받아 일어났고, 나머지 4건의 시위는 전부 4월 2일 성주 장터에서 벌어진 대규모 만세시위에 영향을 받으며 일어났다. 시위에 참가한 인원의 규모를 보면 4월 2일 벽진면 해평동에서 일어난 시위를 제외하면 나머지는 자연부락 단위로 참가인원이 10~30명 안팎으로 소규모였다. 다만 해평동 시위가 참가인원이 200여 명에 달할 정도로 규모가 컸던 것은 그날 낮 성주장터에서 발생한 대규모 만세시위의 영향을 직접 받았기 때문이었다. 이 만세시위들은 전국적으로 전개되던 만세운동에 동참하는 것이자 동시에 병탄 이후 본격화된 일제의 식민지 침략과 지배에 대한 저항을 만세시위로 표출한 것이었다.

후자의 유형에 속한 시위는 4월 2일 성주장터에서 일어난 만세시위로, 참가인원에서뿐만 아니라 사전 준비와 봉기의 계획성 및 강도, 주도층의 목적의식 등에서도 앞의 유형의 시위와는 뚜렷하게 차이가 난다. 성주 장터 시위에는 최소 1,500명에서 최대 3,000명까지로 추산되는 대규모 인원이 참여하였고, 경찰서를 에워싸고 주동자 석방을 요구하고 대한독립만세를 고창하는 과정에서 경찰 발포로 6명의 사망자와 10명의 부상자가 발생하였을 정도로 투쟁 강도가 높았으며, 파리장서운동과 연계해 유림들의 독립의지를 공개적으로 천명하려는 뚜렷한 목적을 가지고 사전에 치밀하게 준비되었고, 특히 유림과 기독교도가 준비과정에서 연합하여 함께 만세시위를 일으켰던 점에서도 주목된다. 그 점에서 4월 2일의 성주 장터 만세시위는 성주의 3·1운동을 대표한다고 평가할 만하다.

3. 1920·30년대의 민족운동

3.1 유림층의 제2차 유림단의거와 동창학원 운영

4월 2일 성주 장터 만세시위 현장에서 20여 명이 경찰에 체포되었다. 이들을 취조하는 과정에서 성주 만세시위의 주동자와 나아가 유림단 독립청원운동이 드러났다. 경찰은 유림단 독립청원운동과 만세시위에 관련된 유생들을 대거 검거하였다. 이 두 운동에서 주도적 역할을 하였던 송준필이 4월 5일 체포되었고, 4월 9일에는 장석영, 이덕후, 성대식이 체포되었다. 4월 2일 시위와 관련해서는 이들에 더해 월항면의 이기정, 벽진면의 이봉희, 그리고 송수근·송우근·송규선·송훈익·송회근·송문근·송천흠·송인집 등 만세시위 준비에 앞장섰던 초전면 고산동 야성 송씨 일족이 구속되었고, 벽진면 해평동 시위를 주도한 여홍연·여우룡·여왕연·여문회·여호진 등 성산 여씨 일족과 도무환이 구속되었다. 또한 유림들과 연합으로 만세시위를 일으켰던 오의모·홍진수·이판성·유진성 등 총 9명의 기독교인이 함께 구속되었다.

유림단 독립청원운동에 참가했던 유림들도 앞서 검거된 송준필·장석영·이덕후·성대식에 더해 4월 18일에는 곽종석이 거창헌병대에 의해 체포되었고, 6월 하순 즈음 김창숙이 국내 향교로 발송한 이른바 〈파리장서〉가 압수당하면서 여타 서명자들도 대거 검거되기에 이르렀다. 서명자 정재기는 체포 직전 스스로 목숨을 끊음으로써 일제의 탄압에 항거하였다. 이들 외에 검거된 유림은 송홍래·이기형·이봉희·배종순·이현창·이수인·이만성·이계원·이계준·이기정 등이었고, 서명자는 아니었지만 서명운동에 협조하였던 이준필·송규선·이기원·장진홍·이기윤·이병철·여상윤·이정기 등도 체포되었다. 김창숙은 핵심 주동자로 가장 먼저 체포하려 했지만 중국에 머물고 있었기 때문에 체포할 수 없었다.

그리하여 성주 유림의 양대 축을 이루었던 한주 문인과 사미헌 문인의 대부분이 체포되어 장기간 구금상태에서 혹독한 취조를 받고 재판에 회부되어 6월에서 1년의 실형을 선고받고 복역하였다. 장석영과 송준필은 1심 재판에서 각각 징역 2년과 1년 6월을 선고받았고, 공소하여 2심 재판에서는 증거 불충분으로 무죄 석방되었지만 그때까지 4개월여를 감옥에서 고초를 겪었다.[50]

3·1운동이 일어나고 대거 검거된 유림들은 그 이듬해에는 대부분 석방되었지만 이후 이들은 일본 경찰의 집중적인 감시와 탄압을 받았다. 경찰은 유림들만 잘 감시하고 탄압하면 성주에서 민족운동이 발전하지 못할 것으로 보았다. 경찰은 특히 유림의 지도자로 영향력이 컸던 장석영과 송준필의 동향에 촉각을 곤두세웠다. 그중에서도 송준필은 아직 활동력이 왕성하고 그의 일족 청년 다수가 3·1운동에 주도적으로 참여하였던 까닭에 집중적인 감시 대상이 되었다.

경찰의 감시가 심해지자 장석영은 인근에 있는 칠곡군 약목면의 각산마을로 옮겨가 녹동서당을 세우고 인재를 양성하며 저술에 힘썼다. 각산리는 인동 장씨가 대대로 세거한 집성촌으로, 장석영이 태어

---

50) 張錫英／정우락 역, 《黑山日錄》; 유림단독립운동실기편찬위원회, 〈심중실기〉, 《국역 유림단독립운동실기》; 권영배, 앞의 논문, 2012.

〈자료 4-11〉 장석영의 생가

나 자랐으며, 스승이었던 사미헌 장복추에게 성리학을 배웠던 곳이었
다. 송준필 또한 경찰의 감시가 심해지자 성리학 연구에 힘을 쏟아,
송대 성리설과 퇴계학통의 성리설을 정연하게 체계화시키며 자신의
성리설인 심합이기설을 정립하였다. 1928년 완성한 《심통성정삼도발
휘心統性情三圖發揮》가 그 결실이다. 이 저술은 퇴계 이황의 《성학십
도》 제6도 〈심통성정도心統性情圖〉를 심화시킨 것으로 평가된다.51)

  성주 유림의 두 지도자 장석영과 송준필은 감옥에서 석방된 후 일
본 경찰의 감시가 심해지자 이와 같이 민족운동과는 거리를 두고 성
리학 연구에 힘을 쏟았고, 외견상 '거의소청擧義掃淸'에서 '거지수구去
之守舊'의 길로 옮겨간 듯이 보였다. 그러나 이들이 민족운동에서 물
러난 것은 아니었다. 경찰의 감시가 심했기 때문에 자신들이 직접 민
족운동에 나설 수 없었지만 우회적인 방식으로 민족운동을 이어갔다.

51) 심도희, 〈공산 송준필의 성리사상과 사회적 실천운동-한주학과의 관련성을 중심으
    로〉, 《한국학논집》 70, 2018.

송준필이 머물렀던 초전면 고산동은 야성 송씨 세거지로 앞서 보
았듯이 그 일족 다수가 3·1운동 주동자로 구속되어 옥고를 치렀다.
형기를 마치고 석방된 이들은 3·1운동에 이어 교육계몽운동을 전개하
였다. 이 운동에 앞장선 인물은 송준필을 도와 유림단 독립청원운동
에도 적극 관여하고, 4월 2일 성주 장터 만세시위에서도 주동적인 역
할을 하였던 송규선이었다. 그는 3·1운동 당시 40세로 고산동에서는
송준필 다음으로 영향력이 컸다. 송규선은 1심 재판에서 1년 6개월
징역형을 언도받았으나 2심 재판에서 10월형으로 감형이 이루어졌다.
그는 1920년 감옥에서 출소하자 곧 바로 송태섭·성세영·권중선·강봉
수·이병학 등과 협의해 초전면 대장동에 동창학원東昌學院을 설립하
였다. 동창학원은 민족정신을 배양하고 배일사상을 고취할 목적으로
설립한 정식학교가 아닌 4년제 사설 학술강습소였다.[52]

동창학원은 학교 운영비 전반을 자체 조달하였다. 학생들로부터 일
정 금액의 수업료를 받았지만 무산아동이 다수여서 운영비의 상당부
분을 자체 조달하거나 기부금에 의존해야 했다. 그런 사정으로 늘 재
정이 부족해 어려움을 겪고 수시로 위기를 맞았다. 그럼에도 불구하
고 동창학원이 10년 동안 운영되었다. 그것이 가능했던 이유는 것은
지역 유지들, 특히 고산동의 송씨 일족과 송준필의 후원이 있었기 때
문이다. 송규선은 동창학원을 더욱 발전시키기 위해 송인집을 참여시
켰다. 송인집은 3·1운동에 참여하고 이후 경찰의 추적을 피해 인철로
이름을 바꾸고 경성중등학교를 거쳐 연희전문학교를 졸업하였다.[53]
고등교육을 마친 송인집이 동창학원 운영에 참여할 수 있게 되자, 송
규선은 그와 함께 1926년 지역 유지들의 후원과 기부를 더욱 확충하

---

52) 《동아일보》 1927년 3월 4일. 〈순회탐방 존망의 秋에 임한 가야의 고도(3)—교통
　　불편의 성주〉.
53) 유림단독립운동실기편찬위원회, 〈인물록〉, 《국역 유림단독립운동실기》, 189쪽.

〈사진 4-12〉 동창학원 자리(현 초전초등학교)

여 교사를 증축하고 동창학원을 4년제에서 6년제 학교로 발전시켰다.
당시 동창학원의 재학생은 남녀 학생 약 2백여 명이었고, 6명의 교사
가 교육을 담당하였다. 동창학원의 이러한 설립·운영 및 그 발전과정
을 보면 동창학원은 고산동 송씨 일족의 민족운동이었다고 해도 과언
이 아니었다.[54]

　다른 한편 송규선은 동창학원 설립에 이어 농가경제를 개량하기
위한 진흥회를 조직하였다. 진흥회는 농사개량과 농가부업 특히 양잠
장려로 궁핍한 농가경제를 개량하기 위해 조직되었다. 송규선은 양잠
장려를 위해 스스로 1정보 가량의 뽕밭을 조성하고 앞장서 양잠을 도
입하고 이를 회원들에게 보급하기 위해 노력하였다. 또한 1백 원의
기금을 출연하여 진흥회 내부에 저축부를 설치하고 농사 개량과 양
잠에 필요한 자금은 자체적으로 조달할 수 있게 하였다.[55]

---

54) 《동아일보》 1926년 9월 16일 〈동창학원낙성〉.
55) 《동아일보》 1930년 12월 14일 〈농사개량폭표로 진흥회 조직 송규선씨의 특별한

다른 한편 장석영과 송준필 등 성주 유림은 김창숙이 주동한 1926
년의 제2차 유림단의거에도 참여하였다. 제2차 유림단의거는 1919년
파리장서를 휴대하고 상해로 탈출한 김창숙이 중국에 독립운동기지를
건설할 목적으로 1926년 국내로 잠입해 독립자금을 모금한 사건이었
다. 1919년 상해로 간 김창숙은 파리장서를 민족운동대표로 파리에
특파된 김규식에게 우송한 뒤 상해에 머물면서 대한민국임시정부에
참여하였다. 김창숙은 1920년대 초반 임시정부가 독립운동노선을 둘
러싼 분열과 파벌싸움으로 혼미를 거듭하자 북경으로 활동 무대를 옮
겨 새로운 독립운동을 모색한다. 이때 김창숙은 이회영과 협의하여
독립운동의 장기 전략으로 내몽고 지역에 둔전제 형태의 독립운동기
지를 건설하고 무관학교를 설립하기로 한다. 김창숙은 부지 확보를
위해 북경정부의 군벌실력자인 풍옥상의 부하 서겸과 교섭을 벌였고,
마침내 내몽고 대신 수원성綏遠省 포두包頭의 황무지 3만 정보를 대
여받기로 허락을 받았다.[56]

김창숙은 독립운동기지 건설에 20만 원의 자금이 소요될 것으로
보고 이를 국내에서 독립운동 자금을 모금하는 방식으로 조달하려 하
였다. 마침 서울에서 곽종석의 문집을 간행하기 위해 관련 유림 다수
가 집결하고 있다는 소식이 전해졌고, 김창숙은 이들과 연결되면 모
금활동이 수월하리라 판단하였다. 김창숙은 북경에서 가깝게 지냈던
경북 출신 북경 유학생 송영로·이봉로·김화식 등에게 자신의 계획을
설명하여 이들을 모금사업에 참여시킨 다음 함께 비밀리로 서울로 들
어왔다. 서울에서 김창숙은 곽윤과 김황 등을 만나 자신의 모금사업
계획에 대해 설명하고, 이들을 경남과 경북으로 내려 보내 파리장서

운동에 참여한 유림들에게 모금에 협조하도록 연통連通을 보냈다. 그
런 다음 자신과 함께 온 북경 유학생과 국내에서 확보한 협력자들에
게 지역을 나누어 모금활동을 전개하도록 하였다.[57]

성주에도 장석영과 송준필 등 서명참여자 일부에게 연통이 갔다.
김창숙은 월항면 대산동 부호 이기병을 모금대상자로 정하고 정수기
를 성주로 파견하였다. 그는 정수기를 통해 장석영에게 이기병이 모
금에 협조하도록 소개장을 써달라고 요청했다. 정수기는 그 소개장을 들고
이기병을 찾아갔지만 그가 집에 없어서 모금에 실패하였다.[58] 송준필
도 연통을 받고 모금에 협조하였다. 그는 둘째 아들 송수근을 시켜
사돈이었던 이호석과 달성군 월촌의 윤상태에게 자금을 받아 안동
오미동의 김구현에게 전달하였다.[59] 자신과 일족에게 쏠린 경찰의
감시망을 피해 우회적으로 자금모금에 협조한 것이다. 월항면 대산리
의 유림 이기원도 제2차 유림단의거에 관련되었다. 이기원은 1919년
유림단 독립청원운동 당시 김창숙의 부탁으로 경남북의 연락업무를
수행하였는데, 1926년에도 김창숙이 파견한 정수기가 성주로 오자 그
를 월항면 부호 이기병에게 안내하는 역할을 맡았다. 일본 경찰이 제
2차 유림단의거 관련자를 일제히 검거하기 시작한 때는 김창숙이 상
해로 탈출한 직후부터였다. 경찰은 이 사건과 관련해 전국에서 6백여
명을 체포하였고, 그 가운데 29명을 예심에 회부하며, 최종적으로는
12명을 기소하였다. 이기원도 이때 체포되어 취조를 받았다.[60] 제2차

57) 김희곤, 〈제2차 유림단의거 연구 –심산 김창숙의 활동을 중심으로〉, 《대동문화연
     구》 38, 2001.
58) 〈김창숙 정수기 판결문〉 1928년 10월 28일 대구지방법원.
59) 유림단독립운동실기편찬위원회, 〈인물록〉, 《국역 유림단독립운동실기》, 186쪽. 이
     기록에는 송수근이 그의 처부 이호석으로부터 일만 오천 원, 대구 월촌의 윤상태
     로부터 이만 원을 받아 안동군 오미동의 김구현을 통해 전달할 것으로 되어 있으
     나, 이 인물록을 작성할 당시 수령 금액에 대한 기억은 다소 착오가 있는 것으로
     보인다.

유림단의거가 발각되면서 성주의 유림사회는 또 한 차례 피해를 입었
다. 그 와중에 성주 유림의 원로 장석영이 세상을 떠났다.

유림단 독립청원운동 및 3·1운동과 교육계몽운동에 앞장섰던 성주
유림은 1927년 5월 이 지역에서 신간회 지회가 설립될 때에도 일익
을 담당하였다. 후술하겠지만 성주의 신간회 지회운동은 지역 민족운
동의 한 축을 형성한 유림 측과 부르주아민족운동 대표가 협동하는
방식으로 전개되었다. 유림 측 민족운동을 대표해서는 초전면 고산동
야성 송씨 일족의 송규선과 송수근, 월항면 대산동의 성산 이씨 일족
인 이기승 등이 신간회 지회 설립에 참여하였다.

이상과 같이 전개되던 성주 유림층 민족운동은 일제가 만주를 침
략하는 1931년을 전후해 급속히 약화되었다. 그 주된 원인은 1929년
시작된 세계대공황으로 조선에서도 농업공황이 발생하였고, 그 위에
일제가 군국주의 침략정책으로 경제위기를 돌파하려 하면서 조선의
민족운동에 대한 탄압을 강화한 것이다. 그로 말미암아 동창학원은
극심한 재정난으로 결국 문을 닫았고, 신간회 지회도 해체되었다.[61]
민족운동에 대한 탄압이 강화되면서 송준필과 그 일족에 대한 경찰의
감시도 더욱 심해졌다. 이를 견디다 못해 송준필은 마침내 1933년 인
근 김천의 황학산 기슭 부곡동으로 이거한다. 그를 대신해 활발히 민
족운동에 참여하였던 둘째 아들 송수근도 부친을 따라 황학산으로 옮
겨갔다. 송준필은 그곳에서 저술에 몰두하고 원계서당遠溪書堂을 세워
제자를 가르치다 1943년 세상을 떠났다.[62] 송준필의 부곡동 이거는
그가 '거지수구去之守舊'의 길을 택했음을 의미했고, 그의 문도들 가
운데 다수도 지조를 지키며 스승의 뒤를 따랐다.

---

60) 慶尚北道警察部,〈儒林團陰謀事件〉,《高等警察要史》, 283쪽.

61)《중외일보》1930년 8월 16일〈초전공보교 설립인가원제출〉.

62) 한국학중앙연구원,〈디지털김천문화대전 - 인물 송준필〉.

3.2 부르주아 민족운동의 전개와 신간회 지회 결성

3·1운동은 무단통치로 대중 속에 잠복해 있던 민족해방의 열망이 폭발적으로 분출한 민족운동이었다. 3·1운동을 계기로 1920년대 초반 민족운동은 청년운동을 시발로 농민운동 노동운동으로 확대되고, 사회주의운동이 적극 수용되면서 활발하게 전개되었다. 성주에서도 민족운동의 열기는 청년운동으로 이어졌다.

성주에서 청년회가 창립된 것은 인근 지역보다 다소 늦은 1921년 6월이었다. 성주와 교류가 가장 활발했던 왜관의 경우 1920년 8월에 왜관청년회가 결성되어 1921년에는 자체 회관을 건축하고 지역의 청소년을 계몽할 동창학원同昌學院 개설을 준비하고 있었다. 그 영향으로 성주에서도 청년회 창설이 추진되어 이해 6월에 청년회가 출범하게 된 것이다. 창립대회에는 성주 내외에서 150여 명이 참여하여 성황을 이루었다.[63] 그러나 창립 이후 9월까지는 활동이 보이지 않는다. 창립 당시 선임된 청년회 임원들이 근대적 성격의 청년운동에 대해 잘 알지 못한 것이 그 원인으로 추정된다.

이를 해결하고자 그해 9월 성주청년회는 임시총회를 개최하고 임원을 새로 선출하였다. 새로 임원에 선출된 인물은 다음과 같다.

회장	김원희		
부회장	배동옥		
총무	이익주·배상연		
교풍부장	서병호	문예부장	배상준
사교부장	송필용	편집부장	이계수

---

63) 《동아일보》 1927년 3월 4일 〈순회탐방 존망의 秋에 입한 가야의 고도(3)-교통 불편의 성주〉.

운동부장   백명기   회계부장   배준기
서기   이덕용
평의장   도준모[64]

　　임원진 명단에서 우선 주목되는 인물은 회장 김원희와 부회장 배
동옥이다. 김원희는 성주의 명문가 의성 김씨의 일족으로 한말 성주
에서 국권회복운동이 전개될 당시 김창숙과 함께 대한협회 성주지회
결성과 성명학교 개설을 주도하였다. 그는 성주 유림들이 1909년 중
추원에 한일합방론을 주장한 송병준·이용구 등 일진회의 매국노들을
성토하는 건의서를 제출할 때 서명에 참여한 유림 4인 가운데 한 사
람이기도 했다. 배동옥은 성주읍을 기반으로 활동하던 성산 배씨 일
족으로, 그 또한 대한협회 성주지회 결성과 성명학교 설립에 참여하
였다. 한말 국권회복운동에 앞장섰던 이들이 성주청년회의 회장과 부
회장으로 선임된 것이다.

　　이들 외에도 한말 국권회복운동과 직간접으로 연관된 임원들로는
총무 배상연과 이익주, 문예부장 배상준, 회계부장 배준기, 평의장 도
준모 등이 있다. 배상연·배상준·배준기는 배우홍·배상락·배동옥 등
한말 국권회복운동에 앞장선 성주읍내 성산 배씨 일족이고, 이익주도
성명학교 설립에 참여한 이항주의 집안이며, 도준모는 도갑모·도학모
·도헌모 등 한말 국채보상운동, 대한협회 성주지회, 성명학교 설립에
주도적으로 참여한 성주 도씨 일족이다.

　　성주청년회의 이러한 임원구성은 성주청년회가 한말 국권회복운동
의 계승을 지향하는 민족운동단체로 결성되었음을 의미하였다. 성주
청년회는 특히 한말 성명학교의 민족운동을 계승하고자 하였다. 한말

---

64) 《동아일보》 1921년 10월 12일 〈성주청년회 임시회〉.

성주 국권회복운동의 귀결이기도 하였던 성명학교는 신식교육 도입으로 민족독립역량을 기르는 것을 목표로 하였다. 진용을 새로 갖춘 성주청년회는 그 정신을 이어 민족계몽운동을 전개하였다.

　성주청년회는 회관건축을 위한 의연금 모금에 나서는 것으로 그 활동을 시작하였다. 의연금 모금은 임원진이 앞장서 거액을 출연하면서 단시간에 3천여 원을 상회하는 거금을 성공적으로 모았다. 의연금 모금에 참여한 사람과 금액은 다음과 같다.

배상연　　　7백 원
도문환　　　5백 원
이익주　　　3백 원
배상렴　　　2백 원
이계수·송규원·배준기　　　각 1백 원
서병호·석연극·배임곤·이장환·이익동·이기병·서진두·도인환·배진오·배동욱·이상곤·배진훈　　　각 50원
이준수·서상필·이종록　　　각 20원
박노하·이건수·이학래·배왕기·하해룡·진주학·도헌모·유난식·성문환·이틱봉·이기섭　　　각 10원
이호득·문명호·추재주·이해봉·김성태·이두석·도체환·임판수·배봉기·이상준·배틱린·배원이·배순철·이말술·이득수·진주용·이상득·송필용·백명기·이득령　　　각 5원
이영원　　　6원[65)

　의연금 출연자 명단에서 먼저 주목되는 점은 읍내를 기반으로 활동했던 성산 배씨와 성주 도씨 일족이 거액을 기부하며 적극 참여하고 있는 것이다. 700원을 출연한 배상연을 비롯해 배상렴·배준기·배

---

65) 《동아일보》 1921년 10월 29일 〈성주청년회 소식〉

〈사진 4-13〉 도문환의 생가(1938년 건립)

동옥 등 거금을 기부한 이들이 성산 배씨 일족이고, 5백 원을 출연한 도문환과 50원을 출연한 도인환이 성주 도씨 일족이다. 읍내를 기반으로 활동하였던 이 두 집안은 한말 국권회복운동에도 적극 참여하였다. 성산 배씨 일족은 앞서 언급한 바와 같고 도문환은 한말 김창숙과 함께 국채보상운동, 대한협회 성주지회, 성명학교 설립에 주도하였던 도갑모의 아들이고, 도인환도 그의 사촌이었다. 이 밖에도 이 두 집안은 공통점이 많았다. 이들은 공통되게 조선 말기 성주의 향리로 활동하며 사회적 경제적 기반을 구축하였고, 일제 병탄 이후에는 이를 기반으로 지주경영을 확대하고 곡물유통업과 도정업·양조업·금융업 등으로 사업을 확대하는 등 근대적 자본가로 성장하였다.[66] 또한

---

66) 이윤갑, 〈한말 경상도 성주의 국권회복운동과 그 사상〉,《한국학논집》71, 2018.
도문환의 문집《晩悟堂雜草》(2책)에 실려 있는 〈晩悟堂自傳〉에 따르면 도문환은 慶北地主組合員·金融組合組合長·共成商會會長·麯子組合長·醸造社社長·儉蓄商會社長·朝

이들은 사상이나 학문에서도 실용성을 중시하였고 서구의 근대문명과
학문에 대해서도 전통 유림들과는 달리 개방적으로 수용하였다.[67] 서
로 공통점으로 많았기 때문에 두 집안 사이에 자연스럽게 혼인이 이
루어져 유대가 돈독하였다. 말하자면 성주의 청년운동은 민족부르주
아지로 성장하고 있던 이 두 집안이 중심이 되어 선대의 민족운동을
계승하는 방향으로 민족운동을 전개한 것이다.

   이러한 특징에 더해 이 명단에서 주목되는 또 다른 특징은, 송규
선을 제외하면 성주 유력가문 출신의 유림이 거의 참여하지 않은 것
이다. 전통적으로 성주 유림은 척사위정론의 입장에서 한말 서양문명
과 신식교육 도입에 대해 반대하였다. 김창숙이 성명학교를 개설하려
했을 때에도 성주 유림 대다수는 신식학교라는 이유로 그 설립에 반
대하였다. 유림들의 입장은 3·1운동 이후에도 크게 달라지지 않았다.
그러했던 까닭에 이들은 성주청년회에도, 의연금 모금에도 참여하지
않았다. 전통유림 출신으로 유일하게 참여한 인물로 초전면 고산동의
송규선이 보이지만, 그의 참여는 의연금 출연으로 한정되는 제한적인
것이었다. 그 무렵 그 자신이 초전면 동창학교에서 교육계몽운동을
전개하고 있었기 때문에, 그와 연계해 계몽운동을 확대하려는 취지에
서 성주청년회에 개인적인 성금을 보내 지지를 표시한 것이었다.

   이상에서 보듯이 성수의 청년회운동은 읍내를 기반으로 활동하였

鮮金庫株式會社社長 등을 역임하였다. 그는 일제 강점기 성주에 천석지기 토지를
소유한 대지주였고, 금융기관을 설립·운영하며, 양조장을 경영하는 자본가였다. 배
상연 또한 그 집안 후손들의 증언에 따르면 천석군의 대지주였고, 성주 읍내에서
정미소를 경영하였다. 이 두 집안은 혼인하여 겹사돈이 되었는데 도문환의 둘째
아들과 막내 딸이 배상연의 딸·아들과 혼인하였다(晚悟堂 소장 《星州都氏 家譜》
참조).

67) 達拾藏, 《慶北大鑑》, 1936, 1,026쪽.
   도문환은 아들 셋과 딸 둘을 두었는데 아들은 전부 대구고등보통학교로, 딸들은
전부 대구여자 고등보통학교로 진학시켰고, 큰 아들 도재기는 일본 교토제국대학
으로 유학을 보냈다.

던 민족부르주아지 주도의 민족운동이었다. 성주청년회는 의연금이
모이자 먼저 읍내 경산동에 10간 규모의 청년회관을 신축하였다. 회
관이 완공되자 임원회를 개최하고 성주청년회의 신사업으로 노동야학
개설을 의결하였다. 성주청년회는 지방의 교육기관이 부족한 것을 가
장 심각한 문제로 보고, 이를 타개할 방안으로 청년회관에 노동야학
을 개설하기로 한 것이다. 성주청년회는 그해 12월 11일 노동야학 개
교식을 거행하였다. 노동야학의 최초 입학자는 50여 명이었다.[68]

성주읍에서는 성주청년회 중심으로, 초전면에서는 동창학원 중심으
로 교육계몽운동이 활발히 전개되자 여기에 영향을 받아 벽진면에서
도 벽상청년회가 조직되어 자양학원紫陽學院을 개설하였다. 자양학원
개설에 앞장선 인물은 한말 대한협회 성주지회개설에도 참여하고, 3·
1운동 당시 해평동에서 만세시위를 주도하여 구속된 여홍연이었다.
자양학원이 재정문제로 운영에 어려움을 겪자 여홍연은 여동연·여철
연 등과 함께 모금운동을 전개하였다.[69]

성주청년회의 활동은 이후 재정난으로 다소 침체된다. 그러자 이를
안타깝게 여긴 열성회원 20여 명이 나서 1925년 청년회 조직을 재정
비하고 재정을 다시 확충하였다. 이들은 도문환을 회장으로, 서병호를
총무로 선출하고, 청년회의 조직과 사업 전반을 개혁하였다. 청년회
활동에 참여하지 않는 회원들을 정리하고 다시 모금운동을 전개해 재
정을 확충하였다. 새 집행부는 3천여 원을 모금하여 청년회 부채를
정리하고, 청년회관을 이건한 다음, 새로운 사업계획으로 도서실 건립
을 추진하였다.[70] 한편 그 무렵 성주에서도 형평청년회가 결성되었

---

68) 《동아일보》 1921년 12월 12일 〈성주청년회 신사업〉
69) 《동아일보》 1925년 5월 4일 〈자양학원서광 유지의 기부환치로〉.
70) 《동아일보》 1927년 3월 4일 〈순회탐방 존망의 秋에 입한 가야의 고도(3)-교통
　　불편의 성주〉.

다.71) 성주형평청년회는 회원수가 많지 않았던 것으로 보이며 그 활
동을 살필 수 있는 자료는 남아 있지 않다.

당시 조선의 청년운동에서는 1924년을 전후해 대대적인 혁신운동
이 전개되었다. 1920년대 초반 사회주의 사상이 수용되면서 청년운동
에서도 초기 부르주아 문화계몽운동에서 사회주의적 노선으로 전환이
추진되고, 그에 따라 조직도 재구성되어 단위 조직의 집행위원제로
전환과 지역단위의 청년연맹결성이 추진되었다. 이러한 혁신은 1924
년 조선청년총동맹의 결성을 계기로 더욱 확대되고 촉진되었다.

성주에서도 이러한 흐름에 영향을 받아 청년운동의 혁신이 추진되
었다. 그러나 성주에서는 사회주의 청년운동이 발생하지 않았던 까닭
에 그 혁신은 주로 조직 개혁형태로 전개되었다. 1925년 청년회 혁신
이 그 시작으로 회원정비를 마치자 성주청년회도 회장제에서 집행위
원회 체제로 전환을 추진하였다. 성주청년회의 이러한 전환은 1926년
7월 10일에 이루어졌다. 이날 임시총회를 열고 집행위원회 체제로 전
환을 결의하고 집행위원을 선출하였고, 도서관 설치 등의 자체 안건
과 조선사회단체중앙협의회 참가 등을 결의하였다.72)

청년회 혁신을 단행한 후 성주청년회는 보다 고등한 사회의식 개
발에 기여할 도서관 건립운동을 추진하였다. 성주가 교통이 불편하여
타 지역과 내왕이 원활치 못했고, 그로 말미암아 민족운동의 새로운
흐름을 이끄는 신사상의 수용 또한 더뎠다. 이 애로를 해소하기 위해
신사상 수용의 요람이 될 도서실의 설치가 요구되었던 것이다. 도서
관 건립에는 4백여 원의 자금이 소요되었다. 청년회는 회원을 상대로
한 모금운동을 전개하는 한편 지역 유지들을 상대로 도서실 설치의

71) 성주문화원, 《성주군지》 상, 2012, 596쪽.
72) 《동아일보》 1925년 7월 16일 〈성주청년회 임총〉.

필요성을 설명하며 동정금 확보에 나섰다. 이러한 노력으로 성주청년
회는 1926년 11월에 도서실을 개설하였다. 도서실은 임원 배준기가
기부한 3간 단독 가옥에 설치되었다. 도서실에는 4백여 종의 도서가
비치되었고 누구나 이용할 수 있었다. 4백여 종 도서 가운데 1백여
종은 성주청년회에서 직접 일본에서 주문하여 구입하였고, 나머지 3
백여 종은 유지들로부터 기증받은 것이었다. 일본에 주문하여 구입한
도서들은 성주에서 구하기 어려웠던 신사상 관련 도서들, 특히 당시
민족운동에 새바람을 일으킨 사회주의 운동 관련 도서가 주종을 이룬
것으로 추정된다.[73]

다른 한편 성주청년회의 주역들은 교육계몽 위주의 청년운동과는
별개로 1926년 소비조합 공성상회를 설립하여 경제적 실력양성운동을
전개하였다. 공성상회는 일본 상인과 중국 상인이 독점하다시피 한
성주 읍내의 상권을 되찾기 위해 설립되었다. 일본이 조선을 병탄하
면서 성주에도 속속 일본 상인이 진출했고, 일본 상인을 따라 중국
상인들도 들어와 1920년대 중반 당시 성주 읍내 상권은 대부분 이들
에게 장악되었다. 1926년 당시 성주 읍내에서 영업하던 상점 수는 약
30여 개였는데 그 가운데 조선인 상점은 2~3개에 불과하였다. 성주
청년회 회장을 역임했던 김원희는 이러한 모순을 타개하기 위해 1926
년에 12인과 함께 공성상회 설립을 발기하였다. 김원희는 앞서 언급
한 대로 한말 김창숙과 함께 국권회복운동을 주도했던 성주 민족운동
의 원로였다.[74]

이들 발기인들은 공성상회 자본금으로 1구 1원씩 1만 원을 조성하
기로 목표를 세우고 모금에 나섰다. 발기인 서병호·성기식·배준기 등

---

73) 《동아일보》 1926년 9월 21일 〈도서관 설치 성주청년회서〉.
74) 《동아일보》 1927년 3월 3일 〈순회탐방 존망의 秋에 立한 가야의 고도(2)-교통
   불편의 성주〉.

이 적극적으로 모금활동을 벌여 8개월 만에 자본금 3천 원이 모집되었다. 자본금 모집이 일정 수준에 오르자 이해 11월 공성상회 창립총회가 개최되었다. 창립총회에는 주식을 구입한 2백 명의 회원이 참가하였다. 이들은 회사구성에 필요한 제반 사항을 결의하고, 공성상회를 경영할 초대 회장으로 도문환을, 부회장으로 송인집을 선임하였다. 공성상회는 일본인 상점과 중국인 상점에 대항해 조선인들

〈사진 4-14〉 도문환의 모습

이 필요로 하는 잡화를 판매하는 민족 상점으로 운영되었다.[75]

성주에서 청년회 혁신과 공성상회 창설이 추진될 무렵 조선의 민족운동에서는 민족협동전선운동이 활발히 일어났다. 민족운동 역량을 극대화하기 위해 비타협적 민족주의세력과 사회주의 세력이 각각의 진영을 통일해 단일한 민족협동전선을 결성하는 운동이었다. 민족협동전선운동은 1927년 2월 서울에서 신간회 본부가 결성되면서 이를 계기로 빠르게 전국적으로 확대되었다.

민족협동전선운동은 성주의 민족운동에도 영향을 미쳤다. 성주는 인근의 여타 지역에 비해 민족운동 세력이 크지 못하고 사회주의 운동이 성장하지 못했던 까닭에 그 내부에서는 좌우가 참여하는 민족협

75) 《중외일보》 1929년 4월 20일 〈성주 공성상회 제3회 총회〉.

동전선을 결성할 필요는 없었다. 대신 성주에서는 읍내의 성주청년회를 중심으로 활동하던 민족부르주아층과 초전면·월항면 유림층이 중심이 된 민족운동이 각각 분리되어 전개되고 있었던 까닭에 이 둘 사이의 협동이 필요하였다.

성주의 신간회 지회운동은 독자적인 지회 설립이 아니라 인근 왜관에서 추진되던 신간회 칠곡지회에 참여하는 방식으로 이루어졌다. 성주의 신간회 운동이 칠곡지회에 참여하는 방식으로 이루어진 배경으로는, 먼저 성주와 왜관지역은 비록 1895년과 1914년의 행정구역 조정으로 행정적으로 분리되긴 했지만 조선시대 이래로 하나의 생활권으로 묶여 있었다. 가령 왜관의 유력 동족부락 다수는 성주에서 이주한 유림들이 만든 것이고, 두 지역 유림들은 학맥과 혼맥으로 불가분하게 결합되어 있었다.[76] 그런 사정으로 행정구역 분리 이후에도 그 전통은 그대로 유지되어 두 지역 사이에 교류가 빈번하였다. 성주청년회도 왜관청년회와 합동정구대회를 개최하는 등 긴밀하게 교류를 이어 갔다.[77] 한편 신간회 운동은 그 기본이 좌우의 협동전선인데, 성주에는 사회주의세력이 결여되어 있고, 반면 왜관에서는 사회주의 청년층의 민족운동에서 일방적 우세를 형성하고 있었다. 그렇게 된 이유는 왜관이 경부선 왜관역이 개설되면서 형성된 신도시였기 때문이다. 경부선 개통 이후 다수의 일본인들이 왜관으로 이주하여 사업을 벌였고, 그리하여 여기에서는 민족문제가 특히 첨예하였다. 그런만큼 청년운동 또한 일찍부터 발전했는데 교통이 편리해 신사상 특히

---

76) 이러한 사실을 잘 보여주는 역사적 자료가 肅宗 3년 李元禎이 편찬한 성주군 최초의 읍지인 《京山志》이다. 이 읍지는 현 칠곡군 소속 왜관읍과 지천면 등이 성주군과 하나의 생활권과 문화권을 형성하고 있음을 보여준다. 이원정은 광주廣州 이씨로 현 왜관읍 매원동과 석전동에 근거를 두고 생활하였고, 여헌 장현광의 문인으로 이조판서를 역임하였다.

77) 《동아일보》 1921년 8월 30일 〈왜관청년회 庭球會〉.

사회주의 사상의 유입도 빨랐다. 그리하여 1920년대 중반 무렵이 되면 왜관의 민족운동은 사회주의 청년층에 의해 장악된다.[78] 이런 사정을 감안해 왜관의 청년운동가들은 민족주의세력 위주의 성주청년회에 협동전선 형성을 제안하였고, 그 제안이 성사되어 칠곡과 성주의 좌·우 청년운동이 연합하는 신간회 칠곡지회가 조직되게 된 것이다.

신간회 칠곡지회는 1927년 5월 30일 지회 설립준비위원회가 구성되면서 조직에 착수한다. 지회 설립준비위원으로 성주청년회에서 참여한 인물은 도문환·서병호·배준기 등이었고, 왜관청년회에서는 채충식·신상태·이원달·장지백·박용기·이화진·김종한 등이 참여하였다. 성주에서는 성주청년회 간부들만 설립준비위원으로는 참여한 것이다.[79] 준비위원회가 설립 준비를 완료하자 7월 22일 신간회 칠곡지회 설립대회가 개최되었다. 설립대회에서는 칠곡지회의 초대 임원진이 구성되었다. 지회장에는 신상태, 부지회장에는 도문환, 간사로는 채충식·송규선·신현갑·이화진·이원용·장민식·정행본·장병조·조중규·도승환·김한규·장지백·이강진·김종한·이위진·이봉·장상구 등이 선임되었다.[80] 성주청년회 출신으로 칠곡지회에 임원진에 포함된 인물은 부지회장에 선출된 도문환과 간사진에 포함된 송규선·도승환·이봉 등이었다. 도문환은 당시 성주청년회 회장이었고, 송규선은 유림 측의 민족운동을 대표하는 인물로 초전면의 동창학원 대표였다. 이봉은 후일 도문환이 고문을 맡았던 《중외일보》 성주지국의 총무 겸 기자였고,[81] 도승환은 도문환의 사촌으로 1934년 도문환이 설립한 경상물산(주)의 전무이사로 활동하였다.[82]

---

78) 김일수, 〈근대 청년운동〉, 《디지털칠곡문화대전》(한국학중앙연구원).

79) 《조선일보》 1927년 6월 1일 〈칠곡에서도 신간회지회 설치를 준비〉.

80) 《조선일보》 1927년 7월 22일 〈신간회 칠곡지회 22일 설치대회 개최〉;《중외일보》 1928년 7월 16일 〈칠곡신지 간사회 개최 5개사항결의〉.

81) 《중외일보》 1930년 9월 3일 〈支局社告〉.

칠곡지회 초대 임원명단에 송규선이 포함되었다는 사실은 주목할
대목이다. 성주의 민족운동은 초전면 고산동의 송준필·송규선과 월항
면 대산동 이기정·이기원·이기승 등이 중심이 된 유림층의 민족운동
과 성주 읍내를 중심으로 전개되던 민족부르주아층의 성주청년회 운
동으로 나누어져 있었고, 그 이전까지는 이 둘 사이에 협동이 없었다.
성주의 유림 측과 민족부르주아층이 공동으로 단일한 민족운동에 참
여한 것은, 신간회 칠곡지회가 최초였다. 이러한 공동참여는 지회 설
립준비위원회에 참여하였던 성주청년회의 도문환·서병호·배준기 등이
민족협동의 대의를 앞세워 유림 측을 적극 설득함으로써 성사된 것으
로 보인다. 성주청년회 측은 송규선에게 신간회 지회 공동 참여를 제
안하였고, 송규선은 이 문제를 송준필과 월항면 대산동의 이기원·이
기승 등에게 협의한 것으로 보인다. 유림 측이 공동참여를 수락하자
도문환은 지회 임원진에 유림 측도 포함시킬 것을 요청하였고, 그리
하여 설립대회에서 도문환이 부회장으로, 송규선이 간사로 선임된 것
이다. 요컨대 성주에서는 신간회 칠곡지회 설립을 매개로 민족부르주
아층의 민족운동과 유림 측의 민족운동이 일종의 공동전선을 형성하
였다.

그러나 신간회 칠곡지회가 설립되고 활동에 들어갔으나 송규선은
한 번도 간사회에 참여하지 않았다. 설립 1년 뒤 개최된 지회 간사회
에서 송규선은 간사회 불참을 사유로 면임되었다. 그러나 그 간사회
에서 부지회장 도문환도 자진해서 사임하고 대신 이기승이 부지회장
으로 선임된 사실로 보면, 송규선의 간사회 불참은 민족협동전선에
반대했다기보다는 유림 측 홀대라는 예우상의 문제 때문이었던 것으
로 보인다. 이 개편으로 성주에서는 유림대표 이기승이 부지회장을

---

82) 中村資良, 《朝鮮銀行會社組合要錄》, 東亞經濟時報社, 1935.

맡고, 성주청년회 측의 도승환, 이봉 등이 간사로 참여하는 형태를 갖추게 된다.[83) 이기승은 대산동 성산 이씨의 일족으로 이승희의 아들 이기원과 함께 민족운동을 전개하였고, 대공황기 농가경제가 극도로 궁핍해지자 보리 20석을 출연해 이재민을 구호하고 성주군 22개 면 빈민의 호세를 자신이 대납하는 등 빈민구호활동에도 앞장섰다.[84)

성주 민족운동진영의 신간회 칠곡지회 참여는 1929년 8월의 복대표대회 결정으로 지회 조직이 집행위원회 체제로 전환된 이후까지 이어진다. 1929년 칠곡지회의 임원으로는 집행위원장에 장창환, 집행위원에 채충식·김한규·김재찬·정칠성·장병만·장구상·이상호·신현길·이봉, 검사위원에 이기승·도승환·장지백이 선임되었다.[85) 이 임원명단에서 이기승·도승환·이봉 등이 성주의 민족운동진영을 대표해 계속 활동하고 있음을 확인할 수 있다.

그러나 집행위원회 체제로 전환된 이후 칠곡지회의 운영이 집행위원회를 중심으로 더욱 좌경화되는 가운데 1929년의 대공황을 계기로 신간회를 혁명조직으로 전환하자는 해소론이 대두하자 성주의 민족주의진영은 결국 지회운동에서 물러난다.[86) 그리하여 1931년 3월 28일 개최된 칠곡지회의 마지막 정기대회에서 선임된 임원진 명단에서는 성주의 민족운동진영 대표를 찾을 수 없다.[87)

---

83) 《중외일보》 1928년 7월 16일 〈칠곡신지 간사회 개최 5개사항결의〉
84) 《중외일보》 1930년 4월 24일 〈맥20석으로 이재민을 구제−성주 이기승씨의 특지〉;《동아일보》 1931년 6월 7일 〈전군세농민의 호세를 자진부담 전군12면 빈민의 것을 성주 이기승씨 독지〉
85) 《동아일보》 1929년 8월 22일 〈신간회집회 칠곡〉
86) 《중외일보》 1929년 11월 13일 〈신간칠곡지회 집행위원회〉
87) 《동아일보》 1931년 4월 14일 〈신간칠곡대회〉
　3월 28일 칠곡청년동맹회관에서 신간칠곡지회 정기대회 개최. 허홍제 사회로 해소문제를 논의했으나 결론에 이르지 못하고 해소론 연구부를 두어 충분히 연구하기로 함. 상임위원 선거 집행위원장 이강용 위원 이상우 김재찬 장구상 허홍제 정칠성 동 후보−박홍진 박형동 검사위원장 신상태 위원 박태동 대표위원 신상태 후보 허홍제.

3.3 사회주의 사상의 수용과 확산

일제 강점기 성주의 민족운동에서는 인근 지역들과는 달리 사회주의 운동이 일어나지 않았다. 성주 인근의 왜관(칠곡)·김천·대구 등지에서는 1920년대 전반 사회주의 운동이 일어나 민족운동을 주도하는 세력으로 성장하였다.[88] 그러나 성주에서는 청년운동에서든 농민운동에서든 사회주의 운동이 아예 발생하지 않았다. 그리하여 신간회 운동에서도 성주 내부에서는 유림층과 민족부르주아지층의 협동전선이 형성되었을 뿐이었다.

성주에서 사회주의 운동이 일어나지 않은 원인으로는 두 가지를 지적할 수 있다. 하나는, 농민이나 노동자의 저항을 불러올 정도로 소작조건이나 노동조건이 심각하게 악화되지 않은 것이다. 일제 강점기 성주에서는 상공업의 발달이 지체되고, 대신 농업이 발달했다. 성주는 농업발달에 유리한 환경을 갖추고 있었다. 이중환이 《택리지》에서 특기하였듯이 성주는 토지가 비옥하고 농경지가 넓었다. 그리하여 성주에서는 조선 후기부터 이래 지주적 토지 소유가 발달하였다. 1920년의 성주의 농가 구성비를 보면 소작관계농민이 전체 농가의 82퍼센트를 차지할 정도였고. 논과 밭 모두에서 경지의 5할 이상이 소작될 정도로 지주제가 발달하였다.[89] 그럼에도 불구하고 성주에는 소작쟁의가 거의 발생하지 않았다. 심지어 대규모로 농가 파산이 일어난 대공황기에도 소작쟁의는 일어나지 않았다.

그 원인으로는 소작농 수탈강화로 고이윤을 확보하였던 일본인 지주가 성주에 진출하지 않았던 점을 들 수 있다. 성주가 지주제 경영

---

88) 김일수, 〈1920년대 경북지역 청년운동〉, 《한국근현대청년운동사》, 1995; ____, 〈일제강점기 김천지역의 사회운동〉, 《계명사학》 23, 2012.
89) 이윤갑, 《한국 근대 상업적 농업의 발달과 농업변동》, 2011, 291~296쪽.

에 유리한 농업환경을 갖고 있었음에도 일본인 지주가 진출하지 못했던 이유는 교통 불편 때문이었다. 성주에서 곡물을 수출할 경우 자동차를 이용해 왜관역이나 약목역 또는 김천역으로 운송해야 하는데, 왜관역으로 가기 위해서는 배로 낙동강을 건너야 하고, 약목역이나 김천역으로 가자면 열악한 3등 도로를 이용해 산을 넘어야 했다. 더구나 여름 장마철이나 겨울 결빙기가 되면 그 도로마저 이용하는 것이 불가능하였다.[90] 이런 교통조건에서는 곡가변동에 맞추어 적정 시기에 곡물을 유통하는 것이 어려웠고 그런 이유로 말미암아 성주에는 일본인 지주들이 진출하지 않았다. 영리를 중시하는 일본인 농장지주들이 진출한 지역에서는 예외 없이 소작조건이 급격히 악화되었다. 일본인 지주들이 앞장서 소작조건을 강화하면 그 지주경영방식은 곧 인근의 조선인 지주들에게도 확산되어 갔다.[91] 급격한 소작조건 악화는 결국 소작쟁의를 불러오고, 나아가 소작인 조직화가 진행되면서 사회주의 운동이 수용되고 발전될 유리한 조건이 조성되었다. 그러나 성주에서는 일본인 지주들이 진출하지 않음으로써 사회주의 운동이 수용되고 발전할 조건이 충분히 조성되지 않았던 것이다.

또 다른 원인으로는 성주에서 활동한 청년운동가 가운데 사회주의 사상을 수용한 지식인이나 청년이 거의 없었던 점을 지적할 수 있다. 사회주의 사상은 최소한 중등학교 이상의 교육을 받아야 이해와 수용이 가능하다. 그러나 성주에는 중등 교육기관이 없었고, 중·고등학교나 대학 교육을 받기 위해서는 대구나 서울 등의 대도시나 일본으로 유학을 떠나야 했다. 그러나 대도시나 일본에서 중등교육이나 고등교육을 받은 청년들은 다시 성주로 돌아와 활동하는 경우는 거의 없었

---

90)《동아일보》1927년 3월 2일 〈순회탐방 존망의 秋에 立한 가야의 고도(1)-교통 불편의 성주〉.
91) 이윤갑, 앞의 책, 2011, 282~283쪽.

다. 교통 불편으로 성주는 다른 지역에 견주어 근대화가 늦었고, 그만큼 전통적인 규범과 사회관계 및 관습의 지배가 강했다. 그로 말미암아 이들이 성주로 돌아와도 마땅한 일자리나 활동공간을 찾을 수 없었기 때문이다. 그리하여 결국 이들 대부분은 대구나 서울 등 대도시에서 일자리를 찾거나 활동근거를 마련하였는데 그 대표적인 예가 후술할 배성룡과 도재기였다. 이런 이유로 성주에서는 사회주의 사상을 수용한 청년운동가를 거의 찾을 수 없었다.

성주에서 사회주의 운동은 발전하지 않았지만 사회주의 사상을 소개하는 행사도 개최되었고, 이를 학습하고 수용하려는 청년들도 늘어났다. 성주에 사회주의 사상을 소개하는 데 앞장선 단체는 성주학우회였다. 성주학우회는 중등교육기관에 진학하기 위해 외지로 나간 성주 유학생들 40여 명이 모여 1914년에 창립한 단체였다. 성주학우회는 처음에는 회장제로 운영되었으나, 청년운동에서 집행위원회 체제로 전환이 이루어지는 것에 영향을 받아 1926년에 간사제로 전환되었다.[92] 성주학우회는 상시적으로 활동하지는 않았고 유학생들이 귀향하는 방학기간에만 활동하였다. 성주학우회의 활동은 기관지 발행, 체육대회 개최, 시가지 행진과 기념행사, 토론회 또는 웅변대회 개최 등이었다.[93]

이 행사들 가운데 지역 청년들에게 사상적으로 큰 영향을 미친 활동은 토론회나 웅변대회였다. 웅변대회는 특히 지역사회에서 큰 관심을 끌었는데, 1928년 8월에 개최된 웅변대회의 경우 대회장이었던 성주보통학교 대강당에는 안팎으로 가득 찰 정도로 청중이 운집하였다. 이날 웅변대회에서 이봉환은 '유전과 결혼'을, 도재기는 '진정한 과학

---

92) 《동아일보》 1927년 3월 4일 〈순회탐방 존망의 秋에 立한 가야의 고도(3)-교통 불편의 성주〉.
93) 《동아일보》 1926년 8월 10일 〈성주학우회기념〉.

의 근저'를, 배상하는 '행복을 구하는 사람에게 유심론자는 운함'을 주제로 각각 연설하였다. 웅변이 끝나면 자유토론시간이 있었지만 이 날은 임석 경관의 금지로 자유토론이 이루어지지 못했다.[94] 유학생들은 웅변대회나 토론회를 통해 자신들이 학습한 새로운 사상이나 과학지식을 지역사회와 지역 청년들에게 전파하였다. 1928년 행사에 웅변자로 나선 도재기는 성주청년회를 이끌었던 도문환의 장남으로 대구고보를 거쳐 당시는 일본 제3고등학교에 유학하며 조선공산당 고려공산청년회 일본부에 가입하여 관서부 야체이카의 일원으로 활동하고 있었다. 도재기의 '진정한 과학의 근저'는 사회주의 사상을 소개하는 연설이었다. 성주 지역의 청년들은 이러한 토론회나 웅변대회를 통해 당시 민족운동에 큰 전환을 불러왔던 사회주의 사상에 대한 소식이나 정보를 얻고 지적인 호기심과 관심을 키웠던 것으로 보인다.

　성주 청년들이 사회주의 사상에 관심을 갖게 만든 또 다른 요인으로는 이 지역 출신 사회주의 운동가 배성룡의 영향을 들 수 있다. 배성룡은 1896년 10월 28일 성주 읍내 경산동에서 배운홍의 둘째 아들로 태어났다. 그는 1912년 성주공립보통학교를 졸업하는 등 청소년기를 성주에서 보냈고, 1915년부터 모교에서 교사로 근무하기도 하였다. 그는 1917년에 결혼하고 곧 일본으로 유학을 떠나 일본대학 사회과에 입학하였다. 유학 중 잠시 귀국하였을 때 마침 성주에서도 3·1운동이 일어나 그도 만세시위에 참여하였고 경찰의 발포로 6명이 즉사하는 현장을 직접 목격하였다.[95] 그 참상을 보면서 그는 '조국의 독립과 조선사람의 생명은 분리된 것이 아니'라는 것을 절감하였고, "내 숨이 떨어지는 듯한 느낌을 가지고 미래의 꾸준한 투쟁을 마음으로 약속"

---

94) 《중외일보》 1928년 8월 19일 〈성주웅변대회 성황으로 종막〉.
95) 배성룡의 일제 강점기 활동과 사상에 대해서는 김기승, 〈배성룡의 정치·경제사상연구─민족협동전선론을 중심으로〉, 고려대학교 대학원 박사학위논문, 1990을 참조함.

하였다.[96] 성주의 3·1운동에 참여하면서 민족운동에 일평생을 헌신하기로 한 결심이 이루어진 것이다.

다시 일본으로 돌아간 그는 학업을 계속해 1923년 대학을 졸업하고 귀국해 조선일보사에 입사하였다. 그는 1년 남짓 기자로 활동하다가 이듬해 조선일보에서 퇴사하고 화요회에 가입하여 본격적으로 공산주의 운동에 투신하였다. 그는 1925년부터 사회주의 운동에 관련된 여러 편의 논저를 발표하여 당대의 대표적인 사회주의 이론가로 이름을 날렸다. 배성룡이 당대의 이론가로 주목을 받게 된 계기는 1925년 8월 동아일보가 주최 조선경제논문 현상공모였다. 당시 이 논문현상공모에는 20여 명의 논객이 응모하였는데 배성룡도 논문을 응모하였다. 심사를 거쳐 최종 당선작으로 배성룡의 논문이 선정되었고, 그 논문은 동아일보에 연재되었다. 이로써 일약 경제이론가로 주목을 받게 된 배성룡은 이후에도 당대 최고의 영향력 있는 신문이었던 동아일보에 7편의 평론을 발표하였다.

배성룡은 이론가로서 명성을 얻게 되면서 화요회가 주도하는 사회주의 운동에도 적극 관여하였다. 그는 화요회, 북풍회, 조선노동당, 무산자동맹회 등 사회주의 단체가 합동해 만든 '4단체합동위원회'에서 여러 차례 강연을 하였고, 세계운동에 관해 보고하기도 하였다. 배성룡은 1926년 3월 박일병의 권유로 조선공산당에 입당하여 경성부 제1야체이카 소속으로 정우회에서 활동하였다. 그러나 얼마 지나지 않아 제2차 조선공산당 사건이 발각되어 그해 6월 경찰에 검거되었고, 이듬해 2월 13일 제1심 재판에서 치안유지법 위반으로 징역 1년을 선고받고 1928년 9월 16일까지 복역하였다. 만기 출옥한 그는 그해 말부터 활동을 재개하였고, 1929년에는 다시 《조선일보》에 입사하여

---

96) 《민주조선》 4(1948년 2·3합본). 77~78쪽.

언론을 통한 민족운동을 이어갔다.

그는 성주 읍내를 기반으로 활동하였던 성산 배씨 일족 출신으로 성주에서 나고 자랐으며 일본 유학을 거쳐 전국적 명성을 얻은 사회주의 이론가이자 운동가였다. 그는 성산학인星山學人·성산인星山人·성산생星山生·별뫼·배수성裵秀星 등 자신의 고향을 지칭하는 필명으로 활동하였다.[97] 그런 까닭에 그는 성주 청년들에게 특별히 친숙한 인물이자 자랑이었고 동시에 선망의 대상이었다. 그가 사회주의자였던 까닭에 성주 청년들에게도 사회주의 사상은 호감과 관심의 대상이 되었다. 이를 배경으로 성주학우회 소속 유학생들이 방학 때마다 귀향해 신사상 수용의 필요성을 주장하였던 것이다. 신사상 특히 사회주의 사상에 대한 성주 청년들의 호감과 관심은 커질 수밖에 없었고, 그로부터 추진된 것이 앞서 언급한 성주청년회의 도서실 건립이었다.

성주청년회가 도서실 건립에 본격적으로 나선 것은 1926년 7월 성주청년회 조직을 혁신하면서부터였다. 독지가들의 후원으로 순조롭게 모금이 이루어져 그해 11월 도서실이 개관되었다. 일본에 주문하여 구입한 도서들은 성주에서 구하기 어려웠던 신사상 관련 도서들로서, 그 가운데는 사회주의 사상 관련 도서도 적지 않게 포함되었을 것이다. 그 도서들을 선정하고 구입하는 역할은 당시 일본에서 유학 중이던 성주 출신 유학생들이 맡았는데, 1928년 성주학우회 웅변대회에서 '진정한 과학의 근저'를 주제로 강연한 도재기가 큰 역할을 했을 것으로 보인다. 도재기는 당시 성주청년운동에서 중심인물이었던 도문환의 맏아들로 이 무렵 일본 교토 제3고등학교에서 유학 중이었다.[98]

---

97) 김기승, 앞의 논문, 1990, 12쪽.
98) 도문환은 그 무렵 성주의 민족운동을 대표해 왜관의 사회주의 청년운동가들과 신간회 칠곡지회 설립을 추진하고 있었다. 그런 만큼 성주의 청년들도 사회주의운동에 대한 이해가 필요하다고 생각했을 것이고, 도서실 건립과 도서 구입에도 적극 관여한 것으로 보인다.

〈사진 **4-15**〉 도재기 살림집(1938년 부친 도문환이 건립)

이렇게 구입된 성주청년연맹 도서실의 신사상 관련 도서들은 성주지
역 청년들에게 사회주의 사상을 확산시키는 데 일정한 영향을 미쳤을
것이다.

　성주에서 사회주의 사상이 확산되는 데에는 도재기 또한 직접적인
영향을 미쳤다. 그는 1906년 도문환의 맏아들로 태어나 성주에서 공
립보통학교를 졸업하고 대구고보로 진학하였다. 그가 대구고보에 재
학 중이던 시기 대구에서는 대구노동공제회가 소작쟁의를 일으키고,
상미회·신사상회·혁조단·신사상회 등 여러 사상단체가 조직되어 청년
운동을 혁신하는 등 사회주의 운동이 활발하게 전개되었다.[99] 도재기
는 그러한 환경에서 청소년기를 보내고 일본 교토로 유학을 떠났다.

---

99) 김일수, 앞의 논문.

교토 제3고등학교에 진학해 유학 중이던 도재기는 1928년 2월 초순 고려공산청년회 일본부에 입당하였다. 그가 가입한 제4차 고려공산청년회 일본부는 1927년 12월 하순에 윤도순이 조직부 책임자가 되고 이재유가 선전부 책임자가 되어 조직된 것으로, 유학생을 중심으로 세력을 확대하면서 노동단체를 배경으로 활동하였다. 도재기는 이병순에 포섭되어 입당하였고, 입당 후 바로 송을수와 함께 관서부 간부로 임명되어 박재환·정휘세·곽일선 등과 함께 교토 야체이카를 조직하였다.[100] 그가 방학기간에 귀국하여 성주학우회가 주최한 웅변대회에서 '진정한 과학의 근저'를 주제로 강연하였던 것도 이 무렵이었다.

제4차 조선공산당 조직은 1928년 7월쯤에 발각되어 8월 국내에서 대대적인 검거가 이루어졌다. 국내 중앙조직이 검거되면서 만주와 일본으로 조직원 검거가 확대되었는데 도재기 또한 이때 검거되었다. 예심결정서에 기재된 그의 직업이 교토 제국대학 대학생이었던 점으로 미루어 그의 검거 시기는 그가 대학으로 진학한 1928년 하반기나 늦어도 1929년 초였을 것이다. 도재기는 재판에서 치안유지법 위반으로 2년 6개월을 선고 받고 복역하였다.[101]

복역을 마친 도재기는 이후 대구에서 경상물산慶尙物産을 설립하여 대구를 근거로 활동하였다. 경상물산은 자본금 10만 원의 유통업 주식회사로, 광유·비료·염류 매매, 농잠구 제조 및 매매 대행 및 창고업, 해산물 위탁판매, 기계류의 매매, 기타 일상생활에 필요한 상품을 매매하였다. 경상물산의 대표는 도재기였고, 전무이사는 도승환, 이사는 도재림이었다.[102] 도승환은 도재기의 종숙으로 앞서 보았듯이 신

---

100) 《중외일보》 1930년 6월 22일 〈장적우 등 20명 예심결정서전문〉, 〈공청일본총국의 활동 관동관서부설치 동경엔관동부·경도에 관서부 피검자 20여명〉
101) 《동아일보》 1930년 11월 7일
102) 中村資良, 《朝鮮銀行會社組合要錄》.

간회 칠곡지회에 성주 민족운동 대표로 활동하였고, 도재림은 도재기의 아우였다. 도재림은 도재기의 첫째 아우로 형의 뒤를 이어 대구고보를 졸업하였고, 형이 출소하자 함께 경상물산을 경영하였다. 도재기는 경상물산의 대표였지만 사업경영에 전력하기보다 사회활동과 민족운동을 재개할 기회가 다시 오기를 열망하며 정세변화를 예의 주시하고 있었다. 형과 일을 같이 하게 된 도재림은 형의 사상적 영향을 강하게 받았으며, 일본 경찰의 집중적 감시를 받는 형을 대신하여 성주를 출입하며 지역의 청년들과 사상적으로 교류하고 영향을 미쳤다.

이러한 영향으로 성주청년연맹에서 활동하였던 청년들 사이에서 사회주의 사상이 점차 확대되었다. 특히 읍내를 기반으로 민족부르주아지로 성장하여 민족운동에 참여하며 자녀들을 대구나 서울 또는 일본의 고등교육기관으로 유학을 보냈던 성주 도씨와 성산 배씨 일족 가운데서는 다수의 청년들이 사회주의자가 되었다. 이들이 해방 후 성주에서 건국운동을 주도하였다.

제5장

해방 후 건국운동의 분열과
좌우 대립

1. 인민위원회 결성과 모스크바 삼상결정 지지

1945년 8월 15일 일본이 연합군에 항복함으로써 우리 민족은 해방을 맞았다. 그러나 일본이 패전하자 바로 미군과 소련군이 북위 38도선을 경계로 남북에 진주하여 군정을 실시하였다. 이로 말미암아 우리 민족은 해방과 더불어 미·소의 군정을 종식시키고 자주독립국가를 건설하는 과제를 안게 되었다.

이 과제의 실현에 앞장선 것은 여운형이 중심이 된 건국준비위원회였다. 건국준비위원회는 당면 목표를 치안의 확보, 건국사업을 위한 민족역량의 일원화, 교통·통신·금융 대책 및 식량대책에 두고, 좌우익 인사를 고루 포섭하면서 중앙정부 역할을 담당할 행정기구를 갖추어 갔고, 청년·학생 2천여 명으로 건국치안대를 조직하였다. 또한 각 지방의 지부조직을 적극적으로 확대하여 8월 말이 되면 북의 회령에서 남의 제주도에 이르기까지 중요한 시·군 대부분에 건국준비위원회 지부 성격의 자치조직이 결성되었다.

경상북도에서도 8월 16일 대구에서 좌익세력이 중심이 되어 건국준비위원회 경북지부를 결성하였다. 한편 서상일 등 우익세력도 대구에서 경북치안유지회를 조직하며 독자적인 건국운동에 착수하였다. 좌우의 두 조직은 곧 조직통합 논의를 벌였고, 협의 10여 일 만에 건준경북지부와 경북치안유지회를 건국준비경북치안유지회로 통합하였

다. 독립국가를 건설하려는 운동이 중앙과 지방에서 활발히 일어나는
가운데 성주 지역에서도 건국운동을 준비하는 자치조직이 결성되었다.

해방 후 성주에서 제일 먼저 건국운동을 시작한 단체는 도재림이
조직한 성주면치안유지회였다. 도재림은 일제 강점기 성주 청년운동
과 신간회 지회운동을 주도하였던 도문환의 둘째 아들이었다. 민족운
동의 가풍에서 성장한 도재림은 성주에서 공립보통학교를 졸업하고
대구고보로 진학하였다. 그가 대구고보에서 수학할 무렵 대구에서는
사회주의 청년운동이 활발히 전개되고 있었다. 그러한 환경에서 청년
기를 보내던 그에게 사회주의자가 되도록 직접적 영향을 미친 인물은
그의 친형 도재기였다. 도재기는 도문환의 첫째 아들로 대구고보를
거쳐 일본 교토로 유학을 가서 사회주의자가 되었다. 그는 교토 제삼
고등학교에 재학 중이던 1928년 2월 제4차 조선공산당 고려공산청년
회 일본부에 입당하여 일본총국 칸사이부(관서부) 책임자로 선임되었
다.[1] 그는 제4차 조선공산당사건으로 검거되어 1930년 경성지방법원
에서 징역 2년 6개월을 선고받고 1931년 12월 만기 출옥하였다.[2] 출
옥 후 그는 1934년 1월 경상물산을 설립하였는데 자신이 대표를 맡
고, 종숙 승환과 아우 재림을 각각 전무이사와 이사로 선임해 사업을
경영하였다. 형과 같이 일을 하게 되면서 도재림은 형의 영향으로 사
회주의 사상을 수용하고 사회주의자로 성장하였다.[3]

도재림은 건국준비위원회의 지부설립운동이 전국으로 확산되자 성
주의 진보적인 청년들을 규합하여 치안유지회를 조직하고 자신이 대
표를 맡았다.[4] 해방 후 도재기는 서울에서 재건된 조선공산당과 연계

---

1) 강만길·성대경 편, 《한국사회주의운동인명사전》, 창작과비평사, 1996, 166쪽.
2) 《동아일보》 1930. 11. 7.
3) 中村資良, 《朝鮮銀行會社組合要錄》, 東亞經濟時報社, 1935.
4) 《사찰자료》 성주면 경산동 도재림 의견서.

하여 대구에서 창간된 좌익 신문 《민성일보》를 중심으로 활동하였고, 도재림은 형과 긴밀히 연락을 주고받으면서 성주에서 치안유지회를 조직하여 건국운동을 전개하였다. 도재림이 결성한 치안유지회에는 일제 강점기 성주 지역에서 청년회, 신간회 운동을 중심으로 민족운동을 전개했던 부르주아 민족운동가들과 일본 유학파로 조선공산당운동에 참여했던 도재기, 배성룡 등에 영향을 받으면서 사회주의자로 성장한 청년운동가들이 가입해 활동하였다.5) 그 가운데 핵심을 이룬 것은 다음 증언에서 보듯이 성주읍내 경산리에 모여 살았던 성주 도씨와 배씨 가문의 사회주의 청년들이었다.

당시 성주에서 대표적 좌익사상가인 배유조, 도재기, 이수인이다. 배유조는 군청 옆 정미소를 하였다. 배유조는 우리 배가로 8대 분파이기 때문에 잘 안다. 월북하였다. 예산1동에 살았던 도재기의 아버지 도문환은 천석꾼이었다. 도문환의 아버지는 관찰사를 역임하였다. 도재기는 해방 때 《민성일보》 사장을 하였다. 도재기도 월북하였다. 도재기의 동생이 도재림이다. 이수인은 예산3동에 거주하였는데 농성군의 후손이었기 때문에 농성 이씨 오늘날에는 성주 이씨 집안이다. 이수인도 월북하였다(배○희 80세 구술증언자료, 성주읍 백전 2리).

10·1사건의 주모는 배만수, 배유랑으로 둘 다 월북하였다. 배만수와 배유랑은 성주 (좌익의) 대가리(우두머리)로 아랫사람들에게 지시를 내렸다. 배유랑은 10·1사건을 일으켰다 해도 과언이 아니다. 경산4리는 문제 동네이다. 부촌으로 잘사는 사람도 많았고, 사상가 주모자가 3-4명 되었다. 경산동에는 부자가 많았다. 특히 경산4리는 부촌이었다. 천

---

5) 배○희 80세 구술증언자료, 성주읍 백전2리(2009년도 성주 현지 면담조사에서 수집한 자료는 '증언자 이름 나이 구술증언자료, 거주지' 방식으로 표시한다. 면담자 나이는 2009년 당시의 나이이다).

〈사진 5-1〉 성주 배씨 정미소

석꾼 집안이 7집이나 있었다. 성주 사람들은 그 사람들 덕에 먹고 살았
다. 배유조, 이감찰, 서칠봉, 배만수 같은 사람이 부자였다. 경산6리는
배버성, 예산1동은 도문환이 잘살았다. 배유조, 배만수, 배버성, 도문환
의 자제들이 모두 좌익이었다(백○수 75세 진술서, 성주읍 경산4리).

이 증언에 따르면 성주의 부호들은 주로 성주면의 경산리에 모여
살았고, 그 가운데 상당수가 이 지역 사회주의 운동의 지도적인 인물
로 활동하였다. 당시 성주를 대표할 만한 재력가는 도문환과 배상연
이었다. 대지주였던 도문환과 배상연은 각각 양조장과 정미소를 경영
하고 금융업도 겸영하였다. 이들의 자제들은 공통되게 일본에 유학해
사회주의자가 되었다. 두 집안은 혼인으로 사돈이 되었는데 도문환의
둘째 아들 재림과 막내딸이 각각 배상연의 딸, 아들과 결혼하였다.[6]

---

6) 《星州都氏家普(壬辰補修)》(晩悟堂所藏本), 25~30쪽.

이들과 함께 해방 후 성주에서 사회주의자로 왕성하게 활동했던 인물로는 이수인과 배유조, 배만수, 배유랑 등이 있다. 이수인은 성주 이씨로 성주면 예산3동에 살았으며 일본 메이지대학에 유학한 사회주의자였고, 배유조, 배만수, 배유랑은 모두 성주 배씨로 배상연 일가와 친척들이었고 집안이 부유했으며 일본 유학파 또는 경성법전 출신들이었다.[7]

건국준비위원회가 주도했던 독립국가 건설운동은 1945년 9월 8일 미군이 진주하면서 중대한 변화를 맞게 된다. 미군정은 해방 후 한국인이 자주적으로 추진해 온 건국운동을 전부 부정하고, 각급 인민위원회와 치안대를 강제 해산시켰다. 대구에 미군이 진주한 것은 10월 1일이었다. 미군은 10월 18일 명령을 내려 건국준비경상북도치안유지회를 해체시켰다. 이와 나란히 미군은 일제의 식민지 통치기구를 군정기구로 재편하고, 친일파 한국인 관료를 재기용하였다. 또한 행정고문회를 도·부·군·읍·면에 설치하고, 한민당과 친일세력을 고문으로 기용하였다. 이를 시작으로 경북 전역에서 자주적으로 전개되던 건국운동을 탄압하고 해체시켜 갔다.

그러나 이러한 탄압에도 불구하고 경북에서는 건국준비위원회 지부가 개편된 군·면 단위의 인민위원회를 중심으로 자주적 건국운동이 계속되었다. 건국준비경상북도치안유지회가 해산되자 이를 대신할 경상북도 인민위원회가 10월 25일 조직되었다. 군 단위 지부 또한 미군정의 탄압에 맞서 인민위원회로 조직을 개편하였다. 성주에서도 미군정의 탄압에 대응해 성주면치안유지회를 성주면인민위원회로 개편하였다. 인민위원장은 앞서 치안유지회를 조직했던 도재림이 맡았고, 부

---

7) 해방 후 활동한 성주 배씨 사회주의자들의 학력과 경력에 대해서는 같은 가문 출신의 경북과학대학 문화재 발굴과 배기헌 교수에게 자문을 구했다. 배 교수는 배유조의 조카이다.

위원장은 3·1운동과 유림단독립청원운동에 참여해 옥고를 치른 바 있고 신간회 칠곡지회의 간사로도 활동하였던 유림 출신의 송규선이 맡았다.[8] 성주의 인민위원회는 1945년 12월 시장세를 징수하는 권리를 사들이는 등 자치기능을 확대, 발전시키기 위해 노력하였다.[9]

　　인민위원회가 민족주의자들을 망라하여 왕성한 활동을 펼치는 가운데 성주에서는 사회주의 계열의 농민조합과 부녀동맹이 결성되고, 청년학생을 대상으로 의식화 작업과 조직화가 빠르게 확대되었다.

　　6·25사변 전 성주지역의 빨갱이는 월북했다. 이수인과 부인 고봉녀가 있다. 이수인은 형님과 친구이다. 그들은 미군정시대 좌익 활동을 했다. 둘 다 명치대학교를 다녔는데, 대학 다니면서 결혼하여 성주에서 정치활동을 했다. 우리 집 앞집이 이수인과 고봉녀가 살았던 곳이다. "농민조합"을 만들어서 활동했다. 이북사상을 주입하고, 노래도 가르쳐 교육시켰다. 몇몇 사람이 (이들에게) 현혹되어 모두 월북하였다. 6·25 때 인민군 장교한테 아버지가 안부를 물으니까, 고봉녀는 신의주에서 여성동맹위원장을 하고, 이수인은 김일성대 교수를 한다고 이야기했다. 고봉녀는 고향이 이북이다(이○수 구술증언자료, 성주읍 예산3리).

　　성주농고는 좌·우익으로 나뉘어져 있었다. 해방되고 난 뒤 막바로 좌·우익으로 나뉜 것은 아니다. 우리는 3학년 때부터 좌·우익으로 나뉘어졌다. 좌익 활동하는 학생이 약 4-50명 정도 되었다. 나는 4학년이었는데 당시 2학급이 있었고 학생의 1/3정도가 좌익이었다. 20명이 넘었다. 밤으로는 좌익이 날뛰었다. 삐라 붙이고 했다. 아침에 학교에 가면 인민군 깃대가 학교에 꽂혀 있었다. 당시 학교 선생님 중 2명이 좌익사상을 가지고 있었다. 역사 선생님 배유량과 음악을 가르치는 여자 선생님이었다. 배유량은 농구를 잘했고, 음악 선생은 여자 선생님으로 늙었

8) 《사찰자료》 성주면 경산동 도재림 의견서.
9) 정해구, 《10월인민항쟁연구》, 열음사, 1988, 71쪽.

다(도○환 78세 구술증언자료, 벽진면 외기2리).

이 진술에 따르면 농민조합 조직에 앞장선 것은 메이지대학 출신 이수인이었다. 이수인은 유학 중 결혼한 고봉녀와 같이 예산3동에 거주하면서 농민조합운동을 전개하였다. 성주군 벽진면 매수동 출신으로 해방 후 경산동에 살았던 문몽룡도 농민조합운동에 참여하였다. 이수인의 아내였던 고봉녀는 부녀동맹을 조직해 부녀자를 상대로 건국운동을 펼쳤다. 한편 경성법전 출신의 배유랑은 성주공립초급중학교(성주농업고등학교의 전신)[10]에 교사로 재직하면서 학생들을 상대로 사회주의 사상을 전파하고 조직하는 활동을 벌였다.

이와는 대조적으로 해방 후 성주에서는 우익 계열의 건국운동은 일어나지 않았다. 그 이유는 성주에서는 우익이 정치세력을 형성하지 못할 만큼 미약했기 때문이다. 성주에서도 일제 강점기에 다수의 민족부르주아지가 형성되었다. 그러나 성주의 민족부르주아지는 도문환의 경우처럼 민족운동을 주도하거나 지지하는 입장을 취했고, 다른 지역과는 달리 친일파로 단죄될 만한 행위를 한 자가 거의 없었다. 그렇게 된 데에는 교통이 불편해 이 지역으로 일본인 자본가나 지주가 진출하지 않았던 사정도 작용하였다. 더욱이 민족부르주아지의 후손들은 대다수가 사회주의자가 되어 해방 후 좌익 건국운동에 앞장서고 있었다. 이로 말미암아 성주에서는 우익의 건국운동이 일어나지 않았다. 그러한 정황은 1947년 영남일보사에서 간행한 《경북총감慶北總鑑》에서 살필 수 있다. 이 책에는 1947년 8월 현재 경상북도에서 활동한 정당과 단체가 각 시군별로 기록되어 있다.[11] 편찬자가 밝혔

---

10) 성주공립초급중학교는 대한민국 정부가 수립되고 난 뒤인 1948년 9월에 6년제 성주공립농업중학교로 개편되었고, 1950년 5월에 다시 3년제 성주농업고등학교로 개편되었다.

듯이 조사 당시 좌익진영에 대한 검거가 대대적으로 이루어져 좌익 정당·단체에 대한 조사는 부실했지만 우익 정당·단체에 대한 조사는 충실하였다. 이 조사를 보면 성주에는 좌익은 물론이고 우익 정당·단체도 없다. 좌익 정당·단체가 없는 것은 1946년 10월 인민항쟁을 계기로 전부 파괴되거나 지하화하여 드러나게 활동하지 못했기 때문이다. 그러나 우익 정당·단체가 존재하지 않았던 것은 이와는 사정이 다르다. 우익 정당·단체는 미군정의 보호와 지원을 받으며 공개적으로 활동할 수 있었기 때문이다. 성주에서 우익 정당·단체가 존재하지 않았다는 사실은 해방 직후부터 당시까지 우익이 활동할 수 있는 정치적 기반이 거의 형성되지 못했음을 나타낸다.

　이러한 상황에서 신탁통치반대운동이 일어났다. 미국·영국·소련 삼국의 외상들은 1945년 12월 모스크바에서 전후 문제 처리를 위한 회의를 열고 한반도 문제에 대한 처리방침을 결정하였다. 그러나 삼상회의 결정안은 독립보장과 임시민주정부 수립에 대한 내용을 생략한 채 '소련은 신탁 통치 주장, 미국은 즉시 독립 주장'[12)]으로 국내에 보도되었다. 이로 말미암아 삼상결정안을 둘러싸고 남에서는 이를 신탁통치로 규정하고 반대하는 세력과 이를 지지하는 세력으로 분열이 일어나 격렬한 대립이 벌어졌다.

　신탁통치 문제를 둘러싸고 좌익과 우익으로 분열되어 각각 세력을 규합하면서 대치하는 양상은 경상북도에서도 동일하게 나타났다. 1946년 1월 15일 대구에서는 임정세력이 중심이 되어 신탁통치반대조선국민총동원위원회 경북본부를 결성하고 임정의 승인과 신탁통치 반대를 주장하였다. 신탁통치반대운동에는 1945년 11월에 우익이 결집해 만

11) 嶺南日報社, 《慶北總鑑》, 1947, 95~103쪽.
12) 《동아일보》 1945. 12. 27.

든 이승만 계열의 조선독립경북촉진회도 적극적이었다. 양 단체는 1946년 3월 대한독립촉성경북국민회로 통합되었고, 이 국민회는 우익 세력 결집의 구심이 되었다. 한편 좌익세력들은 경상북도인민위원회를 중심으로 결집하여 우익에 맞섰고, 중앙에서 민주주의 민족전선이 결성되자 경북에서도 좌익세력을 망라하는 민주주의 민족전선을 조직하였다.13)

성주에서는 좌익세력이 압도적으로 우세했던 까닭에 신탁통치문제를 둘러싼 좌우분열은 크지 않았다. 성주의 좌익세력들은 인민위원회를 중심으로 결집해 모스크바 삼상 결정을 지지하였고, 서울과 경북에서 민주주의 민족전선이 결성되자 여기에 호응해 성주군 민주주의 민족전선을 조직하였다. 성주군 민주주의 민족전선에는 인민위원회와 농민조합, 여성동맹 등 사회주의 정당·단체들이 참여하였고, 의장은 도재림이 맡았다.14)

한편 성주에서도 신탁통치에 반대하는 대한독립촉성성주국민회가 결성되었다. 이 단체는 신탁통치반대운동이 전국적으로 거세게 일어날 때 만들어진 것은 아니고 미소공위가 진행 중이던 1946년 5월 11일에 결성되었다.15) 이 단체는 이 지역 출신 독립운동가 심산 김창숙이 대한독립촉성경북국민회의 고문을 맡게 되면서 그 영향으로 탄생하였다. 대한독립촉성성주국민회는 일제 강점기 김창숙과 함께 독립운동을 했던 이 지역 유림들이 중심이 되어 결성한 것으로 보인다. 당시 심산의 정치적 입장은 신탁통치 없는 즉각 독립이었고, 그 관점에서 모스크바 삼상 결정을 지지하는 좌익세력을 비판하였다. 그러나 그는 또한 반탁운동을 이용해 친일우익세력이 건국의 주도세력으로

---

13) 정해구, 《10월인민항쟁연구》, 57~59쪽.
14) 《사찰자료》 성주면 경산동 도재림 의견서.
15) 정해구, 앞의 책, 71쪽.

변신하고 세력을 확대하는 것에도 반대하였다. 성주의 유림들은 심산의 이러한 입장을 지지했기 때문에 대한독립촉성성주국민회는 신탁통치에는 반대했지만 이를 통해 성주에서 우익세력을 결집하는 활동을 전개하지는 않았다.

그리하여 해방 후 성주에서는 지역 사회 내부의 좌우분열로 발생한 사회적 갈등이나 대립은 거의 찾아 볼 수 없었다. 대신 사회적 갈등과 대립은 인민위원회와 민주주의 민족전선으로 결집된 좌익세력과 친일 집단 내지 매국집단으로 경원시되던 미군정의 경찰 및 관공리 사이에서 발생하였다.

2. 10월 항쟁과 좌우 대립

미군정은 미소공위의 무산과 때를 같이 해 좌익세력을 탄압하는 공세를 강화하였다. 1946년 5월 15일 정판사 위조지폐사건을 발표하였고, 9월 6일에는 조선공산당 지도부에 대한 일제 검거령을 발표하였다. 이와 동시에 미군정은 경찰을 동원해 이승만이 이끄는 독립촉성회 조직을 비약적으로 확대시키는 방식으로 우익세력의 확장을 꾀했다. 이러한 지배정책으로 말미암아 남에서 개혁은 지체되었고 경제상황도 악화되어 갔다. 이러한 가운데 미군정이 미곡수급정책에 미숙하여 식량문제가 심각한 사회문제로 떠올랐다. 미군정은 유통체계가 혼란한 당시의 상황을 고려하지도 않고 쌀의 자유판매정책을 실시하였다. 이로 말미암아 악덕상인과 지주들이 쌀을 매점매석하였고 쌀값이 폭등하자, 미군정은 다시 정책을 바꾸어 1946년 봄부터 곡물 수집령을 공포하였다. 곡물 수집은 지주와 악덕상인을 제외한 채, 경찰을 동원하여 농민이 지닌 쌀을 강제로 수탈하는 방식으로 진행되었고, 그 결과 농촌에서는 공출반대투쟁과 도시에서는 기아투쟁이 일어나는 등 미군정에 대한 민중의 반발과 저항이 그치지 않았다.[16]

미군정에 대한 불만과 저항은 1946년 봄에 단행된 북조선의 토지개혁과 사회개혁 소식이 전해지면서 더욱 증폭되었다. 북조선에서는 1946년 3월 5일 토지개혁법령을, 3월 8일에는 토지개혁법령에 관한 세칙을 공포하고 무상몰수 무상분배의 원칙에 따라 전격적으로 토지개혁을 단행하였다. 토지개혁은 농촌의 고용자, 토지 없는 소작인, 토지 적은 소작인들이 민주적으로 선출한 농촌위원회가 중심이 되어 실시되었고, 제1차 미소공동위원회가 무기휴회에 들어가는 되는 5월 하순에 이르면 농민들에게 토지소유권 증명서를 교부하기에 이르렀다. 북조선의 토지개혁 소식은 미군정의 공출정책에 반발하는 농민들의 저항을 더욱 고조시켰다. 성주에서도 농민조합이 북조선의 토지개혁 소식을 전하면서 조합원을 급속히 확대하고 결속시키는 활동을 펼쳤다. 다음의 진술들이 당시의 상황을 전한다.

> 벽진·초전 지역에는 사회주의 사상이 많았다. 초전에는 자양과 홍실에 많았다. 이론이 좋아서 (사람들이 믿었다.) 빨갱이 이론을 들으면 "배급해서 식량을 공급하고 무상 교육을 시켜주고 무상 의료 혜택을 주니까 좋아했다." 초전면에서 그 방면에 있는 사람이 터러 있었다. 6명이 넘었다. 고산의 송씨·곽씨·홍실의 이씨들 가운데 사상가들이 있었다. 대학 나오고 했다. 잡혀가 죽은 사람도 있다. 유족들은 이야기 하는 것

---

16) 정해구, 앞의 책, 89~99쪽.

을 싫어한다(류○진 78세 구술증언자료, 초전면 용성1리).

초전·벽진에는 남로당 계열이 굉장했다. 초전은 좌우가 극심한 지역
이다. 좌익사상을 갖고 있는 분이 많이 있는 동네가 많았다. 해방 되고
나서 어렵게 살았다. 전부 토지 배분 등 평등하다고 하니 무식하게 없
이 사는 사람들이 꾐에 넘어 갔다. 빈천이 그것이었다. 어렵게 사는 사
람이었으니까 땅만 있으면 다 먹고 사는 줄 알았다(곽○용 82세 구술증
언자료, 초전면 문덕1리).

이런 상황에서 조선공산당은 미소공위 결렬 이후 강화된 미군정의
좌익 탄압에 대항해 신전술로 전환하였다. 신전술은 미소공위의 실현
을 낙관하며 그 실현을 위해 미군정에 협조하던 노선에서 전환하여
미군정의 탄압에 정치적 시위와 대중적 총파업을 통해 저항하고 아울
러 이를 통해 미소공위가 재개되도록 미군정을 압박하는 전술이었다.
조선공산당은 신전술에 입각해 1946년 9월 총파업을 결행하였고, 그
연장선상에서 10월 항쟁이 일어났다. 9월 총파업은 조선공산당이 주
도하고 미군정에 불만을 품고 있던 민중이 적극 가담하면서 전국적으
로 확산되었다.

10월 항쟁은 10월 1일 대구에서 총파업 투쟁을 전개하던 시위대에
경찰이 총격을 가하면서 일어났다. 10월 2일 분노한 시민들은 경찰과
테러단을 공격하였고, 시위대가 대구경찰서를 점거해 무기를 탈취하
면서 시위는 일거에 폭동으로 발전하였다. 무장한 시위대는 경찰과
고위관리를 일차적인 공격 대상으로 삼았고, 시위대와 경찰이 충돌하
면서 수십 명의 사상자가 발생하였다. 미군은 즉각 군대를 출동시키
고 계엄령을 선포해 폭동을 진압하였다. 미군이 장갑차를 앞세우고
폭동 진압에 나서자, 무장한 시위대는 대구를 빠져나와 영천, 군위,

칠곡, 고령 등 인근지역으로 진출하여 그 지역 좌익세력들과 힘을 합쳐 폭동을 일으켰다. 폭동에서 공격대상이 된 것은 각 지역의 경찰과 관공리, 그리고 우익 유지들이었다.[17]

성주의 10월 항쟁은 10월 3일 오전에 일어났다. 성주에서는 항쟁 발생 한 달 전에 장상호, 장상채 등 2명의 군청직원이 남조선과도입법의원에 반대했다는 이유로 구속된 사건이 발생하였다. 이들은 "조선이 미국 식민지가 되는 것을 원치 않으며 양곡 공출이 일제 때보다 더 잔인하다"고 미국을 비난했다.[18] 군청직원들조차 저항할 정도로 성주에서는 미군정의 지배정책과 그 하수인인 경찰에 대해 반감이 컸던 것이고, 이러한 분위기는 9월 총파업이 진행되면서 더욱 고조되어 갔다. 성주 현지 조사에서도 10월 항쟁을 경험했던 증언자들 다수는 친일 경찰이 그대로 군림하고 있고 양곡 공출로 일제강점기와 다를 바 없이 고통 받았던 것이 항쟁의 원인이었다고 증언하였다.

(일본)제국시대를 바꾸지 않아서 10·1사건이 일어났다(백O수 75세 구술증언자료, 성주읍 경산4리).

10·1사건이 일어날 당시 16살이었다. 국민학교를 졸업하였다. 사람들이 (순사)를 성주경찰서에서 묶어 놓고 불 지르려고 습격하였다. 서장의 살림살이를 드러냈다. 공산주의자들이 혁명하려고 한 것이다. 당시 대한민국 경찰 대다수는 일제강점기 시기에 활동하던 순사들이었다. 성주도 별반 다를 것이 없었다. 좌(우)익 갈등 때문에 일어나지 않았다(진O철 78세 구술증언자료, 성주읍 대황3리).

---

17) 정해구, 앞의 책, 100~117쪽.
18) CIC report, Taegu, September 26, 1946(부르스 커밍스/김주환 역, 《한국전쟁의 기원》 하, 청사, 1946, 218쪽에서 재인용).

성주의 10월 항쟁은 대구에서 약목·왜관 등지로 이동한 시위대 50여 명이 10월 2일 밤 성주로 들어오면서 일어났다. 이들은 다음 날 성주의 인민위원회, 농민조합, 민주청년동맹 등의 좌익세력 500여 명과 합세해 항쟁을 일으켰다.19) 성주 현지 조사에 따르면 성주의 좌익 활동가들은 인민위원회나 농민조합, 부녀동맹, 조선민주청년동맹 등으로 조직한 대중들을 항쟁에 참가시켰다. 그리하여 항쟁에는 좌익세력의 활동이 활발하였던 성주면, 벽진면, 초전면 등에서 많은 사람들이 참가하였다. 다음의 진술들에서 이러한 상황을 확인할 수 있다.

10·1폭동이 일어났을 때 18살이었다. 10·1폭동은 없는 사람이 일으켰다. 빨갱이들이 책자를 많이 돌렸다. 그래서 공산주의 사상이 달콤하여서 무산자들이 10·1사건에 많이 참여하였다. 당시 무산자는 공산주의자가 더 많았다. 시위를 해서 경찰을 습격하여 성주서를 빼앗았다(정○환 81세 구술증언자료, 성주읍 삼산2리).

10·1사건 때 역할을 한 사람이 많았다. 혼란에 빠져 가지고 (그렇게 했다.) 왜냐하면 지방사상가가 선전·선동하여 (사람을) 포섭하여 자기 사람을 만들어 경찰과 대립하도록 했다. 지방사상가는 표시가 없었다. 사건이 일어나면 조직된 사람이 참여하였다(원○수 80세 구술증언자료, 성주읍 예산2리).

초전면, 벽진면, 용암면 등 끝자기에서 한 트럭씩 사람들이 타고 식스랑·대창 등으로 경찰서를 부순다고 성주경찰서로 밤에 내려갔다. 조짐(용산1리) 사람은 대한청년단 때문에 참여하지 않았다. 다른 동네 사람들은 조짐 사람들이 참여하지 않는다고 불평했다(고○용 75세 구술증언자료, 성주읍 용산1리).

19) 대검찰청수사국, 《좌익사건실록》 제1권, 대검찰청, 1965, 251쪽.

성주에서의 시위는 10월 3일 오전 9시쯤 시작되었고, 수천 명의 군중이 가담하여 오전 11시 무렵에는 시위대 규모가 3,000~4,000명에 이르렀다.[20] 성주 항쟁에서는 배유조·배만수·배유랑 등이 지도적 역할을 했고,[21] 성주군 농민조합장 겸 인민위·민청 책임자였던 이용희와 민청간부 한종수 등이 앞장서 군중을 지휘한 것으로 보인다.[22] 시위대는 경찰을 상대로 1) 서장 이하 전 경찰은 파업할 것, 2) 무기를 사용하지 말 것, 3) 무기고 열쇠를 인계할 것, 4) 무혈접수를 원하니 경찰서를 이양할 것 등을 요구하였다. 경찰이 그 요구에 불응하자 시위대는 경찰서를 점령하고, 유치장에 갇혀 있던 사람들을 방면하며, 20여 명의 경찰관을 무수히 난타하고 유치장에 감금하였고, 경찰서장관사를 파괴하고 약탈하였다.[23] 그 과정에서 경찰과 시위대 사이에 충돌이 일어나지 않은 것은 경찰서장 윤운섭이 사전에 경찰의 발포를 금지했기 때문이었다. 당시 성주경찰서는 10월 항쟁이 일어날 것을 예상하고 자체적으로 대비하고 있었다.[24] 경찰서장은 성주의 경찰 병력만으로는 시위대를 진압할 수 없었으므로, 경찰이 섣불리 시위대를 자극하거나 발포할 경우 엄청난 참극이 일어날 수 있다고 보

20) 대검찰청수사국, 앞의 책, 251쪽.
21) 백○수 75세 구술증언자료, 성주읍 경산4리.
22) 정영진, 《폭풍의 10월》, 한길사, 1990,. 387~388쪽.
23) 《대구시보》 1946. 10. 13, 28.
24) 내 사촌 형 이기수는 당시 성주경찰서 형사를 하고 있었다. (나는) 어려서 10·1 사건이 무엇인지 몰랐다. 자기 집은 겁이 나서 못 가고 우리 집에 왔다. 사전에 경찰서에서는 (10·1사건이) 일어날 줄 알았다. 이기수형은 내일 경찰서가 박살난다고 했다. 10·1사건 이전 이틀 전부터 피했다(이○수 82세 구술증언자료, 성주읍 예산3리).
  　10·1사건이 일어날 당시 나의 자형 김덕호는 성주경찰서 순경이었다. 나의 자형의 말에 의하면, 성주 경찰서장은 10·1사건이 일어날 것을 알고 있었다. 만약에 김천과 같은 타 지역에서 오면 총을 쏘고, 성주 사람이 오면 죽이지 말자고 했다. 만약에 서장이 지역에서 모두 압수하여 자형은 빈총을 들고 있었다(고○용 75세 구술증언자료, 성주읍 용산1리).

았다. 그래서 그는 경관들로부터 실탄을 회수해 별도 보관하면서 최대한 시위대와 마찰을 피했다. 그 덕분에 시위대는 희생 없이 경찰서를 장악하였고, 인근 지역들의 경우와는 달리 바로 경찰관에게 보복하지 않고 일시적으로 이들을 유치장에 감금하였다.

물론 성주의 시위대도 경찰에 대한 반감이 대단히 컸다. 경찰서 접수과정에서 유혈충돌이 없었기 때문에 인근의 왜관이나 약목과 같은 경찰관 즉결처형이 없었을 뿐, 시위대는 유치장 주변에 석유를 뿌리는 등 감금한 경찰을 생화장하려 하였다.[25] 성주경찰서가 장악될 무렵 수륜, 초전, 대가, 가천, 금수 등 6개 지서支署도 시위대의 습격을 받았다. 가천면은 민주청년동맹의 활동이 활발한 지역이었다. 가천 지서장 정경택의 집은 시위대의 공격으로 완전히 파괴되었고, 10명의 경찰관도 구타를 당했다. 또한 미군정의 도道 고문으로 활동했던 이영균의 가옥도 습격을 받았다.[26] 벽진면에서는 문몽룡이 농민조합원을 동원해 벽진지서를 기습하였다.[27]

이렇게 진행되던 성주의 10월 항쟁은 다음날 새벽 대구 폭동을 진압하기 위해 파견된 충청남도 경찰지원대가 성주에서 소요가 발생했다는 급보를 받고 출동해 시위대를 진압하고 경관들을 구출함으로써 막을 내린다. 충남 경찰지원대의 진압과정에서 경찰의 발포로 다수의 희생자가 발생하였다. 성주 현지조사에 따르면 진압과정에서 희생된 사람은 6명을 넘었던 것으로 보인다.

---

25) 당시 좌익과 경찰은 앙숙이었다. 큰 오빠 이병희는 형사, 작은 오빠 이병조는 순경으로 성주경찰서 근무하였다. 1946년 10·1사건 때에 오빠 두 분들도 경찰서에 구금당하였다. 빨갱이들이 휘발유를 뿌려 죽이려고 할 때 전라도 경찰이 실린 몇 대의 차가 와서 총을 쏴 생존하였다(이○천 78세 구술증언자료, 성주읍 삼산2리).
26) 《대구시보》1946. 10. 13.
27) 《사찰자료》성주면 경산동 문몽룡 의견서.

초등학교 5-6학년 당시 10·1사건이 일어났다. 공상묵의 부친이 10·1 사건에 가담하였다. 공상묵의 부친은 사상보다는 겉따라 갔다가 그렇게 되었다. 배유조씨가 학식이 있고 똑똑했다. 경찰서의 재소자를 끼내놓 고 연설하였다. 갑자기 통신망을 끊었는데 왜관으로 들어오는 것을 안 끊었다. 통신망 때문에 충청도경찰관이 왔다. 충청도경찰관이 공포를 놓으니까 우리보다 다섯 살 많은 농산계장 배00가 "헛방아다. 헛방아 다."라고 했는데 군청 벽에 총탄이 날아왔다. 이 사람이 도망간 뒤 충청 도 경찰이 적색분자를 수색하였다. 공상묵 부친 공수군은 피신하여 밤 나무 원두막에서 숨었다. 그러나 잡혔다. 학교를 가고 있는데 충청도 경찰이 잡아 오는데 집 앞에서 며느리가 "어디서 주무시고 오느냐"고 물었다. 경찰이 데리고 갔다. 호루라기를 부니까 잠복 경찰이 나왔다. 10·1사건 때 이00이 가담하여 총살당해 하수구에 덮어 놓고 했다. 성산 리 차동골에서 10·1사건 관련자가 죽었다(백○환 77세 구술증언자료, 성주읍 예산3리).

새벽에 대구의 10·1사건을 진압하러 온 충청도 경찰이 고령의 난리를 진압하기 위해 대구에서 왜관과 성주를 거쳐 고령으로 가고 있었다. 성 주로 오다가 난리가 난 것을 알고 진압하였다. 당시 나는 13살이었는데, 성주국민학교에 등교하다가 보니까 경찰서 앞에 죽은 사람을 가마대기 로 덮은 것을 목격하였다(고○용 75세 구술증언자료, 성주읍 용산1리).

충남 경찰의 지원으로 항쟁이 진압되자 미군은 성주지역에 100명 의 도경을 파견하였다.[28] 도경은 성주 관내 경찰뿐 아니라 대한청년 단, 서북청년단 심지어 마을 동장까지 동원하여 동네를 돌아다니며 가담자를 색출하였다.[29] 경찰들은 항쟁 주동자와 적극 가담자를 검거 하기 위해 성주면과 벽진면, 초전면, 가천면 등지에서 토끼몰이식 수

---

28) 브루스 커밍스, 《한국전쟁의 기원》 하, 460쪽.
29) 정○철 78세 구술증언자료, 성주읍 대황 3리.

색을 대대적으로 실시하였다. 10월 10일까지 체포된 자들은 주모자 2명과 난동혐의자 100여 명이었다. 그 가운데는 성주군 부녀동맹위원장 고봉녀와 간부 도영원도 포함되었다.[30]

10월 시기에 성주경찰서가 습격당했다는 이야기를 당시에 들은 적이 있었다. 당시 충청도 경찰이 무차별 구타하였다. 이 시기 성주군에 대한청년단, 서북청년단 단원들이 파견되어 동네를 돌아다니며 가담자들을 색출하였다. 마을 동장들도 동원되었다(임○연 84세 구술증언자료, 성주읍 금산3리).

10·1사건이 일어났을 때 성주경찰서에 잡혀갔다. 경찰이 똑똑한 사람을 뽑아서 사상이 불온하다고 하였다. 동장 이수만(당시 50세)이 정건학(정기학의 6촌), 김해수, 유분돌, 나 등을 뽑아, 경찰이 데리고 성주경찰서에 갔다. 당시 네 명은 모두 25세 미만이었다. 거기서 전기고문이나 구타를 하면서 경찰이 자복하라고 했으나 자복하지 않았다. 혐의가 없으니까 전부 15일 만에 풀려났다(강○웅 82세 구술증언자료, 성주읍 삼산2리).

10·1폭동이 일어났을 때 18살이었다. 충청도 경찰(응원대)의 지원으로 동네마다 (돌아다니면서) 빨갱이를 조사하여 잡아들었다. 10·1사건에 참여한 사람들은 모두 산으로 피하였다. 안 간 사람이 잡혀갔다. 경찰이 마을을 빽 둘러싸고 있는 토끼몰이식 방법으로 남자를 모두 데려갔다. 그때 나도 동생 정대학와 함께 잡혀 가서 구타를 당하였다. 우리 마을에서는 강신웅, 나 장기학, 동생 정대학 등이 잡혀갔다. 그때 고문을 받고 구타를 당하였다. 목도로 허리를 맞아서 지금도 허리가 아프다. 허리뼈가 부러졌었다(정○학 81세 구술증언자료, 성주읍 삼산2리).

---

30) 정영진, 《폭풍의 10월》, 387~388쪽.

그러나 경찰이 검거작전을 개시하자 성주의 지도자급 좌익인사들은 대부분 검거를 피해 은신하였다가 성주를 빠져나와 월북하였다. 배유조, 배유랑, 배만수 등이 10월 항쟁 이후 월북하였고, 당시 성주군 부녀동맹위원장을 맡았던 고봉녀는 간부 도영원과 함께 난동혐의자로 체포되었다가 풀려난 뒤 이수인과 함께 월북하였다. 대구와 서울을 오가며 활동하던 도재기 또한 월북하였다. 또한 "10·1사건을 주도한 잔당들은 금수면 무흘9곡으로 피신하였기 때문에"[31] 각 읍·면에는 항쟁 주도자들이 없었다. 이들 가운데 월북하지 않고 은신하였던 사회주의운동가들 가운데 일부는 후일 가야산이나 염석산 등에 근거지를 둔 빨치산으로 활동하였다.

그리하여 당시 연행된 사람들 대다수는 항쟁에 참여하지 않은 사람들이었다. 그럼에도 경찰들은 '토끼몰이식'으로 마을 전체를 둘러싸고 무작위로 마을 청년들을 경찰서에 연행하였고, 전기고문이나 구타를 가하면서 항쟁 가담을 자백받으려고 했다.[32] 결국 연행자 대다수는 무혐의로 풀려났다. 연행자의 대다수는 성주면 소재지에 인접한 삼산리,[33] 경산리, 백전리, 금산리, 예산리 등에 거주한 사람들이었다. 경찰에 연행되어 고초를 겪었던 사람들의 진술을 통해 당시의 정황을 살필 수 있다.

당시 주동자들 대부분은 월북하였다. 백전1리에는 (10·1 사건) 가담
자가 없었다. 그 시기 나는 한전에 근무하였다. (10월 폭동이 진압된 뒤

---

31) 박ㅇ용 70대 구술증언자료, 금수면 무학리; 정ㅇ화 81세 구술증언자료, 성주읍 삼산2리.
32) 강ㅇ웅 82세 구술증언자료, 성주읍 삼산2리; 정ㅇ화 81세 구술증언자료, 성주읍 삼산2리; 배ㅇ희 80세 구술증언자료, 성주읍 백전2리.
33) 강ㅇ학 80세 구술증언자료, 성주읍 삼산2리; 강ㅇ웅 82세 구술증언자료, 성주읍 삼산2리.

가담자를 색출하기 위해) 충남경찰들이 마을을 둘러싸고 남자는 모두 데려갔다. 경찰들이 명단에 오른 사람은 처벌하고, 명단에 오르지 않은 사람은 돌려보냈다. 경찰에 끌려간 사람들은 구타를 당했다(배○희 80세 구술증언자료, 성주읍 백전2리).

충청경찰이 10·1사건 가담자를 집집마다 다니면서 색출했다. 손들라고 해서 손들고, 가라고 해서 갔다. 사람 10-15명을 모아서 경찰서 갔다. 경찰이 "(10·1사건 때 성주경찰서에) 왔냐 안 왔냐?"를 물었다. 나는 "안 갔다"고 이야기했다. 경찰에게 "왜 거짓말 하겠냐"고 이야기했다. "총소리를 듣고 겁이 나서 부모님이 나가지 말라고 해서 안 나갔다"고 이야기했다. 경찰서 연무장에서 잤다. 이튿날 경찰이 새로 물었다. 경찰에게 "안 갔다"고 다시 이야기했다. 경찰이 사람을 갈라놓고, "나가라"고 해서 나와서 석방되었다. 석방되지 않은 사람은 훗날에도 나오고 했다. 그 이후는 모른다. 경찰에서 몇 차례 때렸다. 당시 약 100명 넘게 (잡혀 갔다.) 며칠간 경찰이 수색하였다. 경산6리에는 약 10-15명 정도 청년들이 연행되었고 석방되기도 했고 의심스러운 사람은 재취조하였다. (경찰이 잡으러 왔을 때) 일하거나 동네에 없었으면 괜찮았다(심○달 85세 구술증언자료, 성주읍 경산6리).

10월 항쟁은 조선공산당이 주도한 9월 총파업을 진행하는 과정에서 우발적으로 발생하였다. 9월 총파업은 좌익의 건국운동에 대한 미군정의 탄압을 저지하고, 무기 휴회된 미소공위 재개를 압박할 목적으로 진행되었다. 그러나 9월 총파업을 진압하는 과정에서 경찰의 발포로 대구에서 시위대가 사망하고, 그 사건이 민중의 분노를 일거에 폭발시켜 파업은 순식간에 폭동으로 전화되었다. 파업지도부는 이 사태를 통제할 수 없었다. 미군이 대구지역에 계엄령을 선포하고 폭동 진압에 나서자, 무장한 시위대는 대구를 벗어나 인근지역으로 진출하여 그 지역의 분노한 민중들과 결합해 폭동을 이어 갔다. 그리하여

10월 항쟁은 삽시간에 경북 전역으로 퍼졌고, 나아가 전국으로 확산되었다.

성주의 10월 항쟁 또한 대구에서 진출한 무장시위대가 칠곡군의 왜관을 거쳐 성주로 들어와 폭동을 촉발하면서 일어났다. 당시 농촌사회는 화약고나 다를 바 없었다. 농민 대다수는 자주적 건국운동을 부정하고 친일경찰과 관료를 앞세워 일제하와 다를 것 없이 식량공출을 강요하는 미군정에 대해 분노하고 있었다. 성주에서도 농민들의 분노는 10월 추수기를 맞아 폭발 직전까지 끓어오르고 있었다. 이런 상황에서 외부에서 불씨가 들어오자 순식간에 걷잡을 수 없는 폭발이 일어나고 만 것이었다.

당시 농민들이 미군정에 대해 가지고 있었던 분노는 자주적 건국운동을 발전시키는 강력한 대중적 동력으로 전화될 수 있었다. 그러나 동시에 그것은 조그만 불씨에 의해서도 쉽게 폭발해 일거에 힘을 소진할 위험성도 있었다. 따라서 당시 건국운동 주체들에게는 이 분노를 무분별한 폭발로 소진시키지 않고 건국운동의 동력으로 전환시킬 지도역량의 확보가 절실했다.

그러나 성주에서 건국운동을 이끌던 좌익 지도자들은 아직 그런 역량을 갖추지 못했다. 그들은 대중운동을 이끌어 본 경험 없이 해방 후 건국운동을 뛰어든 지식인들이었고, 따라서 대중 속에서 건국역량을 조직하는 데도 미숙했으며, 더욱이 폭동과 같은 비상사태에 대처할 상황 판단력과 지도력이 없었다. 말하자면 성주의 10월 항쟁은 해방 후 성주에서 자주적으로 건국운동을 펼쳐 왔던 주체들이 능동적으로 일으킨 계획된 투쟁이라기보다는 외부 요인에 의해 촉발된 우발적 폭동이었고, 성주의 좌익들은 이 폭동의 소용돌이에 어쩔 수 없이 휘말려들어 개별적으로, 임기응변적으로 대처한 것에 불과하였다.[34]

이로 말미암아 10월 항쟁은 먼저 성주군의 자주적 건국운동에 심각한 타격을 입혔다. 10월 항쟁의 후폭풍은 거셀 수밖에 없었다. 10월 항쟁은 봉기한 대중들이 미군정의 일선 권력기관이었던 경찰서와 지방행정기관을 공격하고 경찰과 관리를 학살한 폭동이었다. 미군정은 10월 항쟁을 미군정에 대한 전면적 도전으로 규정하고 그 주동자를 적 내지 반란군으로 간주하여 진압에 나선 경찰에게 총기 사용과 민간인 살상을 허용하였다.[35] 미군정은 이 폭동을 지방에서 건국운동을 주도하고 있던 좌익 지도자들을 색출하고, 제거하는 절호의 기회로 이용하였다. 나아가 미군정은 10월 항쟁을 좌익의 건국운동을 불법화하고 폭력적으로 탄압할 수 있는 구실로 삼았다. 이로 말미암아 건국운동을 주도해 왔던 지방의 좌익 지도자들은 10월 항쟁에서 담당했던 역할과는 상관없이 전부 살상 또는 처벌 대상이 되었다. 결국 그들은 탄압을 피해 도주하거나 은신할 수밖에 없었다. 성주에서도 해방 후 건국운동을 주도했던 좌익 지도자들이 10월 항쟁을 거치면서 대부분 성주를 떠났고, 그 가운데 이름이 널리 알려졌던 자들은 월북하였다. 이로 말미암아 성주에서 좌익이 주도했던 건국운동은 더 이상 공개적 합법적으로 전개될 수 없게 되었고, 그 사회적 영향력 또한 약화되었다.

또한 10월 항쟁은 건국운동을 지지했던 성주의 대중들에게도 적지 않은 피해를 입혔다. 주동자와 가담자 색출에 나선 경찰은 무차별적

---

34) 부녀동맹 대표를 맡고 있던 고봉녀가 10월 항쟁으로 검거되었다가 쉽게 풀려난 것은 이 항쟁에서 좌익 지도자들이 했던 역할이 크지 않았음을 보여준다. 고봉녀는 석방 직후 이수인과 함께 월북하였다(이○수 82세 구술증언자료, 성주읍 예산 3리).

35) 아침 전인데 총소리가 났다. 날이 새자 총소리가 났다. 아침 준비 중인데 사람들이 뒷산으로 도망을 갔다. 우리 영감도 달아났다. 나는 겁이 나 다락방으로 숨었다. 친정 오빠는 화장실에 뛰어들었다. 벽진 경찰이 빨갱이라고 죽였다. 경찰이 10·1사건 때 사람을 어디에서 죽였는지를 모른다. 10·1사건 때 동네 사람이 많이 죽었다. "젊다"는 사람은 모두 잡혀갔다. 이북 노래 부르면 다 잡혀갔다. 잡혀간 사람 중 죽은 사람도 있다(여○순 81세 구술증언자료, 벽진면 수촌4리).

으로 대중들을 검거해 구타, 고문하였고, 그로 말미암아 부상자가 속출하고 심지어 목숨을 잃는 사람도 생겨났다. 경찰의 감시와 탄압은 주동자와 가담자 검거 이후에도 계속되었다. 주동자나 가담자 색출을 구실로 자행된 경찰의 잔인한 보복성 폭행과 무자비한 고문은 대중들에게 공포감을 조성하고 점차 좌익에 대한 피해의식을 갖게 만들었다. 이러한 공포감과 피해의식은 좌익에 대한 경찰의 감시와 탄압이 일상화되면서 더욱 커져 갔다.

다른 한편, 10월 항쟁은 지방에서 미군정의 권력기관인 경찰과 공무원 그리고 경찰의 보조원 노릇을 한 서북청년단과 구장 등의 관변 세력을 반공국가 수립의 주도집단으로 조직화하고 그 활동을 강화시키는 계기가 되었다. 이들은 미군정의 비호와 지원 아래 조직화되어 일상적으로 좌익의 건국운동을 감시, 파괴하고 미군정과 우익의 반공국가건국운동을 확대해 갔다. 이들의 감시, 파괴활동이 확대되면서 성주에서는 후술하듯이 한국전쟁까지 정당한 법적절차 없이 즉결처분 방식으로 좌익활동가나 혐의자를 살상하는 사건이 빈번하게 발생하였다.

3. 단선 단정 반대투쟁과 국민보도연맹의 조직

3.1 남로당 조직의 확대와 단선 단정 반대투쟁

9월 총파업 이후 남에서는 사회주의 세력이 전면적 탄압을 받고 대신 이승만을 중심으로 하는 우익이 급속히 세력을 확대해 가는 가운데 1947년 5월 제2차 미소공동위원회가 열렸다. 그러나 제2차 미소공동위원회도 성과 없이 결렬되었고, 이에 미국은 자신의 한반도 정책을 관철시킬 목적으로 소련과의 협력관계를 파기하고 한반도 문제를 유엔으로 이관시켰다. 1947년 11월 5일의 유엔총회에서는 한국임시위원단의 감시 아래 남북에서 인구 비례에 따라 총선거를 실시해 독립정부를 구성하는 방안을 결의하였다. 이 결의에 따라 결국 1948년 5월 10일 제주도를 제외한 남한지역에서 선거가 실시되었다.

이러한 정세 변화에 대응해 남한의 좌익들은 10월 항쟁으로 파괴된 조직을 복구하고 미국 주도의 단선·단정에 반대하는 투쟁을 전개하였다. 남한에서 좌익 활동을 이끈 것은 1946년 11월 23일 조선공산당과 인민당·남조선신민당이 합당하여 만든 남조선노동당(이하 남로당으로 약칭)이었다. 남로당은 우선 조직정비와 당원 5배 확충운동을 벌여 10월 항쟁으로 파괴된 운동조직을 복구하고, 이를 기반으로 미군정과 우익세력이 추진하는 단선·단정을 저지하려 하였다.

이에 따라 성주에서도 남로당이 조직되고 당원 확충작업이 추진되었다. 10월 항쟁 이후 성주에서는 해방 후 건국운동을 주도해 왔던 좌익들이 경찰의 탄압으로 거의 공개적인 활동을 할 수 없었다. 좌익들은 공개적인 조직 활동을 하지 않는 대신 남로당의 조직을 확대하고, 비밀리에 단선·단정반대 투쟁을 전개하였다. 성주경찰서의 《사찰자료》에 따르면 1947년 3월 당시 남로당 성주군당의 당책임자는 장상호였다. 성주군당의 부책임자는 이일호였고, 연락책임자이자 재정부원은 김몽필이었다. 이종한, 김종교, 이점춘도 당간부였다. 성주인민위원회의 위원장과 민전 의장을 맡았던 도재림은 1947년 2월 남로당에 가입하였고 김몽필을 도와 재정을 조달하고 연락을 매개하는 역할을 수행하였다.[36] 성주군당의 청년부 책임자는 문몽룡이었다. 문몽룡은 이점춘의 지시를 받았고, 1947년 1월 이재춘, 이종국, 김산석, 강구철 등과 함께 성주군 민주애국청년동맹(민애청으로 약칭)을 조직하였다.[37]

남로당 조직은 성주군당이 있었던 성주면에서는 물론이고 초전면, 벽진면, 선남면, 수륜면 등지로 확대되었다. 성주 현지 조사에서는 월항면의 경우는 수죽리에 20여 명의 남로당원이 활동했다는 진술이 나왔다. 중심인물은 부친이 약국을 경영했던 박노진이었다. 그는 26세로 성주에서 학교를 졸업했고, 같은 또래의 조동균, 도문회, 이세강 등을 당원으로 포섭했다. 이들은 남로당원이란 사실이 주변에 알려질 정도로 활동이 노출되었고, 그리하여 전부 보도연맹에 가입해야만 했다.[38]

성주경찰서가 1950년 작성한 《사찰자료》에 따르면 성주면에서는 1949년 2월에는 대흥동에 거주한 이덕천이 남로당에 가입하여 부락세포책으로 활동하였다. 초전면에서는 이우홍이 면 책임자였고, 김옥득, 송우선, 이무득 등이 1947년도에 당원으로 가입하여 활동하였다. 또한 1948년에는 소성동 세포책임자인 이무득이 면 책임자 이우홍의 지시로 이홍기, 천석암, 이창기, 김한일, 김점수 등 8명을 포섭해 동 세포조직을 결성하고 활동하였다.[39] 1948년에는 초전면 자양동에 거주한 김중선, 최영달, 김석진 등도 비밀리에 조직을 만들고 남로당원으로 활동하였다.[40]

선남면에서는 동암동에 거주한 이일조가 남로당 면책으로 활동하였다.[41] 수륜면에서는 김원전이 면책으로 활동하였고, 정범호와 정한이 당원으로 활동하였다.[42] 성주경찰서가 작성한 사찰자료는 인민군

---

36) 《사찰자료》 성주면 경산동 도재림 의견서.
37) 《사찰자료》 성주면 경산동 문몽룡 의견서.
38) 도ㅇ은 75세 구술증언자료, 월항면 수죽리.
39) 《사찰자료》 초전면 소성동 이무득 의견서.
40) 《사찰자료》 초전면 자양동 김중선 의견서.
41) 《사찰자료》 선남면 동암동 이일조 의견서.

을 따라 성주의 남로당원 다수가 이동한 뒤에 잔류한 당원들만을 대
상으로 조사한 것이기 때문에 전쟁 전 성주에는 더 많은 수의 남로당
원이 존재했다고 보아야 할 것이다.

남로당은 청년들 가운데서 당원을 확보하기 위해 노력하였다. 당시
성주에는 중등학교로 성주공립농업중학교가 있었다. 성주공립농업중학
교의 전신은 1927년 설립된 성주농업보습학교였다. 성주농업보습학교
는 1936년 성주농업실수학교로 변경되었고, 해방 후 성주공립초급중
학교로 다시 개교하여 대한민국 정부가 수립되고 난 뒤인 1948년 9
월에 6년제 성주공립농업중학교로 개편되었다. 이 학교는 1950년 5월
에 다시 3년제 성주농업고등학교로 개편된다. 당시 이 학교에는 성주
출신의 우수한 청년 인재들이 모여 있었다. 성주군당은 이 학교에 재
직했던 당원 교사들을 통해 이들을 청년당원으로 포섭하기 위해 노력
하였다. 이번 조사에서 나온 당시 성주공립농업중학교(진술자들은 이
를 성주농고로 통칭하였다)의 상황에 대한 진술은 다음과 같다.

성주농고는 좌·우익으로 나뉘져 있었다. 해방되고 난 뒤 막 바로 좌·
우익으로 나뉘진 것은 아니다. 우리는 3학년 때부터 좌·우익으로 나뉘
어 졌다. 좌익 활동하는 학생이 약 4-50명 정도 되었다. 나는 4학년이
었는데 당시 2학급이 있었고 학생의 1/3정도가 좌익이었다. 20명이 넘
었다. 밤으로는 좌익이 날뛰었다. 삐라 붙이고 했다. 아침에 학교에 가
면 인민군 깃대가 학교에 꽂혀 있었다. 당시 학교 선생님 중 2명이 좌
익사상을 가지고 있었다. 역사 선생님 배유량과 음악을 가르치는 여자
선생님이었다. 배유량은 농구를 잘 했고, 음악 선생은 여자 선생님으로
늙었다(도○환이 78세 구술증언자료, 벽진면 외기2리).

---

42) 《사찰자료》 수륜면 수성동 정한 의견서.

남로당 성주군당은 당원 확충과 조직 정비에 근거해 1947년부터 단선·단독정부 수립에 반대하는 투쟁을 전개하였다. 당시는 전국적으로 단선·단정 반대투쟁이 격렬하게 전개되고 있었다. 1948년 2월 유엔 소총회에서 남한 단독선거가 결성되자 이에 반대하는 투쟁이 남로당 주도로 전국에서 맹렬하게 전개되었다. 1948년 2월 7일에는 남로당의 지도에 따라 노동자와 학생·농민 등 147만여 명이 단독선거에 반대하여 전국적인 총파업과 대규모 가두시위를 전개하였다. 민중의 투쟁은 5월 10일의 총선거 때까지 남한 각지에서 계속되었다. 남조선 노동당의 지도 아래 파업, 동맹휴학, 시위, 경찰서·관공서와 투표소 습격 등 격렬한 선거반대투쟁이 벌어졌다. 그 과정에서 1948년 4월 3일 제주도에서 무장봉기가 일어났다. 남한 단독선거 반대, 미군 철수, 극우테러 반대 등의 구호를 내걸고 시위를 벌이던 제주도민을 미군정과 극우청년단체가 가혹하게 탄압하면서 투쟁은 무장봉기로 확대되었다.

이러한 흐름 속에서 성주의 남로당원들도 단선·단정 반대투쟁을 전개하였다. 그 투쟁은 세 가지로 나누어 볼 수 있었다. 하나는 당기금이나 군자금 즉 빨치산 활동자금을 모금해 전달하고 지원하는 일이었다. 당기금은 군당을 통해 경북도당으로 전달되었으며, 유격대 군자금은 당기금과 같은 경로로 전달되거나 성주에서 활동하던 빨치산에게 직접 전달되기도 하였다.

1947년 4월부터 다음 해 1월까지 자택에서 약 7~8회 성주군 군당 당책 장상호, 부책임자 이일호, 당간부 이종한·김종규 등에게 당기금조로 현금 30만 원을 제공하였다(《사찰자료》 성주면 예산동 도재림 의견서).

1947년 7월 성주면 경산동 군청 창고에서 남로당 성주군 재정부원 김몽필에게 당기금조로 현금 1천 원을 제공하였다(《사찰자료》 성주면 경산동 문몽룡 의견서).

1948년 9월 이후 1949년 2월까지 6개월간에 걸쳐 (부락 세포조직원
들로부터) 매월 현금 5원씩을 징수하여 합계 390원을 남로당 군자금조
로 이우흥에게 제공하였다(《사찰자료》초전면 소성동 이무득 의견서).
   (배신화는) 대한민국의 수립을 방해할 목적으로 그 주동체인 남로당
군자금조로 백원권 5매 5백 원을 제공한 보도연맹원이다(《사찰자료》
성주면 백전동 배신화 의견서).

대한민국을 전복할 기도로서 남로당에 가입하여 남로당원으로서
(1948년 10월 무렵) 남로당 유격대원에 군자금을 제공하고 활동하다가
성주경찰서에 피검되어 … (《사찰자료》초전면 대장동 송우선 의견서)

이 자료를 보면 1947년에는 수시로 거액의 자금이 당기금으로 납
부되고 있다. 거액의 당기금 모금은 1948년 이후에도 계속되었다. 다
만 경찰에 적발되지 않아 기록에 나타나지 않았을 뿐이다. 그에 더해
1948년 정부 수립 이후에는 빨치산 투쟁을 지원하는 소액의 자금이
동 세포 단위나 면 단위에서 모금되고 있다. 동 세포 단위의 모금활
동은 동 세포조직이 있었던 모든 지역에서 전개되었을 것이다.
   둘째는 북에서 단행된 무상몰수 무상분배의 토지개혁을 남한에서
실시할 것과 인민공화국을 수립할 것, 이를 위해 이승만 정권을 타도
할 것 등을 주장하는 선전문을 살포하고 주민을 선동하는 것이었다.
그 구체적인 활동사례를 살피면 다음과 같다.

1948년 9월 5일 남로당 가입하고 자기가 살던 동네 책임자로 활동한
자로 1948년 9월 8일 남로당 면 책임자 이우흥 집에서 이우흥으로부터
남로당원을 획득하라는 지시를 받고 남로당 가입증, 장부를 수령하여

같은 동네 부락인 이흥기, 천석암, 이창기, 김한일 등 8명을 남로당원으로 획득하였다.

동(洞)책임자는 이무득이 맡고, 천석암에게는 선전 사업을 맡기고, 이흥기에게는 문화사업을 맡기고, 권점수에게 농산책으로 임명하였다. 그 후 1949년 2월까지 6개월간에 걸쳐 매월 현금 5원씩을 징수하여 합계 390원을 남로당 군자금조로 이우흥에게 제공하였다.

1948년 9월 15일에 이우흥으로부터 토지는 농민에게 무상으로 분배하라는 내용의 인쇄 삐라 문건 30매를 받아서 초전면 소성동에서 성주에서 김천으로 가는 지방도로에서 살포하였다. 같은 시기 이우흥에게 이승만 괴뢰 군정을 분쇄할 인민공화국을 수립하자는 내용의 삐라 약 30장을 받아서 이흥기와 공모하여 살포하였다.

1948년 10월 15일 이우흥 지시로 소성동 뒷산 700m 고지에 올라 이흥기, 이창기, 천석암, 이하훈, 김한일 등과 공모하여 "인민공화국 만세"를 5번 제창하였다.

1948년 11월 3일 이우흥으로부터 "악덕 경관 타도하자" "추곡 수집을 절대로 반대하자"라는 불온 삐라 4,000매를 수취하여 이흥기와 함께 장터에 살포하였다.

1949년 2월 30일 무렵 이우흥으로부터 "이승만 괴뢰집단을 타도하자" "토지 무상분배를 실시하라"는 삐라 40매를 수취하여 이흥기와 공모하여 도로상에 살포하였다.

1949년 3월 중순 이우흥으로부터 "인민공화국을 수립하자"는 삐라 약 20매를 받아 이흥기와 공모하여 도로상에 살포하였다(《사찰자료》 초전면 소성동 이무득 의견서).

이 자료에 따르면 초전면 소성동의 남로당 동 세포조직은 이승만 단독정부가 수립된 직후인 1948년 9월부터 1949년 3월까지 총 4차례에 걸쳐 인민공화국 수립, 이승만 괴뢰정권 타도, 토지무상분배 실시를 선동하는 선전문 20~30매를 사람들의 통행이 잦은 도로변에 뿌렸고, 1948년 11월 3일 장날에는 악덕경관 타도와 추곡수집 반대를 선

동하는 선전문 4천 매를 뿌렸다. 또한 마을 세포원 모두 마을 뒷산에
올라가 인민공화국 만세를 외치기도 하였다. 이들의 선전활동이나 만
세시위는 빨치산 활동과 결합되어 수행되었다. 이런 방식의 활동은
성주면이나 벽진면, 수륜면에서도 이루어졌을 것으로 추정된다.

셋째는 빨치산 활동이었다. 성주의 빨치산은 높고 낮은 산들이 모
여 있던 초전면과 벽진면, 금수면의 산간지대에 근거지를 마련하고
활동하였다. 김천과 경계를 마주한 성주의 서북지역은 백마산(715m),
고당산(597m), 글씨산(454m), 염속산(870m)으로 이어지는 산맥 지
형을 형성하고 있다. 이 산맥은 성주 서남쪽에 자리 잡은 가야산
(1430m)으로 이어진다. 성주의 빨치산들은 백마산에서 염속산에 이르
는 산간지대에서 활동하였는데 그들의 아지트는 백마산과 고당산 사
이에 위치한 용암2리의 어굴청에 자리 잡고 있었다.

> 중리(벽진면 봉학리 명암중리)는 빨갱이 아지트였다. 함등실(한마디
> 골짜기)에 빨갱이가 있었다. 함등실의 산은 800고지로 소백산 줄기이
> 다. 제일 꼭대기가 함등실로 바위가 많다. 그 안에서 자고 밥해 먹고 했
> 다. 다징기(벽진면 매수리 가수촌)에는 산에 숨어 있던 빨갱이들 아지
> 트였다(이ㅇ흠 89세 구술증언자료, 벽진면 봉학2리).

> 용암2리 어굴청은 빨갱이 아지트다. 빨갱이는 산 위에 집을 짓고 살
> 았다. 이곳에서 지방 빨갱이와 인민군(빨치산)이 살았다. 인민군(빨치
> 산)이 많았다. 전쟁 전에 동네 사람들이 뽕 따러 그곳에 가니까 빨갱이
> 가 건신에 나무로 덮어 막을 쳐 놓은 것을 보았다고 했다. 막에서 나온
> 사람이 온 이유를 묻자 뽕따러 왔다고 동네 사람들이 말했다. 그러니까
> 빨갱이가 빨리 버려가라고 하면서 우리가 여기 있다는 말을 하지 말라
> 고 이야기했다고 한다. 벽진면 소재지에도 지방 빨갱이가 많았다. 양식
> 등을 빨갱이에게 줘서 먹여 살렸다(김ㅇ욱 70세 구술증언자료, 벽진면

용암1리).

빨치산의 아지트가 있던 어굴청 아래에는 초전면 소성리와 벽진면 용암리·봉학리·매수리가 위치했고, 이 부락에는 빨치산 세력과 연계해 활동하는 남로당원이나 좌익인사가 많았다. 빨치산들은 이 부락들에 내려와 식량과 정보를 제공받았고, 마을 주민들과 같이 활동하기도 하였다. 경찰은 이 부락들을 '빨갱이 소굴'로 인식하여 수시로 출동해 빨치산 토벌작전을 펼쳤다.

신학(벽진면 봉학1리 신학동)에는 빨갱이가 많았다. 하루는 투표하 는 함을 빨갱이가 부수려고 해서 아버지(대한청년단장, 구장)가 말리니 까 인민군이 아버지를 때렸다. 그래서 아버지가 많이 다쳐 몇 일간 미 음을 드셨다. 그때 동네 사람이 징기 지서에 뛰어가서 말해 경찰이 새 까맣게 왔다. 총을 놓으면서 동네로 들어왔다(신O희 81세 구술증언자 료, 벽진면 운정2리).

동짓날 얼음이 냇가에 얼었다. 이웃집 사랑채 구석방 하나에 빨갱이 몇이 모여 삐라를 쓰고 깃대를 만들고 했다. 그것을 경찰에게 들켜 도 망간 사람은 도망가고, 붙들린 사람도 있었다. 전라도 경찰이 빨갱이 잡는다고 우리 집에 많이 왔다. 우리 동네만 그랬다(신O희 81세 구술 증언자료, 벽진면 운정2리).

인민군(빨치산)한테 총 맞은 사람이 있다. 게릴라 형태로 산에 모여 있다가 밤이면 동네로 버려와 기습하였다. 식량을 탈취해서 산으로 가 져갔다. 식량 가지러 왔다가 누군가가 마을에서 우익적으로 행세를 하 는 사람이 있다고 알려주면 총살시켰다. 김윤덕이 총살을 맞았다. 동네 유지로 30-40대이다(임O영 72세 구술증언자료, 벽진면 봉학4리).

인민군 2명이 동네(용암1리)로 들어왔다. 동네 사람들이 1명을 붙잡았고, 1명은 도망을 갔다. 당시 동네 치안대장은 권낙희였다. 빨갱이들이 치안대장에게 "경찰서에 전화한 사람이 어디에 있느냐"고 물으니까 치안대장이 없다고 말했다. 그래서 빨갱이 2명이 동네 안으로 들어왔다가 일이 생겼다. 동네에 들어오니까 동네 사람들이 빨갱이를 잡으려고 한 것이다. 빨갱이를 잡아 놓으니까 경비하러 나오라고 해서 동네 청년들이 모두 마을 어귀로 나갔다. 그 후 빨갱이가 내려와 동네 어귀에서 싸움이 벌어졌다. 동네 총소리가 다다다 하더니 고요해 졌다. 빨갱이가 총을 쐬 제꼈다. 새벽 4시에 경찰이 왔다. 경찰도 총을 쐈다. 빨갱이는 안 죽고 모두 살아 돌아갔다. 6·25사변 한 달 전쯤이다(김○옥 70세 구술증언자료, 벽진면 용암1리).

위의 진술을 토대로 빨치산의 활동을 정리해 보면 먼저 이들은 5·10선거를 거부하는 단선·단정 반대투쟁을 전개하였다. 빨치산들은 벽진면 봉학리로 내려와 선거가 실시되지 못하게 투표함을 파괴하였다. 다음으로, 빨치산들은 산 아래 근거지 부락민을 상대로 선전활동을 전개하고, 주민들과 같이 '무상몰수 무상분배의 토지개혁을 남한에서 실시할 것', '인민공화국을 수립할 것', 이를 위해 '이승만 정권을 타도할 것' 등을 선동하는 선전문과 인민공화국 깃발을 제작하며, 남로당원들을 통해 통행이 빈번한 도롯가나 장터에 살포하는 활동을 전개하였다. 앞서 소개한 초전면 소성동 남로당원들의 선전, 선동활동은 빨치산들과 결합해 전개된 것이었다. 또한 빨치산들은 산 아래 근거지 부락으로 내려와 경찰에 정보를 제공하고 경찰과 연계해 토벌 활동하는 대한청년단원이나 구장, 우익인사들을 살해하였고, 경찰들과도 교전을 벌였다.

미군정과 우익세력의 단독정부 수립을 위한 5·10선거는 이러한 상황에서 실시되었다. 제헌의원을 선출하는 5월 10일 선거에는 좌익은 물론이고 김구 등 임정요인을 비롯해 분단정부 수립에 반대하는 민족주의 세력도 대거 불참하였다. 성주 유림의 절대적 지지를 받았던 김창숙 또한 김구와 함께 5·10선거에 반대하였다. 결국 이승만과 미군정 주도의 단독정부 수립을 지지하는 우익 정당과 사회단체 및 무소속 개인들만 출마하여 선거가 이루어졌다. 성주에서도 사정은 다르지 않아 무소속의 이호석과 이동화와 대동청년단의 이영균 등 3인만 출마하여 무소속 이호석이 63·1퍼센트의 득표로 당선되었다.[43]

3.2 경찰의 좌익 토벌과 국민보도연맹 조직

5·10선거가 끝나자 제헌의회가 소집되어 헌법이 제정되었다. 헌법에 의거해 국회에서 이승만이 초대 대통령으로 선출되었고, 마침내 1948년 8월 15일 대한민국의 정식 정부가 출범하였다. 그러나 정부 수립 이후에도 좌우갈등과 혼란은 진정되지 않았다. 제주도 4·3항쟁이 계속되는 가운데 여수·순천에서 제14연대의 반란이 일어나고, 이 반란에 호응해 전국에서 빨치산 활동이 고조된 것이다. 이에 정부는 좌익세력 진압을 최우선 국정과제로 내걸고 경찰을 동원해 좌익에 대한 공격을 강화하였다.

10월 항쟁 이후 1948년 대한민국 정부 수립 전후 시기까지 성주의 좌우대립구조는 10월 항쟁 이전과 크게 다르지 않았다. 10월 항쟁을 계기로 좌익의 건국운동은 비록 경찰의 탄압을 피해 지하화되긴 했지만 여전히 대중들의 지지를 받으며 계속되었고, 우익은 여전히 미약하여 정치세력을 형성하지 못했다. 이런 상황에서 좌익의 건국운동에 맞서 대결을 펼쳤던 것은 경찰조직이었다. 경찰은 민간에서 정보를

---

43) 성주문화원, 《성주군지》 상권, 2012, 106쪽.

제공해 줄 지원 조직 없이는 효과적으로 좌익을 공격할 수 없었기 때문에 마을 단위로 관제조직인 대한청년단을 조직하고, 이들과 면장, 구장, 우익인사들을 통해 지속적으로 정보를 수집하고 좌익인사들의 동태를 감시했으며, 그들의 지원을 받으면서 좌익세력을 공격하였다.

대한청년단은 1948년 대한민국 건국 직후에 이승만 대통령이 자신을 절대적으로 지지할 외곽조직으로 결성한 우익 청년운동단체였다. 대한청년단은 전국에 200만 명에 달하는 단원을 거느리고, 좌익에 맞서 이승만을 지지, 옹호하는 활동을 전투적으로 전개하였다. 성주에서도 대한민국 정부수립 직후 경찰 주도로 대한청년단이 조직되었다. 성주는 다른 지역에 견주어 상대적으로 우익세력이 약했다. 따라서 좌익 토벌에 나서야 하는 경찰로서는 대한청년단과 같은 우익조직을 만드는 것이 필수적이었다.

> 대한청년단도 있었다. 대한청년단은 면 본부가 있었고 동네에도 임원이 있었다. 대한청년단 단장이었던 고산동 송구신은 전쟁 전에 빨갱이에게 맞아 죽었다. 사회주의 사상을 가진 사람이 습격을 하였다. 당시 아주 혼란기였다. 우익계통 활약자는 빨갱이 조직이 몰려와서 테러하였다(류○진 78세 구술증언자료, 초전면 용성1리).

> 20대 전후 사람들이 대한청년단에 억지로 가입하였다. 나무 작대기를 들고 군사 훈련을 하였다. 벽진국민학교에 가서 목검 만들어 훈련하였다(이○○ 82세 구술증언자료, 벽진면 가암2리).

> 나의 나이는 당시 20세 정도 되었고 선남 초등학교를 졸업했다. 나는 당시 경찰을 했었다(성주 금수파출소에서 근무). 1949년도 2월에 경찰을 시작했다. 당시 대한 청년단은 경찰 부속이었고 주로 치안 담당을 협조하고 무료봉사를 했다. 단원들은 방위군으로 편입되기도 하였다

(김○삼 80세 구술증언자료, 용암면 신부리).

위의 증언에 따르면 경찰은 마을 단위로 대한청년단을 조직하고, 면에는 면 조직을 두었다. 단원은 20대 전후의 청년들이었고, 경찰의 강요에 의해 가입이 이루어지는 경우가 많았다. 면 본부의 임원과 부락 청년단의 단장은 마을의 구장들이 맡았고, 이들 지휘 아래 일상 활동으로 목검을 들고 군사훈련을 하였다. 대한청년단의 역할은 경찰을 도와 치안질서를 확립하는 것이었다. 곧 지방 좌익세력을 적발하고, 좌익인사들의 동향을 정탐해 경찰에 보고하는 것이 그 주된 임무였다. 이들은 나아가 경찰과 함께 좌익토벌작전을 전개하기도 하였다.

성주 경찰서장은 경찰과 대한청년단 등 자체 인력만으로 좌익을 토벌하기에 부족하다고 판단하고 백골부대에 지원을 요청하였다. 백골부대는 1947년 12월 조선경비 제3여단으로 창설되었다. 제3여단의 제18연대가 1948년 경북 포항에서 보병 제5, 6연대 기간병 37명을 근간으로 창설되었을 당시 이 연대에 월남한 서북청년단원들이 대거 자원해서 입대하였다. 서북청년단원들은 죽어 백골이 되어서라도 공산당과 끝까지 싸우겠다는 결의로 철모 좌우측에 백골을 그려 넣었다. 그것이 연유가 되어 이 부대를 백골부대라 불렀다. 이 부대가 좌익토벌을 위해 성주에서 활동하기 시작한 때는 1948년 4월쯤이었다. 당시의 정황을 1960년 6월 2일자 《영남일보》에서 다음과 같이 전한다.

6·25사변을 전후하여 공비소탕을 위한 4281년 4월 중순경 당시 성주 경찰서장 이던 김증도씨가 백골대의 주둔을 요청한 때로부터 비극이 스며들기 시작했다. 백골대가 주둔하던 그날부터 좌우익 피어린 싸움의 와중에서도 그나마 안정을 구하고 있던 당지는 경찰과 한청단원의 악한 행패가 짐고하기 시작하여 옥석을 가리지 않는 무차별 검속과 가혹

한 고문 학살을 고비로 정점에 이르렀다. 4281년 백골부대가 주둔했던 당시는 보련 가입자 및 관제 빨갱이에 대한 착취기간으로 생명을 금전으로 거래하는 시기였고, 4283년 6·25를 전후한 후퇴와 수복의 기간은 생명매매와 동시에 대량학살의 시기였다. 4281년 백골부대 주둔 당시 경찰서 특히 사찰형사들의 행패는 이루 말할 수 없었고 당시 성주군 보련 간사이던 모씨는 거액의 돈을 뿌려 구명운동을 했다는 것이다(《영남일보》 1960. 6. 2).

백골부대는 성주의 금수면 무학리에 주둔하였다. 그 때문에 성주에서는 백골부대를 무학부대로도 불렀다. 백골부대는 단독으로 혹은 경찰과의 협조하면서 빨치산을 공격하였다. 백골부대의 주둔은 경찰의 좌익 토벌에 든든한 배경이 되었다.

이와 같이 끄나풀 조직과 백골부대의 지원을 받게 된 경찰은 좌익 세력의 단선·단정 반대투쟁과 빨치산의 활동을 공세적으로 탄압하였다. 경찰의 공세는 대한민국 정부 수립을 계기로 일층 강화되었다. 경찰의 좌익인사 학살은 단독정부 수립에 저항해 제주도에서 4·3항쟁이 일어나고, 그와 연계해 여수·순천에서 14연대 반란사건이 일어난 것을 계기로 전국 각지에서 빨치산 활동이 최고조에 이른 1948년과 1949년에 특히 빈번하게 자행되었다. 경찰의 탄압은 두 방향으로 진행되었다. 하나는 벽진, 초전, 금수면 산간지대에 거점을 구축하고 남로당 조직으로부터 정보과 자금을 제공받으면서 경찰의 끄나풀로 활동하는 대한청년단이나 구장, 우익인사를 처형하고, 경찰을 공격하면서, 단선·단정에 반대하는 선전활동을 펼치고 있던 빨치산을 토벌하는 것이었다.[44] 이 시기 빨치산 토벌에는 경찰과 대한청년단원, 백골

---

44) 빨갱이들 때문에 마을이 조마조마했다. 일이 있으면 아버지가 동네 한 바퀴를 돌았다. 아버지는 대한청년단장을 하라고 해서 했다. 언변도 좋았고 대도 찼다. 아버지가 논에 가고 있었다. (동네에) 호랑이굴이 있었는데, 그 굴은 빨갱이 소굴이었

부대가 참가하였다. 대한청년단 활동으로 좌익 토벌에 공로가 큰 단원들은 경찰로 승진하였다. 벽진면의 노구백과 도낙환이 그 대표적인 인물이었다. 두 사람은 경찰에 적극적으로 협조하고 좌익 토벌작전에도 참가하여 공을 세웠다. 그 포상으로 정식 경찰로 임명되었다.[45] 사례를 소개하면 다음과 같다.

> 배진한은 좌익활동가로 10.1사건 후에 당시 좌익의 비밀아지트였던 아래수름재에 은거해 있었으나 이 사실을 마을 주민(김덕용, 당시 명천동 대한청년당 연락부장)이 지서에 신고하였다. 경찰이 자수를 권유하였으나 자수하지 않아 경찰이 수류탄을 투척하여 사망하였다(박○성 76세 구술증언자료, 금수면 명천1리).

> 박려학은 10.1사건 전후의 좌익활동가로 금수면 후평동 이실미마을 영실봉의 좌익아지트를 김천 조마 경찰서 경찰들이 습격하여 총살당함. 박희성의 부친이 시체를 찾아왔다(박○성 76세 구술증언자료, 금수면 명천1리).

다른 하나는 빨치산 활동을 지원하면서 민간에서 단선·단정 반대

다. 그 골짜기에서 총 쏘는 소리를 듣고, 빨갱이와 경찰이 싸우는 소리를 듣고 다시 돌아왔다. (나에게) "가악골 골짜기 어구지에서 콩 튀는 소리가 났다"라고 이야기했다. 한참 뒤 빨갱이는 산으로 내빼고 없고 빨갱이 짐을 뺏어 경찰이 가지고 와 우리 집에 놔두고 했다. 당시 경찰 5명이 내려왔다. 수남의 박순경, 대바우의 노구백, 우리 시숙(도낙환을 지칭), ○○○, ○○○이다. 2명은 이름을 모르겠다. 경찰이 오면 내가 밥을 해줬다. 아버지가 밥을 해주라고 했다. 밤중에도 경찰이 빨갱이를 잡으러 왔다(신○희 81세 구술증언자료, 벽진면 운정2리).

45) 나는 당시 경찰을 했었다. (성주 금수파출소에서 근무) 1949년도 2월에 경찰을 시작했다. 노구백은 당시 경위였다. 내가 알기론 벽진 사람이다. 성주경찰서 소속인데 전에 대한청년단 단장이었고 경찰이 공비를 토벌할 때 이 대한청년단원들을 이용하였다. 그 포상으로 경찰이 되지 않았나 생각한다. 당시 대한청년단은 경찰 부속이었고 주로 치안 담당을 협조하고 무료봉사를 했다(김○삼 80세 구술증언자료, 용암면 신부리).

운동을 펼치던 남로당원이나 좌익인사를 체포하여 합법적인 심문이나 재판 절차 없이 고문, 구타하고 학살하는 것이었다. 대표적인 학살 사례를 소개하면 다음과 같다.

학교 뒤에서 경찰이 빨갱이 주모자 이근영을 총살했다. 이근영은 성주 농고 5학년으로 빨갱이 본부 책임자였다. 여름에 경찰이 데려가 좌익 처벌의 본보기로 학교 뒷산에서 밤에 죽였다. 이근영을 죽인 후 경찰은 다른 곳에서 2명을 죽였다. 여상락과 여두영이다. 둘 다 5학년이었다(도ㅇ환 78세 구술증언자료, 벽진면 외기2리).

김종성은 한국전쟁이 일어나기 전인 1949년에 사상범으로 경찰에 의해서 연행되었다. 김종성은 배진갑과 친교가 두터웠으며, 비슷한 시기에 경찰에 의해 붙들려 간 뒤 행방불명이 되었다(박ㅇ분 83세 구술증언자료, 수륜면 신정리).

강월식은 한국전쟁 전 지방좌익가로 활동을 하였다. 경찰은 강월식을 빨갱이로 몰아서 수륜지서로 연행해 갔다. 수륜지서로 연행된 강월식은 수륜지서 뒷산에서 구타를 당하여 사망하였다(강ㅇ석 87세 구술증언자료, 수륜면 송계1리).

강구철은 한국전쟁이 일어나기 전에 경찰에게 빨갱이로 누명 씌어졌었다. 강도식은 매우 똑똑하였다고 한다. 이에 대항을 하다가 경찰에 의해 가천지서로 끌려가서 구타와 총살을 당하였다(강ㅇ석 87세 구술증언자료, 수륜면 송계1리).

장00은 가천면 창천리에서 살고 있었다. 한국전쟁 전인 1949년 경찰에 의해 좌익 성향(사상)으로 몰려 구타 사망하였다. 장갑득의 사촌형님이 시신을 수습하여 가천중학교 뒷산에 매장하였다(박ㅇ자 65세 구술증언자료, 가천면 창천리).

〈囝 **5-1**〉 성주군 보도연맹 조직표

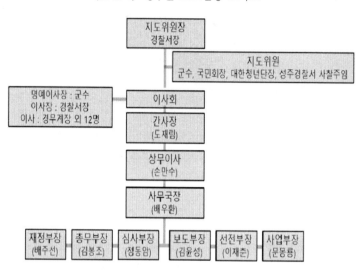

성주의 경찰의 좌익 토벌이 일정한 성과를 거두자 1950년 1월 민간의 좌익세력을 전향시킬 목적으로 국민보도연맹(國民保導聯盟 이하 보도연맹으로 표기함) 성주지부 조직에 착수하였다. 국민보도연맹은 좌익세력을 전향시켜 대한민국의 반공체제에 복종하도록 통제하고 감시하기 위해 만든 관제 '좌익 전향자 단체'였다.[46] 국민보도연맹은 1949년 4월 21일 중앙조직을 결성한 후 지방조직 건설에 착수를 했다. 그리하여 도-군-면 단위에 이르기까지 보도연맹이 속속 조직되었다. 경상북도에서 도 본부 격인 경북연맹이 조직된 것은 1949년 11월이었다.[47] 도 본부 조직에 이어 다음해 1월부터는 군지부 보도연맹이 조직되었다. 성주군에서는 1950년 2월 1일에 보도연맹이 결성되었다. 성주군 보도연맹의 조직과 임원은 다음과 같다.

---

46) 김기진, 《끝나지 않은 전쟁, 국민보도연맹(부산경남지역)》, 역사비평사, 2002; 김선호, 〈국민보도연맹의 조직과 가입자〉, 《역사와 현실》 45호, 2002, 327쪽.
47) 《영남일보》 1949. 11. 6.

성주군 보도연맹의 조직을 보면 성주 경찰서장이 지도위원장으로 최고책임자였고, 군수·국민회장·대한청년단단장·성주경찰서의 사찰주임 등이 지도위원을 맡았다. 이사회는 경찰서장이 이사장을 맡았고 이사는 경찰 간부 중심으로 구성하였다. 이러한 임원구성에서 알 수 있듯이 보도연맹의 조직 및 운영에 관한 모든 권한은 경찰이 장악하고 있었다. 간사장 이하 보도연맹의 실무진도 경찰이 임명하였다. 경찰은 보도연맹원 가운데서 사회적 지위나 영향력이 있는 인물을 선정해 실무 간부에 임명하였다. 간사장으로 임명된 인물은 해방 후 성주면 치안유지대 책임자, 성주면 인민위원장, 성주군 민전의장을 역임하였던 도재림이었고, 사업부장을 맡은 문몽룡도 다음의 자료에서 보듯이 영향력이 큰 지도자였다.

성주군 초대 치안대장, 성주면 임시인민위원회 부위원, 성주군 인민위원회 수매 과원, 좌익사상가. 해방 직후부터 성주군 농민조합에 가입. 10·1사건 당시 벽진 지소 습격에 가담하였으나 자수하여 군사재판에서 형을 받았다. 그 후 남로당에 가입하여 성주군당 청년부 책임자로서 암약하였다. 성주군 보도연맹 가입 및 보도연맹 사업 부장. 인민군이 점령하자 8월 6일 자진해서 초대 성주군 치안대장을 맡아 치안대 조직. 보도연맹사무실을 치안대 본부로 사용했다(《사찰자료》 성주면 경산동 문몽룡 의견서).

국민보도연맹 중앙본부는 1949년 10월 25일부터 11월 30일 사이에 남로당원 자수기간을 설정하고 대대적으로 보도연맹원을 모집하였다. 이 방침에 따라 각 지방에서도 경찰이 자수 기간을 설정해 좌익활동을 한 자들이 이 기간에 자수하면 처벌하지 않고 불문에 부친다며 자수를 적극적으로 권유했고, 이들을 지역 보도연맹조직에 가입시켰다. 성주경찰서도 좌익인사를 상대로 처벌 없이 보호할 것임을 공

언하며 자수를 적극 권유하였고, 자수하지 않고 적발될 경우 엄벌에
처할 것이라 위협하였다. 경찰이 공세적으로 자수를 권유한 1차 대상
은 10월 항쟁 주동자나 가담자, 신원이 노출된 남로당원, 조선민주애
국청년동맹(민애청)·부녀동맹·민주학생동맹·인민위원회·농민조합 등 좌
익 단체에서 활동한 경력이 있거나 연루된 인사들이었다. 경찰은 이
들을 우선적으로 보도연맹에 가입시켰다. 대표적인 사례를 소개하면
다음과 같다.

① 나의 친구 2~3명도 보도연맹에 가입했고 (경찰에 의해) 죽었다. 여
  덕회는 좌익 계열이었다. 그는 평생 벽진 수촌2리에 살았다. 인민위
  원회에서 활동을 했다. 당시 7~8명이 6·25전쟁 당시 징기마을에서
  죽었다. 보도연맹원으로 좌익 계열에서 활동하였다. 경찰이 대부분
  죽였다(노○구 85세 구술증언자료, 벽진면 운정1리).

② 좌익 계열에 있는 사람이 많았다. 빨갱이 행세를 한 뒤 자수를 해라
  고 해서 보도연맹에 가입하였다. 10·1사건 이후 적색분자들이 많았
  다. 지식층에 있는 사람이 많았다(류○진 78세 구술증언자료, 초전면
  용성1리).

  징기할배 자제도 좌익에 동조하였다. 자수기간에 보도연맹에 가입하
  였다. 6·25가 터지자 행방불명되었다. 방울암산에서 많이 죽었다(이○
  기 79세 구술증언자료, 초전면 월곡1리).

  우리 집 옆에 살았던 국민학교 선생이었던 삼산2리 이근암이 보도연
  맹에 가입해서 신남면에서 죽었다(강○웅 82세 구술증언자료, 성주읍
  삼산2리).

  임진택은 당시 야간 성주중학교 학생이었다. 1950년 9월경에 학교에

서 수업 중 경찰이 연행했다. 이후 보도연맹건으로 총살당했다(임○연 84세 구술증언자료, 성주읍 금산3리).

③ 마을에 대략 20명 정도가 남로당에 가입되었고 나중에 다시 보도연맹에 가입되었다. 당시 박노진이 마을사람들을 남로당에 가입하는 데 주도적인 역할을 하였다. 박노진은 당시 6·25 전쟁 상황을 알고는 군 헌병대에 입대해 목숨을 구했다. 조동군은 당시 29세였고 한학을 했다. 주로 소작을 주었다. 도문희는 25세였고 이비강은 26세였다. 남로당에 가입되었고 나중에 보도연맹에 가입되었다. 그 후 며칠 뒤 성주경찰서로 가서 취조를 받고 고문을 받았다. 그때 같이 갔던 사람은 박용덕, 박용한, 박태희인데 자수를 하고 난 다음 보도연맹에 가입되었다(도○은 75세 구술증언자료, 월항면 수죽리).

사례 ①은 해방 후 인민위원회 활동을 한 좌익인사들이 보도연맹에 가입된 경우이고, 사례 ②는 10월 항쟁을 전후하여 단선·단정에 반대해 좌익진영에 가담한 지식인, 학생, 일반인 등이 보도연맹에 가입한 경우이며, 사례 ③은 남로당에 가입한 것이 발각되어 보도연맹에 가입한 경우이다. 이들은 좌익의 건국운동에 참여하는 과정에서 노출되었거나, 자수한 보도연맹원이 정보를 제공함으로써 신분이 드러난 자들이었다. 당시 경찰은 자수한 보도연맹원을 회유하거나 협박해 아직 신분이 노출되지 않은 좌익인사를 색출하였다.[48]

다음으로 경찰은 좌익단체나 남로당의 조직원이 아니더라도 10월 항쟁의 단순 가담자이거나 좌익 성향이 강한 마을에 거주한 일반 주

---

48) 동네에 경주 최씨 사람인 최병태가 있었다. 당시 25~27세로 장가를 갔으나 후손은 없었다. 그는 사상이 달라서 경찰과 싸우기도 했다. 그러나 자수하여 보도연맹에 가입하였다. 그 뒤 경찰을 따라 다니면서 경찰앞잡이가 되어 과거 자신과 같이 활동했던 동기들 있는 곳을 경찰에게 가르쳐 주었다. 사상이 다른 사람들을 경찰이 많이 붙잡아 갔다(김○만 77세 구술증언자료, 초전면 칠선1리).

민들, 그리고 경찰이 주시하고 있던 좌익활동가들에게 도움을 준 사
람들이었다. 다음의 사례 ④는 10월 항쟁 당시 점령된 경찰서에 구경
꾼으로 들어가 호기심에 잠시 경찰서장 의자에 앉아 본 것이 문제가
되어 보도연맹원이 된 경우이고, 사례 ⑤는, 경찰이 좌익활동가들이
많았던 벽진면 중리 마을사람들이 좌익 단체가 주도하는 마을행사에
참가한 것을 파악해 보도연행에 가입시킨 경우와 좌익활동가가 많았
던 초전면 대장리의 마을 주민을 본인 동의 없이 보도연맹원으로 등
재한 경우이고, 사례 ⑥은 좌익활동가들에게 밥을 주거나, 심부름 등
으로 단순 도움을 준 것을 문제 삼아 보도연맹에 가입시킨 경우이다.

④ 10·1사건 때 구경을 가자고 해서 갔던 사람이 많았다. 우리 동네 나
보다 10살 많은 공상문은 구경을 가서 경찰서장의 의자를 앉았다. 훗
날 보도연맹에 가입하여 6·25전쟁 일어난 뒤 경찰이 후퇴하면서 죽
었다. 그때 10·1사건 대가리는 보도연맹에 가입해서 많이 죽었다. 돈
있는 사람은 돈으로 빼서 살았다. 경찰이 빨갱이 사상 가진 사람을
살려 줄 것이라고 꾀어서 보도연맹에 가입시켰다. 그렇게 해 놓고 죽
었다. 돈 없는 사람이 많이 죽었다. 돈 있는 사람은 죽지 않았다(이○
오 73세 구술증언자료, 성주읍 경산4리).

⑤ 벽진면에 보도연맹사건에 연루되어 죽은 사람이 많다. 중리에는 여
씨 집성촌이었다. 빨갱이 행사를 해서 동네 이름을 작성하였다. 경찰
서 (장부에) 올려놓았다가 서에서 전쟁이 일어나기 전에 전부 죽였
다(신○식 83세 구술증언자료, 성주읍 성산1리).

보도연맹에 가입하여 몇 사람이 죽었다. 자기가 서명하지 않고 활동
도 하지 않는데 경찰이 (후퇴해) 갈 때 불러 죽여 버렸다. 경찰이 너리
골에서 죽였다. 경찰은 초전 관내 사람이 아니다(최○수 78세 구술증언
자료, 초전면 대장4리).

⑥ 적색분자들과는 달리 (좌익사람들의) 심부름해 주고 친하게 지냈다는 이유로 보도연맹에 가입하게 된 사람도 있었다. 밥도 빌려주고, 밥도 해 주었다. 그것에 연루되어 붙잡혀 가 두들겨 맞았다. 우리 동네 사람도 있었다. 농사짓고 살다가 물이 들어 돌아다니다가 자수해서 보도연맹에 가입했다. 어느 날 저녁에 데려가 없앴다. 빨갱이랑 회합 몇 번 했고, 심부름해 줬다고 밤에 와서 잡아가 버렸다. 이름은 류종철이다. 당시 농사를 지었으며 24-25세 정도였고, 학교는 다니지 않았다(류○진 78세 구술증언자료, 초전면 용성1리).

이우장은 30대 후반으로 아들 셋이 있었다. 그는 왜정 때 만주에 있었고 해방되고 난 뒤 고향으로 와서 농사를 지었다. 좌익분자들에게 약간의 도움을 주었다고 (경찰에게) 낙인찍혔다. 자수하라고 해서 보도연맹에 가입했다(이○기 79세 구술증언자료, 초전면 월곡1리).

또한 경찰은 빨치산이 활동했던 산간지대와 인접한 마을의 경우 치안상 필요에서 개개인의 정치적 성향이나 활동과 관계없이 마을 주민 대다수를 보도연맹에 가입시켰다. 경찰은 마을 사람들에게 보도연맹에 가입하면 보호해 주고 안전하다고 하면서 가입을 강요했다.

⑦ 그때 충청도 경찰이 많이 내려왔다. 저서에 충청도 경찰이 주둔해 있었다. 보도연맹에 가입하면 살려준다고 해서 사람들이 신고하였다. 신고하자 붙들어서 매수동에서 총살시켰다. 우리 동네는 3명이 보도연맹원으로 총살당했는데 한 집안 사람이다. 진도배, 진태복, 진일배이다. 진태복과 진일배는 형제이고, 진도배는 형제와 사촌지간이다. 세 명 모두 나이는 25-26세 정도 되었다. 이들 세 명은 사상이 없었다. 도장을 찍어 줬다고 죽였다(도○환 78세 구술증언자료, 벽진면 외기2리)

보도연맹에 가입되면 안전하다고 해서 가입했다. 이 동네에도 그런 사람 많았다. 조수곤, 진춘발, 도성목, 도남환 등 6-7명 정도이다. 상당히 많았다. 모두 남의 집에서 머슴사는 사람들이었다.(이ㅇ엘 75세 구술증언자료, 벽진면 봉학1리)

이들 외에도 보도연맹원 가운데는 심지어 일가친척 사이의 갈등으로 좌익분자로 무고되거나 경찰 또는 대한청년단원들에게 개인적인 원한관계로 미움을 사서 가입된 경우도 있었다.[49] 경찰이 좌익 정당·단체의 조직원이나 그 행적이 드러났던 좌익활동가들뿐만 아니라 10월 항쟁 단순가담자나 좌익 성향이 강한 마을의 일반 주민, 심지어는 개인적인 원한관계에 있는 인물까지 보도연맹에 가입시킨 것은 중앙 정부가 조기에 반공체제를 구축하고 치안질서를 확립할 목적으로 각지 경찰에게 보도연맹 확대를 독려했기 때문이었다. 각지 경찰은 이 방침에 따라 일종의 실적 경쟁으로 보도연맹원을 확대해 갔다.

성주경찰서는 보도연맹원들에게 공개적인 전향선언을 요구하고, 그 동향을 감시했으며, 경찰 통제 아래 행해지는 보도연맹 행사나 활동을 통해 반공체제에 복종하도록 강요하였다. 경찰이 작성한 성주군 보도연맹원 명부는 아직 발견되지 않았고, 따라서 전체 연맹원 수와 개인별 출신 및 활동경력에 대해서는 정확히 알 수 없다. 참고로 2009

---

49) 한 형제와 같이 지낸 사람이었다. 우리 일가로 그 집은 3형제였다. 첫째가 경일, 둘째가 도일, 셋째가 원일이었다. 우리 신랑하고 같이 놀았다. 당시 우리가 논을 팔아 집에 돈을 갖고 있었다. 선학동 사람으로 웃덤에 징기댁 시동생의 자형(여00의 여동생 남편의 자형으로 보임)이 논 판 돈을 달라고 했다. 안 주면 안 되니까 남편이 주었다. 삼형제 중 둘째 도일이가 그것을 알았다. 도일이가 (벽진)지서에 가서 빨갱이에게 돈을 주었다고 밀고를 하였다. 지서에서 보도연맹에 가입하라고 해서 적어 놓았다(배ㅇ순 81세 구술증언자료, 벽진면 봉계1리).
　이하훈은 보도연맹에 연결되어 죽임을 당했다. 이하훈은 6·25사변 전에 술 먹고 다른 사람과 시비가 붙었다. 이하훈이 칼로 사람을 찔렀다. 칼 맞은 사람의 형제가 경찰이었다. 경찰 가족이라서 이하훈을 좌익으로 몰았다. 6·25전쟁 일어난 뒤 그를 죽였다(이ㅇ철 73세 구술증언자료, 초전면 소성리).

년 성주 현지조사에서 찾아낸 한국전쟁 발발 직후 예비검속되어 집단 학살된 보도연맹원수는 총 91명이었다.[50] 1950년 말 성주경찰서가 작성한 《사찰자료》에 예비검속에서 학살되지 않고 한국전쟁 기간 중에 활동한 보도연맹원이 일부 발견되고, 집단 학살되고도 유족이 성주를 떠나 조사되지 못한 자들도 있었을 것이기 때문에 경찰 명부에 등록된 보도연맹원 수는 91명보다는 훨씬 많았을 것으로 생각된다. 1960년 6월 2일자 《영남일보》는 한국전쟁 개전 초기 성주 너리골과 달창골에서 학살된 보도연맹원 수를 260여 명 정도로 추정하고 있다.

당초 경찰은 좌익활동가나 연루자를 학살할 목적으로 보도연맹을 조직하지는 않았다. 보도연맹은 좌익 성향의 인사를 전향시켜 대한민국의 반공체제에 복종하게 만드는 것을 목표로 삼았고, 그 목적이 달성될 때까지 전향자를 감시·관리·통제하는 조직이었다. 그러했던 까닭에 10월 항쟁 단순 가담자나 좌익활동가와 조직적 연결이 없는 단순 협력자와 마을 주민, 심지어 사적인 원한관계에 있는 사람들까지도 명단에 올린 것이다.

그러나 한국전쟁이 일어나면서 사태는 전혀 예상치 못한 방향으로 흘러갔다. 대한민국 정부가 일선 경찰서에 보도연맹원 전원을 예비검속하고 집단학살하도록 명령한 것이다. 보도연맹원 명부가 별안간 집단학살 명부로 바뀐 것이다. 현지에서 보도연맹을 조직한 경찰로서는 당혹스러운 사태가 아닐 수 없었다. 이로 말미암아 성주에서는 학살 현장에서 경찰이 보도연맹원에게 도망갈 기회를 주는 일이 벌어지기도 했다. 그 당사자는 성주군 수륜면 경찰지서장 노구백이었다.

노구백은 벽진면의 대한청년단 단장으로 경찰의 좌익 토벌에 협력

---

50) 이윤갑, 《한국전쟁 전후 민간인 희생 관련 2009년 피해자현황조사 연구용역사업 최종결과보고서(경상북도 성주군)》, 2009, 경북대학교 평화문제연구소. 75~94쪽.

하였고, 그 공으로 정식 경찰이 된 인물이었다. 그는 수륜면 경찰지서
장으로 근무하면서 보도연맹 조직에 직접 관여하여 다수의 인사를 보
도연맹에 가입시켰다. 한국전쟁이 일어나고 성주경찰서에도 보도연맹
원 학살명령이 떨어지자 그는 수륜면 보도연맹원들을 처형지로 이송
한 다음 처형사실을 알리고 도망갈 기회를 주었고, 이때 도망간 사람
들은 모두 목숨을 구했다. 그 덕분에 수륜면의 보도연맹사건으로 희
생된 자는 다른 면과 비교하면 4분의 1이나 5분의 1에 지나지 않았
다.[51] 그러나 나머지 지역에서는 가입 사유와는 상관없이 오로지 보
도연맹원이라는 이유로 전부 집단처형되었다. 한국전쟁기의 민간인
집단학살의 비극은 이렇게 시작되었다.

---

51) 노ㅇ구 85세 구술증언자료, 벽진면 운정1리.

제6장

한국전쟁의 내전 양상과
반공분단체제 확립

1. 한국전쟁 초기의 국민보도연맹원 예비검속과 학살

1948년 8월과 9월에 남북에 대립적인 두 개의 분단 정부가 수립된 것은 동족상잔의 내전을 불러일으키는 원인이 되었다. 당시 상황에서 분단 정부는 통일 정부의 수립을 전제로 해서만 정통성을 확보할 수 있었다. 남북분단은 누구에게나 참기 어려운 부자연스러운 사태였다. 1949년 이승만 정권은 무력북진통일을 정부 방침으로 여러 차례 공표하였고, 북의 김일성 정권은 대외적으로는 평화통일공세를 펼치면서 소련과 중국을 방문해 남침통일 곧 '조국완정祖國完整'을 위한 군사적 준비를 빠르게 진척시켰다. 그 와중에 미·소 양군이 한반도에서 철수하자 북에서는 대남 급진군사주의가 전면적으로 확산되었다.[1] 1949년 말 남에서 농지개혁이 착수되자 김일성 정권은 전쟁을 더 이상 미룰 수 없다고 판단하였고, 마침내 1950년 6월 25일 새벽 기습적으로 전면적인 남침을 개시하였다.

성주지역에서 한국전쟁의 발발을 인지하게 되는 시점은 6월 27일 밤이었다. 이날 사람들은 이승만 대통령의 라디오 방송연설을 통해 전쟁이 일어났음을 알게 되었다. 1949년 38선에서 남북 간 군사충돌이 빈번했으므로 대부분의 사람들은 개전 소식을 대수롭지 않게 여겼다.[2] 그러나 전쟁을 알리는 대통령의 방송을 듣고, 곧이어 서울이 인

---

1) 박명림,《한국전쟁의 발발과 기원②》, 나남출판, 1996, 822쪽.

민군에게 함락되었다는 소식을 들으면서 사태가 심상치 않음을 인식
하게 되었다.

그러나 한국전쟁에 대처하는 경찰의 움직임은 전쟁 발생 당일부터
시작되었다. 그 조치는 보도연맹원의 예비검속豫備檢束과 학살이었다.
보도연맹원의 예비검속과 처형은 대통령의 긴급명령과 상급기관의 지
시에 의해 이루어졌다. 전쟁이 시작되자 이승만 대통령은 1950년 6월
25일자로 '대통령긴급명령' 제1호인 〈비상사태하의 범죄처벌에 관한
특별 조치령〉을 내렸다. 이 조치에 의거해 치안국장 장석윤은 1950년
6월 25일 전국 각 도의 경찰국장에게 전국 요시찰인물을 단속할 것과
형무소 경비를 강화할 것을 요지로 하는 〈전국 요시찰인 단속 및 전
국형무소 경비의 건〉을 긴급히 전언통신문으로 하달했다. 또한 보도
연맹 및 기타 불순분자를 구속, 본관 지시가 있을 때까지 석방을 금
한다는 요지의 〈불순분자 구속의 건〉과 〈불순분자 구속처리의 건〉도
하달하였다. 뒤이어 1950년 6월 29일과 30일에 걸쳐 〈불순분자 검거
의 건〉을 하달하였다.[3]

이 지시에 따라 성주에서는 6월 29·30일, 7월 11일 전후하여 여러
차례 보도연맹원에 대한 예비검속이 실시되었다. 예비검속은 경찰이
담당하였고, 대한청년단도 좌익인사의 연행에 가담하였다. 성주 현장
조사에서는 대한청년단원 가운데 좌익인사 색출에 공을 세운 인물들

---

2) 박명림, 앞의 책, 1996, 620쪽.
   1949년 한 해 동안 38선에서 남과 북의 군대 사이에 847회나 무력충돌이 일어
   났다. 북한 측 주장에 따르면 이해 1월부터 9월까지 38선 전 전선에서 남한의 침
   입 횟수는 432회에 달했고 총 침입 인원수는 4만 9천 명에 이르렀다.
3) 〈전국 요시찰인 단속 및 전국 형무소 경비의 건〉(城署查 제1799호. 6월 25일
   14:50), 진실화해위원회 소장 경찰자료; 6월 29일 통첩, 〈불순분자 구속의 건〉, 진
   실화해위원회 소장 경찰자료; 6월 30일 통첩, 〈불순분자 구속 처리의 건〉, 진실화
   해위원회 소장 경찰자료; 7월 11일 통첩, 〈불순분자 검거의 건〉, 진실화해위원회
   소장 경찰자료.

이 그 공으로 경찰로 승진하였다는 진술이 있었다.[4] 경찰과 대한청년
단원들은 6월 30일에 벽진면 수촌4리 조수근, 도성목, 도남환, 정춘발
을 경찰서로 연행하였고,[5] 월항면에서도 보도연맹원을 연행하였다. 이
를 시작으로 월항면은 7월 1일[6]·14일[7]·18일[8]·19일[9]에, 성주읍은 7월
13일·31일에, 대가면은 7월 15일에 예비검속이 실시되었다. 보도연
맹·좌익인사의 예비검속이 6월 30일에 시작되었지만, 보도연맹원들이
이를 알고 도피 내지 은신했기 때문에 여러 차례 검속이 이루어졌다.[10]

    예비검속된 보도연맹원은 7월 14일부터 경찰에 의해 집단 학살되
었다. 성주에서 보도연맹원 집단학살이 시작된 시점은 유엔군이 구축
한 금강 방어선이 무너지면서부터였다. 북한 인민군이 남침 3일 만에
서울을 장악하자 한국군과 유엔군은 인민군의 남진을 지연시키고 전
력증강을 위해 몇 차례의 방어선을 구축하며 후퇴하였다. 그 첫 번째
가 평택-안성선이었지만 하루 만에 붕괴되었고, 두 번째가 금강방어
선이었지만 이 또한 며칠을 버티지 못하고 무너졌다. 이 속도라면 최
후 방어선인 낙동강 방어선까지 후퇴하는 것은 열흘이 걸리지 않을
상황이었다. 대전 함락이 눈앞에 다가오자 군경은 교도소에 수감된
좌익인사와 예비검속된 보도연맹원을 집단학살하였다. 이 무렵에 성
주경찰서에도 예비검속된 보도연맹원을 집단처형하라는 명령이 떨어
졌다.

    성주지역에서 보도연맹원 학살을 담당한 주체는 경찰이었다. 학살

---

4) 김○률 81세 진술서, 벽진면 가암1리; 도○환 78세 진술서, 벽진면 외기2리.
5) 신○희 81세 진술서, 벽진면 운정1리.
6) 《4대국회 양민학살사건 진상조사 보고서》 이동개·장손덕의 진술.
7) 《4대국회 양민학살사건 진상조사 보고서》 이갑이의 진술.
8) 《4대국회 양민학살사건 진상조사 보고서》 도영희·이월희의 진술.
9) 도○은 75세 진술서, 월항면 수죽리.
10) 도○영 88세 진술서, 성주읍 예산1리; 《사찰자료》 성주면 예산동 도재림 의견서.

에 가담한 경찰은 성주 경찰뿐 아니라 타 지역에서 후퇴한 경찰도 있었다. "6·25 발발 후 충청도·강원도·전라도 경찰이 초전면과 벽진면으로 내려와 그 지역의 치안을 담당하였고, 그들이 파출소의 명부만 보고 사람을 모두 죽였다"[11]는 진술이 이를 뒷받침한다. 명령에 따라 성주지역까지 후퇴하였던 다른 지역 경찰들이 보도연맹원 처형에 가담한 것이다.

예비검속된 사람들의 가족들은 구금되어 있는 가족들의 생명을 살리기 위해 필사적으로 노력하였다. 가장 많이 사용한 구명방법은 경찰에게 뇌물을 주고 석방을 도모하는 것이었다. 가령 2009년 현장 조사에서 월항면 지방동 도영희는 동생 도삼희를 석방시키기 위해 벽진면 도낙환에게 4만 원을, 지방동 이월희는 자신의 아들의 석방을 위해 벽진면 좌갑수에게 6만 원을 주었다고 진술하였다.[12] 경찰이 피해자 가족에게 돈을 요구하기도 했다. 벽진면 봉계1리 배갑순은 "경찰이 자신에게 남편을 살리고 싶으면 돈을 가지고 오라했으나 전쟁 중이라 돈을 빌리지 못해 남편이 죽었다. 그러나 당시 남편과 함께 구금되었다가 경찰에게 돈을 주고 풀려난 사람도 있었다."[13]고 진술하였다.

보도연맹원 중에는 미리 처형 계획에 관한 정보를 듣고 피신한 사람도 있었다.[14] 예를 들면 성주군 보도연맹 간사장을 역임하였던 도재림은 예비검속이 있기 직전 서북청년단원과 친분이 있었던 아우를 통해 보도연맹원 처형 정보를 입수하고 피신하여 목숨을 건졌다.[15]

---

11) 김○만 77세 진술서, 초전면 칠선1리.
12) 《4대국회 양민학살사건 진상조사 보고서》, 도영희·이월희의 진술.
13) 배○순 83세 진술서, 벽진면 봉계1리.
14) 성주경찰서가 작성한 《사찰자료》를 보면 보도연맹원이었던 인물 9명이 인민군 점령시기에 활동한 것으로 확인된다.
15) 《사찰자료》 성주읍 예산동 도재림 의견서.

경찰들은 보도연맹원 및 예비검속된 좌익인사를 성주경찰서 혹은 각 면 지서로 연행·구금한 뒤 몇 차례로 나누어 총살하였다. 경찰들은 처형당할 사람들에게 구덩이를 파게 하고, 그 구덩이 앞에서 총살하여 바로 매장하였다.[16] 보도연맹원의 처형이 집단적으로 이루어진 장소는 초전면 용봉리 너리골, 벽진면 용암1리 달창골, 벽진면 매수1리 소〔牛〕 공동묘지, 월항면 유월리 다람재고개 등이었다. 그 가운데서도 가장 학살 규모가 컸던 곳은 초전면 용봉리 너리골이었다. 1960년 6월 2일자 《영남일보》 기사에 따르면 너리골에서 처형된 사람이 약 150~160명에 이르렀다.[17] 그 밖에도 성주읍의 성주경찰서 뒷편 과수원, 성주농업고등학교 뒷산, 성산 여시바우, 벽진면 외기교 등에서 처형이 이루어졌다.

한국전쟁 개전 초기 성주지역에서 학살된 보도연맹원 수를 정확히 파악하기는 어렵다. 경찰이 작성한 성주군 보도연맹원 명부는 아직 찾을 수 없고, 전체 연맹원 수와 개인별 출신 및 활동경력에 대해서도 정확히 알 수 없다. 참고로 《영남일보》 1960년 6월 2일 기사에서는 성주지역에서 한국전쟁 기간에 학살된 민간인 총수를 400여 명으로 추정하였다. 이 보도에 따르면 초전면 용봉리 너리골에서 150~160명, 벽진면 달창골에서 약 100명, 선남면 선원리 화목정 나루터 하류 1km 지점 강기슭(현 강 가운데)에서 약 60여 명이 학살되었다. 이 보도 가운데 선남면 선원리 화목정 사건은 1950년 10월 28일 경찰이 부역자를 집단학살한 것이므로 제외하면, 한국전쟁 개전 초기 너리골과 달창골에서 학살당한 보도연맹원수는 약 250~260명 정도였다.[18] 2009년도 현장조사에서는 보도연맹원으로 학살된 자가 91명이

---

16) 박ㅇ화 86세 진술서, 초전면 용봉1리; 이ㅇ오 73세 진술서, 성주읍 경산4리.
17) 《영남일보》 1960년 6월 2일.
18) 《영남일보》 1960년 6월 2일.

었다.19) 이를 근거로 추정하면 성주지역에서 보도연맹원으로 학살된 인원은 최소 91명에서 많게는 260명에 이른다.

읍면별 학살 실태를 살피면 보도연맹원 학살에서 가장 많이 피해를 입은 지역은 벽진면, 월항면, 성주읍, 초전면, 대가면이다.20) 이 지역들은 8·15 해방 이후 한국전쟁 기간까지 성주지역에서도 좌익 활동이 가장 활발했던 지역이었다. 당시 성주지역 대표적인 좌익 지도자로는 청년동맹21) 회장 배청성, 농민연합회 창설자 이수인, 국군준비대 지도자 도재림 등이 있었다. 또한 성주농업고등학교 역사교사 배유랑,22) 정미소를 운영한 배유조,23) 민성일보 편집인 도재기24) 등도 영향력이 큰 좌익인사였다. 이들은 성주면과 인근의 벽진면·월항면·

---

19) 이번 조사를 통해 성주군에서는 1950년 6월 말부터 7월 30일까지 보도연맹원 약 91명이 처형당한 것으로 밝혀졌다. 물론 이 숫자가 당시 처형된 보도연맹원 전부를 나타내는 것은 아니다. 보도연맹원들은 초전면 용봉리 너리골과 영암산, 벽진면 용암리 달창골, 벽진면 매수리 소〔牛〕공동묘지, 월항면 유월리 다람재 등지에서 경찰 등에 의해 불법적으로 처형되었다. 기존에 파악된 성주지역 보도연맹 희생자 수를 보면, 《4대국회 양민학살사건 진상조사 보고서》에서는 10명, 《한국전쟁 전후 민간인 집단희생 관련 개인별 기초사실조사》에서는 5명이다. 이 자료에서 파악된 15명을 포함해 금번 조사를 통해 총 91명의 희생자가 조사되었다. 91명의 피해자 가운데 연행 이유를 "보도연맹 가입"이라고 진술한 건수는 47명이었다. 나머지 44명도 진술자들이 비록 보도연맹과 관련된 사실을 언급하지 않았지만 희생자들이 좌익 활동이나 좌익인사와 관련이 있었고, 경찰에 의해 처형되었으며, 처형된 시기가 한국전쟁 발발 이후부터 1950년 8월 3일 사이였던 공통점을 가지고 있었다. 따라서 44명의 희생자들은 보도연맹원임에도 불구하고 진술자들이 이를 알지 못했거나 고의로 이 사실을 진술을 하지 않았거나 아니면 보도연맹원은 아니었더라도 경찰이 처형대상으로 분류한 좌익인사였다고 볼 수 있다.

20) 성주지역에서 보도연맹원으로 희생된 자들의 면별 출신을 검토하면, 《4대국회 양민학살사건 진상조사 보고서》의 10명은 모두 월항면 그중에서도 지방동 출신이고, 《한국전쟁 전후 민간인 집단희생 관련 개인별 기초사실조사》의 5명은 벽진면, 금수면, 월항면, 성주읍 출신이다. 2009년 조사에서는 벽진면 29명, 월항면 20명, 성주읍 16명, 초전면 10명, 수륜면 5명, 대가면 7명, 금수면 3명, 가천면 1명으로 파악되었다.

21) 심○달 85세 진술서, 성주읍 경산6리.

22) 배○형 78세 진술서, 성주읍 대황3리.

23) 강○웅 82세 진술서, 성주읍 삼산2리.

24) 강○웅 82세 진술서, 성주읍 삼산2리.

초전면·수륜면·대가면을 기반으로 활동했기 때문에 이들 지역에서 보도연맹원이 많았다. 그 가운데서도 벽진면은 좌익의 활동이 가장 왕성했던 곳이었다. 벽진면에서 좌익의 중심지는 봉학리와 수촌리였다. 수촌리는 해방 직후부터 한국전쟁 기간까지 다수의 좌익활동가를 배출한 성주 여씨의 집성촌이었다.25) 벽진면의 봉학리도 "봉학1리 선학마을은 두 집을 빼고 모두 빨갱이었다,"26) "봉학 1, 2리에는 빨갱이 소굴이었다"27)는 진술이 나올 정도로 좌익이 왕성했던 곳이었다.

피해가 적었던 지역은 금수면, 수륜면, 가천면, 선남면이다. 용암면은 전혀 피해가 없었던 것으로 조사되었다. 수륜면을 제외한 나머지 지역은 한국전쟁 이전에 좌익세력이 상대적으로 약했던 지역이다. 수륜면에서 보도연맹원 학살이 적었던 이유는 당시 수륜면 경찰지서장 노구백과 관련이 있었다. 그는 처형명령이 하달되자 수륜면 보도연맹원들을 처형장소로 이송한 다음 처형사실 알리고 도망갈 기회를 주었고, 이때 도망간 사람들은 전부 목숨을 구했다.28)

---

25) 신ㅇ희 81세 진술서, 벽진면 운정2리.
26) OOO 60대(이름 언급 거부) 진술서, 벽진면 외기2리.
27) 도ㅇ환 77세 진술서, 벽진면 외기2리.
28) 노ㅇ구 85세 구술증언자료, 벽진면 운정1리.

2. 인민군의 진주와 점령정책

2.1 인민군의 점령과 치안대·인민위원회 조직

인민군의 공격으로 유엔군의 금강 방어선이 무너지고 대전이 함락된 것이 7월 20일이었다. 유엔군은 다시 함창-김천-거창으로 이어지는 방어선을 구축하고 인민군의 남진을 지연했지만 7월 26일 전군全軍을 낙동강전선으로 철수하도록 명령을 내렸다.[29] 이에 따라 성주경찰도 7월 30일 보도연맹원 학살을 마치자 왜관의 낙동강 철교를 건너 대구 방면으로 철수하였다. 이들을 따라 경찰 가족은 물론이고 공무원, 군인 가족, 경찰에 적극 협력한 대한청년단 및 우익인사 가족들도 피난하였다. 그러나 경찰은 일반 주민들에게는 물론이고 자신들에게 위해 소지가 있다고 생각되는 공무원들에게까지 후퇴를 알리지 않았고 소개령도 발표하지 않았다.[30] 주민들은 뒤늦게 이 사실을 알고 피난길에 나섰지만 낙동강 방어선을 구축한 미군과 국군이 8월 4일 낙동강 철교를 폭파하고 낙동강 도하를 저지하였다. 그리하여 성주 주민 대다수는 피난할 수 없었다.

군경의 후퇴와 때를 같이해 인민군이 성주지역으로 진격해 들어왔

---

29) 국방군사연구소, 《한국전쟁(上)》, 1995, 295쪽.
30) 이양호, 《한국민중구술열전13. 여기원 1933년10월24일생》, 눈빛, 2005, 63쪽.

다. 인민군은 김천, 지례를 거쳐 성주로 진입했고 그 시점은 8월 3일
이었다. 성주에 진주한 인민군은 제1군단 소속 제3사단이었다. 인민군
제3사단은 서울 점령 때 선봉을 맡아 서울사단이라는 칭호를 수여받
은 군대로 성주 진입 당시 병력규모는 6천 명이었다.[31) 당시 상황을
진술한 현지 주민에 따르면, 민심을 선무宣撫하고 진정시키는 선발부
대가 먼저 들어왔고, 이들이 치안을 확보하면 뒤따라 점령지 통치를
담당할 정치부대가 들어왔다.[32)

8월 4일 성주군 점령을 완료한 인민군은 우선적으로 치안대와 인
민위원회 조직에 착수하였다. 북한의 전쟁은 정치적으로는 남한의 인
민을 친일파 민족반역자였던 남한 리더쉽으로부터 해방시키는 것이었
는데, 그것은 곧 점령지에서 인민위원회 체제를 수립하는 것으로 전
개되었다.[33) 이를 위해 북한의 최고인민위원회 상임위원회가 1950년
7월 14일 〈공화국 남반부 해방지구의 군면리(동) 인민위원회 선거에
관하여〉를 공포하였다.[34) 인민군이 성주를 점령하자 이 정령에 의거
해 치안대와 인민위원회를 조직하였다.

인민군 점령 직후 성주에서 가장 먼저 조직된 것은 성주군 인민위
원회와 치안대였다. 성주군 인민위원회의 조직을 주관한 것은 북에서
파견된 정치공작대원 전길홍이었다. 전길홍은 성주면의 유력한 좌익

---

31) 국방군사연구소, 앞의 책, 1995, 301쪽.
32) 최ㅇ용 74세 진술서, 성주읍 백전1리.
    "인민군들은 나이는 15세에서 23세 사이가 많았던 것으로 보였고, 김천에서 초전
    을 거쳐 백산1리로 지나갔다. 제일 먼저 온 인민군은 선발부대였다. 선발부대는 민
    간인을 죽이지 않았다. 민간인에게 인심을 얻어야 하기 때문에, 애들 머리도 만져
    주고 했다. 선발부대가 읍내와 백전1리에 주둔하였다. 백전1리에는 1개 소대가 치
    안대 대장집에 주둔하였고, 성주 읍내는 중대 또는 대대가 군청·교회·학교 등에
    주둔하였다. 선발 부대가 지나가면 정치부대가 들어온다. 정치부대는 국군, 경찰
    등의 가족을 조사한다. 또한 민간인들을 선전, 선동, 교육하였다. 당시 정치부대는
    김천까지 들어와 있었다."
33) 박명림, 《한국 1950 : 전쟁과 평화》, 나남, 2002, 263쪽.
34) 조선중앙통신사, 《조선중앙연감(1951-52)》, 조선중앙통신사, 1952, 85쪽.

인사들로 군인민위원회를 조직하여 강의석(47세)을 위원장으로 선출하고 자신이 부위원장을 맡았으며, 도재림을 민심을 순무하고 군량을 조달하는 특무공작원에 임명하였다.[35] 성주군의 치안대는 인민군 점령 직후인 8월 6일 과거 남로당 성주군당 청년부 책임자로 보도연맹 성주지부 사업부장을 지냈던 문몽룡이 자진해 치안대장을 맡으며 조직되었다. 문몽룡은 자신이 신뢰하는 청년 12명으로 치안대를 조직하고 인민군의 지시를 받으며 치안대 활동을 시작하였다.[36]

　면 단위 이하 조직에서는 인민위원회보다 면 단위의 치안대가 먼저 조직되었다. 면 치안대는 8월 6일 성주면 치안대 조직을 시작으로,[37] 8월 7일에는 초전면 치안대가 결성되는 등 속속 조직되었다.[38] 면 치안대는 과거 남로당 당원이었거나 좌익운동 특히 사회주의 학생운동에 참여하였던 청년들이 중심이 되어 결성되었다. 초전면에서는 노동당 당원 복기화, 남로당 당원이었던 송우선, 미군정에 반대하는 좌익활동을 했던 조남권 등이 치안대를 결성했고,[39] 수륜면에서는 남로당 당원으로 활동하다 전쟁이 일어나자 성주로 들어온 정범호가 면 치안대 결성을 주도하고 자신이 치안대장을 맡았다.[40] 용암면에서는 좌익 학생운동을 하여 보도연맹에 가입해야 했던 대구사범대생 이영진, 서울대생 김창원, 고려대생 차문섭, 동아대생 김종옥, 용암고등공민학교 교사 이삼봉 등이 면 치안대 결성을 주도하였고 이영진이 치안대장을 맡았다.[41] 선남면에서 면 치안대 조직을 주도한 인물은 남

35) 《사찰자료》 성주면 예산동 이준하 의견서.
36) 《사찰자료》 성주면 경산동 문몽룡 의견서.
37) 《사찰자료》 성주면 경산동 문몽룡 의견서.
38) 《사찰자료》 초전면 대장동 송우선 의견서.
39) 《사찰자료》 초전면 봉정동 조남권 의견서; 《사찰자료》 초전면 대장동 송우선 의견서.
40) 《사찰자료》 대구시 대봉동 정범호 의견서.
41) 《사찰자료》 용암면 장학동 차문섭 의견서; 《사찰자료》 용암면 상은동 이영진 의

로당에 가입해 활동했던 대구동양염직 노동자 출신인 이일조였다.[42) 면 치안대의 조직이 완료되자 8월 중순부터는 다시 부락 치안대를 조직하였다. 각급 치안대의 대원은 19세에서 30세 사이의 현지 청년들로 구성되었다.

각급 치안대의 활동은 성주경찰서에 본부를 둔 인민군 성주군 내무서의 지휘와 통제를 받았다. 각 면의 치안대의 주요 업무는 우익인사를 체포, 처벌하고, 민심의 동향을 탐지하며, 각급 인민위원회와 협력해 전쟁수행에 필요한 인력과 물자를 동원하는 것이었다. 치안대는 군이나 면의 경찰지서를 이용하며 활동하였고, 그 결과를 수시로 내무서에 보고하고 지휘를 받았다.[43) 면 치안대는 무장을 했는데 소총과 실탄은 인민군이나 빨치산 부대에서 제공받았다.[44) 치안대의 명칭은 1950년 9월 1일자로 자위대로 변경되었다.[45)

치안대 조직이 완료되자 인민군은 8월 15일자로 면 인민위원회 조직에 착수하였다. 8월 15일 초전면 인민위원회 조직을 시작으로 8월 19일에는 성주면 인민위원회를 조직하였고, 다른 면에서도 속속 조직하였다. 성주면 인민위원회는 인민군 정치공작대원이자 성주군 인민위원회 부위원장이었던 전길홍의 지시로 도재림이 경산동 이건수李建受 집에서 주상유, 이달수, 배오룡, 이장수, 이준규 외 4명을 집합시켜 면 인민위원회 조직을 협의하였다. 성주면의 경우 면민대회가 개최되

견서; 《사찰자료》 용암면 용암면 용암동 김종옥 의견서; 《사찰자료》 용암면 문명동 김창원 의견서; 《사찰자료》 용암면 상은동 이삼봉 의견서.

42) 《사찰자료》 선남면 동암동 이일조 의견서.

43) 《사찰자료》 초전면 대장동 송우선 의견서.

44) 《사찰자료》 가천면 창천동 김병욱 의견서.
  "인민군 749부대 중대장 성명 미상으로부터 소련식 장총 4대와 탄약 20발을 지원하여 동치안대에 사용하게 했다. … 경비대를 불태울 목적으로 예산동 성명 불상의 집에서 소련식 장총 5정을 99식 및 38식 장총으로 교환하였다."

45) 《사찰자료》 초전면 용성동 유희재 의견서.

었다는 자료가 보이지 않아 이날 협의를 통해 결성된 것으로 생각된
다.46) 초전면의 경우는 김천중학교 교사였던 유희재가 인민군의 지시
를 받아 8월 15일 초전국민학교 교정에 초전면민 50여 명을 모아 인
민군 환영대회를 개최하고, 그 자리에서 면민대회를 열어 초전면 인
민위원회를 조직하였다. 초전면 인민위원장은 유희재가 맡았다. 초전
면의 경우 면민대회는 형식적 절차로서만 의미를 지녔고, 위원장 이
하 간부는 사전에 내정되어 있었으며, 인민위원회 선거는 공개적 거
수로 진행되었다.47)

면 인민위원회 조직되자 인민군은 각 면의 인민위원장을 통해 다
시 동 단위 인민위원회를 조직하게 하였다.48) 동 인민위원회는 8월
하순부터 조직되기 시작해 9월까지 계속되었다. 동 인민위원회 조직
의 구체적 예로는 초전면 소성동의 경우를 들 수 있다. 과거 남로당
원으로 활동했던 소성동 이무득은 8월 29일 남로당 세포 12명과 동
민 50여 명을 모아 3시간 동안 회의를 해서 자신이 인민위원장이 되
고, 이창기·이홍기·김한일·천석암 등에게 부서를 맡겨 동 인민위원회
를 조직하였다. 이무득은 당일로 소성동 인민위원회 조직 경과를 초
전면 인민위원장 유희재에게 보고하고 승인을 받았다.49) 초전면 용봉
동에서도 이와 유사한 방식으로 동 인민위원회가 조직되었다. 민주청
년동맹 단원 도병달이 위원장의 지시를 받아 치안대원 문학록과 협의
해 주민 60여 명을 하천변으로 소집하여 2시간에 걸쳐 동 인민위원회
를 조직하고 위원장과 부위원장을 지명 방식으로 임명하였다.50)

각급 인민위원회에서 간부를 맡은 자들은 대부분 성주 지역에서

46)《사찰자료》성주면 경산동 도재림 의견서.
47)《사찰자료》초전면 용성동 유희재 의견서.
48)《사찰자료》초전면 소성동 이무득 의견서.
49)《사찰자료》초전면 소성동 이무득 의견서.
50)《사찰자료》초전면 봉정동 도병달 의견서.

활동하였던 좌익인사들이었다. 그러나 성주의 경우 다른 지역과는 달리 이 지역 출신 월북 사회주의자들이 인민군을 따라 다시 남하해 이들 조직의 간부를 맡는 경우는 없었다. 다른 지역과는 달리 점령지 통치에 활용할 수 있었던 월북인사가 많지 않았기 때문이라 생각된다.

그 구성을 살피면 첫째, 과거 남로당 당원으로 활동한 인사가 다수를 차지한다. 성주군 인민위원회의 간부를 맡았던 도재림, 문몽룡, 초전면 대장동인민위원장 김옥득과 소성동인민위원장 이무득, 용암면 인민위원회 부위원장 이종효와 선전대장 나곤태 등이 그 경우였다.[51]

다음으로 남로당원은 아니었지만 좌익 활동으로 보도연맹원이 되었다가 학살을 모면했던 이들도 간부로 활동하였다. 성주군 인민위원회 양정과원으로 활동했던 이선특, 배선화와 성주우체국 책임자로 임명되어 연락업무를 맡았던 주상록이 그 경우였다.[52]

셋째, 좌익 지식인이라 할 학교 교사가 다수 간부로 활동하였다. 초전면 인민위원장 유희재를 비롯해 성주군 인민위원회 교육과장을 맡았던 성주국민학교 교장 최종건, 대황동 동 인민위원회 부위원장을 맡았던 국민학교 교사 김수용, 용암면 인민위원회 농산계장을 맡았던 국민학교 교사 이종태, 초전면 인민위원회 문화선전부장을 맡았던 국민학교 교사 이효원 등이 그 경우였다.[53]

넷째, 좌익 활동 경력을 찾을 수 없는 농민이나 상인, 자영업자,

---

51) 《사찰자료》 성주면 경산동 도재림 의견서; 《사찰자료》 성주면 경산동 문몽룡 의견서; 《사찰자료》 용암면 상은동 이종효 의견서; 《사찰자료》 용암면 기산동 나곤태 의견서; 《사찰자료》 초전면 대장동 송우선의견서; 《사찰자료》 성주면 경산동 심재달 의견서; 《사찰자료》 초전면 소성동 이무득 의견서.
52) 《사찰자료》 성주면 예산동 이선특 의견서; 《사찰자료》 성주면 백전동 주상록 의견서; 《사찰자료》 성주면 백전동 이선화 의견서.
53) 《사찰자료》 성주면 경산동 최종건 의견서; 《사찰자료》 성주면 예산동 김수용 의견서; 《사찰자료》 초전면 문덕동 이효원 의견서; 《사찰자료》 용암면 대봉동 이종태 의견서.

금융조합 서기 등이 간부직을 맡는 경우도 있었는데, 동 단위 인민위원장이나 치안대의 경우 이들이 다수를 점했다.

한편 인민군은 성주 점령을 완료하자 치안대·인민위원회와 나란히 노동당을 조직하였다. 성주경찰서가 작성한 《사찰자료》에서 인민군 점령기에 노동당원으로 활동한 인물들로 확인되는 자는 복기화, 김병훈, 김준덕, 이상운과 9월 13일자로 노동당 후보당원 자격을 취득한 성기운 등이다.[54] 이들은 인민위원회나 외곽단체에서 요직을 맡고 있었다. 복기화는 노동당 초전면 책임자로 초전면 치안대 부대장을 맡아 우익인사 처단에 앞장섰고, 김병훈은 초전면 농민동맹 위원장과 초전면 인민위원회 부위원장을 맡았으며, 김준덕은 용암면 인민위원회 선전대장을 맡았고, 이상운은 용안면 치안대 총무와 자위대 연락책을 맡았다. 성기운은 대구대학 재학생으로 후보당원이 된 직후 면책이던 복기화의 추천으로 성주군 노동당 강습소에서 소련어, 지리, 공산주의 창가 등을 가르쳤다. 이들 가운데 김준덕만이 남로당 출신이었다. 인민군은 성주 점령 후 노동당을 조직하면서 과거 남로당 활동을 하다가 신분이 노출되었거나 보도연맹에 가입한 자들에 대해서는 노동당 복귀를 허용하지 않았다. 도재림·문몽룡·나곤태·이종효·송우선·심재달·이무득 등이 그 경우인데 이들은 다시 노동당원이 되지 못했다.[55]

성주군의 노동당 군당 조직은 인민군 소속 정치위원이 실권을 행사하는 방식으로 조직되었고, 군당 산하 면당조직은 지역 출신의 노동당원이 맡았던 것으로 보인다. 노동당원들은 인민위원회의 부위원

---

54) 《사찰자료》 초전면 대장동 성기운 의견서; 《사찰자료》 가천면 창천동 김병훈 의견서; 《사찰자료》 용암면 마월동 김준덕 의견서; 《사찰자료》 용암면 상은동 이삼봉 의견서.

55) 《사찰자료》 성주면 경산동 도재림 의견서; 《사찰자료》 성주면 경산동 문몽룡 의견서; 《사찰자료》 용암면 상은동 이종효 의견서; 《사찰자료》 용암면 기산동 나곤태 의견서; 《사찰자료》 초전면 대장동 송우선 의견서; 《사찰자료》 성주면 경산동 심재달 의견서; 《사찰자료》 초전면 소성동 이무득 의견서.

장이나 선전대장 또는 치안대 부대장, 농민동맹 등의 외곽단체장 등을 맡아 겉으로는 조직을 대표하는 지위에 있지 않았지만, 실질적으로는 치안 업무나 전쟁 동원, 선전선동사업에서 결정적인 영향력을 행사하며 핵심적인 역할을 담당하였다.

인민군 점령기에 수립된 치안대·노동당·인민위원회의 지배체제는 대한민국의 국가체제와는 근본적으로 다른 조선인민공화국의 정치체제였다. 이 체제는 비록 인민군의 퇴각으로 2개월을 넘기지 못하고 무너졌지만, 그럼에도 불구하고 지역 주민들이 새로운 체제를 실감하기에 충분할 만큼 압축적으로 가동되었다.

인민군은 이들 조직을 가동해 압축적으로 여러 가지 점령지 정책을 실시하였다. 그 정책은 우익인사 색출과 처단, 토지개혁과 현물세 징수를 위한 생산고 조사, 전쟁노력동원과 의용군 모집, 조선인민공화국을 찬양하는 선전·선동활동 등으로 전개되었다. 이 정책들은 목표와 추진과정이 사전에 치밀하게 계획되었고, 그 계획에 의거해 북으로부터 파견된 전문공작원 지도로 명확한 성과를 달성하도록 추진되었다.

초전면 용봉리에서 한국전쟁을 겪었던 여기원의 회고는 그 점에서 참조할 만하다. 그는 한국 군경이 지배하던 시기에 대해, 당시 한국 경찰과 군인은 전문교육을 거의 받지 못했고 민간에 행패를 심하게 부려 군경이 어느 동네를 점령하면 그 동네 부녀자들을 능욕하는 등 절단을 냈다고 하였다. 이에 비해 인민군은 교육이 잘되어 있어 민심을 얻었다고 회고했다.

"우리 이승만 군대나 경찰하고는 너무 판이하게 차이가 나는 기라. 그러니까 민심이 그리로 다 쏠렸지. 그 사람들 일반 인종한테는 엄청나게 친질히 잘해. 확실히 무슨 교육을 철저히 받은 기라. 절대로 부녀자들한테 희롱을 한다든지 뭐 그런 말 한마디도 그런 거 없었어. … 말

한마디 나쁜 소릴 안 했어요. 여 뭐 지나가는 애 하나도 다 안아 주고 동무 동무 하면서. 어른 섬길 줄 알고 참 그거 잘했어. 그러니 인심이 다 그리로 떠났다고. 그 당시는. 그라고 인인군들은 와서 소를 잡아먹고 영수증도 써 줬어. … 전쟁 끝나면 바로 돈으로 줄 모양인게. 돈으로는 또 그때 후하게 쳐줘요."56)

이 회고에 따르면 인민군은 마을에 들어와도 부녀자를 희롱하거나 재물을 강탈하지도 않았고, 주민들에게 예의를 갖추어 친근하게 대했다. 식용으로 소나 가축, 과일을 징발할 경우에도 전쟁이 끝나면 현금으로 교환할 수 있는 영수증이나 어음을 끊어 주었다. 인민군은 그렇게 하여 주민들의 인심을 얻었다고 하였다.

2.2 우익인사 색출과 처형

면 치안대의 주요 업무는 우익인사의 색출과 처형이었다. 대한민국의 경찰, 군인, 공무원, 대한청년단과 같은 관변 우익단체에서 활동한 인물, 유력한 우익 유지 등의 소재를 내무서에 제공하고, 이들을 체포, 구금, 처형하는 것이었다.57)

면 치안대는 이들 우익인사들을 수색하고 체포하여 치안대 유치장에 감금하고, 고문을 가하면서 처벌에 필요한 조서를 작성하였다. 이들에 대한 처벌은 대부분은 면 단위 치안대 간부들의 자체 판단으로 결정되었다. 구금된 자들 가운데 과거 행적이 크게 문제되지 않은 경우는 며칠 동안 구류했다가 석방했으며, 총살형에 처할 정도로 사안이 무거운 경우는 면 인민위원회 간부와 치안대 간부가 연석회의를

---

56) 이양호, 앞의 책, 2005, 67~71쪽.
57) 《사찰자료》 대구 대봉동 정범호 의견서.

열어 처벌을 결정하였다. 가령 초전면의 경우 이 연석회의에는 초전면 인민위원장, 부위원장, 서기장과 초전면 치안대 대장, 부대장, 총무부장, 초전면 노동당위원장 등이 참석하였다.

8월 25일 치안대장 도호순의 지시를 받아 송판익, 이덕기, 권상철, 도원진 등이 출동해서 창동에 가서 도인환을 체포해서 치안대 본부로 끌고 와서 구속시켰다.

8월 27일 초전면인민위원회 위원장 유희재, 부위원장 정종태(30세, 도주), 서기장 김영익(30세, 도주)과 치안대 대장 도호순, 부대장 조남권, (초전면 남로당위원장)복기확, 송우선(초전면 치안대 총무부장)이 체포·구속되어 있는 초전면 대장동 초전면의용소방대장 박러진(45세)과 그의 아들 박찬선(17세, 대륜중학교 학생), 칠선동 거주 대한경찰비밀정보원 최병태(25세), 면서기 도인환에 대해서 같이 논의하여 총살하기로 결정하고 총살집행을 도호순에게 일임하였다.

8월 29일 초전면 대장동 부락에 있는 경찰 비밀정보원 이점두를 체포하여 치안대 본부로 구인하였다. 이점두를 처벌·살해하기로 결정을 했는데, 여기에 관여했던 이가 도호순, 복기확, 문종학, 조남권, 이기확, 송우선이다.[58]

그러한 처벌결정 과정에서 개인적인 연고나 감정이 개입하는 경우도 종종 있었다. 평소 개인적으로 원한을 산 우익 인사나 공무원이 체포된 경우 안면이 있는 치안대나 인민위원회 간부를 찾아 원수를 갚아 달라는 부탁을 하는 경우도 있었고, 아래의 사례에서 보듯이 치안대나 인민위원회 간부가 처벌 결정과정에 개인적 이해를 개입시킨 경우도 있었다.

---

58) 《사찰자료》 초전면 대장동 송우선 의견서.

8월 20일 초전면 대장동(대마부락) 송우선의 정미소에서 정종태, 김영익, 도호순, 복기학, 유희재, 감찰 대장 송우선이 모여서 취조 서류를 갖춰 최병태, 도인환, 박려진, 박찬성을 처형하기로 도모하였다. 복기학가 "박려진, 박찬신은 부자지간으로 둘이 나의 원수라서 내 생명을 위협하게 하니 그대로 둘 수 없다"고 말하였다. 다른 사람도 동의했다. 유희재가 "취조 서류를 보니까 이것 가지고 처형하는 것이 옳지 않다. 인민재판에 붙이고 우리가 굳이 죽일 필요가 있는가? 개인 원수 관계로 죽이는 것은 옳지 않다."고 말했다. 다른 사람들은 찬성하고 유희재가 반대하니 도호순이 "가결해 주면 치안대에서 처리해 주겠다"라고 말했다. 8월 25일 송우선·복기학 양인이 박려진 부자, 도인환, 이점두 4명을 약목으로 이송하니, 무장해서 출발하자는 지시를 받았고 이 사람들을 살해하러 간다는 것을 알고 같이 공모하여 박려진 외 3명을 인치하여 이해근·송우선 외 3명(김영철, 인민군 장교, 빨치산 부대원)이 초전 지소로부터 약 500m 떨어진 지점에서 처치했다. … 인민군 장교 한 명이 "너희들을 이 자리에서 죽이니 할 말이 있으면 무슨 말이라도 하라"고 하니 박찬신은 아무 말이 없고, 도인환·박려진은 복기학·문종학에게 "개인 감정으로 죽는 것이 억울하다"고 이야기 했다. 인민군 장교가 "총을 쏴라"라고 하니까 총을 쏴서 총살을 했다.59)

부락이나 면 단위 치안대에서 우익인사에 대한 처형이 정당한 재판과정 없이 자의적으로 이루어지는 경우가 종종 발생하자, 성주군 내무서는 9월 1일자로 공문을 하달해 총살형에 해당하는 처벌은 면 단위 치안대에서 결정할 수 없도록 금지하였다.60) 그러나 이후에도 그 결정을 어기고 면 치안대가 우익인사를 처형하는 경우가 발생하였다. 초전면 치안대의 우익인사 처벌이 그 대표적인 경우였다. 초전면 치안대는 9월 1일자 내무서의 지시에도 불구하고 면 치안대 자체 결

---

59)《사찰자료》초전면 봉정동 조남권 의견서.
60)《사찰자료》초전면 대장동 송우선 의견서.

정으로 9월 10일 밤 구장 겸 대동청년단 면선전부장이었던 배동암과 칠선동 구장 겸 대동청년단 면부단장이었던 배병덕, 문덕동 구장이었던 곽철오를 체포하여 총살하고, 9월 11일에도 초전면 부면장이었던 이상두, 초전면 초등학교 교장이었던 이동을 체포하여 총살하였다.[61]

그러나 9월 1일자 내무서 공문이 하달된 후 면 치안대 차원의 처형은 줄어들었고, 대신 총살형에 해당하는 우익인사는 성주군 내무서로 송치하여 유치장에 구금한 다음 심사를 거쳐 인민군이 총살하였다. 내무서 유치장에 구금되어 있던 인사 대부분은 9월 25일 인민군에 성주에서 철수할 때 처형된 것으로 조사되었다. 9월 25일 내무서원에 의해 처형된 인물 가운데 신원이 확인되는 인물은 월항면의 정도희 1명 정도였다.[62]

인민군 점령 기간에 처형된 우익인사를 처형 시기별로 분류하면 총 40명 가운데 30명이 1950년 8월 중에, 10명이 9월에 처형되었다. 8월에 발생한 사건은 전부 면 치안대 차원에서 체포와 처벌결정이 이루어지고, 총살형이 집행되었다. 면 치안대에서 이루어진 총살형은 치안대원 단독으로 집행하는 경우도 있었고, 치안대원과 내무서에서 면

---

61) 《사찰자료》 초전면 대장동 송우선 의견서.
　　9월 1일 郡 내무서에서 공문이 내려왔는데, "면 자위대 단독으로 반동분자를 체포·감금·총살하는 것을 불허한다. 그리고 비밀결사대원을 조직하라."는 내용이었다.
　　9월 10일 즈음 송우선이 숙직할 당시에 12명의 결사대원과 초전면 고산동 위원장 송판익, 인민군 병사 한 명, 빨치산 한 명이 합쳐서 15명이 동일 오후 9시경 초전면 대장동 부락에 거주하는 구장 겸 대한청년단 면선전부장 배동암(38세)을 체포하고, 오후 10시경 칠선동 부락에 거주하는 구장 겸 대동청년단 면부단장 배병덕(40세)을 체포·결박해서 초전면과 성주면 경계지점 성주 김천 간 3등 도로변 대티고개에서 총살해서 시체를 도랑에 유기했다. 밤 12시경 인민군 병사와 빨치산 병사를 제외한 나머지 초전사람들을 지휘해서 문덕동 부락에 거주하는 구장 겸 방첩특공대원 곽철오(43세)를 체포하고, 11일날 오후 1시경 자양동 속칭 금단 부락에 거주하는 초전면 부면장 이상두(35세), 초전면 초등학교교장 이동(45세)를 체포하여 월항면 어산동 부락 백천 사장에서 세 명을 총살해서 시체를 그 자리에 유기했다.
62) 《사찰자료》 월항면 보암동 양을환 의견서.

치안대에 파견한 인민군, 빨치산 대원이 공동으로 집행하는 경우도 있었다.[63] 처형은 부락에서 떨어진 하천가나 도로 인근의 산간 계곡에서 이루어졌고, 시신은 처형 장소 주변에 유기하거나 매장하였다.

9월에 발생한 사건도 2건을 제외하고 전부 면 치안대 차원에서 처벌 결정이 이루어지고 총살이 집행되었다. 나머지 2건 가운데 1건은 인민군이 부락 치안대원에게 지시해 대한청년단원을 체포한 다음 과거 남로당 인사를 다수 밀고한 죄로 내무서 인민군이 총살했고, 다른 1건은 면 치안대가 체포하여 심문한 다음 성주군 내무서 유치장에 구금했다가 인민군 퇴각 당일 내무서원이 처형하였다. 군 내무서 이송 여부는 정치공작대가 결정하였다.

인민군 점령기 우익 희생자가 발생한 지역을 살펴보면 성주면, 초전면, 벽진면, 월항면, 가천면, 대가면, 금수면, 선남면 등이다. 그 가운데서 가장 희생자가 많았던 지역은 초전면으로 12명이 희생되었고, 다음은 벽진면으로 5명이 희생되었다. 여타 지역은 1~3명 수준에서 희생자가 발생하였다.

인민군 점령 시기 성주에서 처형당한 우익 희생자를 직업별로 구분하면 첫째, 경찰 관련 희생자가 8명이다. 희생자를 다시 세분하면 경찰관 2명(김경희, 배용덕),[64] 경찰가족 1명(이덕기),[65] 경찰비밀정보원 4명(강영석, 이점두, 최병태, 김종기),[66] 의용경찰 2명(김경식, 김명술)[67] 등이다. 상대적으로 경찰정보원이나 의용경찰의 희생이 많

---

63) 《사찰자료》 초전면 대장동 송우선 의견서; 동 초전면 봉정동 조남권 의견서; 동 금수면 광산동 이해균 의견서.

64) 김ㅇ오 71세 진술서, 성주군 월항면 용각3리; 현ㅇ분 84세 진술서, 성주읍 대황2리.

65) 박ㅇ치 76세 진술서, 금수면 광산3리.

66) 김ㅇ호 76세 진술서, 찰이면 마수리; 《사찰자료》 초전면 대장동 송우선 의견서; 이ㅇ언 66세 진술서, 초전면 자양2리; 김ㅇ기 77세 진술서, 월항면 안포리.

67) 김ㅇ희 71세 진술서; 가천면 창천3리; 성ㅇ영 77세 진술서, 가천면 용사리.

았던 것은, 1950년 8월 초 경찰이 성주에서 퇴각할 때 이들에게는 알
리지 않고 경찰관과 경찰가족만을 우선적으로 소개시켰기 때문이다.
경찰비밀정보원 가운데 최병태는 해방 후 좌익활동을 한 경력이 있어
보도연맹에 가입한 인물이었다. 그는 이후 경찰비밀정보원으로 활동
하며 10여 명의 좌익인사를 밀고하였기 때문에 처형당했다. 경찰 관
련 인물은 아니었지만 벽진면에 거주했던 탁상균은 피신한 형이 전쟁
전에 좌익인사를 경찰에 밀고하였다는 이유로 치안대에 체포되어 처
형당했다. 일종의 대리 처벌이었다.[68]

둘째, 공무원으로 처형된 자가 9명이다. 세분하면 면직원이 5명이
고 구장이 4명이었다. 면직원으로는 부면장 1명(이상두), 면서기 4명
(석상원, 도인환, 도석환, 배용식)이 처형되었다. 처형된 부락 구장 가
운데 초전면의 배병덕과 배동암은 부락의 구장이자 대한청년단 초전
면 임원을 겸하고 있었다.[69] 그러나 대한민국의 공무원이었다고 모두
가 처형된 것은 아니었다. 성주경찰서 《사찰자료》에는 면서기, 구장,
우체국장 또는 우체부를 하던 인물이 인민군 점령 시기에 인민위원회
간부로 활동한 부역자로 경찰에 검거되어 재판에 회부되는 사례가 다
수 발견된다.[70]

셋째, 대한청년단 간부나 단원 또는 그 가족으로 처형된 자가 9명
이었다.[71] 성주 지역에서 대한청년단은 지방 좌익세력을 적발하고,

---

68) 《사찰자료》 벽진면 매수동 이경일 의견서.
69) 《사찰자료》 초전면 대장동 송우선 의견서; 이○언 66세 진술서, 초전면 자양2리.
70) 《사찰자료》 성주면 삼산동 이수영 의견서; 《사찰자료》 가천면 창천동 김병욱
    의견서; 《사찰자료》 성주면 경산동 주상록 의견서.
71) 대한청년단은 1948년 대한민국 건국 직후에 이승만 대통령이 자신을 절대적으로
    지지할 외곽조직으로 결성한 우익 청년단체였다. 대한청년단은 우익청년단체의 대
    표격인 대동청년단을 중심으로 전국에 산재한 우익청년단체들을 흡수, 통합하여
    조직되었다. 대한청년단은 전국에 200만 명에 달하는 단원을 거느리고, 좌익에 맞
    서 이승만을 지지, 옹호하는 활동을 전개하였다.

좌익인사들의 동향을 정탐해 경찰에 보고하는 활동을 하였고, 구장이 단원으로 활동하는 경우가 대부분이었다. 금수면의 대한청년단원 김덕용과 이구순은 전쟁 이전에 자신의 거주지 인근 아래수름재에 좌익의 은신아지트가 있다는 사실을 경찰에 제보하였고, 경찰이 아지트를 공격해 은신해 있던 좌익인사가 목숨을 잃었다. 김덕용과 이구순은 이 사건으로 인민군 점령 후 치안대에 체포되어 처형되었다.[72] 이들 외에 관변조직에서 활동한 인물로 처형된 자는 초전면 의용소방대 대장 박래진과 그의 아들 박찬선(대륜중학교 학생)이 있었다. 박래진 부자는 좌익공격에 가담했기 때문이 아니라 치안대원과 개인적인 원한관계에 있었기 때문에 총살당했다.[73]

넷째, 국민학교 교장이 1명 처형되었다. 처형된 인사는 초전면 초전국민학교 교장이었던 이동이었다.[74] 그러나 당시 국민학교 교원이나 교장이라 하여 전부 우익으로 분류되어 처벌받은 것은 아니었다. 앞서 보았듯이 인민군 점령기에 인민위원회 간부를 맡아 활동한 국민학교 교장과 교사, 중학교 교사 여러 명이 있었다.[75]

이들 외에도 10여 명의 처형자가 더 있지만 직업과 활동을 분명하게 파악할 수 없다.

성주를 점령한 북한 인민군으로서는 점령지 치안 확보와 인민위원회 질서 안착을 위해 서둘러 우익세력을 체포하고 처벌할 필요가 있었다. 이에 현지 사정에 밝은 좌익청년들로 먼저 치안대를 조직하고 우익인사를 색출하게 하였다. 그러나 치안대는 우익인사 색출에 그치

72) 박○성 76세 진술서, 금수면 명천1리.
73) 각주 68 참조.
74) 《사찰자료》 초전면 대장동 송우선 의견서.
75) 《사찰자료》 용암면 상은동 이종효 의견서; 《사찰자료》 용안면 대봉동 이종태 의견서; 《사찰자료》 가천면 창천동 심소암 의견서; 《사찰자료》 성주면 경산동 최종건 의견서.

지 않고 체포한 우익인사 대부분을 살해하였다. 치안대의 우익인사 처형은 적법한 처벌이라기보다 보복 학살이었다. 즉결 처형이 많았음이 이를 뒷받침한다. 성주군 내무서가 이를 막기 위해 치안대 독자 처형을 금지하는 지시를 내렸지만 그 지시 이후에도 치안대의 즉결처형은 계속되었다.

우익인사에 대한 보복 학살은 면 치안대의 핵심 간부 대부분이 과거 남로당원이었거나 좌익활동에 가담했었고, 그로 말미암아 보도연맹에 가입해야 했던 사실에서 그 원인을 찾을 수 있다. 이들은 한국전쟁 발생 직후 군경에 의해 자행된 보도연맹원 집단학살에서 구사일생으로 살아남은 자들이었다. 동료들의 처참한 학살을 목격했던 이들에게 우익은 오로지 증오와 복수의 대상일 뿐이었다. 그런 까닭에 인민군 내무서의 지시도 어겨가며 우익인사를 처단하였고, 당사자가 없을 경우 그 가족을 대리 학살하는 것도 서슴지 않았다. 1950년 7월의 보도연맹원 예비검속과 집단학살이 인민군 점령기 치안대가 우익인사를 보복 학살하는 직접적 원인이 된 것이었다.

보도연맹원 집단학살이 인민군 점령기 우익인사에 대한 치안대의 대리 보복을 불러왔다면, 그것은 유엔군이 성주를 수복한 후 경찰에 의해 자행된 이른바 부역자 집단학살이라는 또 다른 대리 보복을 불러왔다.76) 이로 말미암아 지역사회는 치유하기 힘든 내상을 입게 되었고 주민들 사이에는 적대적 분열의 골이 깊게 파였다.

2.3 토지개혁과 현물세제 수확고 조사

북한의 전쟁은 두 가지 해방을 목표로 하였다. 하나는 친일파 민

---

76) 성기수, 《난중일기》 1951년 6월 14일. 성기수 개인 웹사이트 http://www.sungkisoo.pe.kr.

족반역자였던 남한 리더십으로부터 인민을 해방하는 것이고, 다른 하나는 반봉건적인 지배의 핵심제도인 지주—소작관계로부터 농민을 해방시키는 것이었다.[77] 전자가 점령지에서 인민위원회 체제를 수립하는 것이었다면, 후자는 토지개혁으로 전개되었다. 이를 위해 북한정권은 1950년 7월 4일 최고인민회의 상임위원회의 정령으로 〈공화국 남반부 지역에 토지개혁을 실시함에 관하여〉를 발표하였다. 이 정령은 "해방된 공화국 남반부 농민들에게 자유와 행복을 주며 낙후된 농촌경리를 급속히 발전시킬 목적"으로 남한 점령지역에서 토지개혁을 실시할 것을 규정하였다.[78]

인민군 점령기 성주에서도 이 정령에 의거하여 무상몰수 무상분배의 토지개혁이 실시되었다. 성주에서 실시된 토지개혁의 구체적 방법과 내용은 성주경찰서 《사찰자료》를 통해 파악할 수 있다.

① 이종상은 8월 20일경 동면 위원회 사무실에서 북한토지공작대원 박기영(32)과 성명불상 1명과 가천면 위원장 한갑수(45)와 동서기장 배광인 등의 지시로 8월 25일 오전 9시경부터 31일 오후 6시까지 약 7일간에 걸쳐 동면 토지개혁위원인 이태호(40), 성명 불상자 8명과 모의하야 동면 학죽동 부락기주 이병옥(45)의 집에서 학죽동 부락구역 일대에 걸쳐 전답경작지 불상두락에 대하여 토지신고사무를 실시하여 역도의 토지개혁자료에 봉조하였다.[79]

② 양판술은 8월 6일 오전 11시경 군당으로부터 토지개혁실시지령을 받고 동 인민위원회 서기 장기원(37), 유치중과 협력하여 토지를 분배할 목적으로 학산 일대에 토지 총면적을 조사하였다. 1950년 8월 10일경 군당으로부터 토지개혁 判檢官(이북인, 성명불상)의 지령으로

77) 박명림, 앞의 책, 2002, 263쪽.
78) 조선중앙통신사, 《조선중앙연감(1951~1952)》, 조선중앙통신사, 1952, 84~85쪽.
79) 《사찰자료》 가천면 창천동 이종상 의견서.

학산동 일부에 있는 丁모의 집에서 조사한 토지를 남자 18세 이상 60
세까지, 여자 18세 이상 55세까지로 조사하여 일인당 전답을 합하여
520평씩 배당하였다. 9월 25일 아군이 진주함으로 인해 목적한 토지
를 학산동 일대에 전부 완료치 못하였다.[80]

③ 신상현은 9월 10일 신삼봉 집에서 성주면 농지위원 백도기의 지시로
강해윤, 이의상 등과 논의하여 9월 13일경까지 약 4일간에 걸쳐 토지
개혁의 기본조사 및 몰수 토지를 조사명부로 작성하여 13일 김금용
가에서 농지중앙위원 성주군 관계자에 인계하고, 동인으로 하여금
농지를 분배케 하였다.[81]

④ 유희재는 8월 26일 12시경에 인민위원회 본부에서 정치공작대원 성
명 불상 3명이 와서 토지개혁에 대한 강습을 실시할 것이니 담당할
10명을 선발해 달라는 지시를 받아서 초전면 인민위원회 회원 이상
두 외 9명을 지명하여서 초전면 고산동 윤관봉의 집에서 수강토록 하
고 그때부터 시작하여 그 달 말까지 초전면 일대에 걸쳐서 답 200두
락 전 150두락을 무상몰수하여 무상분배토록 하였다.[82]

이 자료들에 따르면 8월 10일부터 9월 중순에 이르기까지 성주 전
역에서 군 인민위원회의 지시로 부락 단위의 토지개혁이 실시되었다.
북한은 7월 4일 남한의 토지개혁에 관한 정령을 발표하면서 농림상을
위원장으로 하는 '남반부 토지개혁지도위원회'를 구성하고 남한에서
토지개혁을 지도할 500명의 지도위원(또는 전권위원)을 파견하였다.
성주에도 중앙에서 파견된 군책임지도원이 토지개혁에 관한 사업 전
체를 지휘하였다. 군책임지도원은 남반부 토지개혁지도위원회가 하달
한 토지개혁 실행준비계획서에 의거해 토지개혁을 추진하였다. 이 계

---

80) 《사찰자료》 성주면 학산동 양판술 의견서.
81) 《사찰자료》 성주면 용산동 신상현 의견서.
82) 《사찰자료》 초전면 용성동 유희재 의견서.

획서 따르면 토지개혁은 각급 실행위원회의 조직, 강습회 조직, 경비 및 자위대 조직, 통보연락망 조직, 토지개혁 총결회의 소집, 각종 통계보고 순서로 실시하는 것이었다.[83]

성주의 토지개혁은 북에서 파견된 토지개혁지도성원(①의 토지개혁공작대원, ②의 토지개혁 판검관)이 부락 인민위원장에게 지시해 토지개혁을 담당할 10명 이내의 위원을 선발하게 하고, 이들을 상대로 토지개혁에 필요한 실무를 강습하는 것으로 시작되었다(①,④). 토지개혁실무 강습이 끝나면 토지개혁위원들은 부락의 전체 토지면적과 소작면적, 몰수대상 토지, 토지분배대상자 명부 등 토지개혁에 관한 기본조사서를 작성하였다(자료 ③). 이 작업이 끝나면 토지개혁위원들은 성주군당에서 파견된 지도원의 지휘를 받아 토지를 분배하였다. 토지는 18세 이상 60세까지의 남자와 18세 이상 55세까지의 여자에게 균등 분배되었고, 분배면적은 성주면의 경우 일인당 전답을 합하여 5백 평 내외 즉 5두락 정도였다. 토지분배가 끝나면 분배받은 농민에게는 토지소유권 증명서가 교부되었다. 토지소유권 증명서는 원래 도道인민위원장이 교부하는 것이었으나, 신속히 발행할 필요에서 도인민위원장 위임형식으로 군郡인민위원장이 발부하였다.

성주군의 경우 부락 단위의 토지개혁사업은 시작부터 완료까지 5일~7일이 걸렸다. 그야말로 토지개혁이 초단시간에 이루어진 것이다. 그렇게 추진되었지만 성주군 전역에서 토지개혁이 완료되지는 못했다. 인민군의 성주 점령기간이 워낙 짧았기 때문에 퇴각할 때까지 토지개혁을 미처 완료하지 못한 부락이 있었다.

부락 단위로 토지개혁이 끝나면 토지개혁 완료를 축하하는 경축대회가 개최되었다. 이 경축대회 또한 토지개혁실행준비계획서에 포함

---

83) 박명림, 앞의 책, 2002, 266~268쪽.

되어 있었다. 토지개혁 경축대회의 구체적 사례는 아래와 같다.

> 배재엽은 군위원회 성명불상자의 지시로 9월 20일경 오전 9시경부터 도남동 도남제실에서 부락민 약 70명을 동원하여 토지개혁의 단행과 선거종료의 경축대회를 약 3시간에 걸쳐 개최하여 김일성과 공산주의를 칠찬하는 취지를 부락민에게 고취 주입하였다.[84]

이 경축대회는 1950년 9월 20일 대가면 도남동에서 도남동의 토지개혁과 마을 인민위원회 구성이 완료된 것을 경축하기 위해 마을제실에서 주민 70여 명이 참석한 가운데 개최되었고, 경축대회의 핵심은 인민위원회 구성과 토지개혁의 공을 김일성에게 돌리고 공산주의를 찬양하는 것이었다.

다른 한편 성주군 인민위원회는 토지개혁과 나란히 현물세 징수를 위한 농산물생산고조사를 실시하였다. 농산물생산고조사는 북한 내각이 8월 18일 공포한 내각결정 148호 〈공화국 남반부지역에 있어서 농업현물세제를 실시함에 관한 결정서〉에 의거해 이루어졌다. 내각결정 148호는 정령 〈공화국 남반부지역에 토지개혁을 실시함에 관하여〉에 근거하여 농업현물세를 부과, 징수하는 것이었다. 이 결정에 따르면 조기작물은 현물세를 면제하고 만기작물은 논은 수확고의 27퍼센트, 밭작물은 23퍼센트, 과실은 25퍼센트, 화전재배물은 10퍼센트를 현물로 징수하는 것이었다.[85]

이를 위해 군 인민위원회 농산과에서는 동洞의 토지개혁위원을 소집해 농산물생산고 조사방법을 강습하였다. 이 강습회는 군면 단위 농산지도원을 대상으로 9월 3일까지, 마을 조사원을 대상으로 9월 5

---

84) 《사찰자료》 대가면 도남동 배재엽 의견서.
85) 박명림, 앞의 책, 2002, 34~35쪽.

일까지 실시하도록 계획되었다. 그러나 강습은 당초 계획보다 다소
늦게 실시되었다.

> 가천면 창천동 이종상 39세 농업. 9월 14일경 동면 위원회 사무실에
> 서 당시 군인민위원장 강의석(47)의 지령문을 받고 동월 15일경부터
> 다음 날까지 약 1일간에 걸쳐 성주면 대황동(속칭 구동골) 소재 재실인
> 당시 군인민위원회 농산과 사무실에서 북한 정치공작대원 홍모와 군위
> 원회 농산과장 성명 불상 등으로부터 농산물 생산고 판정조사에 대한
> 강습을 받은 사실이 있고 … 86)

> 가천면 화죽동 조주희 39세 농업 부락인민위원회 위원장, 부락 농민
> 동맹 조직부장. 8월 27일 이 마을 인민위원회 서기장 이태호(36세)와
> 가천면 금봉동에 가서 정치공작대원으로부터 토지개혁에 대한 강습을
> 3시간 받았다. 8월 28일부터 3일간 가천면 동원동에서 동네 사람 10여
> 명과 같이 부락생산고를 조사했다. 부락 생산고 조사 뒤 12등급으로 나
> 눠 그 동네에 있는 답 전부를 조사 완료했다.87)

이 자료에 따르면 농산물생산고조사는 동 단위로 이루어졌다. 조사
에 필요한 업무는 군 인민위원회의 농산과사무실에서 교육시키거나
몇 개 동을 묶어 토지개혁업무와 같이 교육시켰다. 토지개혁위원이
농산물생산고조사위원을 겸임하는 경우도 있었다. 그러나 그렇지 않
고 한 명의 조사위원이 여러 마을의 생산고조사를 담당했던 경우도
있었다. 생산고조사가 토지개혁과는 달리 복잡하고 전문성이 요구되
었기 때문이다.88) 어떤 경우든 농산물생산고를 조사할 때에는 반드시

86) 《사찰자료》 가천면 창천동 이종상 의견서.
87) 《사찰자료》 가천면 화죽동 조주희 의견서.
88) 박명림, 앞의 책, 2002, 290쪽.
    생산고조사는 예상수확고를 '판정'하는 것이었는데 해당 지번의 평당 포기 수,

마을농민 대표 10명을 입회시키도록 하였다. 개별 토지의 농업생산고
는 마을 사람들이 정확히 알고 있으므로 마을대표 10명을 참가시키면
불공정한 판정을 방지할 수 있었다. 농산물생산고조사는 3일 안팎으
로 실시되었고, 개별 토지의 생산고 등급은 12등급 분류기준에 따라
판정되었다.

농산물 생산고조사는 그 업무 특성상 토지개혁보다 느리게 진행되
었다. 그리하여 9월 24일 인민군이 퇴각할 때까지 조사가 이루어지지
못한 지역이 많았다.

3. 인민군의 전쟁 동원과 유엔군 공습

성주로 진격한 인민군은 제1군단 예하 제3사단이었다. 인민군 제3
사단은 고령 방면으로 진주한 제10사단과 함께 왜관에서 대구에 이르
는 낙동강 전선에서 도하작전을 담당하였다. 인민군 제3사단은 8월
대공세의 일환으로 8월 9일 새벽 낙동강 도하작전을 실시하였다. 그
러나 이 작전은 연합군의 거센 반격을 받고 실패하였고, 제3사단은
치명적 타격을 입었다. 제3사단이 패퇴하자 인민군은 제10사단 예하
1개연대와 예비 제27연대를 왜관 방면 낙동강전선에 투입하여 8월
14일 다시 도하작전을 전개하였다. 인민군 제3사단도 왜관 방면에서

평당 이삭 수, 한 이삭당 평균 알 수, 평당 총알 수, 1,000립 중량, 평당 수확고,
총수확고를 조사하는 것이었다. 따라서 농산물생산고조사를 담당하기 위해서는 최
소한 보통학교 이상을 졸업해야 했다.

이 작전에 가세하였다. 연합군은 이 공격을 저지하기 위해 8월 16일 이 일대에 최대 규모의 융단폭격을 실시하였다.[89] 이로 말미암아 낙동강 전선을 돌파하지 못한 인민군은 다시 전열을 정비하여 8월 31일 심야부터 9월 총공세를 펼쳤다.[90]

인민군은 총 세 차례에 걸쳐 전개한 왜관 부근의 낙동강 도하작전을 위해 성주 일대에서 대규모 노동력 동원과 물자 징발 그리고 의용군 징집을 실시하였다. 먼저 인민군은 대규모 노동력을 동원하여 김천군 조마면의 인민군 제1군단 병참기지에서 탄약과 포탄, 군량미와 기타 보급품 등을 낙동강변에 포진해 있는 인민군 전투부대까지 보급하였다. 군수품 운반은 공습을 피해 주로 야간에 이루어졌고, 수십 대의 우마차가 동원되었으며, 인력동원 규모도 적게 수십 명에서 많게는 1,800여 명에 이르렀다.[91] 또한 인민군은 방공호나 전선의 참호 구축에도 노동력을 동원하였다.[92] 노동력 동원은 치안대와 부락 인민위원회가 담당하였다. 인민군으로부터 동원명령이 내려오면 면 치안대는 동 치안대에 지시를 내려 노동력을 동원하였다.

다음으로 인민군은 보급이 부족한 군수품을 인민위원회를 통해 조달하였다. 군수품으로는 쌀·보리·콩 등의 곡물과 채소·과일 등의 부식재료, 소·돼지·닭 등의 육류, 연초, 옷감과 의복 등이 징발대상이었다.[93] 인민군이 이들 물품의 조달량을 군 인민위원회에 통보하면 군 인민위원회가 이를 면 인민위원회로 배분하고, 면 인민위원장이 이를

---

89) 국방군사연구소, 《한국전쟁(상)》, 국방군사연구소, 1995, 311~315쪽.
90) 국방군사연구소, 위의 책, 1995, 341쪽.
91) 《사찰자료》 초전면 대장동 송우선 의견서.
92) 《사찰자료》 성주면 경산동 박태주 의견서; 《사찰자료》 성주면 경산동 심재달 의견서.
93) 《사찰자료》 성주면 경산동 이응조 의견서; 《사찰자료》 초전면 자양동 김중선 의견서.

다시 동으로 할당하면 동 인민위원장이 이를 가호별로 나누어 징수하였다. 이와는 별도로 인민군은 직접 주둔지 인근으로 나가 필요한 물자를 징발하기도 하였다.[94]

또한 인민군은 동 인민위원회와 치안대에 지시를 내려 주민 명부를 작성하게 하고 17세에서 28세 사이의 남자 청년층 가운데서 인민군 의용군을 징집하였다. 인민군 제3사단과 제10사단은 8월 9일과 14일의 대규모 낙동강 도하작전에서 전투 병력의 4할에 해당하는 2,500명 내외의 병력을 잃었다. 이에 인민군은 병력을 보충하기 위해 남한 전역에서 징집한 의용군을 투입하였는데, 9월 총공세 당시 인민군 제10사단의 의용군 수는 전체 병력의 1/3을 차지할 정도였다.[95] 이에 따라 성주에서도 8월 중순부터 의용군 징집이 이루어졌다.

의용군 징집은 주로 치안대가 담당하였다. 치안대는 사전에 조사, 작성한 20대 남성 동원명부에 의거해 부락별로 적게 2명에서 많게는 9명의 의용군을 징집하였다.[96] 의용군 모집은 대부분 강제적이었으며, 일부만이 자원해서 입대를 했다. 의용군 징집은 전쟁 막바지로 갈수록 더욱 강제성을 띠었다. 의용군은 간단한 전투 훈련만 받고 바로 인민군에 배속되어 전투에 투입되었다. 의용군은 인민군이 성주에서 퇴각할 때에도 모집되었다. 전투물자를 후퇴시킬 병력을 의용군 징집으로 충당하였던 것이다. 의용군의 상당수는 낙동강 전선에서 사망했으며, 나머지는 인민군에 이끌려 퇴각하는 도중 전사 또는 실종되었고, 일부는 전쟁포로가 되었다.[97]

한편 성주지역은 인민군 제3사단의 주둔지였고, 민간인 또한 군수

---

94) 《사찰자료》 수륜면 수성동 정한 의견서.
95) 국방군사연구소, 앞의 책, 1995, 342쪽.
96) 《사찰자료》 가천면 화죽동 조주희 의견서.
97) 경북대학교 평화문제연구소, 앞의 책(경상북도 성주군), 2009, 111쪽.

물자 이동과 의용군으로 동원되고 있었기 때문에 여러 차례 미군 공군의 공습을 받았다. 미군 공군은 인민군 점령기에 수시로 인민군 진지와 주변 민간부락을 폭격하였다. 미군 공군은 3사단 본부가 주둔하였던 성주읍과 낙동강 전선에 인접한 선남면과 용암면에 집중적으로 공습을 퍼부었다. 공습은 낮 시간에 군인과 민간인, 인민군 진지와 민간부락을 구별하지 않고 무차별적으로 이루어졌고, 이로 말미암아 다수의 민간인들이 목숨을 잃었다.

2009년 민간인피해조사 결과를 검토하면 미군 공습에 의해 목숨을 잃은 희생자는 용암면 41명, 선남면 36명, 성주읍 16명, 가천면 6명, 벽진면·대가면 각 3명, 금수면·수륜면·월항면 각 1명이었다. 실제 공습으로 희생된 민간인의 수는 이보다 많았을 것으로 추정된다. 조사된 희생자를 남녀로 구분하면 남자 70명, 여자 38명으로 남자의 피해가 더 크다. 다시 연령별 희생자 분포를 보면 남자의 경우 10대 미만 12명, 10대 9명, 20대 12명, 30대 11명, 40대 11명, 50대 6명, 60대 5명, 70대 이상 4명이었다. 여자 희생자의 경우도 10대 미만 5명, 10대 5명, 20대 8명, 30대 8명, 40대 4명, 50대 5명, 60명 2, 70대 이상 1명으로, 10대 미만의 희생이 20, 30대 다음으로 많았다.[98] 이는 곧 미군 공습이 민간인 주거지역에 무차별적으로 이루어졌음을 나타낸다. 10대 미만의 희생자가 많았던 이유는 가족과 함께 피난하거나 집안에 머물고 있다가 폭격을 당했기 때문이다. 대표적인 피해 사례를 소개하면 다음과 같다.

전쟁이 일어나 여러 곳에 있던 친척들이 피난을 와 있었다. 무더운 여름날 마을 앞 냇가에는 여러 명의 동네 어른들과 아이들이 빨래와 목

---

98) 위의 책, 116쪽.

욕을 하고 있었다. 그때 하늘에서 비행기 소리가 들리자 겁이 난 사람들이 숨기 위해서 집으로 돌아가는 사이에 비행기에서 떨어진 폭탄의 폭발로 인하여 정익창(당시 7세), 정경희(당시 2세), 정기창(당시 4세), 정인창(당시 4세), 배명수(당시 28세), 이경애(당시 51세), 이장우와 박소암의 아버지(당시 71세)가 사망하였다. 송포에서 이름 모를 사람도 한 명 사망하였다. 모두 한자리에서 9명이 사망했다.99)

원명출(당시 31세)은 한국전쟁 발발 후 대가면과 가천면의 경계지점인 창천3리 개곡마을로 마을주민과 함께 피난을 갔다. 거기서 미군비행기가 날아다니자 아군인 줄 알고 지게작대기를 흔들다가 미군이 기총사격을 하여 마을주민 8명과 함께 사망하였다.100)

미군 폭격으로 희생당한 자들은 대부분 마을 주민들이었고, 농민들이었다. 선남면의 도성리 주민 다수는 양곡창고에 곡식을 가지러 갔다가 폭격을 당해 사망하였고, 일부 농민은 농사일을 하러 들판으로 나가다가 삽을 무기로 오인한 미군기의 총격을 받고 사망하기도 했다.101)

유엔군의 낙동강 방어선 구축으로 피난길이 막힌 성주지역의 주민 대다수는 한편으로는 인민군 점령기간 내내 전쟁물자 운반, 군수물자 징발, 의용군 징집 등 각종 전쟁동원정책에 시달려야 했고, 동시에 다른 한편으로는 유엔군의 무차별 공습에 목숨을 잃는 이중의 희생을 치러야 했다. 이중의 희생은 성주가 낙동강 전선의 최전방에 위치했던 까닭에 다른 지역보다 더욱 컸다.

99) 정○석 55세 진술서, 선남면 명포2리.
100) 배○석 68세 진술서, 가천면 창천3리.
101) 김○삼 80세 진술서, 선남면 신부1리; 고○용 75세 진술서, 성주읍 용산1리.

4. 유엔군의 수복과 경찰의 부역자 처벌

4.1 유엔군의 성주 수복 직후 경찰의 부역자 집단학살

유엔군이 성주를 수복한 것은 1950년 9월 24일이었다. 유엔군은 9월 15일 인천상륙작전에 성공하고 공세를 강화해 9월 25일에는 서울 탈환작전에 돌입하였다. 이에 호응해 낙동강 전선에서도 9월 16일부터 대대적인 반격작전이 전개되었다. 유엔군은 9월 20일 마침내 낙동강 도하에 성공하여 김천 방면으로 진격할 교두보를 확보하였다. 전세가 기울자 인민군은 급속히 무너지기 시작했고, 성주 인근에 본부를 두었던 1군단도 퇴각명령을 내렸다. 성주를 탈환한 유엔군은 미 제24사단 제19연대와 영국군 제27여단이었다.[102]

성주에서 인민군이 퇴각하자 경찰이 뒤따라 들어와 치안을 회복하면서 부역자 검거에 나섰다. 경찰은 인민군 점령기에도 비밀리 성주에 잠입해 수시로 부역자들에 관한 정보를 수집하고 있었다.[103] 경찰

---

102) 국방군사연구소, 《한국전쟁(상)》, 1995, 462쪽.
103) 백○수 75세 진술서, 성주읍 경산4리.
　　경찰이 인민군이 성주에 주둔하고 있을 때 성주로 서너 번 건너와 조사를 하고 갔다고 나의 친구가 말했다. 나의 친구 형은 경찰이었다. 경찰은 성주로 복귀 전에 악밖에 안 남았다. 정보를 모두 갖고 있었다. 경찰관이 수차례 와서 정보를 모았다. 성주로 진주한 뒤 관련자들을 색출하였다. (그 과정에서) 억울하게 죽임을 당하기도 했다.

은 이 정보에 의거해 처벌할 부역자를 선별하는 한편, 성주로 복귀하
자마자 인민군 점령기에 피해를 입었던 우익인사들에게 부역자 명부
를 작성하게 하였다. 우익인사들은 부역자는 물론이고 개인적 원한이
있는 인물들을 그 명단에 포함시켰다.104) 경찰은 양자를 종합해 부역
처벌 대상자를 정하고 체포에 나섰다. 경찰이 우선적으로 검거하고자
했던 인사는 인민군 점령 시기에 치안대나 인민위원회의 간부로 활동
했던 자, 특히 한국전쟁 이전에 좌익활동 경력이 있으면서 인민군 점
령 시기에 활동이 현저했던 자, 치안대 활동을 하면서 우익 인사의
체포나 처형에 가담한 자, 가족이나 일가친지 다수가 인민군 점령 시
기에 적극적으로 활동한 자들이었다.

그러나 경찰이 주요 부역자로 검거하고자 했던 면 치안대나 면 인
민위원회의 간부들은 대부분 후퇴하는 인민군을 따라 도주하거나 숨
어버려 체포할 수 없었다. 경찰이 부역혐의자로 체포할 수 있었던 인
사들 대부분은 강요에 의해 부역했거나 자신의 부역행위가 무거운 처
벌을 받을 정도로 중대하지는 않다고 생각한 사람들이었다.105) 인민

---

104) 이ㅇ근 78세 진술서, 월항면 대산리.
　9월 28일 수복 이후 피난에서 돌아온 관헌과 우익인사들은 피난하지 못했던 양
민들을 모두 부역 중죄인으로 몰아 탄압하고 관헌과 친여 인사들의 미움을 샀던
인물들은 모두 부역행위 중죄인으로 몰아 모두 학살했다. 일부 우익 인사들이 살
생부를 작성하여 성주경찰서장에게 제공했다. 그들은 경찰서의 살생부에 명단을
추가하고 살해를 요망했다. … 인민군이 퇴각한 후 수복한 경찰은 많은 주민들을
6·25전쟁 중 적 치하에서 악질 부역하였다는 혐의를 씌워 체포 감금했다. 적 치하
에서 적극 부역한 자들은 인민군의 퇴각과 함께 그들을 따라 가 가거나 자취를 감추
었다. 망루대에는 그들에게 소극적으로 마지못해 협조하는 척하며 연명한 양민들
만이 자신의 무죄임을 자신하고 옥석이 가려질 것을 믿고 생업에 종사하고 있다가
돌연 감금당했다가 억울하게 목숨을 잃은 분들이 대부분이었다.
105) 성기수, 《성기수회고록 젊은이여 도전하라》, 글마당, 2007, 23~30쪽.
　"아버지 역시 가족들을 보호하기 위해서 마을 인민위원회 위원장이 되라는 인민
군의 끈질긴 요구를 거절하지 못했고 군량미를 거두어 소달구지에 실어 보내는 전
쟁행위에 마지못해 가담하고 만 것이다. … 9월에 접어들어 유엔군의 참전과 국군
의 공세로 낙동강을 따라 남하했던 인민군들이 북으로 쫓겨 가기 시작했다.… 가
족들은 진퇴양난이었다. 대구로 피난가지 못한 동네의 모든 청년들과 마찬가지로

군 퇴각 직후 성주경찰서가 점령기 부역자를 조사한 《사찰자료》를 보
더라도 군, 면단위의 인민위원회나 치안대의 간부로 활동했던 인물들
대부분은 도주하였다. 가령 인민군 점령기 우익인사를 가장 많이 처
형하였고, 각종 점령정책 수행에 앞장섰던 벽진면 치안대의 경우 면
치안대장 도호순, 부대장 복기화, 정보부장 문종학, 조직부장 최만수
등의 간부는 물론이고 치안대원 대다수가 도주하여 그해 12월 중순까
지도 검거되거나 자수하지 않았다.[106] 결국 경찰이 성주로 귀환한 직
후 검거할 수 있었던 부역자는 상급조직의 지시를 받아 최말단인 부
락에서 수동적으로 활동한 동 인민위원장이나 동 치안대장 또는 대원
이 대부분이었다.[107]

경찰은 체포한 부역자들을 성주경찰서 유치장에 감금하고, 10일~
20일가량 심문 내지 고문하고 처형 여부를 결정하였다. 경찰은 체포
한 부역자 가운데 48명을 10월 27일 밤 선남면 선원리 낙동강변(현
재 성주대교 부근 백사장)에서 집단학살하였다. 다음의 진술은 경찰
의 부역자 집단학살 과정을 구체적으로 보여준다.

아버지는 경찰서에서 20여 일간 고문을 당한 후 하루를 집에서 보내
고 다시 경찰에 연행되었다. … 그날 밤 선남면의 낙동강 백사장을 울

민청에 이름이 적힌 큰형의 처지가 더욱 그러했다. 이런 급박한 시기에 아버지는
북행을 거부했다. 당신께서는 마지못해 가담한 부역이었으니 그대로 집을 지키며
마을 사람들의 인정에 매달려 보겠다는 막연한 기대를 하신 것이었다. … 인민군
치하에서 부역에 적극 가담하고 우익인사학살에 앞장선 마을 사람들이 대부분 서
둘러 떠나버렸으나 남은 연루자들에 대한 고발과 연행은 계속되었다."
106) 《사찰자료》 초천면 문덕동 이효원 외 의견서.
107) 김삼웅, 《해방 후 양민학살사》, 가람기획, 1996, 166~168쪽.
  1960년 양민학살 국회진상조사단의 보고서를 보더라도 성주군에서는 한국전쟁을
전후한 학살기에 진짜 빨갱이와 좌익세력의 거물급은 미리 도피하거나 금품 매수
로 처벌을 모면한 반면, '송사리'와 무고한 양민들만 안심하고 남아 있다가 희생당
한 경우가 많았다는 증언이 나온다.

리는 수십 발의 총성으로 아버지는 영영 우리 곁을 떠나가셨다. "집을 떠나거라. 그리고 성공할 때까지 고향에 돌아오지 마라!" 아버지가 나에게 남긴 마지막 말씀이었다. 보복이 두려워 몇 달 동안이나 아버지의 시신도 수습하지 못하고 있다가 한밤중에 몰래 先山에 모셨다.108)

성주경찰서장 우상봉의 지시를 받은 형사 진운섭 지휘하에 중무장한 경찰관 일행은 1950년 10월 27일(음력 9월 17일) 달밤을 이용하여 월항지서 망루대에 감금한 피의자들 중 수십 명을 호명 분류하고 포승줄에 줄줄이 엮어 결박하고 두 대의 트럭에 나누어 싣고 성주군 선남면 낙동강 방향으로 사라졌다. 피의자로 감금당한 자 중 호명 결박당하지 않고 망루대에 남은 피의자들은 그 다음 날 모두 방면되었으나, 중무장 경찰 트럭에 실려 간 분들은 모두 그날 이후 행방을 알 수 없었다. 그들은 경찰에 의해 불법 살해되고 암매장되었다. 성주군 선남면 선원리 주민들의 증언에 의하면 1950년 10월 27일 달밤에 수대의 트럭에 실려 온 양민들을 경찰관들이 그 곳에 미리 파둔 고랑에 밀어 넣고 무자비하게 난사 총살한 후 묻었다고 한다. 고랑에 밀려들어간 양민들의 비통한 울음소리와 살려 달라는 울부짖음이 극에 달했을 때 경찰의 요란한 총성소리가 나더니 울음소리가 그치고 조용해진 후 간단히 흙모래로 덮어 버린 것이다.109)

이 진술에 따르면 부역자 집단학살은 성주경찰서장의 지시로 이루어졌다. 처형 대상자를 선별하는 근거는 대상자와 같은 마을에 살았던 우익 인사들의 진술이었다. 그리하여 개인적인 감정이나 원한관계에 의해 부역행위가 부풀려지는 경우도 종종 있었다.110) 경찰은 부역

---

108) 성기수, 앞의 책, 2007, 23~30쪽.
109) 이O근 78세 진술서, 월항면 대산리.
110) 성기수, 《난중일기》 1951년 6월 14일. 성기수 웹사이트 http://www.sungkisoo.pe.kr.
   "그의 말에 의하면 그의 부친은 작년 가을 9月 17日(음력) 저녁 해빈면 나룻가에서 무참한 주검을 무제한으로써 억울하게 당하고, 이로써 고향에 남은 모친과 자기

자를 학살하기에 앞서 처형 대상자를 집으로 돌려보내 하루 동안 가족과 작별하는 시간을 주었고, 다시 연행해 1950년 10월 27일 밤 월항지서에 감금했다가 두 대의 트럭에 나누어 태워 선남면 선원리 낙동강 모래밭으로 이송한 다음 미리 파둔 고랑 앞에서 집단 학살하고 매장하였다. 유족들은 뒤늦게 이들이 학살된 것을 알았지만 보복이 두려워 몇 달을 기다린 다음에야 겨우 시신을 수습할 수 있었다.[111] 이때 학살된 피해자수는 1960년 4월 혁명 이후 최초로 거행된 위령제를 통해 48명이었음이 확인되었다[112]

이들 가운데 진실화해위원회 용역으로 실시된 2009년 성주 현지 조사에서 신원이 파악된 인사는 13명이었다. 참고로 이 조사에서 파악된 희생자들의 직업과 부역행위를 살피면 초전면의 희생자 여ㅇ석은 아무런 직책이 없었고 주둔 인민군에게 부역한 혐의로 희생되었고, 성ㅇ현은 부락 인민위원장을 맡아 군량미를 소달구지에 실어 보내는 등 인민군에게 부역했다는 이유로 처형당했다.[113] 금수면의 여ㅇ철, 홍ㅇ태, 노ㅇ극 등은 치안대 활동을 이유로,[114] 이ㅇ준은 지방 좌익과 인민군의 심부름을 했다는 이유로, 조ㅇ진은 좌익사상가로 몰

의 말할 수 없는 고생으로써 겨우 시체를 찾았으나 자기는 징례식에 침석하지 않았으며, 그것은 빤히 알고 있는 원수, 복수의 대상자들 앞에 머리를 숙이기 싫었고 자기가 이렇다 할 권세나 지위를 그들이 자기 앞에 굴복할 수 있는 신분을 가질 때까지는 가지 않을 것을 말하였다. 그리고 그의 복수를 말하면서 그 대상자는 모두 그전 부친의 친구였던 것, 그래서 그는 대구에 나와 취직하게 되었다는 것이다." 이 일기에서 '그'라 지칭되는 친구는 부친이 동 인민위원장을 맡았다가 처형당한 이삼근으로, 그는 4월 혁명기 성주 피학살자유족회 회장을 맡았던 인물이며, 주 109의 이ㅇ근의 형이다. 이ㅇ근의 진술에 따르면 그의 부친은 전쟁발생 직전 실시된 국회의원 선거에서 야기된 감정대립 때문에 결국 이웃의 무고로 부역자로 몰려 처형당했다고 한다.

111) 《영남일보》 1960년 6월 2일.
112) 정희상, 《이대로는 눈을 감을 수 없소》, 돌베개, 1990, 66~67쪽.
113) 성기수, 앞의 책, 2007, 23~30쪽.
114) 홍ㅇ욱 62세 진술서, 금수면 어은1리.

려 처형당했다.115) 수륜면의 조ㅇ제, 조ㅇ희도 부역을 이유로 처형되었다.116) 월항면의 이ㅇ복, 양ㅇ광은 치안대 활동을 이유로, 대산리 부락 인민위원장이었던 이ㅇ영도 부역자로 몰려 학살당했다.117) 선남면의 이ㅇ희는 낙동강 전투시 북진하는 국군과 경찰을 피해 피난하다가 부역자로 몰려 경찰에 이첩된 후 처형당했다. 유족의 진술이 구체적이지 않아 이들의 부역활동을 정확히 알 수는 없지만, 진술에서 파악되는 이들의 직책과 부역행위를 중대 부역자들의 심문내용을 담은 성주경찰서 《사찰자료》의 내용과 비교하면 결코 재판 없이 총살당할 만큼 중대한 것이었다고는 할 수 없다. 경찰 또한 이 점을 잘 알고 있었다.

그럼에도 경찰이 이들이 처형한 것은 무슨 까닭에서였을까? 이러한 학살은 성주뿐만 아니라 유엔군에 의해 수복된 인민군 점령지역 여러 곳에서 거의 비슷한 시기에 동시 다발적으로 일어났다.118) 이로 미루어 부역자 처형 지시는 상부에서 하달된 것이라 판단된다. 경찰이 재판과정 없이 자체적으로 부역자를 처형한 것은 치안질서를 조기에 회복하려 하였던 정치적 목적 때문이라고 생각된다. 성주가 유엔군에 의해 수복되자 경찰이 복귀해 치안질서를 회복하기 위해 노력했지만 적지 않은 난관이 있었다. 당시 전황으로 보아 유엔군의 승리를 확신하기 아직 일렀고, 인민군 점령기에 확보된 총기가 인민군에 협력했던 자들 수중에 남아 있었다. 뿐만 아니라 부역자를 처벌하는 경찰에 대한 주민의 반감이 만만치 않았다. 경찰은 성주 퇴각 당시 주민들을 소개시키지 않은 채 자신들만 몰래 빠져나갔고, 그로 말미암

---

115) 박ㅇ옥 81세 진술서, 금수면 영천리.
116) 조ㅇ순 63세 진술서, 수륜면 남은1리.
117) 이ㅇ희 90세 진술서, 월항면 보암1리; 이ㅇ근 78세 진술서, 월항면 대산리.
118) 신기철, 《진실, 국가범죄를 말하다》, 도서출판 자리, 2007, 96~105쪽.

아 주민들 대부분이 부역자가 되었다. 그럼에도 경찰은 그 사태에 대해 아무런 책임을 지지 않고 부역자 처벌에 나서고 있었던 것이다. 당시의 상황을 여기원은 다음과 같이 회고하였다.

　　"전쟁이 났는데 피난 갔다 오마 인자 대접이 다른 기라. 갔다 온 사람은 기세가 등등하고, 부역했던 일 없으니께. 인제 강을 넘어서 도강한 사람 숫자는 얼매 안 되지. 갔다 온 사람은 신분이 등등하이 기세등등하고, 여기 있던 사람은 모두 의심받게 되는 기라… 피난 갔다 온 사람들한테 남아 있던 사람들이 마이 뚜드리(두들겨) 맞았거든. 그기 뚜드리 맞고. 경찰한테 혼이 나고 그런 혼란이 있었는데, 그거마 혼란기에 그런 일은 비일비재했지."[119]

　낙동강 철교가 폭파되고 강을 건너는 것이 물리적으로 저지되어 피난할 수 없었지만 유엔군이 성주를 수복한 후 이들은 모두 부역자로 몰렸고, 소수 피난했다 돌아온 이들은 기세등등하게 위세를 부렸다는 것이다. 앞서 소개 통보를 받지 못해 피난할 수 없었던 초전면 면장의 처지도 마찬가지였다. 앞서 면장을 지냈던 한모가 피난을 갔다 와서 피난 못 간 면장을 부역했다고 몰아내고 자신이 면장 자리를 차지하였다. 송인익씨는 당시를 "강을 건너간 사람들이 그렇게 입김이 셌어"라고 회고하였다.[120] 그럼에도 그해 9월 하순 유엔군이 성주를 수복하자 낙동강을 건너 피난할 수 없었던 사람들은 부역자로 몰려 곤욕을 치렀다.

　피난 갈 수 없었던 성주 사람들로서는 경찰의 부역자 검거가 정당하게 보이지 않았다. 이런 상황에서 경찰은 조속한 치안 확보를 위해

---

119) 이양호, 앞의 책, 2005, 72~73쪽.
120) 위의 책, 66쪽.

자신들의 위력을 과시하고 확고히 기선을 제압할 특단의 조치가 필요했던 것 같으며, 그것이 부역자 집단처형으로 나타난 것으로 보인다. 곧 경찰은 부역자 집단처형을 통해 경찰의 통제에 순응하지 않을 경우 부역행위의 경중에 관계없이 누구나 처형당할 수 있다는 메시지를 공개적으로 전하려 한 것 같다. 그러나 조속한 치안 확보라는 정치적 목적을 위해 오로지 부역자라는 이유만으로 법에 규정된 처벌 절차와 재판을 무시하고 자의적으로 이들을 집단학살한 것은 명백한 불법행위이며 국민의 정당한 인권을 유린하는 범죄였다. 이러한 위압적 조치는 일시적으로 국민의 복종을 강요할 수는 있지만 결국 국가기관이 스스로 국가의 정통성을 파괴하는 모순을 초래할 수밖에 없었다.

10월 27일의 집단처형을 계기로 이후 성주의 치안질서는 빠르게 회복되었다. 이 사건 이후 경찰은 12월 말까지 성주 전역에서 대대적으로 부역자를 검거하고 심문한 다음 대구검찰청에 송치하였다. 치안질서가 회복되면서 10월 27일 이후 경찰이 부역자를 즉결 처형한 사건은 다시 일어나지 않았다.

4.2 경찰의 부역자 검거와 처벌

성주에서 부역자 검거는 수복 직후부터 시작되었다. 그러나 부역행위가 현저했던 자들은 인민군이 성주에서 퇴각할 때 대부분 인민군을 따라 도주하였다. 그러나 도주가 쉬운 일은 아니었다. 인민군은 자신들 퇴각에도 힘이 부족했기 때문에 점령지의 협력자들까지 수용하기 어려웠다. 그렇다고 개별적인 도피가 쉬운 것도 아니었다. 도처에서 군경이 삼엄하게 검문을 하고 있어 신원이 확실하지 않으면 적으로 간주되어 체포되거나 처형되기 일쑤였다.[121]

결국 처벌을 피해 도주했던 인사들 다수는 시간이 지나자 다시 귀향하였다. 귀향한 부역자들은 경찰에 자수하거나 체포되었다. 정부나 국회 또한 부역자 처리를 신속히 끝낼 필요에서 자수자에 대해 형벌의 경감 내지 면제를 약속하고 있었다. 국회는 1950년 9월 29일 〈부역행위특별처리법안〉을 의결했는데 제2조에 "대통령이 정한 기간 내에 자수한 자"에게 형을 경감, 면제하는 조항을 두었다. 또한 제3조에 "1. 단순히 부화수행附和隨行한 자 2. 학교·공장·회사 등 직장에서 단순히 그 직무를 수행한 자 3. 역도가 조직한 단체에 단순히 가입함에 그친 자" 등에 대해서도 그 형을 면제하도록 하였다. 이들 조항은 도피한 부역자들이 자수할 수 있게 돕는 유리한 근거가 되었다.

성주의 경찰은 검거하거나 자수한 부역자를 상대로 심문을 벌여 부역행위에 대한 조서를 작성하고, 그 행위의 경중에 등급을 분류하여 대구지방검찰청에 송치하였다. 이때 경찰이 작성한 심문조서는 《단기 4283년 사찰관계서류철》(《사찰자료》로 약칭)로 남아 있다. 이 자료에서 작성일자가 가장 빠른 것은 1950년 10월 13일이며 가장 늦은 것이 1951년 1월 8일이다. 성주 수복 직후부터 그해 12월 말까지 성주경찰이 검거했거나 자수한 부역자를 대상으로 작성한 심문조서라

---

121) 성기수, 앞의 책, 2007, 26~27쪽.
　　"우리 집안과 나는 새로운 공포 속에서 빨리 어떤 결심을 해야만 했다. 보도연맹에 이름이 올라가 있는 나로서는 앉아서 당하느니 인민군을 따라가서라도 살아남아야겠다는 일념으로 북행을 결심했다. … 고민 끝에 나는 혼자서 북행길에 올랐다. 발바닥과 발등에 물집이 생겼다 터져 문드러지는 아픔을 참으며 밤낮으로 사흘을 걸어서 북행을 계속하여 무주구천동을 지나서 대전에 당도하였다. 한밤중에 대전 시내에 들어섰을 때 별안간 총성과 포탄이 쏟아지고 순식간에 대열이 흩어졌다. 기습당한 것이었다. 나는 엉겁결에 길가의 하수구로 뛰어들었으며 하수구를 따라 계속 남쪽으로 이동하였다. 몸이 작은 것이 도움이 되었다. 산속에서 배고픔도 잊고 하룻밤을 지새우며 곰곰이 생각해 보았다. 북행은 현실적으로 불가능이었다. 산속에서 잡히면 더 위험하다는 생각이 들어 국도로 내려왔다. 국도에 내려서자마자 곧 국군에게 붙들렸고 하마터면 포로수송용 트럭에 실려 갈 뻔하기도 했다. 외갓집에 피난 가는 길에 갑자기 인민군의 기습을 받아 고향인 성주로 되돌아가는 중이라는 말을 믿어 준 것이다."

할 수 있다.

심문조서 대부분은 관련자를 2명에서 많게는 7명까지 묶어 작성한 것이며, 일부는 개인을 상대로 작성하였다. 심문조서의 양식은 통일되어 (1) 부역행위자의 본적 (2) 주소, (3) 직업, (4) 이름과 가명, (5) 나이 (6) 과거 형사처분을 받은 이력 유무 (7) 범죄사실 열거 (8) 경찰 심문의 결론으로 처벌에 적용할 법규와 기소유예·기소·기소엄중처분(혹은 엄중처단) 가운데 택일한 처벌의견 (9) 작성일자 (10) 작성 경관의 이름 (11) '대구지방검찰청 검사장 소진섭 귀하'의 순서로 작성되어 있다. 이와 같은 양식은 검찰의 기소 및 법원의 판결을 신속하게 하기 위한 것이었다. 이들 부역자에 대한 대구지방법원의 판결문을 보면 (1)~(7)까지는 경찰의 심문조서와 거의 같고, 차이가 있다면 (6)이 없고 범죄사실을 보다 압축적으로 정리한 정도이다. 성주경찰서의 《사찰자료》에는 심문조서 작성일자와는 달리 수리일자가 별도로 기록되어 있다. 수리일자는 부역자를 상대로 심문을 시작한 날짜를 나타낸다. 또한 이 심문조서에는 담당경관이 작성하고 주임과 경찰서장이 승인했음을 나타내는 결재 날인난이 있어, 이 조서가 성주경찰서의 공식의견임을 확인하고 있다.

《사찰자료》에는 총 160명 부역자와 그 각각의 부역행위가 기록되어 있다. 검거된 후 2,3일 이내에 심문이 시작되었다고 전제하고 수리일자에 의거해 체포나 자수를 불문하고 부역자가 검거된 시기를 분류하면, 성주 수복 직후부터 11월 7일까지 검거된 자는 75명이었고, 11월 20일 이후에 검거된 자는 85명이었다. 수리일자를 검토하면 11월 7일까지는 비교적 일정한 간격을 두고 꾸준히 사건수리가 이루어지고 있어 부역자에 대한 경찰의 체포나 자수가 지속적으로 이루어졌다고 할 수 있다. 그러나 11월 7일부터 25일까지는 아예 사건수리가 없다가 25일 하루에 무려 71건이 무더기로 수리되었고, 이후 13건이 더

수리된 다음 종결되었다. 이러한 변화는 11월 20일 이후 부역자가 무더기로 자수했다고 보아야 설명이 가능하다. 유엔군이 성주를 수복할 때 일단 도피했던 부역자들이 비밀리에 귀향해 숨어 있다가 이 무렵부터 대거 자수했다고 볼 수 있다. 이들이 자수한 계기는 두 가지였을 것으로 추정된다. 하나는 11월 9일 서상환 검찰총장이 "가능한 한 부역자를 관대히 처리할 방침"이라 천명한 것이고,[122] 다른 하나는 이승만 대통령이 반송한 〈부역행위특별처리법안〉을 국회가 11월 13일에 재가결한 것이다. 이로써 〈부역행위특별처리법안〉은 12월 1일자로 효력을 발휘하게 되었다. 이로써 부역자들은 자수를 할 경우 처벌을 경감 내지 면제받을 수 있는 기회를 얻게 된 것이다.

《사찰자료》에 의거해 검거된 부역자의 출신지와 처리 등급을 분류한 것이 〈표 6-1〉, 〈표 6-2〉다. 경찰은 부역자를 1주일에서 10일 내외로 심문해 조서를 작성하고, 부역행위의 경중을 따져 '기소엄중처분'·'기소'·'기소유예' 3등급으로 분류해 대구검찰청에 송치하였다. 당시 정부의 부역자 분류 기준은 (1) 전쟁 전부터 (노동)당에 가담해서 정식 당원으로서 군사기밀 등을 의식적으로 적극성을 띠고 제공한 자 (2) 의식적 무의식적으로 활동한 사람으로서 적극성을 띠지 않은 자 (3) 무의식적으로 생명으로 보전하기 위하여 부화수행附和隨行한 자로 분류하여 (1)은 중형이 선고되는 군사법원에, (2)는 상대적으로 형이 가벼운 지방검찰청에, (3)은 석방하였다.[123] 성주 경찰 또한 이 기준을 참조해 중형 처벌에 해당하는 자는 '기소엄중처분' 또는 '기소

---

122) 《동아일보》 1950년 11월 10일.
123) 《서울신문》, 〈좌담회: 부역처단은 어떻게?〉, 1950년 11월 27~28일.
　　(1)에 해당하는 자는 다시 전쟁 전에 남·북로당에서 지하운동을 하다가 적극 부역한 자, 형무소에서 석방되거나 보도연맹에 가입한 자로 부역에 앞장선 자, 중간파로서 대한민국에 이롭지 못했던 자로서 부역한 자, 북한 공작대로 내려온 자 등으로 이들은 모두 처단 대상이 되었다.

〈표 6-1〉 성주 경찰의 부역자 처리 비율

구분	1950.9.~11.7		1950.11.25~12.31		합계(명)
	인원	%	인원	%	
기소엄중처분	28	37	41	48	69
기소	26	35	22	26	48
기소유예	21	28	22	26	43
합계	75명	100	85명	100	160명

엄중처단'으로, 상대적으로 가벼운 처벌에 해당하는 자는 '기소'로, 생명보전을 위해 타율적으로 부역행위를 하고 개전의 정이 현저한 자들은 '기소유예'로 분류하였다. 그러나 성주 경찰은 정부 기준을 엄격히 따랐던 것은 아니고 우익인사 살해 혹은 고발 여부 등에 관여된 자는 전부 '기소엄중처분'으로 분류하였다.

〈표 6-1〉을 보면 11월 7일 이전에 검거된 부역자는 총 75명이고 그 가운데 '기소엄중처분' 28명, '기소' 26명, '기소유예' 21명으로 분류되었다. 비율로 치면 각각 37퍼센트, 35퍼센트, 28퍼센트이다. 11월 25일 이후에 조사받은 부역자는 총 85명이고, 그 가운데 '기소엄정처분'은 48명, '기소' 22명, '기소유예' 22명이었다. 비율로는 각각 48퍼센트, 26퍼센트, 26퍼센트였다. 두 시기를 비교하면 기소유예의 비율은 큰 차이를 보이지 않지만, 11월 25일 이후 '기소'는 상대적으로 감소한 반면 '기소엄중처분'은 37퍼센트에서 48퍼센트로 현저히 증가하고 있다. 중형 처벌을 받을 부역자가 이 시기에 집중 검거-자수 또는 체포-되었음을 보여준다.

〈표 6-2〉에 의거해 면별로 부역자 구성의 변동을 살피면 11월 7일 이전에 검거된 부역자가 많았던 지역은 성주면, 용암면, 가천면이었다. 이 세 지역에서 검거된 부역자가 전체의 87퍼센트를 차지했다. '기소엄중처분'의 비율은 성주면 26퍼센트, 용암면 42퍼센트, 가천면

〈표 **6-2**〉 성주 경찰의 부역자 처리

지 역	1950.9.~11.7				1950.11.25.~ 1950.12.31				합 계
	엄중처분	기소	기소유예	합계	엄중처분	기소	기소유예	합계	
성주면	10	15	13	38	13	5	6	24	62
월항면	0	2	1	3	0	2	0	2	5
선남면	1	2	0	3	0	0	0	0	3
용암면	5	5	2	12	0	0	0	0	12
초전면	1	1	0	2	5	5	2	12	14
벽진면	0	0	0	0	3	4	2	9	9
금수면	0	0	0	0	1	0	0	1	1
가천면	10	1	4	15	9	0	1	10	25
대가면	0	1	0	1	2	3	6	11	12
수륜면	0	0	1	1	8	3	5	16	17
합계	28	26	21	75	41	22	22	85	160명

67퍼센트였다. 이에 견주어 11월 25일 이후 검거된 부역자가 많았던 지역은 성주면, 수륜면, 초전면, 벽진면, 가천면, 대가면이었다. 성주면과 가천면은 이전 시기에도 검거된 자가 많았지만, 나머지 지역은 이 시기에 집중적으로 부역자 검거가 이루어졌다. 해방 후 성주에서 좌익세력이 강했던 지역은 성주면과 벽진면, 초전면, 대가면, 수륜면이었다. 이러한 특성은 검거된 부역자 수에서도 확인된다. 성주면과는 달리 수륜면, 벽진면, 초전면, 대가면에서는 앞 시기에 거의 부역자가 검거되지 않았다. 그러나 이 시기에 이들 지역에서 집중적으로 부역자 검거가 이루어졌고, 따라서 '기소엄중처분' 비율도 앞 시기보다 크게 높아지고 있다. 부역행위의 정도가 무거운 자들이 이 시기에 더 많이 검거되었음을 보여준다. 성주면의 경우는 기소엄중처분의 비율이 26퍼센트에서 54퍼센트로 높아졌고, 초전면, 벽진면, 수륜면의 경

〈표 6-3〉 부역자의 직책별 분류

분류	단위	1950.9.~ 1959.11.7	1950.11.25.~ 1950.12.31	합계
치안대 (자위대)	군·면 치안대	21	30	51명
	동 치안대	15	19	34명
인민위원회	군 인민위원회	5	4	9명
	면 인민위원회	14	9	23명
	동 인민위원회	6	7	13명

우도 '기소엄정처분'의 비율이 각각 42퍼센트, 33퍼센트, 50퍼센트이다. 벽진면을 제외하면 초전면과 수륜면 모두 앞 시기의 전체 평균 37퍼센트보다 높게 나타나고 있다. 예외 지역은 가천면이었는데 가천면에서 부역자가 많았던 것은 인민군 퇴각로에 위치했기 때문이라 생각된다.

다음으로 등급별 부역행위를 살펴보자. 〈표 6-3〉을 보면 부역자로 처리된 자 가운데 각급 치안대와 인민위원회의 간부나 대원으로 가입해 활동한 자가 총 160명 가운데 80퍼센트를 상회하는 130명이다. 나머지 30명도 노동당, 농민조합, 애국투사후원회, 민청위원장, 토지개혁위원, 의용군 등의 직책으로 검거되었다.

인민군 점령기 성주지역에서 일어난 부역행위는 (1) 각급 인민위원회와 치안대를 조직하고 가입한 것 (2) 면 치안대를 중심으로 우익인사를 체포하고 학살한 것 (3) 토지개혁을 실시하고, 현물세 징세에 대비해 농산물생산고를 조사한 것 (4) 인민군의 지시로 군량, 탄약 등의 군수물자를 운송하고, 양곡·부식재료·과일·연초·의복 등을 징발해 제공한 것 (5) 의용군을 징발하거나 의용군에 참가한 것 등으로 분류될 수 있었다. 이 모든 부역행위는 인민군의 지시로 이루어졌지만 군, 면 인민위원회와 면 치안대는 인민군의 각종 지시를 아래로 전달하고 업무를 배분하며 그 이행을 독려·감시하는 역할을 맡았고, 각종 지시의 실행은 동 인민위원회와 치안대가 담당하였다.

  군, 면 단위의 인민위원회와 치안대는 전쟁 이전부터 좌익 활동에 참여해 온 자들이 주축을 이루고 부역행위에서도 능동적이고 적극적인 경우가 많았다. 특히 우익인사의 색출과 처형은 대부분 면 단위의 치안대에 의해 능동적으로 이루어졌다. 의용군의 징발 또한 면 치안대의 주요 업무였다. 이에 비해 동 인민위원회와 치안대의 부역은 상부의 지시대로 '부화수행附和隨行'하는 경우가 대부분이었다. 그런 까닭에 군·면 인민위원회와 치안대에서 활동했던 간부나 대원들 대부분은 '기소엄중처분'을, 특히 우익인사 색출이나 처형에 관여된 자는 전부 '기소엄중처분'을 받았다. 〈표 6-3〉을 보면 11월 7일 이전에 검거된 군·면 치안대 소속은 21명, 군·면 인민위원회 소속은 19명이었다. 이에 비해 11월 25일 이후 검거된 군·면 치안대 소속은 30명, 군·면 인민위원회 소속은 13명이었다. '기소' 또는 '기소유예' 처분이 더 많았던 동 인민위원회 소속은 별 변화가 없었지만, 그 보다는 처벌이 무거웠던 동 치안대 출신은 15명에서 19명으로 증가하였다. 11월 25일 이후 '기소엄중처분'이 훨씬 많았던 것은 군·면 치안대 소속 부역자와 동 치안대 소속 부역자가 전기보다 훨씬 많았기 때문이었다.

  성주경찰서가 부역자를 대구지방검찰청에 송치하면, 대구지방검찰청은 심문조서를 검토한 다음 자체 기준에 따라 부역자를 재분류해 재판에 회부하였다. 재판에 회부되면 1심 판결까지는 대개는 1~2개월이 소요되었지만 드물게 3,4개월이 걸리는 경우도 있었다. 1심 판결에 가장 오래 시간이 걸린 재판은 성주군 초대 치안대장 문몽룡과 성주군 인민위원회 특무공작원 도재림의 경우로 4개월이 걸렸다. 재판에 회부하는 대구지방검찰청의 분류기준은 성주경찰서의 그것과는 달랐다. 성주경찰서는 성주 부역자를 대상으로 등급을 분류하는 것이지만, 대구지방검찰청은 경상북도 전체의 부역자를 대상으로 등급을 분류하기 때문에 그 기준이 다를 수밖에 없었다. 인민군 점령기 성주의 부역행위는 경북의 다른 지역에 견주어 상대적으로 온건한 편이었다. 성주의 좌익세력이 다른 지역보다 약했기 때문이고, 다른 한편 낙동강만 건너면 피난이 가능했기 때문에 성주 우익세력의 피해가 다른 지역에 견주어 상대적으로 적었기 때문이었다.

그리하여 재판에 회부된 성주 부역자 가운데 10년 이상의 중형을 선고받은 자는 용암면 인민위원장 이ㅇ효, 용암면 성송동 치안대 총무부장 배ㅇ덕, 선남면 선원동 자위대원 장ㅇ조, 성주군 인민위원회 양정과장 이ㅇ특, 성주면 대흥동 자위대장 이ㅇ우, 벽진면 용암동 이ㅇ윤, 월항면 농민동맹위원장 양ㅇ환, 성주면 대황동 자위대장 이ㅇ호, 초전면 치안대원 겸 결사대원 송ㅇ선 등 9명에 불과하였다.[124] 중형을 선고받은 자들은 우익인사를 인민군에 고발하거나 체포, 처형하는 데 관여한 자들이었다. 그 나머지는 전부 2~8년형을 받거나 공소기각 처분을 받았다. 적용된 법규는 국가보안법, 형법, 〈비상사태하의 범죄처벌에 관한 특별조치령〉 등이었다. 10년 미만의 형을 받은 자들은 1950년 12월 27일자로 단행된 대통령 특사령에 의해 전부 그 형을 면제받았다. 또한 재판 중에 있는 10년 이하의 구형자들도 특사령에 의해 검사가 공소를 취하하였다.[125] 정부기록보존소의 판결문을 검색하면 경찰심문조서가 남아 있지 않은 부역자도 일부 발견된다. 1951년 이후에 체포되거나 자수한 부역자로 추정된다.

---

124) 제6장의 부록 참조.
125) 《부산일보》 1950년 12월 29일, 〈부역자에 대한 대통령 특사령 단행〉.

5. 정치지형의 변동과 반공분단체제의 확립

　인민군 점령기 부역자 처벌을 끝으로 해방공간 성주에서 자주적
건국운동을 전개하였던 좌익세력은 전부 제거되었다. 한국전쟁 초기
보도연맹원 집단학살에서 어렵사리 살아남은 자들도 성주 수복 후 부
역자 처벌에서 목숨을 잃거나 재판에 회부되어 감옥에 갇혔다. 좌익
세력이 완전히 거세됨에 따라 미군정기부터 이승만과 친일 우익세력
이 추구해 왔던 친미 반공국가 수립이 비로소 확고히 뿌리를 내리게
되었다.

　친미 반공국가체제의 수립은 성주사회의 관점에서는 새로운 지배
체제 및 사회질서의 구축이었다. 교통 불편으로 일제 강점기에 성주
에서는 친일세력

　이 형성이 부진했고 그로 말미암아 해방공간에서도 유력한 우익정
치세력 가령 독촉이나 한민당과 같은 우익 정당이나 정치사회단체가
조직되거나 활동하지 못했다. 그리하여 한국전쟁 이전까지는 미군정
경찰과 관공리 및 그 끄나풀 세력이 성주에서 친미 반공국가체제와
질서의 이식을 담당하였다. 그러나 이들이 한국전쟁 이전까지는 좌익
세력을 진압하는 데 주력할 수밖에 없었기 때문에 새로운 지배체제의
수립은 형식적으로 진행되는 수준을 넘지 못했다.

　한국전쟁을 계기로 이러한 상황은 끝이 나고 친미 반공분단국가체

제의 구축이 본격적으로 추진되었다. 전쟁이 진행되고 있는 특수한 조건과도 관련해 이 시기 반공분단국가체제의 구축은 국가권력이 국민을 설득하고 동의를 확보하는 민주적 방식보다는 일방적으로 새로운 체제와 질서를 수용하도록 강요하는 권위주의적 방식으로 이루어졌다. 그러한 요구에 순응하지 않을 경우 권력기관에 의해 이적행위자로 처벌받을 수도 있어서 국민 일반은 이러한 지배방식에 대해 저항할 수 없었다. 그리하여 전후 권위주의적 반공분단체제가 사회 전반에 굳건히 뿌리를 내렸다.

정치지형의 이러한 변화는 지역사회의 최고 권력기관이라 할 국회의원의 선거에서 여실히 드러났다.[126] 해방 후 성주에서 치러진 최초의 선거다운 선거는 1950년 5월 30일에 실시된 제2대 국회의원 선거부터라 할 수 있다. 1948년 5월 10일에 실시된 제헌의원 선거에는 좌익은 물론이고 김구를 비롯해 통일국가 건설을 추구했던 민족주의 세력이 불참하여 반쪽짜리 선거가 되고 말았지만, 제2대 국회의원 선거에는 제헌의원 선거에 불참했던 남북협상파나 중간 계열의 민족주의자들도 대거 출마하였다. 성주에서도 제2대 국회의원 선거에서는 출마자가 무려 18명이나 되었다. 국민회·국민당·일민구락부 등의 정당 또는 사회단체출마자도 있었고 난립하다시피 무소속 출마자가 많았다. 이 선거에서 당선된 후보는 무소속으로 출마한 배상연이었다. 배상연은 11.9퍼센트의 득표로 당선되었는데 2·3위 후보자와의 격차는 2백~3백 표에 불과하였다. 제헌의원이었던 이호석은 일민구락부 소속으로 출마했지만 3.3퍼센트를 득표하여 낙선하였다.

제2대 국회의원 선거결과에서 주목되는 점은 일제 강점기 성주의

---

126) 제헌의회에서 제4대 국회의원 선거까지의 선거 결과는 성주문화원, 《성주군지》 상권, 2012, 105~123쪽 참조.

〈표 6-4〉 제3대 국회의원 선거 후보자별 성주군 득표상황(단위: 명, %)

정당별	후보자명	득표수	비율(%)	비고
자유당	도진석	11,131	28.4	당선
자유당	이영균	9,960	25.4	
무소속	주병환	6,708	17.1	
무소속	이호석	6,451	16.5	
무소속	배상연	4,000	10.2	
무소속	이기면	889	2.3	
총　계		39,139	99.9	

(자료 출전: 성주군 선거관리위원회)

민족운동에 참여하였던 읍내 유지 배상연이 출마하여 당선되었다는 사실이다. 이 선거는 해방 후 성주에서 자주적으로 전개된 건국운동이 군경과 우익의 공세로 전면 와해된 상태에서 실시되었다. 그럼에도 불구하고 무소속으로 출마한 배상연 후보가 이승만 정권의 여당이었던 국민회 이영균 후보를 누르고 당선되었다. 이러한 선거결과는 성주의 민심이 여전히 이승만 정권을 제한적으로만 지지하고 있음을 보여주는 것이었다.

　제3대 국회의원 선거는 한국전쟁이 끝난 1954년 4월 7일에 실시되었다. 앞서 보았듯이 한국전쟁 기간에 정치지형은 근본적인 변화를 겪으면서 반공분단체제가 확고히 뿌리를 내리게 되었다. 제3대 국회의원 선거결과는 이러한 변화를 고스란히 반영하였다. 제3대 국회의원 선거에서는 최초로 정당 입후보자 공천제가 도입되어 정당 출마자는 전부 소속당의 공천을 받아 출마하였다. 성주군에서 제3대 국회의원 후보로 출마한 자는 총 6명으로 자유당 공천출마자가 2명이고 무소속 출마자가 4명이었다. 이 선거에서는 자유당 공천을 받고 출마한 도진희 후보가 28.4퍼센트의 득표율로 당선되었다. 제헌의원이었던 이

〈표 **6-5**〉 제2대 대통령 선거 후보자별 성주군 득표상황(단위: 명, %)

정당별	후보자명	득표수	비율(%)	비고
자유당	이승만	26,825	67.1	당선
무소속	조봉암	5,960	14.9	
민주국민당	이시영	5,657	14.2	
무소속	신흥우	1,510	3.8	

(자료 출전: 성주군 선거관리위원회)

호석과 제2대 국회의원이었던 배상연도 각각 무소속으로 출마했으나 각각 16.5퍼센트와 10.2퍼센트의 득표로 낙선하였다.

이 선거결과에서 주목되는 점은 두 가지이다. 하나는 이승만 정권의 여당인 자유당 후보가 무소속 후보자 모두를 압도적 표차로 누르고 당선되었다는 사실이다. 다른 하나는 자유당 공천을 받은 도진희·이영균 후보의 득표율을 합치면 과반이 넘는 53.8퍼센트에 이른다는 사실이다. 이 두 가지 사실은 한국전쟁을 거치면서 성주의 정치지형도 이승만 정권과 그 여당인 자유당에게 압도적으로 유리하게 재편되었음을 의미한다.

이러한 정치지형의 재편은 1952년 8월 5일에 실시된 대통령 선거 결과에서도 확인할 수 있다. 전시에 실시된 이 선거에서 자유당의 이승만 후보는 성주군에서 67.1퍼센트를 득표하였다. 이에 비해 보수 야당 이시영 후보나 진보 성향의 조봉암 후보는 각각 14.2퍼센트, 14.9퍼센트를 득표하는 데 그쳤다. 이승만 후보가 압도적 표차로 대통령에 당선된 것이다.

〈표〉경상북도 성주군 부역자 처벌 일람표(1950년)

	수리 일자	처리 일자	이름	지역	나이	처분 종류	판결	직위
1	미상	1950. 10.13	김○욱	성주면	미상	기소유예		(자료탈락)
2	미상	10.14	배○호	성주면	미상	기소유예		(자료탈락)
3	미상	10.15	김○식	성주면	미상	기소유예		(자료탈락)
4	미상	10.16	김○조	성주면	미상	기소유예	8년	(자료탈락)
5	1950. 09.30	10월	정○봉	성주면 경산동	38	기소유예		군인민위 양정과 기사
6	9.30	10월	이○수	성주면 예산동	27	기소유예		동자위대장
7	10.04	10월	정○일	성주면 경산동	33	기소유예		
8	10.04	10월	김○희	성주면 대황동	29	기소유예		
9	10.04	10월	김○연	성주면 경산동	23	기소		동자위대장
10	10.04	10월	김○율	성주면 대흥동	29	기소	기각	동자위대장
11	10.04	10월	최○석	성주면 대흥동	28	기소	기각	동자위대장
12	10.04	10월	김○한	성주면 경산동	22	기소		군 군사후원회 동원과원
13	10.04	10월	이○수	성주면 대황동	25	기소		군 군사후원회 동원과원
14	10.04	10월	이○동	성주면 경산동	42	기소		면인민위 동원과장
15	10.05	10월	신○현	성주면 용산동	25	기소유예		동인민위 위원, 토지개혁위원

16	10.05	10월	김○용	성주면 예산동	23	기소유예		동인민위 부위원장, 토지개혁위원
17	10.07	10.27	주○석	성주면 대황동	36	기소유예		동생산고 조사위원
18	10.07	10.27	서○봉	성주면 대황동	26	기소	기각	동자위대장
19	10.09	11.03	이○효	용암면 상은동	25	기소	10년	면인민위 부위원장, 민위청
20	10.09	11.03	이○태	용암면 대봉동	29	기소		면인민위 농산계장
21	10.09	11 03	나○태	용암면 기산동	23	기소	7년	면인민위, 선전대원 민위청, 농민조합원
22	10.09	11 03	김○덕	용암면 마월동	24	기소	7년	면인민위 선전대장, 민위청, 농민조합원
23	10.07	10.27	김○식	성주면 대황동	32	기소		군인민위 서무과원
24	10.07	11월	차○옥	성주면 대황동	28	기소	기각	동자위대장
25	10.07	11월	손○용	성주면 예산동	27	기소		군인민위 연락원
26	10.07	11월	김○재	성주면 예산동	28	기소		군 군사후원회 서무과원
27	10.07	10.04	박○근	가천면 창천동	44	기소유예		면인민위 식량정계원
28	10.07	10.04	김○암	가천면 창천동	43	기소엄중 처분		면인민위 문화선전계원

29	10.07	10.04	최○구	가천면 창천동	36	기소엄중 처분	무죄	면인민위 노력동원부장, 면군사후원회 위원장
30	10.07	10.04	김○훈	가천면 동지동	36	기소엄중 처분		면인민위 부위원장, 면농민동맹위원장, 노동당원
31	10.10	10.29	박○진	월항면 용각동	25	기소유예		동자위대원
32	10.10	10.29	김○용	월항면 용각동	36	기소		동인민위원장
33	10.10	10.29	김○수	월항면 용각동	37	기소		동자위대장
34	10.22	10.27	성○운	초전면 대장동	32	기소		면인민위 학생과장,노동당후보당원
35	10.23	11.07	김○진	성주면 예산동	37	훈계·방면		면치안대원
36	10.07	10.24	이○영	성주면 삼산동	34	기소엄중 처분	7년	동인민위 서기
37	10.07	10 24	강○갑	성주면 삼산동	27	기소엄중 처분	면제	동청년위원장
38	10.07	10.24	이○영	성주면 삼산동	22	기소유예		동자위대장
39	10.07	10.24	김○환	수륜면 송후동	32	기소유예		동자위대장
40	10.07	11.21	차○섭	용암면 장학동	22	기소엄중 처분		면자위대 부대장, 보도연맹원
41	10.07	11.21	이○봉	용암면 상은동	25	기소엄중 처분		면자위대 연락계원

42	10.07	11.21	김○옥	용암면 용암동	21	기소엄중 처분		면자위대 대장
43	10.07	11.21	이○진	용암면 상은동	24	기소엄중 처분		면자위대 호안대장
44	10.07	11 21	김○원	용암동 문명동	21	기소엄중 처분		면자위대 호안계장, 보도연맹원
45	10.07	11.21	김○원	용암면 장학동	23	기소유예		동자위대 대원
46	10.07	11.21	문○용	용암면 상은동	27	기소유예		면인민위 부위원장, 선전대장
47	10.10	11.22	도○림	성주면 예산동	43	기소엄중 처단	면죄	군인민위 특무공작원, 군 군사후원회 위원장
48	10.10	11.22	문○룡	성주면 경산동	33	기소엄중 처단	2년	면치안대장, 면인민위 부위원장
49	10.10	11.22	배○민	성주면 예산동	37	기소엄중 처단		면자위대장
50	10.10	11.22	최○건	성주면 경산동	44	기소엄중 처단		군인민위 특무공작원, 교육과장
51	10.24	11.14	배○덕	용암면 성송동	34	기소	10년	동치안대 총무부장
52	10.24	11.13	양○술	성주면 학산동	46	기소		동인민위원장, 토지개혁위원
53	10.24	11.13	양○조	성주면 학산동	19	기소		면치안대원
54	10.24	11.14	이○옥	선남면 치곡동	27	기소		동자위대장

55	10.28	11.19	최○인	대가면 옥성동	25	기소	5년	동자위대장, 면치안대 경비단장
56	10.19	11.22	이○조	선남면 동암동	20	기소엄중 처단		면치안대 부대장, 남로당원, 보도연맹원
57	11.07	11.21	장○조	선남면 선원동	28	기소	10년	동자위대 대원, 토지개혁위원
58	11.07	11.23	곽○섭	가천면 창천동	32	기소엄중 처분	무죄	면치안대장
59	11.07	11.23	이○전	가천면 창천동	35	기소엄중 처분	5년	
60	11.07	11.23	이○상	가천면 창천동	39	기소엄중 처분		면인민위 농산계장
61	11.07	11.23	오○이	가천면 용0동	28	기소엄중 처분	5년	면치안대원
62	11.07	11.23	홍○영	가천면 창천동	29	기소엄중 처분	무죄	면치안대 부대장
63	11.07	11.23	이○현	가천면 창천동	23	기소엄중 처분	5년	면치안대원
64	11.07	11.23	도○록	가천면 창천동	23	기소엄중 처분	무죄	
65	11.07	11.23	도○중	가천면 창천동	20	기소유예	5년	면치안대원
66	11.07	11.23	한○윤	가천면 창천동	23	기소유예		면치안대원
67	11.07	11.23	도○록	가천면 창천동	25	기소유예		
68	11.07	11.25	유○룡	성주면 경산동	19	기소엄중 처분		면치안대원
69	11.07	11.16	김○욱	가천면 창천동	33	기소		면인민위 노력동원부

							서기
70	11.07	11.24	박○주	성주면 경산동	24	기소	면죄	면치안대장
71	11.07	11.24	최○수	성주면 경산동	26	기소엄중 처단		군내무서원
72	11.07	11.24	김○진	성주면 경산동	23	기소엄중 처단		면치안대원
73	11.07	11.24	박○주	성주면 경산동	24	기소엄중 처단		면치안대원
74	11.07	11.24	이○조	성주면 경산동	29	기소엄중 처단		면치안대원
75	11.07	11.30	김○선	초전면 자양동	20	기소엄중 처단	10년	동인민위위원장
76	11.25	11.30	이○특	성주면 예산동	20	기소엄중 처단	15년	군인민위 양정과원, 보도연맹원
77	11.25	11.30	공○문	성주면 경산동	30	기소엄중 처단	면제	군 군사후원회 대원, 보도연맹원
78	11.25	11.29	배○화	성주면 백전동	30	기소엄중 처단	5년	군인민위 양정과원,보도연맹원
79	11.25	12.01	주○록	성주면 경산동	34	기소엄중 처단	면제	군인민위 우편국장, 노동연맹원
80	11.25	12월	배○곤	대가면 도남동	26	기소	7년	면인민위 동원부 계원
81	11.25	12월	배○엽	대가면 도남동	32	기소유예		동인민위원장
82	11.25	12월	배○한	대가면 도남동	31	기소유예	7년	동치안대장
83	11.25	12월	배○호	대가면 도남동	25	기소유예		동치안대 부대장

84	11.25	12월	홍○조	대가면 도남동	29	기소유예		동인민위 위원
85	11.25	12.05	이○우	성주면 대흥동	28	기소엄정 처분	10년	동자위대장
86	11.25	12.05	이○천	성주면 대흥동	19	기소엄정 처분		동토지개혁위 원, 남로당원
87	11.25	12.05	조○권	초전동 봉정동	32	기소엄정 처분	무죄	면자위대 부대장
88	11.25	12.05	이○균	금수면 광산동	21	기소엄중 처분		면치안대 감찰대원
89	11.25	12.05	유○재	초전면 용성동	31	기소엄중 처분		면 인민위위원장
90	11.25	12.04	성○식	성주면 예산동	24	기소유예		군치안대원
91	11.25	미상	정○호	대구 대봉동	34	기소	면죄	면치안대장, 남노당원
92	11.25	미상	김○한	수륜면 오천동	27	기소		면치안대원
93	11.25	12월	도○달	초전면 봉정동	18	기소	8년	민주청년동맹 학생과 선전대원
94	11.25	12월	강○술	벽진면 봉학동	39	기소	면죄	동자위대장, 보도연맹원
95	11.25	12월	이○윤	벽진면 용암동	25	기소	10년	
96	11.25	12월	여○연	벽진면 봉학동	21	기소	5년	동민청위원장
97	11.25	12.05	이○득	초전면 소성동	43	기소	1년	동인민위원장, 남노당원
98	11.25	12.04	배○수	성주면 경산동	23	기소엄중 처분	5년	면치안대원
99	11.25	12.04	송○토	가천면 창천동	48	기소유예		면인민위부위 원장

100	11.25	12.05	오○기	가천면 창천동	31	기소엄중 처분	7년	면치안대원
101	11.25	12.05	이○준	가천면 창천동	31	기소엄중 처분	2년	면치안대원
102	11.25	12.05	도○종	가천면 창천동	28	기소엄중 처분	3년	면치안대원
103	11.25	12.05	강○억	가천면 동원동	18	기소엄중 처분	2년	면치안대원
104	11.25	12.05	정○용	가천면 창천동	40	기소엄중 처분	2년	면치안대 경비분대장
105	11.25	12.05	이○재	가천면 화죽동	24	기소엄중 처분		면치안대원
106	11.25	12.05	이○상	가천면 창천동	30	기소엄중 처분		면치안대원
107	11.25	12.04	이○혁	월항면 장산동	28	기소		동치안대 감찰계원
108	11.25	12.04	한○만	성주면 용산동	35	기소	12년	면자위대원
109	11.25	12.04	양○환	월항면 보암동	45	기소	무기 징역	면농민동맹 위원장
110	11.25	12.04	강○이	대가면 용흥동	39	기소	5년	동자위대 대장
111	11.25	12.04	유○갑	수륜면 송계동	26	기소)	5년	면자위대원, 군인민위 교육과원
112	11.25	12 05	박○숙	성주면 삼산동	36	기소엄중 처단	2년	동자위대원
113	11.25	12.05	주○득	성주면 삼산동	22	기소엄중 처단	2년	동자위대원
114	11.25	12.05	강○웅	성주면 삼산동	24	기소엄중 처단	2년	동자위대원
115	11.25	12.04	김○석	대가면 옥성동	34	기소유예		면치안대 경비반장

116	11.25	12.04	조○희	가천면 화죽동	39	기소엄중 처단	면죄	동인민위위원장, 면농민동맹 조직부장
117	11.25	12.04	이○상	초전면 월곡동	37	기소유예		동인민위원장
118	11.25	12.04	이○영	수륜면 신파동	36	기소유예		노동당원
119	11.25	12.04	이○호	성주면 대황동	32	기소유예	10년	동자위대장
120	11.25	12.03	정○호	수륜면 수성동	37	기소엄중 처단		동자위대장
121	11.25	12.07	이○태	대가면 흥산동	24	기소엄중 처분		면인민위 양정계장
122	11.25	12.07	정○만	대가면 흥산동	34	기소엄중 처분		면인민위 농산계 서기
123	11.25	12.06	이○주	초전면 대장동	25	기소		
124	11.25	12.08	심○달	성주면 경산동	26	기소		면자위대원, 보도연맹원
125	11.25	12.08	백○도	성주면 용산동	29	기소유예		
126	11.25	12.08	이○봉	성주면 백전동	41	기소	5년	면인민위 양정계원
127	11.25	12.15	김○득	초전면 대장동	34	기소	면제	동인민위원장
128	11.25	12.11	정○용	대가면 칠봉동	22	기소		면인민위 위원
129	11.20	12.13	김○수	수륜면 적송동	24	기소유예		동인민위원장
130	11.25	12.13	이○우	수륜면 계정동	35	기소유예		동자위대장
131	11.25	12.11	하○동	대가면 옥련동	23	기소유예		면인민위 문화선전부원

132	11.25	12.14	최○학	수륜면 송계동	27	기소엄중 처분		면치안대 대원
133	11.25	.12.14	정○식	수륜면 수성동	20	기소엄중 처분		면치안대 대원
134	11.25	12.14	최○동	수륜면 남은동	38	기소엄중 처분		면치안대 대원
135	11.25	12.14	박○상	수륜면 오천동	20	기소엄중 처분		면치안대 대원
136	11.25	12.14	이○재	수륜면 백운동	27	기소엄중 처분		면치안대 대원
137	11.25	12.14	최○곤	수륜면 봉양동	24	기소유예		면치안대 대원
138	11.25	12.14	김○해	수륜면 송계동	22	기소엄중 처분		면치안대 대원
139	11.25	12.14	강○식	수륜면 수성동	22	기소엄중 처분		면치안대 대원, 남노당원
140	11.25	12.13	홍○광	벽진면 용암동	29	기소엄중 처단	5년	동자위대원
141	11.25	12.13	여○연	벽진면 용암동	29	기소엄중 처단		동자위대원
142	11.25	12.12	송○선	초전면 동포동	43	기소유예		동인민위 위원
143	11.25	12.13	윤○봉	초전면 동포동	23	기소엄중 처분	5년	인민군의용군
144	11.25	12.13	손○수	성주면 예산동	25	기소엄중 처벌		면치안대원
145	11.25	.12.13	백○현	성주면 금산동	26	기소엄중 처벌		면치안대원
146	11.25	12.12	백○기	성주면 용산동	22	기소유예		면인민위 재정계 서기, 양정계원
147	11.29	12.15	여○영	벽진면 해평동	19	기소유예		면여성동맹 조직부장

148	12.11	12.18	이○덕	성주면 대황동	26	기소엄중 처단		군 군사후원회 노력동원과원
149	12.13	12월	황○성	성주면 경산동	33	기소		면군사후원회 위원장
150	12.13	12.22	김○금	벽진면 용암동	35	기소엄중 처분	5년	동자위대 부대장
151	12.13	12.22	이○일	벽진면 매수동	28	기소		동자위대 부대장
152	12.13	12.22	장○하	벽진면 봉계동	40	기소유예		동애국투사후 원회 위원장
153	12.14	12.22	이○희	가천면 창천동	22	기소엄중 처분		청방대원
154	12.22	1951.0 1.05	정 ○	수륜면 수성동	22	기소유예		면자위대 대원, 남로당연락원
155	12.15	1950.1 2.	이○하	성주면 예산동	42	기소	면소	면임시인민위 위원장
156	12.20	1951.0 1.08	이○원	성주면 경산동	39	기소유예		동자위대장
157	12.29		전○술	성주면 대황동	37	기소유예		동자위대 대원
158	12.15		이○원	초전면 문덕동	25	기소	2년	면인민위 문화선전부장, 토지개혁위원
159	12.15		송○선	초전면 대장동	25	기소엄중 처분	면제	면자위대 호안부장
160	12.15		송○선	초전면 대장동	31	기소엄중 처분	15년	면치안대원, 비밀결사대원

제7장

1950년대 후반의 정치변동과
4월 혁명

1. 한국전쟁 이후 정치지형의 변동

　　한국전쟁을 거치면서 해방공간에서 성주에서 자주적 건국운동을 전개하였던 좌익세력은 전부 제거되었다. 10월 항쟁 이후 강화된 경찰의 공세로 대한민국 건국과정에서 성주의 좌익세력 다수가 희생되었고, 잔존세력은 한국전쟁 초기 보도연맹원 집단학살에서 희생되었다. 그 과정에서 어렵사리 살아남은 자들도 성주 수복 후 부역자 처벌에서 목숨을 잃거나 재판에 회부되어 감옥에 갇혔다. 좌익세력이 거세됨에 따라 해방공간에서 성주의 사회주의 청년층이 추진하였던 건국운동도 완전히 막을 내렸다.

　　반면 미군정기부터 이승만과 친일 우익세력이 추구해 왔던 친미 반공국가 수립이 확고히 뿌리를 내리게 되었다. 반공분단국가체제의 수립은 국가권력이 국민을 설득하고 동의를 확보하는 민주적 방식보다는 일방적으로 새로운 체제와 질서를 수용하도록 강요하는 권위주의적 방식으로 이루어졌다. 전시상황이라는 특수한 조건 때문에 그러한 요구에 순응하지 않을 경우 권력기관에 의해 이적행위자로 처벌받을 수도 있어서 국민 일반은 이러한 지배방식에 대해 저항할 수 없었다. 그리하여 전후 권위주의적 반공분단체제가 사회전반에 굳건히 뿌리를 내렸다.

　　그러나 이승만 정권의 극우 반공분단체제는 1950년대 후반 권력

독점과 연장을 위해 권위주의 통치를 강화하고 편법으로 민주적 헌정
질서를 유린함과 동시에, 전후복구 원조물자를 부정하게 정치자금 조
달 방편으로 악용하면서 정경유착기업에 특혜를 주고 민생을 악화시
켜 급속히 대중의 지지를 잃었다. 이에 따른 대중의 저항은 먼저 1956
년에 실시된 제3대 대통령 선거에서 표출되었다. 제3대 대통령 선거
는 선거유세 도중 야당의 유력 후보 신익희가 사망하면서 결국 이승
만 후보가 2위 진보당 조봉암 후보를 3백만 표 차로 앞서 대통령에
당선되었다.

그러나 집권당인 자유당은 이러한 선거결과에 크게 당황하지 않을
수 없었다. 일단 득표율이 제2대 대통령 선거에 크게 못 미쳤고, 중
도 사망한 신익희 후보를 지지한 무효표까지 감안하면 득표율은 50퍼
센트 아래로 내려갔다. 2위 조봉암 후보와의 격차도 지역에 따라서는
10~20퍼센트로까지 줄어들었다. 특히 경상북도에서는 조봉암 후보가
44.7퍼센트를 득표하여 55.3퍼센트를 득표한 이승만 후보를 뒤쫓고
있었다. 투표와 개표과정에서 저질러진 부정을 감안하면 그 격차는
더욱 줄어드는 것이었다. 그 위에 부통령 선거에서는 민주당의 장면 후
보가 자유당의 이기붕 후보를 누르고 당선되었다. 이승만 정권이 반
공독재체제를 강화해 왔지만 민심이 빠르게 이반하고 있음을 보여주
는 결과였다.

성주군의 선거 결과에서도 이러한 흐름이 나타났다. 성주군에서는
투표 참여자가 총 42,609명이었는데 자유당 이승만 후보가 17,914표,
진보당 조봉암 후보가 13,417표를 득표하였고, 무효 투표수가 11,278
표였다. 총투표에서 이승만 후보의 득표율은 42퍼센트에 불과하였고,
무효표를 제외한 유효투표에서도 57.2퍼센트를 득표하는 데 그쳤다.
제2대 대통령 선거와 비교하면 이승만 후보가 득표수에서는 26,825표
에서 17,814표로, 득표율에서는 67.1퍼센트에서 42퍼센트로 대폭 감소

〈표 **7-1**〉 제3대 대통령 선거 후보자별 성주군 득표상황(단위: 명, %)

정당별	후보자명	득표수	비율(%)	비고
자유당	이승만	17,914	42.0	당선
진보당	조봉암	13,417	31.5	
무효표		11,278	26.4	

(자료 출전: 성주군 선거관리위원회)

한 반면 조봉암 후보는 득표수에서 5,960표에서 13,417표로, 득표율에서 14.9퍼센트에서 31.6퍼센트로 약진하였다.

제3대 대통령 선거의 결과가 이렇게 나온 이유는, 기본적으로는 이승만 정권의 반민주적인 독재와 장기집권, 전후복구과정에서 보인 무능과 부정부패에 대해 국민들이 비판하고 저항하였기 때문이고, 그에 더해 진보당 조봉암 후보가 선거공약으로 내세운 평화통일정책과 '피해대중을 위한 정치'가 대중의 큰 관심과 지지를 받았기 때문이었다. 조봉암이 내세운 평화통일정책은 이승만의 극단적이고 적대적인 반공통일정책에 대한 대안으로 남북한에서 극좌극우세력을 억제하고 진보세력이 주도하여 유엔보장 아래 민주방식에 의해 평화적 통일을 성취하겠다는 공약이다. '피해대중을 위한 정치'는 모든 선량한 사람들이 안심하고 살 수 있고, 양심과 사상의 자유를 누릴 수 있는 정치체제 수립을 내세운 것으로, 이승만 정권의 극우 반공이데올로기를 앞세운 반민주적인 포악한 경찰통치를 종식시키고 정치와 사회 전반에 민주주의를 확립하겠다는 정책이었다.[127]

제3대 대통령 선거에서 드러나기 시작한 민심 이반은 1958년 5월 2일에 실시된 제4대 국회의원 선거에서 보다 확연하게 나타났다. 제4대 국회의원 선거에는 성주에서 4명의 후보가 출마하였다. 자유당에

127) 서중석, 《조봉암과 1950년대(상)》(역사비평사), 1999, 134~140쪽.

〈표 7-2〉 제4대 국회의원 선거 후보자별 성주군 득표상황(단위: 명, %)

정당별	후보자명	득표수	비율(%)	비고
민주당	주병환	23,496	55.9	당선
자유당	이민석	12,795	30.5	
무소속	최성장	3,283	7.8	
무소속	도정환	2,439	5.8	
총 계		42,013	100	

(자료 출전: 성주군 선거관리위원회)

서는 이민석 후보가, 민주당에서는 주병환 후보가, 무소속으로는 최성장, 도정환 후보가 출마하였다. 선거결과는 민주당 주병환 후보가 2위를 한 자유당 이민석 후보를 압도적 표차로 누르고 55.9퍼센트의 득표율로 당선되었다. 후보별 득표수를 보면 민주당 주병환 후보는 23,496표, 자유당 이민석 후보는 12,795표였다. 이 선거에서 자유당 득표율은 30.5퍼센트에 그쳤는데 이는 총 53.8퍼센트였던 제3대 국회의원 선거에 비교하면 대폭 하락한 것이다.

2. 4월 혁명과 피학살자유족회 활동

제4대 국회의원 선거가 있고 2년 뒤 마침내 4월 혁명이 일어나 이승만 정권이 무너졌다. 이승만 정권이 무너지자 성주에서도 자유당 집권기간에 부당하게 유린된 인권과 민주적 권리를 회복하기 위한 민주화운동이 일어났다. 그 대표적인 운동이 한국전쟁기 희생된 민간인들 이른바 부역자로 몰려 학살 또는 처벌된 민간인들에 대한 진상규명과 신원운동이었다.

앞서 살폈듯이 한국전쟁기 성주에서는 경찰에 의해 두 차례의 부역자 처리가 이루어졌다. 1차 부역자 처리는 성주 수복 직후 도주하지 않은 부역자를 일제히 검거해 그 가운데 48명을 집단학살한 것이었다. 2차 부역자 처리는 경찰이 체포하거나 자수한 부역자들을 심문한 다음 대구지방검찰청에 이송해 재판에 회부한 것이었다. 경찰의 부역자 처리에는 중대한 오류가 있었다. 특히 부역자를 집단학살한 1차 처리가 그러했다.

인민군 점령기에 부역자가 발생한 데에는, 특히 인민군의 강요로 많은 사람이 부역자가 될 수밖에 없었던 데에는 경찰의 책임도 있었다. 앞서 살폈듯이 성주 경찰은 보도연맹원을 학살하고는 아무런 소개령도 내리지 않고 도주하듯이 후퇴하였고, 뒤늦게 이 사실을 알고 피난길에 나섰던 사람들도 유엔군은 낙동강 방어선에 막혀 다시 고향으로 돌아와야 했기에 결국 부역자가 되었다. 그런 까닭에 경찰의 부역자 처벌은 이런 사정을 고려해 매우 신중하게 이루어져야 했다. 그럼에도 불구하고 수복 후 경찰은 마치 보복하듯이 부역자 처벌을 서둘러 그 가운데 48명을 불법적으로 집단학살하였다. 이 학살은 국가기관에 의해 의식적으로 자행된 불법적인 범죄행위이자 심각한 인권유린이었다.

또한 1차 처리의 부역자 학살과 2차 처리의 부역자 재판결과에서 심각한 형평성의 오류가 있었다. 10월 27일 집단 학살된 부역자들과 그 뒤 재판에 회부된 부역자를 비교하면 부역행위에서의 역할이나 비중이 후자가 더 무거웠다. 부역 참여의 자발성이나 적극성에서도 후자가 앞섰다. 그런 까닭에 집단 학살된 부역자들이 경찰 심문에 회부되었다면 그 대부분은 '기소' 내지 '기소유예'로 분류되었을 것이고,

재판에 회부되었다면 공소 기각되거나 2~5년의 가벼운 형을 받고 사면되었을 것이다. 그럼에도 이들은 집단처형되었고, 이들보다 부역행위가 무거운 자들은 재판을 거쳐 상대적으로 가벼운 형을 받았다. 그나마도 대부분이 대통령 특사령으로 1951년에 사면을 받고 풀려났다.

부역자 처벌의 실상이 이러했기 때문에 경찰에 의해 희생당한 부역자의 유가족들이 이를 바로잡고, 부역자에 연좌되어 부당하게 입었던 피해를 보상받고 억압당했던 권리를 회복해 줄 것을 요구하였다. 그 요구에서 시작된 것이 4월 혁명 직후인 1960년 5월의 피학살자유족회 운동이었다. 당시 성주에서 피학살자유족회 결성에 앞장선 인물은 이삼근李三根이었다. 이삼근은 1950년 10월 27일 선남면 선원리 낙동강변에서 경찰이 48명의 부역자를 집단학살할 때 부친을 잃었다.[128] 이 사건이 있은 다음 해 부친의 억울한 죽음에 복수할 것을 결심하고 성주를 떠났던 이삼근은 청구대학 문과에 입학했으나 3년 만에 중퇴하고 미8군의 통역관으로 군복무를 마친다. 이후 그는 대구와 월성군에서 중학교 교사로 근무하다가 1960년 4월 혁명으로 이승만이 정권이 무너지자 성주로 돌아와 피학살자유족회를 조직하였다.[129]

마침 1960년 5월 11일 경남 거창군 신원면에서 거창사건 유가족들이 양민학살사건의 진상규명을 요구하며 거창사건 발생 당시 신원면장을 지냈던 자를 타살한 사건이 발생하였다. 이 사건을 계기로 언론들은 한국전쟁 당시 발생한 민간인학살사건의 실상과 피해자들의 억울함을 다루는 기사를 속속 게재하기 시작하였고, 이를 배경으로 국회에서는 5월 23일 〈양민학살진상조사특별위원회〉가 구성되었다. 이 특별위원회는 민간인학살이 많았던 경남, 경북, 전남 지역에 조사반을

---

128) 제6장 주 110 참조.
129) 임채도, 〈4·19 직후 대구경북지역 피학살자유족회 운동의 전개〉, 《4월혁명50주년기념학술토론회 자료집》, 대구사회연구소, 2010.

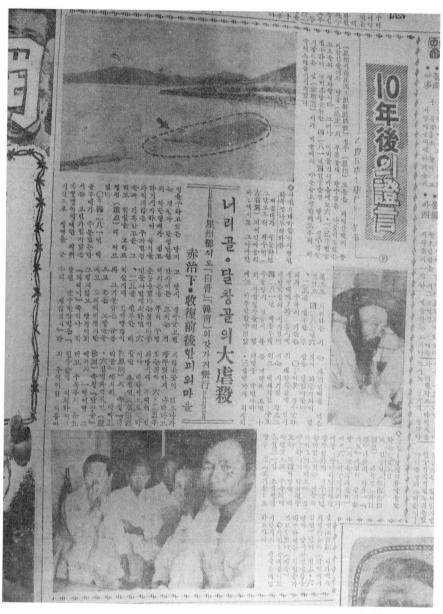

〈자료 7-1〉 성주 피학살자진상조사 관련 기사(《영남일보》 1960.6.2.)

편성해 파견하였다. 그 조사는 5월 31일부터 6월 10일까지 불과 11일이라는 짧은 기간 동안 극히 피상적으로 이루어진 것에 불과했지만, 한국전쟁에서 불법부당하게 학살된 민간인이 많았고, 따라서 면밀한 진상조사를 통해 유가족들의 원한을 풀어주고 연좌제로 받고 있는 불이익과 고통을 해결한다는 사회적 여론을 조성하기에는 충분하였다.

이삼근은 국회의 양민학살진상조사특별위원회가 조사에 착수한 5월 31일에 맞추어 성주에서 피학살자 유족 20여 명을 규합하여 피학살자유족회(이하 유족회로 약칭)를 발족시켰다. 이때 유족회에 참여하였던 인사는 1950년 10월 27일 전쟁부역자로 몰려 처형당한 유가족들이 중심을 이루었다.[130] 앞서 보았듯이 10월 27일에 집단처형된 부역자들은 이삼근과 성기수의 부친을 포함해 정상적으로 재판에 회부되었다면 기소유예 처분 또는 사면범위에 드는 가벼운 형을 선고받을 수 있는 자들이었다.

성주의 피학살자유족회는 6월 7일 성주면 경산동 성문밖 숲에서 유족 80여 명이 참석한 가운데 위령제를 거행하였다. 대상은 1950년 10월 28일 집단학살된 부역자 48명이었다. 성주의 유족회는 이날 (1) 처형된 자의 호적정리 (2) 처형 관련자의 법적 처단 (3) 유족에 대한 국가보호조치, (4) 유골 발굴과 위령비 건립 등을 활동목표로 정하였다. 유족회는 국회조사가 실시되지만 그 조사에만 의지하지 않고

---

130) 《조선일보》, 〈초혼제를 엄수 – 성주 원사자들〉, 1960년 6월 9일.
　　"성주군에서 6.25사변 당시 빨갱이로 몰려 학살된 48구에 대한 초혼제가 7일 상오 11시 40분 성주군 성주면 경산동 소재 도선장 부근에서 2개소대 헌병들이 삼엄한 경계를 하는 가운데 엄수되었다. 이날 초혼제에 참석한 유가족 50여 명이 학살에 가담한 형사 3명(현재 성주경찰서 근무)을 보복할 것이라는 움직임이 보여 헌병 2개소대가 동원된 것인데 아무런 사고도 없었다."
　　이 보도에 따르면 초혼제의 대상이 1950년 10월 28일에 집단학살된 부역자 48명이었다. 유족회 활동의 중심을 이룬 자가 이삼근과 성기운이었던 점도 이 유족회가 집단학살된 부역자 유가족 중심으로 이루어졌음을 보여준다.

〈자료 7-2〉 4월 혁명기 성주 피학살자 위령제(《영남일보》 1960.6.8.)

유족들이 자발적으로 피학살자의 정확한 인원과 유족들의 억울함을
조사하여 중앙에 대해 특별법의 입법을 건의할 것을 결의하였다.[131]

한국전쟁기에 발생한 민간인학살 문제는 비단 성주만의 문제는 아
니었다. 국회가 진상조사를 결의한 경북·경남·전남은 물론이고 여타 지
역에서도 대량으로 발생하였다. 따라서 이 문제는 국가적 차원에서
해결이 요구되었다. 성주 이외의 지역에서도 속속 피학살자유족회가
결성되었고, 이를 바탕으로 1960년 6월 15일에는 대구에서 경북지구
피학살자유족회가 결성되어 문제해결에 나섰다.

성주 유족회 결성을 주도했던 이삼근은 경북 유족회 결성에도 적
극적으로 참가하여 총무를 맡았다. 경북지구 피학살자유족회는 경북
도지사, 대구시장, 대구지방·고등법원장, 대구고등검찰청장, 경북경찰국
장, 대구시 각 경찰서장과 언론사 대표 등 경북지역 17명의 기관장의
후원을 받아 유골수습과 합동묘비 건립을 위한 합동묘비건립위원회를
구성하였고, 이해 8월과 9월에 걸쳐 대구 인근의 집단학살장소에서
유해를 발굴하는 활동을 펼쳤다.

같은 시기 경남지역에서도 유족회 결성이 활발히 추진되어 8월 28
일 부산에서 경남지구 피학살자유족연합회가 결성되었다. 경북 유족
회와 경남 유족회는 10월 20일 서울에서 경남·북의 각 시군유족회대
표 약 50여 명이 참석한 가운데 전국피학살자유족회를 결성하고 정부
와 국회를 상대로 본격적인 문제 해결에 나섰다. 이삼근은 전국피학
살자유족회에서 사정위원을 맡았다.[132]

그러나 피학살자유족회 운동은 위령제를 거행하고 일부 지역에서
피학살자 유해를 발굴하는 성과를 내었으나, 진상규명이나 관련자 처

131) 《영남일보》 1960년 6월 8일.
132) 임채도, 앞의 논문, 2010.

벌, 위령비 건립, 유가족에 대한 국가보호조치 등에서는 보수적인 민주당 정부의 반대로 진전을 보지 못한 채 1961년 5·16 군사쿠데타를 맞았다. 군사정권은 피학살자유족회 운동을 "6·25 동란시 사망한 적색분자를 애국자로 가장시키고 우리 국군과 경찰이 선량한 국민을 무차별 살해한 것처럼 허위 선전"한 것으로 탄압하고 전국유족회와 경·남북 유족회의 간부들을 구속하였다. 이로써 성주 유족회의 활동도 막을 내리게 되고, 전국피학살자유족회 운동을 통해 성주 유족회의 목표를 달성하고자 하였던 이삼근 또한 혁명재판소에 회부되어 〈특수범죄처벌에 관한 특별법 위반〉으로 15년형을 선고받았다.

이삼근은 재판부에 낸 상소이유서에서 자신의 유족회 활동이 결코 반국가단체를 이롭게 하려한 의도가 없었으며 "오직 십여 년간 서려 있던 사이비애국자 살인애국자들에 대한 분노의 폭발일 뿐"이라 주장하고 유족회운동의 동기와 목표를 다음과 같이 해명하였다.

"본 피고인은 망부亡父가 공산주의자나 그 동조자가 아님에도 불구하고 이유 없이 살해되었으므로 그 살해의 원인을 밝혀내는 동시에 같은 처지에 있는 수많은 유족들에게 같은 기회를 갖게 하고 싶었고 인간의 존엄성을 재확인하여 전후 인명을 파리 목숨 같이 생각하는 타락된 도의를 바로잡고 인권사상을 선양하며 정치적인 후진성을 지양하고 한말이래 외세를 없애고 자파세력 확대를 위하여 행한 모살 학살을 종식시키고 범법자는 반드시 처형되는 표본을 만듦으로써 법치주의와 민주주의를 이 땅에 길이 발전시키기 위하여 피해자들의 유족들이 발기 조직한 유족회에 가담하여 유족들을 위하여 피고인이 할 수 있는 가능한 일은 이를 다하게 된 것으로서 유족 자체의 단체를 통하여 불우한 여건과 타락된 정신상태를 극복하여 건전한 국민으로 살아갈 기회를 마련코자 성주군 유족회를 조직하고 동시 유족회에서 대표를 선출하여 4개 조항을 선택하고 경북지구 유족회의 총무직을 수락하였으며 대구위령제 시

에 선언문을 낭독하였고 유골수습 묘비건립운동에 참가하였으며 전국
유족회중앙위원이 되었는바 이상 행위를 모두 서상과 같이 망부의 억
울한 죽음에 대한 위로와 국가 장려를 위함이였지 원판시와 같이 북한
괴뢰의 이익이 되게 하기 위함이 아니었다."[133]

　곧 한국전쟁 당시 경찰이 자행한 이른바 부역자 집단처형은 공산
주의자나 그 동조자가 아님에도 불구하고 이유 없이 살해하여 법치주
의와 민주주의를 훼손하고 유린한 만행이었기 때문에, 뒤늦게나마 이
를 바로잡음으로써 인간의 존엄성을 회복하고 인권사상을 선양하여
정치를 선진화시키고, 유족들의 원한을 해결해 건전한 국민으로 살아
갈 수 있게 하려는 것이 유족회 활동의 동기이자 목표였다는 것이다.
그러나 그의 간절한 희망은 반공을 국시國是의 제일로 삼고 반공체제
를 확고히 확립하는 것을 혁명 제일공약을 내세운 군사정권의 등장으
로 말미암아 꺾이고 말았다.
　한편 성주에서 유족회의 활동은 지방좌익이나 인민군에 의해 희생
된 우익인사들의 유족들에게도 영향을 미쳤다. 성주에서는 인민군 점
령기에 면 치안대원으로 우익인사를 학살하는 데 앞장섰던 지방좌익
들이 유엔군 수복 후 부역행위로 검거되어 처벌을 받았지만, 상당수
가 대통령 특사로 형의 집행을 면제받고 풀려나와 그 지역에서 활동
하고 있었다. 이로 말미암아 4월 혁명 직후 성주에서 유족회가 결성
되어 좌익부역자 처형이 부당했다는 신원운동이 일어나자, 우익피해
자 유족들도 이 운동에 자극을 받아 우익인사 학살에 가담한 좌익 부
역자에 대한 실질적 처벌이 있어야 할 것으로 생각하였다.
　이러한 상황에서 1961년 5·16쿠데타로 군사정권이 들어서고 유족

---

133) 한국혁명재판사편찬위원회, 《한국혁명재판사》 4집, 1962, 239쪽.

회 활동을 한 인사들이 구속되자 한국전쟁기에 희생된 우익인사 유족 가운데 일부가 그 학살에 책임이 있는 인물을 보복 살해하는 사건이 발생하였다. 1961년 12월 11일 밤 이기조(26세)와 배연성(25세)은 한 국전쟁 당시 우익인사 학살에 가담한 초전면 치안대원 송우선(36세)을 면소재지 음식점(초전관)으로 불러내어 망치와 칼로 살해하였다.[134] 이기조와 배연성은 인민군 점령기 초전면 치안대에 의해 체포, 살해 된 우익인사 이동과 배동암의 아들이었다. 이들은 송우선이 성주 수 복 후 경찰에 검거되어 치안대 부역행위로 재판을 받았지만, 정부의 사면조치로 바로 풀려난 점과, 이후 자신의 과거행적에 대해 처벌을 받았다는 이유로 관련 유족들에게 사죄하거나 반성하는 태도를 보이 지 않고 당당하게 활동하던 것에 분개하였다. 송우선은 인민군 점령 기 초전면 자위대 호안부장을 맡아 우익인사 살해를 주도하였고 1950 년 12월에 경찰에 검거되어 기소엄중처분 의견으로 대구지방검찰청에 송치되었으나, 그해 12월 27일자로 단행된 대통령특사령으로 형을 면 제받고 풀려났다. 송우선은 이후 초전면 금융조합에서 근무하였다. 이 사건은 한국전쟁기 부역자 처형과 관련된 상처가 전쟁기에 희생된 우 익인사의 유가족에게도 풀지 못한 원한으로 생생하게 남아 있었음을 보여주었다.

피학살자유족회 운동이 군사쿠데타에 의해 좌절되면서 민족운동은 새로운 과제와 직면하게 되었다. 이삼근이 상소이유서에서 주장하였 듯이 피학살자유족회 운동은 일차적으로는 불법적인 집단학살의 진상 과 책임자 처벌을 요구하는 것이었지만, 이를 통해 궁극적으로는 우 리사회에 인권존중·법치주의·민주주의 문화를 발전시키는 것을 목표 로 삼았다. 인권존중·법치주의·민주주의는 한국 근대 민족주의의 이

---

134) 《조선일보》 1961년 12월 12일.

상인 민주공화제를 구성하는 필수불가결한 핵심 가치이자 기본 요소이고, 4월 혁명의 이념이기도 하였다. 5.16 군사쿠데타는 이 가치를 부정하며 출발하였고, 이승만 정권의 반공분단체제를 계승하여 권위주의 지배체제를 강화해 갔다. 그로 말미암아 일제강점기 민족해방을 최우선 과제로 삼았던 한국의 민족운동은 이제 4월 혁명에서 완수하지 못한 평화통일과 민주공화제의 완성을 선결 과제로 설정하고 다시 지난한 여정을 시작하게 되었다.

결　론

1.

18세기 후반 성주에서는 상품유통경제가 발달하면서 한편에서는 요호부민이 성장하고 다른 한편에서는 빈농층으로 몰락하는 농민이 증가하는 농민층 분화가 일어났다. 이를 배경으로 요호부민들은 물론이고 부세의 감면을 노린 다수의 농민층이 합법적 혹은 불법적 방법으로 신분의 상승운동을 전개하였다. 한편 당색으로 남인이 대부분이었던 사족층 내에서도 숙종 연간 당쟁에서 패배한 이후 관료로 진출길이 막히면서 분화가 일어나 다수가 경제적으로나 사회적으로 몰락해 갔다. 이러한 변화로 19세기 성주 사회는 심각한 위기를 맞았다.

먼저 부세제도의 모순인 삼정문란이 체제붕괴 요인이 되면서 심화되었다. 몰락하던 소·빈농층이 지방관의 수탈과 권세가 및 부호의 탈세액까지 전가받아 이중 삼중으로 과중한 부세 부담을 지게 되었고, 그 부담을 견디지 못해 유망하면 그것이 다시 부세 부담을 가중시키는 악순환이 되풀이되었다. 그 악순환은 결국 소·빈농층의 생존은 물론이고 지주나 부농경영까지도 위협하는 심각한 지경으로 나아갔다. 그럼에도 지배층인 사족들은 중앙권력과의 긴장관계 때문에 이를 해결할 적극적 의지를 갖지 못했고, 자체 분화로 정치적 역량 또한 약화되어 농민층의 동요와 저항을 제어할 수 없었다. 이러한 상황에서 1862년 성주의 농민항쟁이 폭발하였다.

성주에서는 1862년 두 차례의 농민항쟁이 일어났다. 대·소민인이 참가한 1차 봉기는 요호부농층이 주체가 되어 대중적 시위를 압력수단으로 하면서도 기본적으로 호소 청원에 의존하는 향회 방식으로 전개되었다. 여기에서 제기된 요구는 요호 부농집단의 이익과 밀접히 연결되어 있던 지세의 과도한 징수를, 그것도 주로 수령과 향리들의 불법적인 중간 수탈에 기인하는 수탈을 폐지하라는 것이었다. 그러나 소·빈농 집단의 이해와 직결된 구조적인 부세 편중문제 특히 환곡과 군역이 소빈농층에 편중되는 모순은 거의 제기되지 않았다.

2차 봉기는 1차 봉기의 결과에 불만을 품은 소·빈농집단이 독자적인 요구와 조직에 근거해 일으켰다. 2차 봉기는 호소나 청원보다 조직된 저항역량을 담보로 자신들의 요구를 관철시키는 방식으로 전개되었다. 2차 봉기에서 농민들은 허유곡 탕감, 도결 폐지, 결가 인하, 동포제 또는 호포제 실시 등 소·빈농층의 부세 편중을 구조적으로 해결할 수 있도록 부세제도의 개혁을 요구하였다. 이들은 지도부를 중심으로 굳건하게 결속하여 선무사를 상대로 결가 담판을 벌여 자신들의 요구를 관철시키기도 하였다.

1862년의 농민항쟁은 피지배 농민층이 사회경제적 모순을 해결하기 위해 조직적인 집단운동을 전개하였다는 점에서 역사적으로 의의가 크다. 특히 체제변혁의 가장 큰 잠재력을 가지고 있던 소·빈농층이 독자적 세력으로 결집해 혁명적인 운동방식으로 중세적 부세제도와 신분제도의 변혁을 추구하기 시작하였다는 것은 주목할 변화였다. 농민항쟁은 그 성과에서도 농민경제 안정에 기여할 부세제도의 개혁을 이끌어 내었다. 전정에서는 30냥에 달하던 결가를 8냥으로 인하시켰다. 나아가 대원군 집권기에는 호포법이 시행되었고, 환곡에서 허유곡 탕감과 사창제로 전환이 이루어졌으며, 탈세의 온상이던 서원이 대부분 철폐되었다. 뿐만 아니라 성주에서는 수령과 결탁해 부정을

일삼았던 향리 실세들에 대한 처벌과 교체도 이루어졌다. 이후 수령
들은 농민들의 여망에 부응하는 방향으로 향리를 선임하기 위해 각별
한 주의를 기울였다.

그러나 이와 같은 의의와 성과에도 불구하고 1862년의 농민항쟁은
기존 지배체제 내의 개혁운동을 벗어나지는 못했다. 1차 봉기는 말할
것도 없고, 2차 봉기에서도 농민들이 선무사나 사족층에 대항해 다소
과격하게 자신들의 요구를 관철시키기는 했지만, 기존 체제를 부정하
거나 변혁하는 투쟁으로 나아가지 않았다. 농민들의 관심과 투쟁은
어디까지나 자신들이 안정적으로 생계를 이어갈 수 있도록 삼정의 모
순과 부정을 개혁하는 것이었다. 그 개혁은 중세적인 신분제와 지주
제의 개혁을 필요로 하는 것이었고 농민들 또한 그 점을 인지하고 있
었지만 이를 항쟁의 목표로 삼지는 않았다.

다른 한편 성주의 농민항쟁은 전통적 지배층이었던 사족층에게 큰
충격이었다. 농민항쟁 과정에서 그들은 재지 지배층으로서 농민들에
대해서도, 수령과 향리층에 대해서도 거의 영향력을 행사할 수 없었
다. 뿐만 아니라 삼정문제를 비롯해 개혁이 요구되는 제반 사회문제
에 대해서도 아무런 해결방안을 제시하지 못하였고, 결국 그로 말미
암아 자신들의 사회적 위상이 급전직하로 추락하고 있음을 뼈저리게
느끼게 된 것이다. 농민항쟁의 경험은 성주의 사족층에게 재지 유림
본연의 역할을 되찾도록 각성하게 만드는 중요한 계기가 되었다. 유
림 본연의 사회적 역할을 되찾는 노력에 앞장선 것은 공조판서를 역
임한 한개마을의 이원조와 그의 조카 이진상이었다.

이진상(1818-1886)의 대처는 특히 주목할 만하였다. 이진상은 유
림이 본연을 역할을 되찾자면 과거학 중심의 유학을 본래적인 수기치
인의 학문으로 되돌리는 유교개혁이 절실하다고 보았다. 그러한 각성
의 학문적 결실이 '심즉리 心卽理'설이었다. 이진상의 집안은 대대로

퇴계학통을 이어 왔고 그 자신도 정종로의 문인이었던 숙부 이원조의 지도 아래 성리학에 입문하여 33세 이후는 과거까지 단념하고 성리학 연구에만 몰두하였다. 그는 1862년 농민항쟁 발생 무렵 '심즉리心卽理'설을 주창하였다. 심즉리설은 주자와 퇴계의 이기설에 입각해 정립된 이론으로 특히 퇴계의 이기호발설理氣互發說을 계승해 리理의 능동·자동성과 주재성에 주안을 두고 정립된 이론이었다. 그가 이단시비에 휘말릴 소지가 있음에도 불구하고 굳이 심즉리설은 주장한 것은 당대 유학자들이 놓인 객관적 상황이 그만큼 절박하였기 때문이다. 이진상은 난세인 지금이야말로 유학자들이 앞장서 리의 공도公道 실천해야 할 때이고, 그렇게 하자면 성리학을 공부하는 자세와 방법부터 근본적으로 각성하는 것이 절실하다고 인식한 것이다. 요컨대 그의 '심즉리설'은 도덕의 근본성격을 참으로 인식하고, 이를 현실사회에서 실현 내지 구현하도록 성리학의 목표와 지향 그리고 그 구체적인 공부의 방법을 재정립하려 한 유교개혁론이었다.

이진상은 이러한 유교개혁을 통해 유림이 민생을 안정시키고 외세의 침략으로부터 나라를 지킬 수 있는 내수자강內修自强의 국정개혁과 사회적 실천에 나아가야 한다고 보았다. 그러한 문제의식에서 작성된 개혁안이 농민항쟁 직후의 삼정책三政策이었다. 그는 이 삼정책을 근간으로 개혁안을 더욱 확대하고 발전시켜 49세 되던 해인 1866년 《묘충록畝忠錄》을 저술하였다. 이 책은 국정 전반에 대한 체계적인 개혁안이었다.

이진상은 《묘충록》에서 먼저 중앙과 지방행정의 합리성과 효율성을 높이는 행정제도 개혁과 관리 정원 감축을, 그리고 부정부패를 차단하는 운영방식의 개선을 제시하였다. 전정 개혁안으로는 백성들의 부담을 경감하고 국가재정을 충실히 할 수 있는 양전量田 개혁방안과 지주가 수취하는 지대地代의 상한을 수확의 3/10으로 제한하는 대전

법대田制의 도입을 제시하였다. 또한 군정 개혁안으로는 국가가 사士에 버금가는 사회경제적 처우와 합리적 승진을 군인에게도 보장하여 입대를 희망하는 자들로 군대를 구성할 것과 합리적 편제와 필요 장비 확충을 통해 군사력을 강화하는 방안, 그리고 양반에서 천민에 이르는 전체 인민을 대상으로 역포役布를 징수해 이러한 개혁에 필요한 재원을 충당하는 방안을 내놓았다.

《묘충록》은 이러한 개혁과 연계해 교육 및 과거제도 개혁안도 제시하였다. 행정개혁이 성공하기 위해서는 개혁주체가 될 관리의 선발 방식과 교육제도의 개혁이 반드시 필요하다고 보았기 때문이다. 교육제도 개혁안으로는 마을(里)에는 숙塾을, 방坊에는 서원書院을, 읍邑에는 향교鄕校(漢陽에는 四學 外舍)를, 도道에는 영학營學(漢陽에는 四學 內舍)을, 중앙에는 태학太學을 설치하고, 모든 학교에는 귀천貴賤이나 지우智愚를 가리지 않고 적정 연령에 이른 학생들을 입학시켜 교육을 받도록 하였다. 하급학교 정원의 1/10만 상급학교로 진학할 수 있게 하고, 과거는 향교 이상의 학교 재학생에게만 진사시 응시자격을 부여하며 그 합격자들 가운데 1/6만 선별해 태학에 진학할 수 있게 하는 개혁안이다.

이진상은 이러한 개혁안을 바탕으로 대원군이 철폐한 서원을 서당으로 복구하고 《대학》·《근사록》·《중용》 강회를 순차적으로 개최하며, 향음례를 병행하는 방식으로 유교개혁을 확산하고, 유림들을 결집하여 유림 본연의 사회적 역할과 지도층으로서의 위상을 되찾는 운동을 전개하였다. 그러나 신분제적 지배질서에 대한 농민층의 저항이 날로 커지는 상황에서 지배층의 권위와 사회적 위상을 되찾으려는 유림층의 이러한 활동은 두 집단 사이의 긴장과 대립을 고조시키기도 하였다.

1862년 농민항쟁 이후 일어난 이상의 변화는 특히 지방통치를 책임진 수령과 향리, 관속 그리고 관권과 결탁해 특혜를 누렸던 토호들에게는 매우 불편하고 불리한 것이었다. 기득권을 되찾으려는 이들의 공세는 대원군 실각 이후 강화되어 갔고, 그로 말미암아 지배층과 소·빈농층의 대립 또한 격화되어 갔다. 부세제도가 개혁되어도 그 운영과정에서 농간과 부정이 발생하면 그 혜택을 농민층이 받기 어려웠다. 대원군의 개혁이 성주에서 일정하게 농민경제의 안정에 기여할 수 있었던 것은, 1864년 원악향리元惡鄕吏 처벌을 계기로 상대적으로 농민층의 신망을 받는 군소 향리가문 출신들이 부세행정을 담당하였기 때문이었다. 그러나 대원군 실각 이후 이들은 점차 부세업무에서 배제되고 대신 유력 향리가문 출신들이 다시 요직을 차지하였다. 사태가 이렇게 역전되자 소빈농층이 다시 결집해 저항하기 시작했고, 그 저항은 1883년 또 한 번의 농민 봉기로 발전하였다.

1883년의 농민항쟁은 부세제도의 운영을 실질적으로 관장하던 향리직에 대한 통제를 둘러싸고 발발하였다. 수령이 토호층과 결탁해 향리 교체를 단행하자, 소빈농층이 이에 저항해 농민층의 신망을 받는 인물로 이방과 부세업무를 관장하는 향리를 임명할 것을 요구하며 항쟁을 일으킨 것이다. 1883년의 농민항쟁은 그 요구가 부세제도의 개혁을 넘어 그 운영까지도 개혁하려 했다는 점에서 1862년의 농민항쟁보다 진일보하였다.

그것은 이 농민항쟁이 경제투쟁을 넘어 초보적인 수준이지만 정치투쟁으로 나아가고 있음을 의미하는 것이었다. 이 항쟁 주체들의 지배층이나 국가권력에 대한 의식에서도 이러한 변화가 나타났다. 1883년 항쟁에 이르면 농민들은 더 이상 국왕이나 지배층의 덕정을 기대하지 않았다. 농민들은 부제제도 운영의 실권을 지배층에게 일임해서는 농민층에게 유리한 성과를 기대하기 어렵다고 보았다. 그런 까닭에 수령에게 이방 교체를 요구하며 봉기를 일으켰고, 감영의 대처에 동요하지 않고 그 요구를 관철하기 위해 끝까지 봉기를 이어 갔으며,

그 과정에서 기만적 술수로 농민 봉기를 제압하려 한 수령을 공격하여 내쫓기까지 하였다.

이 항쟁은 저항조직에서도 발전된 모습을 보였다. 지배층의 감시와 탄압 아래에서도 수개월 동안 조직 노출 없이 저항운동을 이어 갔고, 순영군의 진압에 굴하지 않고 확고한 대중적 지지를 바탕으로 두 차례의 봉기와 농성을 펼치는 조직력을 보였다.

그럼에도 불구하고 이 항쟁은 정치권력의 문제를 부세제도 운영과 연관된 제한된 범위에서만 해결하려 한 한계를 보였다. 그러나 그 문제를 해결하기 위해서도 수령권의 행사라는 지방권력의 작동방식 전반을 개혁할 필요가 있었고, 그 과제는 국가권력 전반의 혁신과 불가분하게 결부되어 있었다. 이러한 개혁은 결코 일개 군현의 농민의 힘만으로 가능한 일이 아니었다. 그러나 농민항쟁 지도부의 지배체제를 군현을 넘어 국가적 차원으로까지 확대해 인식할 수 없었고, 따라서 농민 조직의 범위도 군현 단위를 넘어설 수 없었다. 이런 한계로 말미암아 이 농민항쟁은 정치권력의 문제를 투쟁의 중심과제로 제기하는 진전을 보였으면서도 어디까지나 중세체제 내에서의 농민항쟁 그 이상이 되지 못했다.

1883년의 농민항쟁은 감영군이 농민항쟁을 무력 진압하면서 끝났다. 농민항쟁을 이끈 지도자 4명에게는 효수형이, 8명에게는 엄형과 원악도 정배가, 15명에게는 차등 형배가, 21명에게는 태형이 내려졌다. 반면 항쟁의 원인을 제공했던 성주목사 이용준은 일시 그 책임을 물어 파직 조치가 내려졌으나 곧 사면되었다. 이 항쟁은 결국 농민층의 일방적 패배로 막을 내렸다. 이는 1862년의 농민항쟁과 대비되는 결과였다. 1862년 항쟁에서는 그 지도자에게 어떠한 처벌도 내리지 않았다. 그 덕분에 항쟁의 성과는 이후 농민층의 경제적, 정치적 성장의 토대가 될 수 있었다. 그러나 1883년 항쟁의 패배는 정반대의 결과를 가져왔다. 농민항쟁 주도층에 대한 전면적인 처벌과 이후 지속된 보복으로 소·빈농층 주도의 개혁운동이 더 이어질 수 없게 만들었다.

농민항쟁이 진압되자 성주 목사는 유림의 지도자였던 한주 이진상에게 사회질서 회복과 민심을 안정시킬 방도에 대해 물었다. 이진상은 그 방안으로 향약 시행을 건의하였다. 사회적 분열과 대립이 격화되면서 무너져가던 향촌사회를 상부상조하며 화합하고 연대하는 윤리적 사회로 되돌리기 위해서는 향약만한 것이 없다고 본 것이다. 그 건의가 받아들여져 이진상에게 향약 입안과 시행이 의뢰되었다. 이진상은 여씨향약에 주자의 백록동규를 첨부하여 성주향약을 만들었지만 그 내용에서는 이전의 전통적 향약과는 다른 점이 많았다. 이진상은 전통 향약으로 동요하는 향촌사회를 안정시키기는 어렵다고 보았다. 그는 1862년의 농민항쟁을 경험하면서 국가와 향촌사회를 안정시킬 체계적인 개혁안을 《묘충록》으로 제시한 바 있었다. 그런 까닭에 향약이 향촌 안정에 기여하려면 최소한 그 개혁안 가운데 향촌 차원에서 실행 가능한 내용만이라도 향약에 포함되어야 한다고 생각하였다. 이진상은 자신의 개혁론과 연계해 새로운 향약을 만들었고 그 시행을 아들 이승희가 주관하게 하였다. 그러나 그 이듬해 이진상이 세상을 떠나고 이승희 또한 3년상을 치르게 되면서 향약의 시행은 더 이상 진척되지 못하였다.

이승희는 부친의 3년상을 마치자 이진상을 계승해 향약보급운동을 재개하였다. 유동방약이 그 시작이었다. 그가 시행한 향약의 특징은 향약에 사창계나 의장을 결합한 것이었다. 그는 사창계가 의장 등을 이용해 우선 농민층의 부세 부담을 완화하고 민생을 안정시키는 데 중점을 두었다. 민생 안정 없이는 윤리적 향촌질서 수립하는 것이 불가능하다고 보았던 것이다. 다음으로 그는 이진상의 개혁론을 계승하여 유동방약에 전통 향약에서 찾아볼 수 없는 새로운 '권민업勸民業'

항목을 추가하였다. '권민업' 항목은 마을사람 모두가 참여하는 마을 학교를 만드는 것으로, 여기서 전통적인 인문·경세학에 더해 자연과 학과 공학, 군사학 그리고 예술 분야의 전문지식까지도 교육하도록 하는 내용이었다. 이승희는 이 항목에서 특히 유학자들이 앞장서 실 용적 학문을 배우고 보급할 것을 요구하였다. 그는 이를 통해 민생과 산업을 발전시켜 동요하는 사회를 안정시키고 동시에 외세의 침략이 확대되는 상황에 대비하려 한 것이다. 이는 한주의 개혁론을 계승 발 전시킨 것으로, 향약을 통해 향촌사회 안정과 외침에 동시에 대비하 려는 진일보한 내수자강책을 추진하려 한 것이었다. 이승희가 주관하 였던 대포의사계나 유동방약이 성공을 거두자 성주 유림들은 이승희 에게 성주 전역에서 시행할 약문約文을 입안하도록 요청했고 그렇게 하여 성산향약이 만들어졌다.

이러한 가운데 동학이 세력을 확대하고 있었다. 성주에서 동학이 확산되기 시작한 시기는 최시형이 보은에 은거지를 마련하고 포교활 동을 적극적으로 전개하기 시작한 1880년대 후반부터였다. 성주에 동 학을 전파한 것은 상주, 김산, 지례 등지의 동학조직이었다. 이들 조 직의 지도와 후원 아래 성주에서도 포교활동이 펼쳐졌지만, 1883년 농민항쟁 패배 이후 성주 관아와 유생층의 감시와 탄압이 강화되어 인근 지역에 견주어 크게 세력을 형성하지는 못했다. 그리하여 1894 년 8월 동학농민군이 전국적으로 대일 반침략투쟁을 위해 재봉기할 무렵 성주의 동학은 독자적 역량으로 봉기할 수 없었다. 이에 상주, 김산의 동학조직은 지원군을 파견하여 성주의 동학세력을 지원하였다.

성주에서 동학군이 공개적으로 접을 설치하고 개혁활동을 시작한 것은 1894년 8월 24일부터였다. 동학군의 개혁활동은 두 갈래로 펼쳐 졌다. 하나는 성주 목사와 담판하여 결가와 군포의 징수액을 낮추는 부세개혁이었다. 다른 하나는 부정한 향리와 토호를 처벌하고 재물을 빼앗는 것이었다. 성주 목사와의 담판이 쉽게 타결되자 동학군은 향리와 토호에 대한 징치懲治와 재물탈취에 주력하였다. 동학군의 활동으로 곤욕을 치르고 재물을 빼앗긴 관속과 토호들은 8월 28일 밤 독자적으로 읍군을 결성해 반격에 나섰다. 읍군의 기습 공격으로 동학군 18명이 목숨을 잃었고 접주와 동학도들의 집 4채가 파괴되거나 불태워졌다.

성주에서 동학군의 피습을 보고받은 김산과 상주의 동학조직은 대규모 동학군을 동원해 성주읍을 공격하기로 결정하였다. 만여 명의 동학군이 초전면 대마장터로 결집하자 향리와 관속들은 방어책을 세우기 위해 골몰했지만, 목사가 지레 겁을 먹고 도주함으로 말미암아 이들 또한 방어를 포기하고 뿔뿔이 달아났다. 동학군은 아무런 저항 없이 성주읍을 다시 점령하였고 동학군 공격을 주도한 향리와 관속들 집에 불을 질렀다. 마침 강풍이 불어 불이 걷잡을 수 없이 인근 민가로 번져 나가 3일 만에 읍내 천여 호를 잿더미로 만들었다. 성주를 점령한 동학군은 경상감영의 요청으로 일본군이 출동하자 전투를 벌일 수 있는 김산과 상주로 이동하였고, 이로써 성주의 동학농민전쟁도 끝이 났다.

큰 맥락에서 보면 성주의 동학농민전쟁은 전국적인 농민전쟁의 일환으로 전개되었던 점에서, 그 개혁의 성격이나 농민조직에서 이전의 군현 단위의 분산 고립적 농민항쟁의 한계를 넘어서고 있었다. 동학농민전쟁에서 농민군은 군현 차원의 고립성을 극복하고 스스로를 반봉건 반침략운동의 주체로 결집시켜 갔던 것이었고, 그것은 곧 근대 민족으로의 성장과정이자 민중적 민족주의의 형성 과정이었다. 그럼에도 그 구체적인 전개양상을 살피면 한계도 뚜렷하였다. 성주 동학군의 활동에서 중심을 이루었던 부정한 향리·토호 처벌은 이들의 재물을 탈취하는 데 주력하였을 뿐 이를 정치적, 사회적, 경제적 개혁운동으로 발전시키지 못하였고, 부세개혁 또한 제도나 운영의 개혁 없는 단순한 결가와 군포액 인하에 머물렀다. 반침략투쟁에서도 성주 동학군은 당시 진행 중이던 일본군의 침략을 의식하고는 있었지만 이에 대비하고 물리치려는 노력을 거의 기울이지 않았다.

성주는 동학농민전쟁으로 읍내가 전부 불타는 막대한 피해를 입었다. 그런 까닭에 이 전쟁이 진압된 뒤 동학교도는 물론이고 이와 관련된 자들은 전부 처벌 혹은 보복을 받아 자취를 감출 수밖에 없었다. 이를 계기로 1862년 농민항쟁 이후 성장해 왔던 성주의 소빈농층 주도의 개혁운동 또한 재기불능 상태로 파괴되고 해체되었다.

2.

청일전쟁에서 승리하고 동학농민전쟁을 무력 진압한 일본은 조선을 식민지로 점유하려 하였지만 한반도에 새로운 강자로 부상한 러시아의 견제로 후퇴하지 않을 수 없었다. 일본의 적극적인 외교활동과 독립협회 운동의 영향으로 한반도에서 열강들 사이에 일시적 세력균형이 형성되자 대한제국은 그 기회를 활용해 광무개혁을 추진하였다. 그러나 그 개혁이 미처 성과를 내지 못하는 사이 일본은 영국·미국과 차례로 동맹을 맺고 러시아를 상대로 전쟁을 일으켰다. 영국과 미국의 재정적·군사적 후원을 등에 업고 육전에서 승기를 잡은 일본은 동해에서 러시아 최강 전력 발틱 함대를 격파하면서 승리로 전쟁을 마무리 지었다.

일본은 러일전쟁에서 승리하자 영국과 미국의 국제적 엄호를 받으며 대한제국을 식민지로 만드는 침략을 서둘렀다. 을사조약이 강요되어 외교권이 박탈되고 통감부가 설치되어 내정간섭이 하루가 다르게 늘어났다. 일본 상인·사업가·지주들도 식민지 초과이윤을 노리고 경쟁적으로 조선으로 진출하여 경제적 요충을 장악해 들어갔다.

민족 위기가 급격히 고조되자 전국에서 들불처럼 국권회복운동이 일어났다. 성주에서도 국권회복운동이 일어났다. 성주에서 국권회복운동을 선도하였던 인물은 이승희였다. 그의 사유 형성에 결정적 영향을 미친 인물은 그의 부친이자 퇴계학을 계승해 독자적 학문세계를 수립하였던 영남의 거유 한주 이진상이었다. 한주는 '심즉리설'을 주창하며 리의 공도를 현실에서 실현할 유학개혁을 추구하였고, 당대 사회의 혼란과 모순을 극복할 내수자강의 국정개혁안을 구상하여 《묘충록》을 저술하였다. 이승희는 부친으로부터 체계적인 교육을 받으며 성리학에 입문하였고, 당대 사회를 보는 안목 또한 부친의 《묘충록》에 영향을 받으며 형성하였다. 한주는 유교개혁을 통한 내수외양의 구국활동을 펼쳤고, 이승희는 그 활동을 가까운 거리에서 보좌하면서 자신의 사상을 발전시켜 갔다.

1886년 한주가 세상을 떠나자 이승희는 한주의 경전 강회와 향약운동을 계승하고 한주의 문집을 간행하여 배포하는 등 한주학을 계승하여 유교개혁운동을 확산시키기 위해 노력하였다. 그러나 1894년 청일전쟁과 1904년 러일전쟁을 계기로 일본을 위시한 서구 열강의 조선침략은 급속히 확대 심화되었고, 이로 말미암아 국권수호를 위한 내정개혁과 기민한 외교활동이 더욱 더 절실하게 되었다. 이런 상황을 맞아 이승희 또한 유교개혁을 넘어 국권회복과 수호를 위한 국정개혁, 국가개혁을 고민하지 않을 수 없었다. 그 결실이, 이승희가 고종에게 상주하기 위해 작성한 국권회복론 〈의진시사소擬進時事疏〉(1905)

였다.

이승희는 이 상소에서 먼저 국권을 지키겠다는 황제의 결연한 각오와 국가기강의 확립을 강조하였다. 그는 국가기강을 바로 세우는 관건은 황제의 일심一心에 있다 하고, 지금 내외의 위기로부터 나라를 구하려면 주권을 지키겠다는 황제의 각오가 결연해야 하며 그 어떤 요인에도 흔들리지 않을 만큼 굳건해야 한다고 하였다. 그렇게 하자면 황제 스스로가 마음에서 인욕을 끊고 천리를 따르며, 말과 행동이 반드시 삼대 요순의 법도를 따라야 한다고 역설하였다. 그는 모든 개혁의 동력을 왕도정치로 정통성을 회복한 황제의 권위에서 찾았다. 황제의 권위가 회복되면 국가 기강이 진작되고 정형政刑이 바르게 시행될 수 있다고 본 것이다.

이어서 그는 국정개혁의 4가지 요체를 제시하였다. 국정개혁의 4가지 요체는 내수자강을 위해 필수적인 것이었다. 첫째는 '인륜을 밝혀 종교로 세우는 것〔明人倫以立宗教〕'이었다. 이승희는 조선이 자립할 수 없는 가장 큰 원인은 백성을 교화하는 정신적, 윤리적 근본이 무너진 데 있다고 하고, 따라서 국권을 회복하는 관건은 대륜大倫을 다시 세우는 것이라 주장하였다. 대륜을 다시 세우기 위해서는 교육제도의 전면적 개혁이 필요하였다. 그는 주周나라의 교육제도를 표준 삼아 아래로는 가숙家塾에서 위로는 태학太學에 이르는 체계적인 교육제도를 수립해 오륜을 밝히고 덕행을 닦으며, 이를 근본으로 그 위에 생업과 국가 구성 및 운영에 필요한 전문지식과 기예를 학습하는 새로운 교육과정과 방법을 도입할 것을 주장하였다.

그는 이 개혁과 연계해 비록 상소에는 포함되지 않았지만 향약을 별도로 구상하였다. 그가 구상한 향약은 단순한 교화조직이 아니라 그 구성원의 일상적 생활 전반에 직접 영향을 미치고 구속력을 행사할 수 있는 공적인 자치조직이었고, 그 영향력과 구속력에 의거해 오륜을 재건하고 기강을 바로 세우는 교육활동을 펼쳐 사회개혁을 이루고자 한 것이었다.

둘째는 '조정의 기강을 바로 잡아 어진 인재를 진출시키는 것(整朝剛以進賢才)'으로 유능하고 청렴한 인재 등용을 위해 관리 임명에 공천제公薦制를 도입하는 방안이었다. 관리 공천제란 당색과 문·지벌 일체를 불문에 붙이고 오로지 그 직책에 적합한 덕성과 능력만을 심사해 공천하는 방식으로, 관리를 임명할 때 그 임명장에 공천 주관자의 이름을 같이 기재하여 그 관리가 업무상 잘못으로 처벌을 받게 되면 공천 주관자 또한 책임을 지게 하는 제도였다.

셋째는 '사리私利를 제거하여 백성의 생업을 안정시키는 것(去私利以安民業)'은 부세제도와 지주제를 개혁하여 국가재정과 민생을 안정시키는 개혁방안이었다. 그는 국가재정이 고갈되고 민생이 피폐해지는 가장 근본적 원인은 관리들이 사리私利를 우선적으로 쫓아 부정부패가 극심하기 때문이라 보았다. 그는 이러한 폐악을 개혁하기 위해 먼저 황제부터 검박한 생활로 모범을 보이면서 엄하게 조칙을 내려 뇌물받는 관리를 엄벌하여 공직기강을 바로잡고, 세율을 1/10 이하로 내리고 금납제를 폐지하며 일체의 무명잡세를 혁파해야 한다고 주장하였다. 이와 함께 민생안정을 위해서 지주제에 대해서도 지대를 수확의 3/10 이하만 수취하도록 법제화할 것을 주장하였다.

넷째는 '백성의 대위隊位를 결속하여 병위兵威를 장성壯盛하게 하는 것(團民伍以壯兵威)'으로 군정 개혁안이었다. 그것은 국민개병제로 군대를 재편성하여 군사훈련과 진법훈련을 일상화하고, 그 가운데서 시험을 거쳐 선발한 정예병으로 중앙군을 편성해 평상시 치안업무와 국가기관을 지키게 하며, 외세가 침략하는 비상시에는 모든 장정을 군대로 동원하여 나라를 지키게 하는 방안이었다.

이상의 개혁방안들은 한주 이진상의 내수자강론을 계승하여 일본이 국권을 침탈하는 위기를 극복할 내수양이론 곧 국권회복론으로 발전시킨 것이었다. 그 개혁방안 가운데서 망명 후 그의 독립운동과 관련해 주목되는 것은, 그가 이 개혁안에서 가장 중시한 "대륜을 밝혀 종교로 세우는 것〔明大倫以立宗敎〕"이었다. 그가 세우고자 한 종교는 특정 신을 믿고 숭상하는 서구식 종교가 아니라 전 사회적으로 인륜을 교육하고 체득시키는 공교육과 향약을 결합시킨 체계적 유교교육 체계였다. 이것은 망명 후 그가 추진한 공교회 운동과 정신적 지향에서나 구체적 내용에서 공통된 점이 많았다. 말하자면 망명 후 그의 공교회 운동은 이 개혁안을 바탕으로 강유위의 공교회 운동을 수용해 변용하려 한 것이라 할 수 있었다.

한편 그의 〈의진시사소擬進時事疏〉에는 이상의 내정개혁안과 함께 일본의 침략과 내정간섭을 배제할 주권 회복방안도 제시되고 있었다. 그 방안은 황제가 일본 공사와 고문관을 상대로 조선의 민생을 안정시키고 국권을 강성케 할 독자적인 개혁방안과 구체적 실행계획을 설명한 다음 이를 외세의 개입을 배제하고 자주적으로 실천할 것이라 선언하는 것이 첫 번째이고, 일본이 이를 거부할 경우 목숨을 걸고 국익을 지킬 강직한 신하를 일본에 파견해 강력히 항의하며, 그 전말을 세계에 공개함과 동시에 적극적인 외교활동을 펼쳐 일본이 조선에서 물러나도록 국제적 영향력을 형성하는 것이었다. 그는 그렇게 하면 밖으로는 공의公義를 중시하는 여러 나라의 지원을 얻을 수 있을 것이고, 안으로는 일본 침략을 목숨 걸고 물리치려는 의병이 일어날 것이므로 결국 러일전쟁에서 이미 국력을 손상한 일본이 조선에서 물러나게 될 것으로 보았다. 요컨대 그는 만국공법이 현실적 구속력과 효력을 지닌 국제관계의 규범이라 인식한 것이고, 만국공법에 의거한 적극적인 외교활동으로 일본의 침략과 내정간섭으로부터 독립할 수 있을 것이라 판단한 것이다.

이승희는 1905년 10월 을사조약이 강제로 체결되자 본격적으로 국권회복운동에 뛰어 들었다. 을사조약이 체결되기 두 달 전인 그해 8월 그는 국운이 일제의 침략으로 위태로워짐을 우려하며 〈의진시사소〉를 올리려 했지만, 일제는 그 상소가 고종에게 전달되지 못하도록 가로막았다. 상소가 차단당하고 불과 2달 만에 을사조약이 강제로 체결되었다. 이 소식을 전해들은 이승희는 성주 유생들과 함께 조약 파기를 요구하는 상소투쟁을 전개하였다.

이승희는 을사늑약이 강요되자 〈의진시사소〉를 작성해 고종에게 상주하려 노력하는 동시에, 장석영·이두훈과 함께 김창숙을 대동하고 상경하여 을사늑약 파기와 을사오적 처단을 주장하는 상소투쟁을 전개하였다. 이 항소투쟁으로 이승희는 그해 12월 25일 일본 경찰에 체포되면서 대구경무서에 구금되어 이듬해 4월 8일까지 심문을 받았다. 그는 옥중에서도 일본이 조선에 통감부를 개설한다는 소식을 듣고 이토 히로부미를 문책하는 글을 짓는 등 항일투쟁을 이어갔다.

감옥에서 풀려난 이승희는 1907년 1월 대구에서 국채보상운동이 시작되자 이 운동에 적극 참여하였다. 국채보상이 시작되었다는 소식이 전해지자 이승희는 앞장서 성주 국채보상의무회를 결성하고 국채의연금 모금활동을 전개하였다. 이승희는 국채보상운동을 천지의 상경常經인 삼강三綱을 실천하는 일로 인식하였다. 그는 신하가 임금을 위해 죽는 것이 상경常經인데 목숨이 아니라 재화로 임금을 위하는 것은 너무도 당연한 것이라 하고, 상하귀천 가릴 것 없이 모두 국채의연금 모금에 적극 동참할 것을 호소하였다. 그는 성주 국채보상의무회 회장으로 추대되자 자신의 문인이던 김창숙, 이기철과 향리집안 출신의 도갑모, 배상락 등을 총무와 재무로 선임하고 앞장서 모금활동을 펼쳤다.

성주의 국채보상운동에는 위로는 조관을 역임한 사족층과 부유한 향리층에서부터 아래로는 빈천한 하층민에 이르기까지 폭넓게 참여하였다. 그 가운데에서도 성주에서는 특히 하층민의 적극적인 참여가 세간의 주목을 끌었다. 성주에서 향리층이나 하층민이 국채보상운동에 열성적으로 참여하였던 원인은 이 운동을 이끌었던 이승희의 개혁사상에서 찾을 수 있었다. 그는 1905년 고종에게 상주하려 한 〈의진시사소〉에서 차별적인 신분제도의 개혁안으로 누구에게나 동등하게 교육기회를 부여하고 그 가운데 덕성과 학행이 뛰어난 자를 선발해 적합한 관직을 맡길 것을 주장하였다. 그는 이러한 사상에 의거해 성주의 국채보상의무회를 이끌었다. 그는 아무런 차별 없이 하층민을 이 운동에 참여시켰고 실무진에도 임명하였다. 시장 상인 김사일에게 실무를 맡겼던 것이 그 대표적인 경우였다.

성주의 국채보상운동은 모금활동을 개시한 지 한 달 만에 모금액이 7천 원에 이를 정도로 활기를 띠었다. 국채보상운동이 활발히 전개되던 그해 7월 헤이그 밀사사건이 일어났다. 일본은 이를 구실로 고종을 퇴위시키고 정미7조약을 강요하여 조선 병탄에 박차를 가했다. 이로 말미암아 더 이상 국내에서 민족운동을 전개하는 것이 어렵게 되자 이승희는 1908년 러시아로 망명하였다.

이승희가 망명하자 성주의 민족운동은 크게 동요하였다. 김창숙은 스승의 뜻을 이어 그 위기를 수습하는 책임을 맡았다. 김창숙은 대한협회 성주지회를 결성하는 것으로 민족운동의 동요를 수습하고 국권회복운동을 이어 가려 하였다. 대한협회 성주지회 결성에는 70여 명의 인사가 참여하였다. 그들은 크게 유력사족가문 출신과 향리집안 출신으로 구성되었다. 향리집안 출신으로 성주지회 활동에서 지도부에 참여하며 적극적인 활동을 펼쳤던 인물로는 도갑모와 배동옥이 있었다. 특히 도갑모는 국채보상운동에서도 재무를 맡아 활동하였고, 이후 대한협회 성주지회 활동과 사립성명학교 설립운동에도 적극 참여하였다.

이승희 망명 후 성주에서 유림을 대표해 국권회복운동을 이끌었던 인물은 김창숙이었다. 그는 성주의 대표적인 명문사족인 의성 김씨가의 종손으로 태어나 어려서부터 부친에게서 성리학을 배우며 성장하였다. 그의 부친 김호림은 명문 사족가문의 종손이었지만 신분 철폐가 시대적 흐름임을 알고 앞장서 이를 실천하고 가르쳤던 진보적 유학자였다. 진보적인 부친으로부터 과단성 있게 의리를 실천하는 법을 배웠던 김창숙은 부친이 돌아가시자, 이승희를 스승으로 모시고 그를 보좌하여 을사오적 규탄상소운동과 국채보상운동에 참여하였다.

김창숙은 이승희에게 마음속으로 절로 감복되어 성심껏 스승으로 섬기고 따랐다. 그 과정에서 김창숙은 스승으로부터 세 가지 큰 영향을 받았다. 첫째는 의리 실천에서 주저함이 없고 과단성이 있었던 이승희의 삶의 자세였다. 김창숙이 본 스승 이승희는 당대의 사회문제에 대해 자신의 입장이 명확하였고, 의리를 실천하는 데 조금도 주저함이 없었다. 김창숙이 스승에게서 가장 감명 받았던 것은 이러한 의리실천정신과 과단성이었다.

둘째는 이승희가 신분차별을 마땅히 폐지되어야 할 구습으로 인식하고, 국권회복 역량을 온전히 결집하기 위해서는 신분차별을 철폐해야 한다는 인식을 확고히 가지고 있었던 점이다. 김창숙이 총무 역할을 맡았던 국채보상운동에서 이승희는 몸소 이를 실천하여 하층민들이 적극적으로 국권회복에 동참할 수 있게 하였다.

셋째는 이승희가 척사위정론자였음에도 불구하고 국권회복을 위해 서양의 근대학문을 받아들이고 가르칠 필요를 인식하고 이를 시도하였던 것이다. 이승희는 〈의진시사소〉 교육개혁방안에서 교육내용에 유교경전과 주자를 위시한 성리학자들의 학설과 동양 전통의 경세서는 물론이고 서양 각국의 헌법, 법률, 지리학, 역사와 물리학 등도 포함시켰다. 그는 물리학 분야와 공학, 기술문명에서 서양이 동양을 앞서고 있다는 사실을 인정하고 그 성과를 적극 도입하고자 하였다. 그는 자신의 개혁안이 일본의 봉쇄로 고종에게 전달되지 못하자 대신 이러한 교육개혁을 실현할 방안으로 향약을 구상하고, 이를 성주 일원에서 실행하려 하였다.

이승희는 러시아로 망명하면서 김창숙에게 그가 선도한 국권회복운동을 이어갈 것을 당부하였다. 김창숙은 스승 이승희의 사상을 계승해 대한협회 지회 개설과 성명학교 설립 등의 국권회복운동을 전개하였다.

한말 국권회복운동에서 이승희와 그의 제자 김창숙이 유림을 대표하는 지도자였다면 새로운 국권회복운동 세력으로 부상한 중인층을 대표했던 지도자는 도갑모였다. 대한협회 성주지회활동에 참여한 중인층은 읍내를 기반으로 활동했던 인사가 중심이 되었다. 이들은 향리로 선임되어 지방행정에 참여하는 한편 지주경영과 발달하고 있던 유통경제에도 적극 참여하여 부를 축적하였다. 이들은 가학으로 지방행정에 필요한 전문지식을 익혔고, 대부분 이름 있는 유생 문하에서 유교 경전도 공부한 지식층이었다. 계층으로는 요호부농층 상층을 대표하는 집단이었다. 이 집단의 입장을 대표하였던 도갑모는 국채보상운동에 참여하면서 김창숙과 뜻을 같이 하게 되어 대한협회 성주지부 설립에도 적극 참여하여 총무로 활동하였고, 성명학교 설립에서도 중요한 역할을 맡았다.

도갑모는 향리집안에서 출생하였다. 그의 부친인 도한구는 19세기 중반 친형 도한기와 같이 장기간 향리로 복무하였다. 도갑모에게 사상적으로 큰 영향을 끼친 인물은 그의 숙부 도한기였다. 도한기는 1860년대에 향리로 복무하였고, 향리에서 퇴임한 중년 이후에는 2천여 권의 장서를 구비한 개인서재를 세우고 한주 이진상 문하에 출입하면서 유학을 연구하고 많은 저술을 남겼다. 이 무렵 그는 그의 서재 탁래정에 집안 자제들을 불러 모아 교육하였다. 도한구 또한 숙부 아래서 학문을 익혔다.

도한기는 신분차별을 당대의 가장 중요한 사회적 모순으로 인식하였다. 그는 향리로 장기간 복무했기 때문에 삼정문란의 실체를 깊이 파악하고 있었다. 그러했던 까닭에 그 해결책으로 부세제도를 호포법의 원리로 전면 개혁할 것과 공정성을 보장할 운영개선 방안 도입을 주장하였다. 그러나 이러한 제도개혁이 성공을 거두려면 그에 앞서 반드시 신분제도와 과거제도의 개혁이 선행되어야 한다고 주장하였다. 오래 향리로 복무하면서 그는 관리가 청렴 유능하지 못하면 어떠한 제도개혁도 무용지물이 되고 만다는 사실을 잘 알고 있었다. 그러므로 청렴 유능한 관리가 선발될 수 있도록 먼저 현행 폐쇄적 문벌위주의 과거제도와 신분제도를 전면 개혁해야 한다는 것이었다. 이 개혁이 선행될 때 비로소 당대의 사회적 모순과 혼란의 직접적 원인인 부세제도 개혁도 가능하게 된다는 것이었다.

이러한 문제의식에서 도한기는 기존의 차별적 신분제도를 폐지하는 대신 위로 천자天子의 원자元子에서 아래로는 준수한 서민에 이르기까지 모두 대학에 입학시키고, 귀천의 차등 없이 오로지 장유의 질서에 따라 교육을 시켜 능력이 뛰어난 자를 관리로 선발하는 고법古法으로 돌아갈 것을 주장하였다. 그는 신분제 자체가 무의미한 것이라고는 보지 않았다. 신분제 자체의 본래적 의미를 살리기 위해서는 기존의 차별적 신분제 대신 신분에 구애되지 말고 모두에게 고르게 교육 기회를 부여하여 오로지 능력에 따라 관리를 선발하는 성취형 신분제로 전환해야 한다고 보았던 것이다. 그는 또한 덕성함양에만 치중하는 유학풍토를 비판하고 덕성함양과 나란히 실용학문을 중시하고 장려할 것을 강조하였다.

도갑모는 청년기에 이를 때까지 숙부 문하에서 학문을 익혔고, 성년이 된 이후에도 숙부의 학문과 사상을 이어가려 노력하였다. 도갑모가 숙부의 사상을 따랐던 이유는 우선 그 사상이 양반 사족층에게 차별받았던 중인층의 입장과 이해를 잘 대변하였기 때문일 것이다. 당시 중인층들은 상당수가 양반 상층에 못지않은 재력과 학식을 갖고 있었다. 도한기 일족 또한 재력과 학식만으로 평가하면 성주사회에서 여느 사족 상층에 못지않았다. 그럼에도 이들은 중인이라는 신분제약 때문에 그에 상응하는 사회적 대우를 받지 못했다. 도한기는 신분제와 과거제 개혁을 통해 이러한 차별과 제약이 없는 사회, 신분에 구애되지 않고 자신들의 사회적 역량을 재량껏 기르고 펼칠 수 있는 사회로 개혁할 것을 주장하였다. 여기에 더해 보다 중요하게는 도한기의 사상이 시대의 흐름에 부합하는 선진적인 사상이었기 때문이다.

도한기의 사상은 도갑모뿐만 아니라 당시 중인층 일반에게도 큰 호응을 받으며 영향을 미쳤다. 도갑모를 비롯한 중인층들은 이러한 사상을 기반으로 국채보상운동과 이후 대한협회 성주지회 설립과 사립 성명학교 설립에 적극 참여하였다.

김창숙은 이승희 망명 후 지역의 유림층과 중인층 지식인들을 결집해 대한협회 성주지회를 설립하고 국권회복운동을 이어갔다. 그러나 그는 대한협회의 방침이나 지시에 따라 국권회복운동을 할 목적으로 성주지회를 결성한 것은 아니었다. 그는 이 조직을 통해 이승희의 국권회복론을 추진하려 하였다.

그러나 대한협회 성주지회는 본격적인 활동을 개시하기도 전에 분열하였다. 분열의 계기는 두 가지였다. 하나는 총무로 추대된 김창숙이 모든 활동의 바탕이 될 우선적 과제로 계급타파 곧 신분타파를 제기한 것이었다. 김창숙의 계급타파 주장에 대해 유력 사족가문 출신들 다수는 화를 내며 반발했고, 김창숙이 지회 운영에서 이러한 기조를 견지하자 그들 대다수는 지회로부터 이탈해 나갔다. 그러나 이 사건은 중인층이 보다 적극적으로 지회활동에 참여하는 계기가 되기도 하였다.

다른 하나는 공공연하게 한일합방을 주장하는 일진회 매국노를 성토하는 건의서를 중추원에 연명으로 제출한 것이었다. 김창숙은 을사오적 처단을 상소한 스승의 뒤를 이어 일진회 매국노를 규탄하는 건의서를 중추원에 제출하려 하였다. 그러나 당시는 일제의 침략이 날로 강화되고 있었던 시점이라 대다수가 처벌을 두려워해 중추원 건의서에 서명하려 하지 않았다. 결국 김창숙·김원희·이진석·최우동 등 네 사람만 건의서에 서명하였다. 건의서 제출이 신문에 보도되자 일본 헌병분견소와 경찰주재소가 여러 차례 번갈아가며 네 사람을 연행하여 취조하고 건의서 제출을 취소하라고 협박하고 회유도 하였다.

이 두 가지 사건을 계기로 대한협회 성주지회는 분열을 넘어 사실상 해체되었다. 그러나 김창숙은 이에 굴하지 않고 국권회복운동으로 사립 성명학교의 설립을 추진하였다. 성명학교 설립이 추진된 발단은 각지에서 보관하고 있던 국채보상의연금의 처리문제였다. 1910년 그 의연금 처리를 위해 서울에서 회의가 개최되었는데 그 회의에서 일진회원들이 각지의 의연금을 전부 중앙에 모아 각 정당 감독 아래 처리할 것을 주장하자, 김창숙은 매국역당에게 그 처리를 맡길 수 없다고 성토하고 그 모임을 탈퇴하였다. 성주로 돌아온 김창숙은 국권회복운동에 뜻을 같이하는 동료들과 논의하여 그 의연금을 신식학교 설립자금으로 사용하기로 결의하였다.

신식학교를 설립하기로 한 것은 당시 계몽운동 일반의 영향도 있었지만, 보다 중요하게는 스승 이승희의 국권회복론을 실천하기 위해서였다. 이승희는 망명 전 국권회복을 위한 구국방안을 상소하였는데 그 방안의 핵심을 이루었던 것이 교육개혁이었다. 외세를 물리치고 국권을 회복하는 데 주안을 둔 그 교육개혁은 모두에게 동등한 교육 기회를 부여하는 것이고, 전통적인 덕성 수행과 실용학문을 기본으로 하면서도 서양의 근대적 지식도 받아들이고 활용한다는 관점에서 구상된 것이었다. 김창숙의 성명학교 설립운동은 기본적으로 스승의 이러한 국권회복론을 계승 실천하는 것이었다.

성명학교 설립운동에는 김창숙을 지지하는 진보적 유생들과 대한협회 성주지회 활동에 적극 참여하였던 중인층 인사가 참여하였다. 김창숙과 같이 중추원 건의서에 서명해 고초를 겪었던 김원희·이항주·이진석 등의 유생과 대한협회 성주지회 활동에 적극적이었던 중간층 인사 도갑모·배동옥이 그들이었다. 이들은 국채보상금 10만 원을 학교운영기금으로 활용하면서 청천서원을 개축하여 성명학교의 교사를 마련하고 학생을 모집하는 등 개교준비를 서둘렀다. 그러나 성명학교는 이해 8월 29일 일본이 대한제국을 강제 병탄함으로써 미처 개교도 못하고 폐쇄되고 말았다. 일경은 성명학교를 폐쇄하고 김창숙이 보관하고 있던 성주의 국채보상금도 압수하였다. 이로써 한말 성주의 국권회복운동도 막을 내렸다.

3.

일제는 1910년 조선을 병탄하면서 모든 민족운동을 탄압하고 금지하였다. 한말 성주에서 국권회복운동의 일환으로 설립된 신식 성명학교 또한 개교도 하지 못한 채 폐쇄되었다. 일경은 성명학교를 강제 폐쇄했을 뿐만 아니라 김창숙의 집을 수색하여 성주의 국채보상금과 장부 일체를 압수해 갔다.

일제는 성주 일원에 식민지 통치체제를 확립해 갔다. 성주 관아 건물을 중심으로 군청과 경찰서를 세우고 일본인 관리와 헌병경찰을 배치해 행정과 치안을 장악해 갔다. 성주군 관할 12개면에도 면사무소를 두어 행정관리를 배치하고, 경찰서가 있는 성주면을 제외한 나머지 지역에는 헌병주재소를 설치하고 헌병경찰을 상주시켰다. 또한 식민지 교육을 강요하기 위해 병탄 이듬해인 1911년 성주면에 심상소학교와 공립보통학교 각 1개씩을 설립하였다. 일본인 관헌과 교원이 파견되면서 성주군에는 상주하는 일본인이 60여 호, 2백 인을 상회하게 되었다. 이에 따라 이들에게 생필품을 공급하는 일본 상인도 진출하여 점포를 열었다.

일제의 병탄으로 마지막 희망이었던 성명학교 설립마저 좌절되자 김창숙은 끓어오르는 분노를 주체하지 못하고 망연자실하였다. 그는 "나라가 망했는데 선비로서 이 세상을 사는 것은 큰 치욕"이라면서 매일 취할 때까지 술을 마시고 통곡하였다. 김창숙의 방황은 1913년 겨울에 이르기까지 계속되었다.

이런 상황에서 성주 민족운동의 불씨를 지켜가게 한 원동력은 망명지였던 중국에서 전개한 한계 이승희의 독립운동이었다. 이승희는 블라디보스토크에서 헤이그 만국평화회의에 고종의 밀사로 파견되었던 이상설을 만나 독립운동방안을 협의하였다. 이들은 중국과 러시아로 이민하거나 독립운동을 위해 망명한 조선인이 수만 명이 된다는 사실에 착안해 이들을 결집하고 교육시킬 독립운동기지를 세우기로 하고 후보지를 물색하였다. 1909년 이들은 러시아와 국경을 마주하고 있는 중국 밀산부에 독립운동기지를 건설하기로 결정하였다. 독립운동기지 건설에 착수하면서 이승희는 이수인을 귀국시켜 필요한 자금을 모금하였다.

이승희의 해외 독립운동을 성주 유생들과 연결시킨 것은 제자 이수인과 아들 기원, 기인이었다. 이들은 성주와 밀산부 한흥동을 오가며 이승희의 활동을 성주 유생들에 알리고, 자금을 모아 한흥동의 건설을 뒷받침하였다. 이승희는 이들을 통해 1910년 성주 한개마을에 선친 한주 이진상을 기념하는 강학소 조운헌도재祖雲憲陶齋를 짓고, 한주의 유고 〈춘추집전〉을 간행하였다. 이승희는 성주의 한주학단과 연결하여 망명지 중국 밀산부 한흥동과 성주에서 한주의 학문을 계승하고, 이를 바탕으로 척사위정의 독립운동을 전개한 것이었다.

이승희는 67세 되던 해인 1913년 한흥동을 떠나 안동현으로 갔다. 망명 이후에도 척사위정의 입장을 굳건히 지켰던 그는 공자 사상에 의거해 근대화와 민족문제를 해결하려 하였던 강유위의 취지에 호감을 가졌다. 그는 공자교가 중국과 러시아로 산발적으로 망명 또는 이주한 조선인들을 유교사상에 의거해 결속시키는 사상적, 조직적 구심이 될 것으로 기대하였다. 이승희는 직접 북경 공교회를 방문하여 관계자들을 만나 공교회 운동에 대한 의견을 나누고, 동삼성한인공교회 지회 설립을 신청하여 승인을 받았다. 북경 공교회 방문을 마치고 심양으로 돌아온 이승희는 권병문의 집에 머물면서 민족운동가들과 함께 요중遼中 지방의 황무지를 개척하여 조선인 집단농장을 설립하는 운동에 착수하였다. 이들은 요중현 덕흥보에 280일경의 땅을 사들이고 조선인들을 이주시켜 공교회로 결속시키며 그 땅을 개간하여 독립운동 기지를 만들려고 하였다. 그러나 그 사업은 구입한 토지가 이듬해 해빙기에 물에 잠겨 농경지로 사용할 수 없게 됨으로써 실패하고 말았다. 이후 가족과 함께 심양에 머물던 이승희는 이듬해인 1916년 2월 28일 70세로 세상을 떠난다.

이승희의 독립투쟁과 순국은 그와 학문적, 사상적 동지였던 '주문팔현洲門八賢'에게는 물론이고 성주 유림 일반에게도 독립의식을 일깨웠고 독립운동의 투지를 촉발시켰다. 김창숙은 1913년 겨울 오랜 방황을 끝내고 다시 민족운동에 나설 기회를 기다리며 유학 공부에 전념하였다. 김창숙이 충심으로 존경했던 스승 이승희의 부음을 듣게 되는 시점은 경서에 대한 깊이 있는 공부로 스승의 학문과 삶이 "인욕을 막아서 천리를 보존하는(遏人慾存天理)" 유교적 수행 위에서 건립된 것임을 비로소 알게 될 무렵이었다. 김창숙은 애통해 하며 스승의 장례를 치르고 난 뒤 회당 장석영을 도와 이승희의 유고 정리에 참여하였다. 그는 처음으로 스승의 유고 대부분을 검토할 수 있었다. 이 작업을 통해 김창숙은 이전까지 단편적으로만 알고 있었던 이승희의 국권회복론과 만국공법론에 의거한 외교독립운동에 대해 소상히 파악할 수 있었다.

1919년 3월 1일 서울에서는 민족대표 33인의 독립선언서가 발표되고 독립만세시위가 크게 일어났다. 고종 인산因山에 참여하기 위해 상경하였던 김창숙은 민족대표에 유림이 빠진 것을 보고 큰 충격을 받았다. 더구나 그해 초 친일유림들이 독립불원서를 일본정부에 제출한 터라 유림이 민족대표에서 빠지면 결국 유림은 조선의 독립을 불원하는 것이 되고 마는 형국이었다. 이에 김창숙은 성태영·김정호 등과 협의해 유림의 독자적인 독립청원운동을 시작하였다. 이들은 유림단 대표 선정, 청원서 문안 작성, 참여자 모집과 연락, 파리강화회의에 청원서 전달방법과 경비 등에 대해 논의하고, 고종 장례 참석차 서울에 모였던 이중업·류준근·윤중수·유진태 등을 이 운동에 합류시켰다. 이들은 독립청원서 대표로 곽종석과 전우를 추대하며, 청원서 문안 작성을 곽종석에게 의뢰하고, 전국을 분담해 3월 중순까지 유림의 서명을 받기로 결정하고는 맡은 지역으로 출발하였다.

김창숙이 사전 준비 없이 상경하였다가 3·1운동이 일어나는 것을 보고 즉각 유림단 독립청원운동에 착수할 수 있었던 것은, 그가 "마음속으로 절로 감복되어 성심껏 섬기고" 따랐던 스승 이승희의 독립운동론 덕분이었다. 이승희는 유교사상으로 단합되고 강화된 민족역량으로 독립을 쟁취할 수 있다고 믿었고 이를 위해 독립운동기지 건설에 주력하였지만, 기회가 있을 때마다 만국공법론에 의거해 열강으로부터 지원을 이끌어 내기 위해서도 노력하였다. 외국 공관을 상대로 일본의 명성황후 시해 만행을 고발하는 서신을 보내고, 유학생을 통해 1907년 헤이그 만국평화회의 각국 대표 앞으로 일본의 부당한 침략상을 고발하고 대한제국의 주권회복을 요청하는 서신을 보내는 민간외교활동을 벌이며, 망명지에서 이상설과 교유하면서 '만국대동의원사의萬國大同議院私議'를 저술한 것 등이 그 대표적인 사례였다. 김창숙은 1916년 겨울 장석영을 도와 이승희의 유고를 교열하면서 스승의 이러한 외교독립활동을 자세히 살필 수 있었다. 그것이 계기가 되어 김창숙은 3·1운동이 일어나자 주저 없이 유림단 독립청원운동을 주도하게 되었다.

파리강화회의 각국 대표들에게 전달할 유림단 독립청원서 문안은 김황이 작성한 초안을 곽종석과 김창숙이 수정 보완하여 완성하였다. 각지의 서명자 명단이 수합되자 김창숙이 청원서와 명단을 가지고 상해로 탈출해 파리강화회의에 전달하는 책임을 맡았다. 그 무렵 김창숙 그룹과는 별개로 호서지역에서도 김복한이 중심이 되어 별도의 유림단 독립청원운동이 전개되었다. 마침 서울에서 호서유림 대표 김경호와 연락이 닿아 두 집단의 운동을 통합하기로 협의가 되었다. 그리하여 곽종석과 김복한을 유림대표로 하고, 137명의 유림이 서명한 파리강화회의에 제출할 유림단 독립청원서(일명 파리장서)가 완성되었다. 이를 휴대하고 어렵사리 국경을 넘은 김창숙은 상해로 이동해 그곳으로 결집한 민족운동지도자들과 파리강화회의 전달 방도로 상의하였다. 김창숙은 그들의 지원을 받아 청원서를 영문으로 번역하고 민족대표로 파리에 파견된 김규식에게 우송하여 각국대표들에게 전달하게 하였다. 유림단의 독립청원운동에는 다수의 경남·경북과 충남·충북의 유림대표 그리고 소수이지만 전남의 유림대표가 참가하였다. 유림단의 독립청원운동은 지연이나 학연을 초월한 전국적인 유림들의 독립운동이었다.

유림단 독립청원운동에는 다수의 성주 유림이 참여하였다. 성주에서는 15명의 유림이 서명자 명단에 이름을 올렸는데 군별 분포에서는 단연 전국에서 최다였다. 성주에서는 장석영과 송준필 주도로 한주 문인과 사미헌 문인이 조직적으로 서명에 참여하였다. 한주 문인의 참여를 독려한 것은 곽종석과 장석영이었고, 사미헌 문인의 참여를 이끈 것은 송준필이었다.

성주의 유림들은 유림단 독립청원운동에서 주도적 역할을 하였을 뿐 아니라 이와 연계해 성주의 3·1운동을 일으키는 데도 앞장섰다. 성주의 3·1운동은 3월 27일 선남면 소학동에서의 첫 번째 만세시위를 시작으로 4월 6일 안포동 만세시위까지 총 7회 일어났다. 이 가운데 초기에 발생한 선남면 소학동과 가천면 동원동에서 일어난 2건의 만세시위는 성주 외부의 3·1운동의 영향을 받아 발생했고, 나머지 5건의 만세시위는 4월 2일 성주 읍내장터에서 일어난 대규모 만세시위와 연계해 일어났다. 7건의 만세시위 가운데 그 규모나 내용, 그리고 영향력에서 성주의 3·1운동을 대표하는 것은 4월 2일의 성주 읍내장터 만세시위였다.

4월 2일의 만세시위는 사전의 목적의식을 가지고 치밀하게 계획되었고, 3,000여 명에 이르는 대규모 시위대가 독립만세를 고창하여 밤늦게까지 시위를 이어 갔다. 또한 이 시위는 준비과정에서 유림과 기독교도가 연합하여 공동으로 만세운동을 전개하였다. 이날 시위는 투쟁강도가 매우 높아 일부 주동자가 감금되자 3천여 시위대가 성주경찰서를 에워싸고 독립만세를 고창하며 석방을 요구하고, 날이 저물어도 시위대는 흩어지지 않고 시위를 이어 갔다. 이에 위협을 느낀 경찰이 발포하여 현장에서 6명이 목숨을 잃고 10여 명이 중상을 입었다.

4월 2일 만세시위에는 일부 기독교도들이 참여하였으나 사전 준비나 당일 시위를 주도하였던 주체는 유림이었다. 시위를 주도한 유림은 월항면 대산동의 이기원·이기정과 초전면 고산동의 송준필을 비롯한 야성 송씨 일족이었다. 그들 가운데서도 특히 송준필과 그 일족이 중심을 이루었다. 송준필은 성주의 만세시위를 유림단 독립청원운동을 세상에 알리고 유림의 강렬한 독립의지를 공개적으로 천명하는 기회로 삼았다. 그는 일족을 동원해 적극적으로 시위를 준비하는 한편, 유림단 독립청원운동의 필요성을 알리고 유림의 적극적인 만세시위 참여를 촉구하는 〈통고국내문〉 3천 매를 인쇄하여 성주 내외의 유림에게 배포하였다. 그리하여 성주의 3·1운동은 유림단 독립청원서에 표명된 유림의 독립의지를 공개적으로 표출하고 강력하게 실천하는 만세시위가 되었다.

일제는 시위 당일 20여 명을 체포하였고 그 다음 날부터 만세시위와 유림단 독립청원운동에 연루된 유림을 대거 검거하였다. 먼저 만세시위 주동자들이 체포되어 심문을 받았고, 그 과정에서 유림단 독립청원운동이 발각되어 서명자와 이 운동에 협력한 유림이 줄줄이 검거되었다. 서명자 정재기는 체포 직전 일제의 탄압에 항거하며 스스로 목숨을 끊었다. 이로 말미암아 성주에서는 유림의 주력이었던 한주 문인과 사미헌 문인의 대부분이 체포되어 장기간 구금상태에서 혹독한 취조를 받고 재판에 회부되어 6월에서 1년의 실형을 선고받았다. 장석영과 송준필은 1심 재판에서 각각 징역 2년과 1년 6월을 선고받았고, 공소하여 2심 재판에서는 증거 불충분으로 무죄 석방되었지만 그때까지 4개월여를 감옥에서 고초를 겪었다.

3·1운동이 일어나고 검거된 유림은 그 이듬해에는 대부분 석방되지만 이후 이들은 일본 경찰의 집중적인 감시와 탄압을 받았다. 그럼에도 여기에 굴하지 않고 직접 또는 우회적 방법으로 민족운동을 이어갔다. 3·1운동 이후 유림의 민족운동은 두 방향으로 전개되었다.

하나는 초전면 고산동 야성 송씨 일족이 중심이 된 교육계몽운동이었다. 이 운동에 앞장선 인물은 송준필을 도와 유림단 독립청원운동에 적극 관여하고, 4월 2일 성주 장터 만세시위에서도 주동적인 역할을 하였던 송규선이었다. 그는 구속되어 10개월 동안 복역하였고 1920년 출소하자 송태섭·성새영·권중선·강봉수·이병학 등과 함께 초전면 대장동에 동창학원東昌學院을 설립하였다. 동창학원은 민족정신을 배양하고 배일사상을 고취할 목적으로 설립한, 4년제 사설 학술강습소였다. 동창학원은 고산동 송씨 일족의 후원에 힘입어 이후 1931년 재정난으로 폐교될 때까지 교육계몽운동을 전개하며 민족의식 고취에 기여하였다.

다른 하나는 중국에서 일시 귀국한 김창숙을 도와 해외 독립운동기지 건설을 위한 독립자금 모금운동을 벌인 것이다. 유림단 독립청원서를 파리강화회의에 전달하기 위해 상해로 탈출하였던 김창숙은 일시 대한민국임시정부에 참여하기도 했으나, 임시정부가 분열을 극복하지 못하고 침체하자 북경으로 활동거점을 옮긴다. 그는 북경에서 이회영과 협의하여 독립운동기지를 건설하기로 계획하고 그 기지 건설에 필요한 자금을 조달하기 위해 비밀리에 국내로 잠입하였다. 김창숙은 《면우집》을 간행하기 위해 서울에 모인 유림과 접촉해 이들을 매개로 유림단 독립청원운동에 참여한 영남지역의 유림을 상대로 독립자금 모금활동을 전개하였다. 제2차 유림단의거로 불리는 이 모금운동에 성주에서는 장석영·이기원·송준필·송수근 등이 참여하였다.

장석영과 이기원은 김창숙이 파견한 정수기가 대산동 부호 이기병을 상대로 모금활동을 하도록 협조하였고, 송준필은 자신의 차남 송수근을 시켜 사돈 이호석과 달성군의 윤상태에게서 모금한 자금을 안동의 김구현을 통해 우회적으로 전달하였다. 김창숙이 다시 중국으로 탈출하고 얼마 지나지 않아 이 사건이 경찰에 발각되어 이기원이 체포되었고, 다수의 성주 유림이 조사를 받는 등 고초를 겪었다.

　제2차 유림단의거로 성주 유림에 대한 경찰의 감시와 탄압이 더욱 심해지는 가운데 김창숙 또한 중국에서 체포되어 국내로 압송되어 혹독한 고문을 받고 징역 14년의 중형을 선고받았다. 이 사건을 마지막으로 성주 유림의 민족운동은 더 이상 전개되지 못했다. 장석영은 1926년 세상을 떠났고, 송준필 또한 1933년 인근 김천의 황학산 기슭 부곡동으로 이사하여 은거하였다.

　다른 한편 3·1운동 이후 성주의 민족부르주아층은 유림과는 별도로 성주청년회를 설립하고 교육계몽운동을 전개하였다. 성주에서 청년회가 설립된 것은 1921년 6월이었다. 성주청년회의 초기 임원은 한말 대한협회 성주지회 설립과 성명학교 개설에 참여하였던 유림과 중인 출신의 지식인층이 맡았다. 회장은 김원희가, 부회장은 배동옥이, 총무는 이익주와 배상연이, 평의장은 도준모가 맡았다. 성주청년회는 그 임원 구성에서도 보이듯이 이념적으로 한말 국권회복운동을, 특히 성명학교의 민족운동을 계승하고자 하였다. 성주청년회의 주력 사업은 노동야학 운영이었다. 노동야학은 신축한 성주청년회 회관을 교사로 1921년 12월 11일 50여 명의 학생을 모집하여 개교하였다.

　성주청년회에는 김원희 등 소수를 제외하고는 유림이 거의 참여하지 않았다. 성주청년회의 운영을 주도한 것은 읍내를 기반으로 활동하던 성주 도씨, 성산 배씨 등 중인층 출신의 민족부르주아지들이었다. 이 두 집안은 공통되게 조선 말기 성주의 향리로 활동하며 사회적 경제적 기반을 구축하였고, 한말 국채보상운동과 대한협회 성주지회 개설, 성명학교 설립 등 국권회복운동에도 적극 참여하였다. 또한 이들은 일제 병탄 이후에는 지주경영을 확대하고 곡물유통업과 도정업·양조업·금융업 등으로 사업을 확대하는 등 근대적 자본가로 성장하였다. 또한 이들은 사상이나 학문에서도 실용성을 중시하였고 서구의 근대문명과 학문에 대해서도 전통 유림들과는 달리 개방적으로 수용하였다. 서로 공통점으로 많았기 때문에 두 집안 사이에 자연스럽게 혼인이 이루어져 유대가 돈독하였다. 성주의 청년운동은 민족부르주아지로 성장하고 있던 이 두 집안이 중심이 되어 선대의 민족운동을 계승하는 방향으로 전개해 나간 것이다.

성주청년회의 활동은 이후 재정난으로 다소 침체된다. 그러자 이를 안타깝게 여긴 열성회원 20여 명이 나서 1925년 청년회 조직을 재정비하고 재정을 다시 확충하였다. 이들은 도문환을 회장으로, 서병호를 총무로 선출하고, 청년회의 조직과 사업 전반을 개혁하였다. 도문환은 한말 국권회복운동에 앞장섰던 도갑모의 아들이었다. 청년회 혁신을 단행한 후 성주청년회는 보다 고등한 사회의식 개발에 기여할 도서관 건립운동을 추진하였다. 성주가 교통이 불편하여 타 지역과 내왕이 원활치 못했고, 그로 말미암아 민족운동의 새로운 흐름을 이끄는 신사상의 수용 또한 더뎠다. 이 애로를 해소하기 위해 신사상 수용의 요람이 될 도서실의 설치가 요구되었던 것이다. 성주청년회 도서실은 1926년 11월에 개관하였다. 도서실에는 4백여 종의 도서가 비치되었는데 1백여 종은 성주청년회에서 직접 일본에서 주문하여 구입하였고, 나머지 3백여 종은 유지들로부터 기증받은 것이었다. 일본에 주문한 도서들은 신사상 관련 도서들, 특히 당시 민족운동에 새바람을 일으킨 사회주의운동 관련 도서가 많았던 것으로 보인다.

성주에서 청년회 혁신이 추진될 무렵 조선의 민족운동에서는 민족협동전선운동이 일어났다. 민족운동 역량을 극대화하기 위해 비타협적 민족주의세력과 사회주의세력이 각각의 진영을 통일해 단일한 민족협동전선 신간회를 결성하는 운동이었다. 민족협동전선운동은 성주의 민족운동에도 영향을 미쳤다. 성주에서는 사회주의 운동이 성장하지 못했던 까닭에 그 내부에서는 좌우가 참여하는 민족협동전선을 결성되지 못했고, 대신 민족부르주아층의 민족운동과 유림층의 민족운동이 별도로 전개되고 있었으므로 이 둘 사이의 협동이 필요하였다.

성주의 신간회 지회운동은 독자적인 지회 설립이 아니라 인근 왜관에서 추진되던 신간회 칠곡지회에 참여하는 방식으로 이루어졌다. 신간회 운동은 그 기본이 좌우의 협동전선인데, 성주에는 사회주의세력이 결여되어 있고, 반면 왜관에서는 사회주의 청년층의 민족운동에서 일방적 우세를 형성하고 있었다. 이에 왜관의 청년운동가들이 민족주의세력 위주의 성주청년회에 협동전선 형성을 제안하였고, 그 제안이 성사되어 1927년 7월 22일에 칠곡과 성주의 좌·우 청년운동이 연합하는 신간회 칠곡지회가 조직되게 된 것이다.

칠곡지회 설립과정에서 왜관청년회와 교섭을 담당했던 성주청년회는 유림 측에 공동참여를 제안하였다. 유림 측이 이 제안을 받아들여 지회활동에 공동으로 참여하게 되었고, 성주 몫으로 할당된 임원도 나누어 맡았다. 창립 당시에는 성주청년회 도문환이 부지회장을, 유림 대표 송규선이 간사를 맡았으나, 1년 후 도문환을 대신해 유림 측의 이기승이 부지회장을 맡고 성주청년회 측에서는 도승환과 이봉이 지회 간사로 활동하였다. 이러한 공동 참여는 1929년 후반까지 이어졌다. 성주의 신간회 칠곡지회 활동은 세계대공황을 계기로 지회활동이 급격히 좌경화되면서 1929년 말 중단되었다.

일제 강점기 성주에서는 사회주의 운동이 일어나지 않았다. 그 원인으로는 우선 성주의 소작조건이 농민의 저항을 불러올 정도로 심각하게 악화되지 않은 점을 들 수 있다. 교통이 불편해 소작농 수탈 강화로 고이윤을 확보하였던 일본인 지주들이 성주로 진출하지 못한 것이다. 그에 더해 성주에는 중등 이상의 교육기관이 없었고 고등교육을 받은 인재들이 활동할 공간이 매우 협소하였다. 그리하여 타지로 유학해 사회주의 사상을 수용한 청년들이 성주로 돌아오지 않고 외지의 대도시를 거점으로 활동하였다. 그리하여 성주에서는 사회주의 사상을 수용한 청년운동가를 거의 찾을 수 없었고 사회주의 운동도 일어나지 못했다.

그러나 성주에서도 사회주의 사상을 소개하는 행사가 개최되었고, 점차 이를 학습하고 수용하려는 청년들도 늘어 갔다. 성주에 사회주의 사상을 소개하는 데 앞장선 단체는 성주학우회였다. 성주학우회는 중등교육기관에 진학하기 위해 외지로 나간 성주 유학생들 40여 명이 모여 1914년에 창립된 단체였다. 성주학우회는 방학기간에 활동하였는데 그 주요 활동은 기관지 발행, 체육대회 개최, 시가지 행진과 기념행사, 토론회 또는 웅변대회 개최 등이었다. 그 가운데서 지역 청년들에게 사상적으로 큰 영향을 미친 활동은 토론회나 웅변대회였다. 학생들은 웅변대회나 토론회를 통해 자신들이 학습한 새로운 사상이나 과학지식을 지역사회와 지역 청년들에게 전파하였다. 성주 지역의 청년들은 이를 통해 당시 민족운동에 큰 전환을 불러왔던 사회주의 사상에 대한 소식이나 정보를 얻고 지적인 호기심과 관심을 키웠던 것으로 보인다.

1920년대 중후반 성주 청년들이 사회주의 사상과 운동에 관심을 갖도록 영향을 끼친 인물은 이 지역 출신으로 조선공산당에서 활동하였던 배성룡과 도재기였다. 배성룡은 1896년 10월 28일 성주 읍내 경산동에서 태어났고, 1912년 성주공립보통학교를 졸업하는 등 청소년기를 성주에서 보냈다. 그는 1915년 모교에서 잠시 교사로 근무하다가 1917년에 결혼하고 곧 일본으로 유학을 떠나 일본대학 사회과에 입학하였다. 유학 중 잠시 귀국하였을 때 마침 성주에서도 3·1운동이 일어나 그도 만세시위에 참여하였다. 그는 1923년 대학을 졸업하고 조선일보 기자로 활동하다가 화요회에 가입하면서 본격적으로 공산주의 운동에 참여하였다. 그는 1925년부터 사회주의 운동에 관련된 여러 편의 논저를 발표하여 당대의 대표적인 사회주의 이론가로 이름을 날렸다. 배성룡은 1926년 3월 박일병의 권유로 조선공산당에 입당하여 경성부 제1야체이카 소속으로 정우회에서 활동하였다. 그러나 얼마 지나지 않아 제2차 조선공산당 사건이 발각되어 그해 6월 경찰에 검거되었고, 이듬해 2월 13일 제1심 재판에서 치안유지법 위반으로 징역 1년을 선고받고 1928년 9월 16일까지 복역하였다. 만기 출옥한 그는 그해 말부터 활동을 재개하였고, 1929년에는 다시 조선일보에 입사하여 언론을 통한 민족운동을 이어 갔다.

배성룡은 성주 읍내를 기반으로 활동하였던 성산 배씨 일족 출신으로 성주에서 나고 자랐으며 일본 유학을 거쳐 전국적 명성을 얻은 사회주의 이론가이자 운동가였다. 그는 성산학인星山學人·성산인星山人·성산생星山生·별뫼·배수성裵秀星 등 자신의 고향을 지칭하는 필명으로 활동하였다. 그런 까닭에 그는 성주 청년들에게 특별히 친숙한 인물이자 자랑이었고 동시에 선망의 대상이었다. 성주청년회가 조직을 혁신하고 1926년 신사상 수용을 위해 도서실을 설치하고 일본에서 1백여 권의 도서를 주문 구입하게 되는 데에는 사회주의 이론가로 맹활약하던 그의 영향이 있었다.

도재기는 성주청년회를 이끌던 도문환의 장남으로 대구고보를 졸업하고 일본으로 유학을 떠나 교토 제3고등학교를 거쳐 교토 제국대학에 진학하였다. 그는 청소년기를 사회주의 청년운동이 활발히 전개되었던 대구에서 보내며 언론에 발표된 배성룡의 논설을 읽고 적지 않은 영향을 받았던 것으로 보인다. 그는 일본으로 유학 중이던 1928년 2월 초순 고려공산청년회 일본부에 입당하였다. 그가 가입한 제4차 고려공산청년회 일본부는 1927년 12월 하순에 윤도순이 조직부 책임자가 되고 이재유가 선전부 책임자가 되어 조직된 것으로, 유학생을 중심으로 세력을 확대하면서 노동단체를 배경으로 활동하였다. 도재기는 이병순에 포섭되어 입당하였고, 입당 후 바로 송을수와 함께 관서부 간부로 임명되어 박재환·정휘세·곽일선 등과 함께 교토 야체이카를 조직하였다. 이 무렵 그는 방학기간에 귀국하여 성주학우회가 주최한 웅변대회에서 '진정한 과학의 근저'를 주제로 사회주의 사상을 소개하는 강연을 하였다.

도재기는 1928년 하반기나 늦어도 1929년 초 제4차 조선공산당 사건으로 검거되어 재판에서 치안유지법 위반으로 2년 6개월을 선고받고 복역하였다. 복역을 마치고 출감한 도재기는 이후 대구에서 경상물산慶尙物産을 경영하며 대구를 근거로 활동하였다. 경상물산은 농자재를 판매하는 유통회사로, 대표는 도재기였고, 전무이사는 도승환, 이사는 도재림이었다. 도승환은 도재기의 종숙으로 신간회 칠곡지회에 성주 민족운동 대표로 활동하였고, 도재림은 도재기의 아우로 대구고보를 졸업하였다. 도재기는 사업경영에 전력하기보다 사회활동과 민족운동을 재개할 기회가 다시 오기를 열망하며 정세변화를 예의 주시하고 있었다. 도재림은 형의 사상적 영향을 강하게 받았으며, 일본 경찰의 집중적 감시를 받는 형을 대신하여 성주를 출입하며 지역의 청년들과 사상적으로 교류하고 영향을 미쳤다.

이러한 영향으로 성주청년연맹에서 활동하였던 청년들 사이에서 사회주의 사상이 점차 확대되었다. 특히 읍내를 기반으로 민족부르주아지로 성장하여 민족운동에 참여하며 자녀들을 대구나 서울 또는 일본의 고등교육기관으로 유학을 보냈던 성주 도씨와 성산 배씨 일족 가운데서는 다수의 청년들이 사회주의자가 되었다. 이들이 해방 후 성주에서 건국운동을 주도하였다.

4.

일제가 연합군에 패망하고 여운형이 서울에서 건국준비위원회를 조직하자, 여기에 호응하여 성주에서는 도재림이 중심이 되어 성주면 치안유지회를 조직하고 건국운동에 착수하였다. 성주에서 건국운동을 주도한 것은 민족운동의 영향을 받으며 일제 강점기에 사회주의 사상을 수용한 청년지식인들이었다. 건국운동을 주도한 도재림, 배유조, 배유랑, 배만수, 배내성, 이수인 등은 성주 읍내를 기반으로 활동하던 민족부르주아지 출신으로, 일본이나 서울 등 타지 유학을 통해 사회주의 사상을 받아들였고, 일제 강점기에는 외지에서 활동하다가 해방이 되자 성주로 돌아와 건국운동을 주도하였다.

성주면 치안유지회는 중앙의 건국준비위원회가 조선인민공화국으로 전환하자 인민위원회로 전환하고 활동을 확대하였다. 인민위원회에는 좌익과 함께 일제강점기 민족운동을 전개했던 유림층도 참가하였다. 이와 함께 부녀동맹 농민조합 등이 조직되어 활동하면서 대중결집에 나섰다. 농민조합은 1946년 봄 북에서 민주개혁이 단행되자 좌익들이 이를 선전하며 농민을 결집해 조직하였다. 1945년말 우익이 모스크바 삼상회의의 결정을 빌미삼아 신탁통치반대운동을 일으키고 세력을 결집하여 남조선대한국민대표민주의원 구성으로 나아가자, 좌익 또한 이에 맞서 민주주의 민족전선으로 세력을 결집하며 삼상회의 결정을 지지하는 활동을 확대하였다. 이에 따라 도재림이 이끌던 성주군 인민위원회도 농민조합과 여성동맹 등 좌익 계열의 조직들을 망라해 민주주의 민족전선을 결성하고 모스크바 삼상 결정을 지지하는 활동을 활발히 펼쳤다.

이에 견주어 성주에서는 우익이 주도하는 건국운동이 일어나지 않았다. 일제강점기 민족운동을 주도하였던 민족부르주아지의 자제나 일족들이 좌익 건국운동에 앞장선 까닭에 우익 주도의 건국운동과 거리를 두고 있었기 때문이었다. 이로 말미암아 우익의 건국운동은 중심도, 세력도 형성할 수 없었다. 이에 따라 성주에서는 신탁통치반대운동도 매우 미약하였다. 반탁운동에 앞장섰던 김창숙의 영향으로 일부 유림이 참여해 대한독립촉성성주국민회를 결성하였지만 그 이상의 활동은 없었다. 김창숙이 미군정과 결탁해 우익 결집을 주도하던 이승만을 비판하며 거리를 두었기 때문이다. 그리하여 해방 후 성주에서는 지역 사회 내부의 좌우분열로 발생한 사회적 갈등이나 대립은 거의 찾아볼 수 없었다.

좌익청년층이 주도한 성주의 건국운동은 1946년에 발생한 10월 항쟁으로 중대한 변화를 맞는다. 10월 항쟁은 좌익 지도부가 신전술로 전환하며 미군정의 실정과 탄압에 저항해 일으킨 9월 총파업에서 발생하였다. 대구에서 경찰의 발포로 시위대가 희생되면서 폭발한 10월 항쟁은 폭동을 일으킨 시위대가 군경이 진압에 쫓겨 대구 인근지역으로 이동하면서 삽시간에 경북 전역으로 확대되었다.

성주의 10월 항쟁은 대구를 탈출한 무장 시위대가 왜관·약목 등지로 북상하면서 연쇄적으로 폭동을 일으키고, 10월 2일 밤 성주로 들어오면서 시작되었다. 폭동의 직접적 원인은 미군정의 실정과 탄압, 그 하수인 역할을 했던 경찰에 대한 반감이었다. 당시 농촌사회는 화약고나 다를 바 없었다. 농민 대다수는 자주적 건국운동을 부정하고 친일경찰과 관료를 앞세워 일제하와 다를 것 없이 식량공출을 강요하는 미군정에 대해 분노하고 있었다. 성주에서도 농민들의 분노는 10월 추수기를 맞아 폭발 직전까지 끓어오르고 있었다. 이런 상황에서 외부에서 불씨가 들어오자 순식간에 걷잡을 수 없는 폭발이 일어나고 만 것이었다. 10월 3일 오전 3, 4천 명으로 불어난 시위대는 성주경찰서를 점령하고 경찰들을 유치장에 감금한 다음 석유를 뿌려 이들을 생화장하려 하였다. 그러나 인근의 경찰대가 이 소식을 듣고 서둘러 출동해 폭동을 진압함으로써 10월 항쟁은 하루 만에 큰 희생 없이 끝났다.

10월 항쟁은 성주의 건국운동에 심각한 타격을 주었다. 성주의 10월 항쟁은 해방 후 성주에서 자주적으로 건국운동을 펼쳐왔던 주체들이 능동적으로 일으킨 계획된 투쟁이라기보다는 외부 요인에 의해 촉발된 우발적 폭동이었고, 성주의 좌익들은 이 폭동의 소용돌이에 어쩔 수 없이 휘말려 들어 개별적으로, 임기응변적으로 대처한 것에 불과하였다. 이로 말미암아 미군정과 경찰이 무차별적 폭력진압에 나서면서 성주군의 자주적 건국운동은 심각한 타격을 입었다. 미군정은 항쟁진압을 위해 성주에 100명의 도경道警을 파견하였다. 이들은 성주관내 경찰뿐 아니라 대한청년단, 서북청년단 심지어 마을 동장까지 동원하여 동네를 돌아다니며 가담자를 색출하였다. 경찰은 폭동 주동자와 가담자를 체포하여 무자비하게 구타, 고문했고 심지어 살해하는 등 엄청난 보복을 자행했다. 이 탄압을 피해 건국운동을 주도해 온 좌익 지도자들은 피신하거나 월북하였고, 경찰의 잔인한 보복을 경험한 대중들은 좌익의 건국운동과 거리를 두려 하였다. 그동안 건국운동을 주도해 왔던 좌익 정당이나 단체도 폭동의 주동자로 지목되어 활동을 중단할 수밖에 없었다.

다른 한편 10월 항쟁은 성주에서 미군정의 권력기관인 경찰과 공무원 그리고 경찰의 보조원 노릇을 한 서북청년단과 구장 등의 관변세력을 반공국가 수립의 주도집단으로 조직화하고 그 활동을 강화시키는 계기가 되었다. 이들은 미군정의 비호와 지원 아래 조직화되어 일상적으로 좌익의 건국운동을 감시, 파괴하고 미군정과 우익의 반공국가건국운동을 확대해 갔다. 이들의 감시, 파괴활동이 확대되면서 이후 정당한 법적절차 없이 즉결처분 방식으로 좌익활동가나 혐의자를 살상하는 사건이 빈번하게 발생하였다.

사태가 이렇게 급변하자 좌익은 비밀리에 남로당 조직을 구축하고, 당원을 확충하면서 1947년 제2차 미소공위 결렬 이후 본격화되었던 미군정과 우익의 단선·단정운동에 반대하는 활동을 전개하였다. 남로당의 활동은 동 단위의 세포조직 주도로 단선·단정에 반대하고 인민공화국을 찬양하고 토지개혁을 요구하는 선전문을 살포하는 등 선전·선동활동 중심으로 이루어졌다. 나아가 좌익들은 초전면·벽진면·금수의 산간지대에 아지트를 구축하고 빨치산 활동을 전개하였다. 빨치산은 남로당 조직으로부터 정보와 자금을 제공받으면서 마을에서 경찰의 끄나풀로 활동하던 대한청년단이나 구장, 우익인사를 처형하고, 경찰을 공격하며, 단선·단정에 반대하는 적극적인 선전활동을 펼쳤다.

한편 경찰은 10월 항쟁 이후 조직정비로 치안체제를 강화하고 우익외곽단체 대한청년단을 조직하여 경찰을 보조하게 하면서 공세적으로 좌익 토벌에 나섰다. 10월 항쟁을 계기로 좌익의 건국운동은 비록 경찰의 탄압을 피해 지하화되긴 했지만 여전히 대중들의 지지를 받으며 계속되었고, 우익은 여전히 미약하여 정치세력을 형성하지 못했다. 이런 상황에서 좌익의 건국운동에 맞서 대결을 펼쳤던 것은 경찰조직이었다. 경찰은 민간에서 정보를 제공해 줄 지원 조직 없이는 효과적으로 좌익을 공격할 수 없었기 때문에 마을 단위로 관제조직인 대한

청년단을 조직하고 이들과 면장, 구장, 우익인사들을 통해 지속적으로 정보를 수집하고 좌익인사들의 동태를 감시했으며, 그들의 지원을 받으면서 좌익세력을 공격하였다. 나아가 경찰은 단선·단정에 반대하는 좌익의 활동이 확대되자 1948년 4월 무렵 백골부대를 성주로 불러들여 좌익에 대한 공세를 강화하였다.

미군정과 우익세력의 단독정부 수립을 위한 5·10선거는 이러한 상황에서 실시되었다. 제헌의원을 선출하는 5월 10일 선거에는 좌익은 물론이고 김구 등 임정요인을 비롯해 분단정부 수립에 반대하는 민족주의세력도 대거 불참하였다. 성주 유림의 절대적 지지를 받았던 김창숙 또한 김구와 함께 5·10선거에 반대하였다. 결국 이승만과 미군정 주도의 단독정부 수립을 지지하는 우익 정당과 사회단체 및 무소속 개인들만 출마하여 선거가 이루어졌다. 성주에서도 사정은 다르지 않아 무소속의 이호석, 이동화와 대동청년단의 이영균 등 3인만 출마하여 무소속 이호석이 63.1퍼센트의 득표로 당선되었다.

선거가 끝나자 제헌의회가 소집되어 헌법이 제정되었다. 헌법에 의거해 국회에서 이승만이 초대 대통령으로 선출되었고, 마침내 1948년 8월 15일 대한민국의 정식 정부가 출범하였다. 그러나 정부 수립 이후에도 좌우갈등과 혼란은 진정되지 않았다. 제주도 4·3항쟁이 계속되는 가운데 여수·순천에서 제14연대의 반란이 일어나고, 이 반란에 호응해 전국에서 빨치산 활동이 고조된 것이다. 이에 정부는 좌익세력 진압을 최우선 국정과제로 내걸고 경찰을 동원해 좌익에 대한 공격을 강화하였다. 1948년 정부수립 이후 경찰의 공세는 빨치산을 궤멸시키는 데 집중하면서, 빨치산 활동의 배후가 된 민간의 좌익을 색출하고 제거하는 방향으로 전개되었다. 그리하여 1948년, 1949년 성주에서는 빨치산 근거지가 토벌되고, 그와 연관해 다수의 좌익인사가 정당한 법적 절차를 거치지 않고 경찰에 의해 학살되었다.

군경의 토벌로 빨치산 활동이 다소 진정되자 정부는 1949년 4월 좌익인사들을 전향시켜 대한민국의 반공체제에 복종하도록 통제하고 감시할 목적으로 국민보도연맹을 조직하였다. 이에 따라 성주에서도 1950년 2월 국민보도연맹 성주군지부가 조직되었다. 경찰은 10월 항쟁 주동자와 가담자, 신원이 노출된 남로당원, 조선민주애국청년동맹(민애청)·부녀동맹·민주학생동맹·인민위원회·농민조합 등에 좌익 단체에서 활동한 경력이 있거나 연루된 인사들을 우선적으로 국민보도연맹에 가입시켰다. 또한 10월 항쟁의 단순 가담자이거나 좌익 성향이 강한 마을에 거주한 일반 주민들, 그리고 경찰이 주시하고 있던 좌익활동가들에게 도움을 준 사람들, 그리고 빨치산이 활동했던 산간마을 주민 대다수를 개개인의 정치적 성향이나 활동과 무관하게 가입시켰다. 이에 더해 일가 친척 간의 갈등으로 좌익분자로 무고되거나 심지어 경찰 또는 대한청년단원들과 사적인 갈등으로 미움을 산 인물들도 국민보도연맹에 가입시켰다. 경찰은 국민보도연맹원들에게 공개적인 전향선언을 강요하고, 그 동향을 감시했으며, 경찰 통제 아래 행해지는 국민보도연맹 행사나 활동을 통해 반공체제에 복종하도록 강요하였다.

국민보도연맹은 경찰이 좌익이나 그 연루자를 학살할 목적으로 조직한 단체는 아니었다. 국민보도연맹은 좌익 성향의 인사를 전향시켜 대한민국의 반공체제에 복종하게 만드는 것을 목표로 삼았다. 그러했기 때문에 좌익이라 볼 수 없는 인물들도 다수 가입시켰던 것이다. 그러나 한국전쟁이 일어나면서 사태는 전혀 예상치 못한 방향으로 흘러갔다.

한국전쟁이 발발하고 인민군이 빠른 속도로 남하하자 성주의 경찰은 상부의 지시를 받아 6월 말부터 보도연맹원을 예비검속하였다. 북한의 인민군이 남침하자 이승만 대통령은 1950년 6월 25일자로 '대통령긴급명령' 제1호인 〈비상사태하의 범죄처벌에 관한 특별 조치령〉을 내렸다. 이 조치에 의거해 치안국장 장석윤은 1950년 6월 25일 전국 각 도의 경찰국장에게 전국 요시찰인물을 단속할 것과 형무소 경비를 강화할 것을 요지로 하는 〈전국 요시찰인 단속 및 전국형무소 경비의 건〉을 긴급히 전언통신문으로 하달했다. 또한 보도연맹 및 기타 불순분자를 구속, 본관 지시가 있을 때까지 석방을 금한다는 요지의 〈불순분자 구속의 건〉과 〈불순분자 구속처리의 건〉도 하달하였다. 뒤이어 1950년 6월 29일과 1950년 6월 30일에 걸쳐 〈불순분자 검거의 건〉을 하달하였다. 이 지시에 따라 성주에서는 6월 29·30일, 7월 11일 전후하여 여러 차례 보도연맹원에 대한 예비검속이 실시되었다. 예비검속은 경찰이 담당하였고, 대한청년단도 좌익인사의 연행에 가담하였다.

예비검속된 보도연맹원은 7월 14일부터 경찰에 의해 집단 학살되었다. 성주에서 보도연맹원 집단학살이 시작된 시점은 유엔군이 구축한 금강 방어선이 무너지면서부터였다. 대전 함락이 눈앞에 다가오자 군경은 교도소에 수감된 좌익인사와 예비검속된 보도연맹원을 집단학살하였다. 이 무렵에 성주경찰서에도 예비검속된 보도연맹원을 집단 처형하라는 명령이 떨어졌다. 보도연맹원 학살을 담당한 주체는 경찰이었다. 학살에 가담한 경찰은 성주 경찰뿐 아니라 타 지역에서 후퇴한 경찰도 있었다.

경찰은 인민군이 빠르게 남진하자 상부의 지시에 따라 보도연맹원을 집단학살하고 낙동강을 건너 대구 방면으로 철수하였다. 이 집단학살로 성주에서는 최소 90명 이상 최대 260명에 이르는 보도연맹원이 목숨을 잃었다. 경찰들은 보도연맹원 및 예비검속된 좌익인사를 성주경찰서 혹은 각 면 지서로 연행·구금한 뒤 몇 차례로 나누어 총살하였다. 경찰들은 처형당할 사람들에게 구덩이를 파게 하고, 그 구덩이 앞에서 총살하여 바로 매장하였다. 한국전쟁 개전 초기 성주지역에서 학살된 보도연맹원 수를 정확히 파악하기는 어렵다. 참고로 《영남일보》 1960년 6월 2일 기사는 이 지역에서 학살된 민간인 총수를 400여 명으로 추정하였다.

보도연맹원 학살을 마친 경찰은 1950년 7월 30일자로 낙동강을 건너 대구 방면으로 철수하였고, 8월 3일부터 인민군이 성주로 진격해 들어왔다. 성주에 진주한 인민군은 제1군단 소속 제3사단이었다. 인민군 제3사단은 서울 점령시 선봉을 맡아 서울사단이라는 칭호를 수여받은 군대로, 성주 진입 당시 병력규모는 6천 명이었다. 인민군이 성주로 진주하면서 인민군 통치가 시작되고 서둘러 점령정책이 시행되었다.

7월 4일 성주군 점령을 완료한 인민군은 우선적으로 치안대와 인민위원회 조직에 착수하였다. 북한의 전쟁은 정치적으로는 남한의 인민을 친일파 민족반역자였던 남한 리더쉽으로부터 해방시키는 것이었는데 그것은 곧 점령지에서 인민위원회 체제를 수립하는 것으로 전개되었다. 인민군 점령 직후 가장 먼저 조직된 것은 성주군 인민위원회와 치안대였다. 북에서 파견된 정치공작대는 성주면의 유력한 좌익인사들로 군인민위원회를 조직하고, 과거 남로당 성주군당 청년부 책임자를 역임한 인사를 대장으로 삼아 치안대를 조직하였다.

면 단위 이하 조직에서는 인민위원회보다 면 단위의 치안대가 먼저 조직되었다. 면 치안대의 조직이 완료되자 8월 중순부터는 다시 부락 치안대를 조직하였다. 각급 치안대의 대원은 19세에서 30세 사이의 현지 청년들로 구성되었다. 치안대 조직이 완료되자 인민군은 8월 15일자로 면 인민위원회 조직에 착수하였다. 면 인민위원회가 조직되자 인민군은 각 면의 인민위원장을 통해 다시 동 단위 인민위원회를 조직하게 하였다.

각급 인민위원회에서 간부를 맡은 자들은 대부분 성주 지역에서 활동하였던 좌익인사들이었다. 그 구성을 살피면 첫째, 과거 남로당 당원으로 활동한 인사가 다수를 차지한다. 다음으로 남로당원은 아니었지만 좌익 활동으로 보도연맹원이 되었다가 학살을 모면했던 이들도 간부로 활동하였다. 셋째, 좌익 지식인이라 할 학교 교사가 다수 간부로 활동하였다. 넷째, 좌익 활동 경력을 찾을 수 없는 농민이나 상인, 자영업자, 금융조합 서기 등이 간부직을 맡는 경우도 있었는데, 동 단위 인민위원장이나 치안대의 경우 이들이 다수를 점했다.

한편 인민군은 성주 점령을 완료하자 치안대·인민위원회와 나란히 노동당을 조직하였다. 인민군은 성주 점령 뒤 노동당을 조직하면서 과거 남로당 활동을 하다가 신분이 노출되었거나 보도연맹에 가입한 자들에 대해서는 노동당 복귀를 허용하지 않았다. 성주군의 노동당 군당 조직은 인민군 소속 정치위원이 실권을 행사하는 방식으로 조직되었고, 군당 산하 면당조직은 지역 출신의 노동당원이 맡았던 것으로 보인다.

인민군 점령기에 수립된 치안대·노동당·인민위원회의 지배체제는 대한민국의 국가체제와는 근본적으로 다른 조선인민공화국의 정치체제였다. 이 체제는 비록 인민군의 퇴각으로 2개월을 넘기지 못하고 무너졌지만, 그럼에도 불구하고 지역 주민들이 새로운 체제를 실감하기에 충분할 만큼 압축적으로 가동되었다. 인민군은 이들 조직을 통해 압축적으로 여러 가지 점령지 정책을 실시하였다. 그 정책은 우익 인사 색출과 처단, 토지개혁과 현물세 징수를 위한 생산고 조사, 전쟁 노력 동원과 의용군 모집, 조선인민공화국을 찬양하는 선전·선동활동 등으로 전개되었다. 이 정책들은 목표와 추진과정이 사전이 치밀하게 계획되었고, 그 계획에 의거해 북으로부터 파견된 전문공작원의 지도로 명확한 성과를 달성하도록 추진되었다.

　면 치안대의 주요 업무는 우익인사의 색출과 처형이었다. 대한민국의 경찰, 군인, 공무원, 대한청년단과 같은 관변 우익단체에서 활동한 인물, 유력한 우익 유지 등의 소재를 내무서에 제공하고, 이들을 체포, 구금, 처형하는 것이었다. 우익인사에 대한 처벌은 대부분은 면 단위 치안대 간부들의 자체 판단으로 결정되었다. 그로 말미암아 처벌 결정 과정에서 개인적인 연고나 감정이 개입하는 경우도 종종 있었다. 인민군 점령 기간에 처형된 우익 인사를 처형 시기별로 분류하면 총 40명 가운데 30명이 1950년 8월 중에, 10명이 9월에 처형되었다. 8월에 발생한 사건은 전부 면 치안대 차원에서 체포와 처벌 결정이 이루어지고, 총살형이 집행되었다. 인민군 점령 시기 성주에서 처형당한 우익 희생자를 직업별로 구분하면, 경찰 관련 희생자가 8명, 공무원으로 처형된 자가 9명, 대한청년단 간부나 단원 또는 그 가족으로 처형된 자가 9명, 국민학교 교장이 1명이었고, 나머지 10여 명은 직업을 파악할 수 없다.

　우익인사에 대한 보복 학살은 면 치안대의 핵심 간부 대부분이 과거 남로당원이었거나 좌익활동에 가담했었고, 그로 말미암아 보도연맹에 가입해야 했던 사실에서 그 원인을 찾을 수 있다. 이들은 한국전쟁 발생 직후 군경에 의해 자행된 보도연맹원 집단학살에서 구사일생으로 살아남은 자들이었다. 동료들의 처참한 학살을 목격했던 이들에게 우익은 오로지 증오와 복수의 대상일 뿐이었다.

　인민군은 인민위원회 체제를 수립하자 서둘러 토지개혁에 착수하였다. 이를 위해 북한 1950년 7월 4일 최고인민회의 상임위원회의 정령으로 〈공화국 남반부 지역에 토지개혁을 실시함에 관하여〉를 발표하였다. 성주에서도 이 정령에 의거하여 8월 10일부터 9월 중순에 이르기까지 성주 전역에서 부락 단위의 무상몰수 무상분배의 토지개혁이 실시되었다.

　　토지개혁은 북에서 파견된 토지개혁지도성원이 부락 인민위원장에게 지시해 토지개혁을 담당할 10명 이내의 위원을 선발하게 하고, 이들을 상대로 토지개혁에 필요한 실무를 강습하는 것으로 시작되었다. 토지개혁실무 강습이 끝나면 토지개혁위원들은 부락의 전체 토지면적과 소작면적, 몰수대상 토지, 토지분배대상자 명부 등 토지개혁에 관한 기본조사서를 작성하였다. 이 작업이 끝나면 토지개혁위원들은 성주군당에서 파견된 지도원의 지휘를 받아 토지를 분배하였다. 토지는 18세 이상 60세까지의 남자와, 18세 이상 55세까지의 여자에게 균등 분배되었고, 분배면적은 성주면의 경우 일인당 전답을 합하여 5백 평 내외 즉 5두락 정도였다. 토지분배가 끝나면 분배받은 농민에게는 토지소유권 증명서가 교부되었다. 부락 단위의 토지개혁사업은 시작부터 완료까지 5~7일이 걸렸다. 부락 단위로 토지개혁이 끝나면 토지개혁 완료를 축하하는 경축대회가 개최되었다.

　　다른 한편 성주군 인민위원회는 토지개혁과 나란히 현물세 징수를 위한 농산물생산고조사를 실시하였다. 농산물생산고조사는 북한 내각이 8월 18일 공포한 내각결정 148호 〈공화국 남반부지역에 있어서 농업현물세제를 실시함에 관한 결정서〉에 의거해 이루어졌다.

　　성주를 점령한 인민군은 전격적으로 정치·경제개혁을 단행하는 한편 주민들을 대대적으로 전쟁 지원에 동원하였다. 성주로 진격한 인민군은 제1군단 예하 제3사단이었다. 인민군 제3사단은 고령 방면으로 진주한 제10사단과 함께 왜관에서 대구에 이르는 낙동강 전선에서 도하작전을 담당하였다. 제3사단은 총 세 차례에 걸쳐 전개한 왜관 부근의 낙동강 도하작전을 시도하였는데 이를 위해 성주에서 대규모 노동력 동원과 물자징발 그리고 의용군 징집을 실시하였다.

　　보다 구체적으로는 인민군은 김천군 조마면의 인민군 제1군단 병참기지에서 탄약과 포탄, 군량미와 기타 보급품 등을 낙동강변에 포진해 있는 인민군 전투부대까지 보급하기 위해 인민위원회 조직을 가동해 대량의 인력과 수십 대의 우마차를 동원하였다. 다음으로 인민군은 보급이 부족한 쌀·보리·콩 등의 곡물과 채소·과일 등의 부식재료, 소·돼지·닭 등의 육류, 연초, 옷감과 의복 등을 각급 인민위원회 조직을 동원해 징발하였다. 또한 인민군은 동洞 인민위원회와 치안대에 지시를 내려 주민 명부를 작성하게 하고 17세에서 28세 사이의 남자 청년층 가운데서 인민군 의용군을 징집하였다. 의용군 징집은 주로 치안대가 담당하였다. 치안대는 사전에 조사, 작성한 20대 남성 동원명부에 의거해 부락별로 적게 2명에서 많게는 9명의 의용군을 징집하였다.

유엔군의 반격으로 인민군이 성주에서 퇴각한 것은 9월 24일이었다. 성주에서 인민군이 퇴각하자 경찰이 뒤따라 들어와 치안을 회복하면서 부역자 검거에 나섰다. 경찰은 인민군 점령기에도 비밀리 성주에 잠입해 수시로 부역자들에 관한 정보를 수집하고 있었다. 경찰은 이 정보에 의거해 처벌할 부역자를 선별하는 한편, 성주로 복귀하자마자 인민군 점령기에 피해를 입었던 우익인사들에게 부역자 명부를 작성하게 하였다. 우익인사들은 부역자는 물론이고 개인적 원한이 있는 인물들을 그 명단에 포함시켰다. 경찰은 양자를 종합해 부역처벌 대상자를 정하고 체포에 나섰다.

경찰은 인민군 점령 시기에 치안대나 인민위원회의 간부로 활동했던 자들을 우선적으로 체포하고자 하였다. 그러나 경찰이 주요 부역자로 검거하고자 했던 거물급 간부는 대부분 후퇴하는 인민군을 따라 도주하거나 숨어버려 체포할 수 없었다. 경찰이 부역혐의자로 체포할 수 있었던 인사들은 강요에 의해 부역했거나 자신의 부역행위가 무거운 처벌을 받을 정도로 중대하지는 않다고 생각한 사람들, 달리 말해 상급조직의 지시를 받아 최말단인 부락에서 수동적으로 활동한 동 인민위원장이나 동 치안대장 또는 대원이 대부분이었다.

그럼에도 불구하고 경찰은 체포한 부역자 가운데 48명을 10월 27일 밤 선남면 선원리 낙동강변(현재 성주대교 부근 백사장)에서 집단 학살하였다. 경찰이 재판과정 없이 자체적으로 부역자를 처형한 것은 치안질서를 조기에 회복하려 하였던 정치적 목적 때문이라고 생각된다. 성주가 유엔군에 의해 수복되자 경찰이 복귀해 치안질서를 회복하기 위해 노력했지만 적지 않은 난관이 있었다. 당시 전황으로 보아 유엔군의 승리를 확신하기 아직 일렀고, 인민군 점령기에 확보된 총기가 인민군에 협력했던 자들 수중에 남아 있었다. 뿐만 아니라 부역자를 처벌하는 경찰에 대한 주민의 반감이 만만치 않았다. 이런 상황에서 경찰은 조속한 치안 확보를 위해 자신들의 위력을 과시하고 확고히 기선을 제압할 특단의 조치가 필요했던 것 같으며, 그것이 부역자 집단처형으로 나타난 것으로 보인다. 경찰은 부역자 집단처형을 통해 경찰의 통제에 순응하지 않을 경우 부역행위의 경중에 관계없이 누구나 처형당할 수 있다는 메시지를 공개적으로 전하려 한 것 같다.

10월 27일의 집단처형을 계기로 이후 성주의 치안질서는 빠르게 회복되었다. 이 사건 이후 경찰은 12월 말까지 성주 전역에서 대대적으로 부역자를 검거하고 심문한 다음 대구검찰청에 송치하였다. 《사찰자료》에 따르면 성주경찰서에서 대구검찰청으로 송치된 부역자는 160명이었다. 이들 가운데 인민군 점령기에 각급 치안대와 인민위원회의 간부로 활동했던 자가 130명으로 8할을 상회하였다. 검거된 부역자는 경찰에서 10일 전후의 심문을 받았고, 심문이 끝나면 경찰은 심문조서를 작성하고 부역행위의 경중에 따라 '기소유예', '기소', '기소엄중처분' 가운데 한 등급으로 분류한 다음 대구지방검찰청으로 이첩하였다.

160명의 부역자 가운데 기소엄중처분자는 69명으로 43퍼센트를,

기소처분자는 48명으로 30퍼센트를, 기소유예처분자는 43명으로 27퍼센트를 차지했다. 기소엄중처분을 받은 자들은 군면 인민위원회나 치안대의 간부로 활동했던 자들이 대부분이었고, 기소유예 처분을 받은 자들은 상부의 지시를 받아 동 단위에서 집행했던 동 단위 인민위원장이나 간부들이었다. 인민군 점령기에 우익인사의 체포나 처형에 관여되었던 자들은 직위 고하에 관계없이 전부 기소엄중처분으로 분류되었다.

대구지방검찰청에 이첩된 부역자들은 검사의 기소로 대구지방법원에서 재판을 받았다. 대구지방검찰청은 독자적으로 다시 부역자 등급을 분류한 다음 기소했는데 그 기준은 성주경찰서의 등급분류보다 완화되었다. 대구지방검찰청은 경북 전역에서 송치된 부역자에 적용할 등급 분류기준을 마련하였기 때문이었다. 그리하여 1심 재판에서 우익인사 학살에 직접 관여된 10명만 15년 이상의 중형을 선고받았고 그 나머지 부역자에게는 기소유예와 2~7년형이 선고되었다. 10년 미만의 형을 선고받은 부역자는 1950년 12월 27일 발표된 대통령 특사령에 의해 모두 형을 면제받고 석방되었다.

이를 끝으로 해방공간 성주에서 자주적 건국운동을 전개하였던 좌익세력은 전부 제거되었다. 한국전쟁 초기 보도연맹원 집단학살에서 어렵사리 살아남은 자들도 성주 수복 후 부역자 처벌에서 목숨을 잃거나 재판에 회부되어 감옥에 갇혔다. 좌익세력이 완전히 거세됨에 따라 미군정기부터 이승만과 친일 우익세력이 추구해 왔던 친미 반공국가 수립이 비로소 확고히 뿌리를 내리게 되었다.

친미 반공국가체제의 수립은 성주사회의 관점에서는 새로운 지배체제 및 사회질서의 구축이었다. 교통 불편으로 일제강점기에 성주에서는 친일세력이 형성이 부진했고 그로 말미암아 해방공간에서도 유력한 우익정치세력 가령 독촉이나 한민당과 같은 우익 정당이나 정치사회단체가 조직되거나 활동하지 못했다. 그로 말미암아 한국전쟁 이전까지는 미군정 경찰과 관공리 및 그 끄나풀 세력이 성주에서 친미 반공국가체제와 질서의 이식을 담당하였다. 그러나 이들이 한국전쟁 이전까지는 좌익세력을 진압하는 데 주력할 수밖에 없었기 때문에 새로운 지배체제의 수립은 형식적으로 진행되는 수준을 넘지 못했다.

한국전쟁을 계기로 이러한 상황은 끝이 나고 친미 반공분단국가체제의 구축이 본격적으로 추진되었다. 반공분단국가체제의 수립은 국가권력이 국민을 설득하고 동의를 확보하는 민주적 방식보다는 일방적으로 새로운 체제와 질서를 수용하도록 강요하는 권위주의적 방식으로 이루어졌다. 전시상황이라는 특수한 조건 때문에 그러한 요구에 순응하지 않을 경우 권력기관에 의해 이적행위자로 처벌받을 수도 있어서 국민 일반은 이러한 지배방식에 대해 저항할 수 없었다. 그리하여 전후 권위주의적 반공분단체제가 사회 전반에 굳건히 뿌리를 내렸다.

정치지형의 이러한 변화는 지역사회의 최고 권력기관이라 할 국회의원의 선거에서 여실히 드러났다. 해방 후 성주에서 치러진 최초의 선거다운 선거는 1950년 5월 30일에 실시된 제2대 국회의원 선거부터라 할 수 있다. 제2대 국회의원 선거에는 제헌의원선거에 불참했던 남북협상파나 중간 계열의 민족주의자들도 대거 출마하였다. 성주에서도 제2대 국회의원 선거에서는 출마자가 무려 18명이나 되었다. 이 선거에서 당선된 후보는 무소속으로 출마한 배상연이었다. 배상연은 일제 강점기 성주의 민족운동에 참여하였던 읍내 유지였고, 그 일족들은 해방 후 성주에서 좌익의 건국운동에 참여하였다. 그가 이승만 정권의 여당이던 국민회 이영균 후보를 누르고 당선되었다는 사실은 아직 반공분단체제가 확고히 뿌리를 내리지 못했음을 의미하였다.

이에 비해 1954년에 실시된 제3대 국회의원 선거결과는 한국전쟁을 거치면서 성주에서도 정치지형의 근본적으로 변동해 반공분단체제가 확고히 뿌리내렸음을 보여주었다. 성주군에서 제3대 국회의원 후보로 출마한 자는 총 6명으로 자유당 공천출마자가 2명이고 무소속 출마자가 4명이었다. 이 선거에서는 자유당 공천을 받고 출마한 도진희 후보가 28.4퍼센트의 득표율로 당선되었다. 이 선거에는 배상연도 출마했으나 10.2퍼센트의 저조한 득표율로 낙선하였다. 이 선거에서는 이승만 정권의 여당인 자유당 후보가 무소속 후보자 모두를 압도적 표차로 누르고 당선되었고, 자유당 공천을 받은 2명의 후보가 득표한 총수는 과반이 넘는 53.8퍼센트에 이르렀다. 이러한 변화는 전시 중이던 1952년 8월 5일에 실시된 대통령 선거에서도 동일하게 확인할 수 있는데 이승만 후보는 성주에서 67.1퍼센트를 득표하였다. 그에 견주어 보수 야당 이시영후보나 진보성향의 조봉암 후보의 득표율은 이승만에 훨씬 못 미치는 14.2퍼센트, 14.9퍼센트에 그쳤다.

이승만 정권은 한국전쟁을 통해 여타 정치세력을 일방적으로 압도할 수 있는 유리한 정치지형을 확보하였고, 이를 기반으로 반공분단체제를 구축하였다. 그러나 이승만 정권의 극우 반공분단체제는 1950년대 후반 권력 독점과 연장을 위해 권위주의 통치를 강화하고 편법으로 민주적 헌정질서를 유린함과 동시에 전후복구 원조물자를 부정하게 정치자금을 조달하는 방편으로 악용하면서 정경유착기업에 특혜를 주고 민생을 악화시켜 급속히 대중의 지지를 잃었다. 이에 따른 대중의 저항은 먼저 1956년에 실시된 제3대 대통령 선거에서 표출되었다.

제3대 대통령 선거에서 이승만은 야당의 유력후보 신익희가 유세 도중 심장마비로 사망하면서 큰 어려움 없이 당선되었다. 그러나 선거결과는 제2대 대통령 선거와 비교하면 크게 부진하였다. 득표율이 제2대 대통령 선거에 크게 못 미쳤고, 중도 사망한 신익희 후보를 지지한 무효표까지 감안하면 득표율은 50퍼센트 아래로 내려갔다. 특히 심각한 것은 2위 조봉암 후보와의 격차가 지역에 따라서는 10~20퍼센트로까지 줄어들었다. 특히 경상북도에서는 조봉암 후보가 44.7퍼센트를 득표하여 55.3퍼센트를 득표한 이승만 후보를 뒤쫓고 있었다.

성주군의 선거 결과에서도 이러한 변화가 나타났다. 성주군에서는 투표 참여자가 총 42,609명이었는데 자유당 이승만 후보가 17,914표, 진보당 조봉암 후보가 13,417표를 득표하였고, 무효 투표수가 11,278표였다. 제2대 대통령 선거의 결과와 비교하면 이승만 후보가 득표수에서는 26,825표에서 17,814표로, 득표율에서는 67.1퍼센트에서 42퍼센트로 대폭 감소한 반면, 조봉암 후보는 득표수에서 5,960표에서 13,417표로, 득표율에서 14.9퍼센트에서 31.6퍼센트로 약진하였다. 제3대 대통령 선거의 결과가 이렇게 나온 이유는 기본적으로는 이승만 정권의 반민주적인 독재와 장기집권, 전후복구과정에서 보인 무능과 부정부패에 대해 국민들이 비판하고 저항하였기 때문이고, 그에 더해 진보당 조봉암 후보가 선거공약으로 내세운 평화통일정책과 '피해대중을 위한 정치'가 대중의 큰 관심과 지지를 받았기 때문이었다.

이러한 민심 이반은 1958년 5월 2일에 실시된 제4대 국회의원 선거에서 보다 확연하게 나타났다. 성주군의 선거 결과는 민주당 주병환 후보가 2위를 한 자유당 이민석 후보를 압도적 표차로 누르고 55.9퍼센트의 득표율로 당선되었다. 이 선거에서 자유당 득표율은 30.5퍼센트에 그쳤는데 이는 총 53.8퍼센트였던 제3대 국회의원 선거에 비교하면 대폭 하락한 것이다.

제4대 국회의원선가가 있고 2년 뒤 마침내 4월 혁명이 일어나 이승만 정권이 무너졌다. 이승만 정권이 무너지자 성주에서도 자유당 집권기간에 부당하게 유린된 인권과 민주적 권리를 회복하기 위한 민주화운동이 일어났다. 그 대표적인 운동이 한국전쟁기 희생된 민간인

들 이른바 부역자로 몰려 학살 또는 처벌된 민간인들에 대한 진상규
명과 신원운동이었다.

한국전쟁 중에 성주에서 이루어진 경찰의 부역자 처리에는 중대한
오류가 있었다. 우선 한국전쟁에서 부역자가 발생한 전후사정을 감안
할 때 부역자 처리는 매우 신중하게 이루어져야 했음에도 불구하고 1
차 부역자 48명 집단학살은 마치 보복하듯이 불법적인 방식으로 성급
하게 이루어졌다. 이것은 국가기관에 의해 의도적으로 자행된 불법적
인 범죄행위이자 심각한 인권유린이었다. 또한 1차 처리의 부역자 학
살과 2차 부역자 재판 사이에는 심각한 형평성의 오류가 있었다. 10
월 27일 집단학살된 부역자들과 그 뒤 재판에 회부된 부역자를 비교
하면 인민군 점령기에 부여받은 지위나 부역행위에서 역할이나 비중
이 후자가 더 중대했다. 그러했음에도 전자는 후자의 형량과는 비교
조차 불가능할 정도로 무거운 집단학살을 당했다. 학살된 부역자들이
정당한 절차를 거쳐 재판에 회부되었다면 대부분 공소 기각되거나
2~5년의 가벼운 형을 받고 사면되었을 것이다.

이러한 모순으로 말미암아 4월 혁명으로 이승만 정권이 무너지자
1960년 5월 성주에서는 피학살 부역자 유족들이 모여 피학살자유족회
를 구성하고 정부 당국을 상대로 집단학살의 진상 규명과 학살책임자
처벌, 부역자 가족으로 낙인찍혀 부당하게 제한받았던 권리 회복과
피해보상을 요구하였다. 또한 유족들은 피학살자 유골 발굴과 위령비
건립도 요구하였다.

성주에서 피학살자유족회를 결성하는 데 앞장선 인물은 이삼근이
었다. 그는 1950년 10월 27일 선남면 선원리 낙동강변에서 경찰이 48
명의 부역자를 집단학살할 때 부친을 잃었다. 그는 이후 고향을 떠나
대구와 월성군에서 중학교 교사로 근무하다가 4월 혁명이 일어나자
성주로 돌아와 국회 양민학술진상조사특별위원회가 조사에 착수한 5

월 31일에 맞추어 성주에서 피학살자유족회(이하 유족회로 약칭)를 발족시켰다. 이때 유족회에 참여하였던 인사는 1950년 10월 27일 전쟁부역자로 몰려 처형당한 유가족들이었다.

성주의 피학살자유족회는 6월 7일 성주면 경산동 성문밖 숲에서 유족 80여 명이 참석한 가운데 위령제를 거행하였다. 위령대상은 1950년 10월 28일 집단학살된 부역자 48명이었다. 성주의 유족회는 이날 (1) 처형된 자의 호적정리 (2) 처형 관련자의 법적 처단 (3) 유족에 대한 국가보호조치, (4) 유골 발굴과 위령비 건립 등을 활동 목표로 정하였다. 유족회는 국회조사가 실시되지만 그 조사에만 의지하지 않고 유족들이 자발적으로 피학살자의 정확한 인원과 유족들의 억울함을 조사하여 중앙에 대해 특별법 입법의 건의를 결의하였다.

성주의 피학살자유족회 회장을 맡았던 이삼근은 경상북도유족회와 전국유족회 활동에도 적극 참여하였다. 경상북도유족회에서는 총무를 맡아 유골 수습과 합동묘비 건립을 위한 합동묘비건립위원회를 구성하고, 이해 8월과 9월에 걸쳐 대구 인근의 집단학살장소에서 유해를 발굴하는 활동을 펼쳤다. 전국유족회에서는 사정위원을 맡아 활동하였다.

그러나 피학살자유족회 운동은 위령제를 거행하고 일부 지역에서 피학살자 유해를 발굴하는 성과를 내었으나, 진상 규명이나 관련자 처벌, 위령비 건립, 유가족에 대한 국가보호조치 등에서는 보수적인 민주당 정부의 반대로 진전을 보지 못한 채 1961년 5·16 군사쿠데타를 맞았다. 군사정권은 피학살자유족회 운동을 "6·25 동란 시 사망한 적색분자를 애국자로 가장시키고 우리 국군과 경찰이 선량한 국민을 무차별 살해한 것처럼 허위 선전"한 것으로 탄압하고 전국유족회와 경·남북유족회의 간부들을 구속하였다. 이로써 성주유족회의 활동도 막을 내리게 되고, 이삼근 또한 혁명재판소에 회부되어 〈특수범죄처벌에 관한 특별법 위반〉으로 15년형을 선고받았다. 이로써 부역자 처리문제는 그 모순을 해결하지 못한 채 또 다시 강제 봉인되어 역사의 숙제로 남게 되었다.

이삼근은 재판부에 제출한 상소이유서에 피학살자유족회 운동의 역사적 의미와 집단학살의 부당함을 밝히고 나아가 "인간의 존엄성을 재확인하여 전후 인명을 파리 목숨 같이 생각하는 타락된 도의를 바로잡고 인권사상을 선양하며 정치적인 후진성을 지양하고 한말 이래 외세를 없애고 자파 세력 확대를 위하여 행한 모살 학살을 종식시키고 범법자는 반드시 처형되는 표본을 만듦으로써 법치주의와 민주주의를 이 땅에 길이 발전시키기 위한" 운동이었다고 진술하였다. 재판부는 그의 항소를 기각하였지만 그가 주장한 인권존중·법치주의·민주주의는 한국 근대 민족주의의 이상인 민주공화제를 구성하는 필수불가결한 핵심 가치이자 기본 요소이고, 4월 혁명의 이념이기도 하였다.

5.16 군사쿠데타는 이 가치를 부정하며 출발하였고, 이승만 정권의 반공분단체제를 계승하여 권위주의 지배체제를 강화해 갔다. 그로 말미암아 일제강점기 민족해방을 최우선과제로 삼았던 한국의 민족운동은 이제 4월 혁명에서 완수하지 못한 평화통일과 민주공화제의 완성을 앞으로의 과제로 설정하고 다시 지난한 여정을 시작하게 되었다.

자료와 표 목록

1. 자료

2. 표

432

참고문헌

서론 - 지역사 연구 방법과 과제

1. 저작

김희곤 외, 《안동의 독립운동사》, 안동시, 1999.

_____, 《의성의 독립운동사》, 의성군, 2002.

_____, 《영덕의 독립운동사》, 영덕군, 2003.

신영우 외, 《광무양안과 진천의 사회경제 변동》, 혜안, 2007.

완도군항일운동기념사업회, 《완도군항일운동사》, 2000.

지수걸, 《한국의 근대와 공주사람들 -한말 일제시기 공주의 근대도시 발달사》, 공주문화원. 1999.

하원호 외, 《한말 일제하 나주지역의 사회변동연구》, 성균관대학교 대동문화연구원, 2007.

홍성찬, 《한국근대농촌사회의 변동과 지주층》, 지식산업사, 1992.

_____ 외, 《일제하 만경강 유역의 사회사 -수리조합, 지주제, 지역정치-》, 혜안, 2006.

2. 논문

이윤갑, 〈지역학 연구의 방향과 방법론〉, 《東方漢文學》26(東方漢文學會), 2004.

제1장 1862년 농민항쟁과 사회변동

1. 사료

《管軒集》

《備邊司謄錄》

徐宅鉉, 〈星州民擾時前吏房徐宅鉉辨巫錄〉(연세대학교 중앙도서관 소장)

《星山誌》, 1937.

《星州牧邑誌》, 1832.

《承政院日記》

《邑誌雜記》

《凝窩先生續集》

《凝窩集》

李禹世, 《石淵文集》

李紬, 《學稼齋先生文集》

《日省錄》

《壬戌錄》

《林園經濟誌》

鄭墧, 《進庵文集》

《擇里志》

《韓溪遺稿》

《寒州先生文集》

2. 저작

경상북도교육위원회, 《경상북도 지명유래총람》, 1984.

김병우, 《대원군의 통치정책》, 혜안, 2006.

문화공보부 문화재관리국, 《韓國民俗綜合調査告書》 경상북도편, 1974.

성주문화원, 《禮鄕 星州마을誌》, 1998.

印貞植, 《朝鮮農村襍記》, 每日申報社, 1943.

善生永助, 《朝鮮の聚落》 後篇, 1935.

3. 논문

권내현, 〈18·19세기 진주지방의 향촌세력변동과 임술농민항쟁〉, 《한국사연구》
  (한국사연구회) 89, 1995.

권인혁, 〈철종조 제주민란의 검토 – 제주목 안핵장계등록을 중심으로〉, 《변태
  섭박사화갑기념사학논총》. 삼영사. 1985.

金容燮, 〈조선후기에 있어서의 신분제의 동요와 농지점유〉, 《史學研究》(한국사
  학회) 15, 1970.

_____, 〈朝鮮後期 경영형 부농과 상업적 농업〉, 《朝鮮後期農業史研究 –農村經

濟·社會變動》Ⅱ, 일조각, 1970.

_____, 〈哲宗 壬戌改革에서의 應旨三政疏와 그 農業論〉, 《한국사연구》 10, 1974.

_____, 〈哲宗朝의 應旨三政疏와 〈三政釐整策〉〉, 《韓國史研究》 10, 일조각, 1974.

_____, 〈朝鮮後期의 賦稅制度 釐整策〉, 《韓國近代農業史研究 －農業革命論·農業政策-》上, 일조각, 1984.

김진봉, 〈진주민란에 대하여〉, 《백산학보》(백산학회) 8, 1970.

김현영, 〈1862년 농민항쟁의 새 측면 －거창 민란 관련 고문서를 중심으로〉, 《고문서연구》(한국고문서학회) 25, 2004.

_____, 〈1862년 농민항쟁의 새 측면 －거창 민란 관련 고문서를 중심으로〉, 《고문서연구》 25, 2004.

방기중, 〈조선후기 수취제도·민란연구의 현황과 국사교과서 서술〉, 《歷史敎育》(역사교육연구회) 39, 1986.

박찬승, 〈조선후기 농민항쟁사 연구현황〉, 《한국중세사회 해체기의 제문제》, 도서출판 한울, 1987.

배항섭, 〈조선후기의 민중운동 연구의 몇 가지 문제 －임술민란을 중심으로〉, 《역사문제연구》(역사문제연구소) 19, 2008.

_____, 〈임술민란의 민중상에 대한 검토〉, 《역사와 담론》(호서사학회) 6, 2013.

박광성, 〈진주민란의 연구 －이정청 설치와 삼정교구책을 중심으로〉, 《인천교육대학논문집》(인천교육대학교) 3, 1969.

성대경, 〈대원군정권 성격 연구〉, 성균관대학교 사학과 박사학위논문, 1984.

손종호, 〈1862년 상주농민항쟁 연구〉, 경북대학교 석사학위논문, 1990.

송찬섭, 〈진주농민항쟁의 조직과 활동〉, 《韓國史論》(서울대학교 국사학과) 21, 1989.

_____, 〈19세기 환곡제 개혁의 추이〉. 서울대학교 국사학과 박사학위 논문. 1992.

_____, 〈1862년 경상도 개령현의 농민항쟁연구〉, 《논문집》 43, 한국방송통신대학교, 2007.

_____, 〈중세해체기 농민항쟁 연구와 서술방향〉, 《역사학연구》(역사학연구소) 18, 2008.

愼鏞廈, 〈두레공동체와 농악의 사회사〉, 《한국사회연구》 2, 한길사, 1984.

우인수, 〈한주의 경세론 －《묘충록》에 나타난 한주의 국정개혁론〉, 《한주 이진상 연구》, 역락, 2006.

이수환, 〈대원군의 서원철폐와 영남유소〉, 《교남사학》(영남대학교 국사학과) 6,

1994.

이영호, 〈1862년 진주농민항쟁연구〉, 《한국사론》 19, 1988.

이윤갑, 〈18·19세기 경북지방의 농업변동〉, 《한국사연구》 53, 1986.

_____, 〈19세기 후반 경상도 성주지방의 농민운동〉, 《손보기박사 정년기념 한
      국사학논총》, 지식산업사, 2013.

鄭昌烈, 〈조선후기 농민봉기의 정치의식〉, 《한국인의 생활의식과 민중예술》,
      성균관대학교 출판부. 1984.

韓相權, 〈18세기 말~19세기 초의 장시발달에 대한 기초연구 - 경상도 지방을
      중심으로-〉, 《한국사론》 7, 1982.

허권수, 〈단계 김인섭 연구〉, 《사회과학연구》(경상대학교 사회과학연구소) 3,
      1985.

홍순민, 〈숙종 초기의 정치구조와 환국〉, 《한국사론》 15, 1986.

鈴木榮太郎, 〈朝鮮の村落〉, 《東亞社會研究》 1, 1943.

原田環, 〈晉州民亂と朴珪壽〉, 《史學研究》(廣島史學研究會, 廣島大學) 126, 1975.

제2장 개항 이후의 사회적 갈등과 동학농민전쟁

1. 사료

《管軒集》

《邑誌雜記》

《大溪集》

《東擾日記》

《東學農民戰爭史料叢書》 4권, 사예연구소, 1996.

《동학농민혁명국역총서》 3,6, 동학농민혁명참여자명예회복심의위원회, 2008, 2009.

《備邊司謄錄》

《世藏年錄》

《承政院日記》

《心山遺稿》

《星山誌》

《星州民擾時前吏房徐宅鉉辨巫錄》

《凝窩集》

《日省錄》
《討匪大略》
《漢城旬報》
《寒州先生文集》

2. 저작

망원한국사연구실 19세기 농민항쟁분과,《1862년 농민항쟁》, 동녘, 1988.
天道敎史編纂委員會,《天道敎 百年略史》上, 미래문화사, 1980.
한국역사연구회,《1894년 농민전쟁연구》1~5. 역사비평사, 1991~1997.
韓㳓劤,《東學과 農民蜂起》, 일조각, 1983.

3. 논문

金容燮,〈朝鮮王朝 最末期의 農民運動과 그 指向〉,《韓國近現代農業史硏究》, 일조
    각, 1992.
金義煥,〈1892·3년의 東學農民運動과 그 性格 -參禮聚會·伏閣上疏·報恩集會를
    中心으로-〉,《近代朝鮮의 民代運動》, 풀빛, 1982.
申營祐,〈1894년 영남 예천의 농민군과 보수집강소〉,《東方學志》(연세대학교 국
    학연구원) 44, 1984.
이윤갑,〈19세기 후반 경상도 성주지방의 농민운동〉,《손보기박사정년기념 한
    국사학논총》, 지식산업사, 1988.
_____,〈경상도 성주의 1862년 농민항쟁과 사회변동〉,《대구사학》(대구사학
    회) 115, 2014.

제3장 한말 유교지식인층의 현실 인식과 국권회복운동

1. 사료

《管軒集》
《대한매일신보》
《大韓協會會報》
심산사상연구회편,《金昌淑文存》, 성균관대학교 대동문화연구원, 1987.
《邑志雜記》
李基馨,〈通訓大夫司憲府監察星州都公(諱甲模)墓碣銘〉.

《韓溪遺稿》, 국사편찬위원회
《悔堂先生文集》

2. 저작

김도형, 《민족과 지역 －근대개혁기의 대구·경북－》, 지식산업사, 2017.

3. 논문

권대웅, 〈한말 한주학파의 계몽운동〉, 《대동문화연구》(성균관대학교 대동문화연
　　구원) 38, 2001.

_____, 〈한말 성주지역의 국권회복운동〉, 《경상북도 성주권 국채보상운동 조
　　사연구 보고서》, 국채보상운동기념사업회, 2014.

금장태, 〈한계 이승희의 생애와 사상(1)〉, 《대동문화연구》 19, 1985.

김도형, 〈한말 계몽운동의 지방지회〉, 《손보기박사정년기념 한국사학논총》, 지
　　식산업사, 1989.

_____, 〈한말·일제초기의 변혁운동과 성주지방 지배층의 동향〉, 《한국학논집》
　　(계명대학교 한국학연구원) 18, 1991.

김형목, 〈성주지역 국채보상운동의 지역운동사상 의의〉, 《경상북도 성주권 국
　　채보상운동 조사연구 보고서》, 국채보상운동기념사업회, 2014.

박원재, 〈서구사조에 대한 면우학파의 인식과 대응〉, 《국학연구》(한국국학진흥
　　원) 4, 2004.

이성형, 〈한주의 성리학Ⅰ－'주재성' 중시와 그 의의〉, 《한주 이진상연구》, 도서
　　출판 역락. 2006.

이윤갑, 〈《邑志雜記》(19세기 후반)의 사회경제론 연구〉, 《대구사학》 36, 1989.

_____, 〈한말 이승희의 국권회복론 연구〉, 《한국학논집》 63, 2016.

우인수, 〈한주의 경세론－《묘충록》에 나타난 한주의 국정개혁론〉, 《한주 이진상
　　연구》, 도서출판 역락, 2006.

제4장 일제강점기 사회변동과 민족운동

1. 사료

慶尙北道編纂, 《慶尙北道統計年報 自大正八年至昭和三年》, 1930.

慶尙北道警察部, 《高等警察要史》, 1934.

국역심산유교간행위원회, 《국역 심산유고》, 대동문화연구원, 1977.

대구지방법원, 〈이현기 판결문〉, 1919년 4월 26일.

_____, 〈이상해 외 7인 판결문〉, 1919년 4월 28일.

_____, 〈이기정 외 11인 판결문〉, 1919년 8월 21일.

_____, 〈김재곤 외 4인 판결문〉, 1919년 5월 23일.

_____, 〈이기정 외 11인 판결문〉, 1919년 8월 21일.

_____, 〈여홍연 외 5인 판결문〉, 1919년 4월 28일.

_____, 〈장명준 판결문〉, 1919년 5월 6일.

_____, 〈성덕이 판결문〉, 1919년 4월 28일.

_____, 〈김창숙 정수기 판결문〉, 1928년 10월 28일.

都文煥, 《晚悟堂雜草》(2책)

《동아일보》

《星州都氏 家譜》

유림단독립운동실기편찬위원회, 《국역 유림단독립운동실기》, 2001.

윤사순 역주, 《퇴계선집》, 현암사, 1982.

《조선일보》

《중외일보》

達拾藏, 《慶北大鑑》, 1936.

《민주조선》 4(2·3합본), 1948.

中村資良, 《朝鮮銀行會社組合要錄》, 東亞經濟時報社, 1935.

2. 저작

남부희, 《유림의 독립운동사연구》, 범조사, 1994.

이윤갑, 《한국 근대 상업적 농업의 발달과 농업변동》, 지식산업사, 2011.

성주문화원, 《성주군지》 상, 2012.

김기승, 《심산 김창숙》, 지식산업사, 2017.

3. 논문

권영배, 〈성주지역의 3·1운동과 파리장서운동〉, 《계명사학》(계명사학회) 33, 2012.

_____, 〈경북지역의 파리장서운동〉, 《경북독립운동사Ⅲ》, 경상북도, 2013.

금장태, 〈한계 이승희의 생애와 사상(1)〉, 《대동문화연구》 19, 1985.

_____, 〈근대 유교개혁사상의 유형과 사상사적 전개〉, 《국사관논총》, 1989.

김기승, 〈배성룡의 정치·경제사상연구-민족협동전선론을 중심으로〉, 고려대학교 박사학위논문, 1990.

_____, 〈한계 이승희의 독립운동과 대동사회 건설 구상-유교적 반전평화론에 기초한 독립운동 사례〉, 《한국민족운동사연구》(한국민족운동사학회) 50, 2007.

김일수, 〈1920년대 경북지역 청년운동〉, 《한국근현대청년운동사》, 풀빛, 1995.

_____, 〈일제강점기 김천지역의 사회운동〉, 《계명사학》 23, 2012.

김종석, 〈한계 이승희의 공자교운동과 유교개혁론 문제〉, 《철학논총》(새한철학회) 38, 2004.

김현수, 〈심산 김창숙의 유교인식과 독립운동의 전개〉, 《한국학논집》 70, 2018.

김희곤, 〈제2차 유림단의거 연구 – 심산 김창숙의 활동을 중심으로〉, 《대동문화연구》 38, 2001.

_____, 〈성주지역의 독립운동과 그 성격〉, 《한국독립운동사연구》 46, 문화체육관광부, 2013.

박홍식, 〈심산 김창숙의 유교정신과 구국운동〉, 《한국학논집》 26, 1999.

서동일, 〈1919년 파리장서운동의 전개와 역사적 성격〉, 한국학중앙연구원 박사학위논문, 2009.

심도희, 〈공산 송준필의 성리사상과 사회적 실천운동 – 한주학과의 관련성을 중심으로〉, 《한국학논집》 70, 2018.

오세창, 〈파리장서와 송준필〉, 《한국근현대사연구》(한국근현대사학회) 15, 2000.

_____, 〈3·1독립운동과 파리장서〉, 《국역 유림단독립운동실기》, 2001.

우인수, 〈사미헌 장복추의 문인록과 문인집단 분석〉, 《어문론총》(한국문학언어학회) 47, 2007.

유준기, 〈한계 이승희의 민족의식과 독립운동〉, 《윤병석교수화갑기념 한국근대사논총》, 1990.

이우성, 〈심산의 민족독립운동〉, 《심산김창숙의 사상과 행동》, 대동문화연구원, 1986.

이윤갑, 〈한말 일제초기 이승희의 민족운동〉, 《인문학연구》(계명대 인문과학연구소) 47, 2013.

_____, 〈한말 경상도 성주의 국권회복운동과 그 사상〉, 《한국학논집》 71, 2018.

이호형, 〈심산과 한국유림〉, 《심산김창숙의 사상과 행동》, 대동문화연구원, 1986.

임경석, 〈유교지식인의 독립운동〉, 《대동문화연구》 37, 2000.

_____, 〈파리장서 서명자 연구〉, 《대동문화연구》 38, 2001.
최일범, 〈심산 김창숙의 도학정신〉, 《유교문화연구》(성균관대학교 동아시아학술
    원) 16, 2010.
한국학중앙연구원, 〈디지털김천문화대전 – 인물 송준필〉.
_____, 〈디지털칠곡문화대전 – 근대 청년운동〉.
허선도, 〈3·1운동과 유교계〉, 《3·1운동50주년기념논집》, 동아일보사, 1969.
홍원식, 〈한국 공자교운동과 이승희〉, 《공자학》(한국공자학회) 3, 1998.

제5장 해방 후 건국운동의 분열과 좌우 대립

1. 사료

慶尙北道警察部, 《高等警察要史》, 1934.
大檢察廳搜査局, 《左翼事件實錄》 제1권, 대검찰청, 1965.
《대구시보》 1946년 10월 13일, 28일.
《동아일보》 1927년 3월 3일, 4일.
_____ 1930년 11월 7일.
_____ 1945년 12월 27일.
星州警察署, 《4283년 査察關係書類綴(意見書)》, 1950.
《星州都氏家普(壬辰補修)》(晩悟堂所藏本).
《嶺南日報》 1949년 11월 6일.
_____社, 《慶北總鑑》, 1947.

中村資良, 《朝鮮銀行會社組合要錄》, 東亞經濟時報社, 1935.
CIC report, Taegu, September 26, 1946.

2. 저작

강만길·성대경 편, 《한국사회주의운동인명사전》, 창작과비평사, 1996.
김기진, 《끝나지 않은 전쟁, 국민보도연맹(부산경남지역)》, 역사비평사, 2002.
브루스 커밍스, 《한국전쟁의 기원》 하, 청사, 1987.
이윤갑 외, 《한국전쟁 전후 민간인 희생 관련 2009년 피해자현황조사 연구용역
    사업 최종결과보고서(경상북도 성주군)》, 경북대학교 평화문제연구소, 2009.
정해구, 《10월인민항쟁연구》, 열음사, 용진, 1988.

_____, 《폭풍의 10월》, 한길사, 1990.

3. 논문

김선호, 〈국민보도연맹의 조직과 가입자〉, 《역사와 현실》(한국역사연구회) 45, 2002.

이윤갑, 〈19세기후반 경상도 성주지방의 농민운동〉, 《손보기박사정년기념 한국사논총》, 지식산업사, 1988.

_____, 〈일제하 경상북도 지역의 신간회 지회운동〉, 《동방학지》 23, 2004.

제6장 한국전쟁의 버전 양상과 반공분단체제 확립

1. 사료

《동아일보》, 1950년 11월 10일.

《부산일보》, 〈부역자에 대한 대통령 특사령 단행〉, 1950년 12월 29일.

《서울신문》, 〈좌담회:부역처단은 어떻게?〉, 1950년 11월 27~28일.

성주경찰서, 《4283年 査察關係書類綴(意見書)》, 1950.

성기수, 《성기수회고록 젊은이여 도전하라》, 글마당, 2007.

_____, 《난중일기》 1951년 6월 14일. 성기수 웹사이트 http://www.sungkisoo.pe.kr

이양호, 《한국민중구술열전13, 여기원 1933년10월24일생》, 눈빛, 2005.

이윤갑 외, 《한국전쟁 전후 민간인 희생 관련 2009년 피해자현황조사 연구용역사업 최종결과보고서(경상북도 성주군)》, 경북대학교 평화문제연구소, 2009.

진실화해위원회, 〈고양 부역혐의희생사건 진실규명결정서〉, 2007.

_____, 〈남양주 진접·진건면 부역혐의희생사건 진실규명결정서〉, 2008.

_____, 〈울진 부역혐의희생사건 진실규명결정서〉, 2008.

_____, 〈평택 청북면 부역혐의희생사건 진실규명결정서〉, 2008.

_____, 〈김포 부역혐의희생사건 진실규명결정서〉, 2008.

_____, 〈서산·부안 부역혐의희생사건 진실규명결정서〉, 2008.

_____, 〈안동 부역혐의희생사건 진실규명결정서〉, 2008.

_____, 〈양평 부역혐의희생사건 진실규명결정서〉, 2009.

_____, 〈아산 부역혐의희생사건 진실규명결정서〉, 2009.

_____, 〈여주 부역혐의희생사건 진실규명결정서〉, 2009.

──────────, 〈음성 대소면 부역혐의희생사건 진실규명결정서〉, 2009.

2. 저작

국방군사연구소, 《한국전쟁(상)》, 국방군사연구소, 1995.

김삼웅, 《해방 후 양민학살사》, 가람기획, 1996.

김영택, 《한국전쟁과 함평양민학살》, 사회문화원, 2001.

박명림, 《한국 1950: 전쟁과 평화》, 나남출판, 2002.

신기철, 《진실, 국가범죄를 말하다》, 도서출판 자리, 2007.

3. 논문

이윤갑, 〈경상도 성주지역의 한국전쟁경험: 민간인학살과 인민군의 점령정책〉, 《대구사학》 107, 2012.

이임하, 〈한국전쟁기 부역자처벌〉, 《사림》(수선사학회) 36, 2010.

제7장 1950년대 후반의 정치변동과 4월 혁명

1. 사료

성주문화원, 《성주군지》 上, 2012.

《영남일보》 1960년 6월 2일.

────── 1960년 6월 8일.

《조선일보》, 〈초혼제를 엄수 ─ 성주 원사자들〉, 1960년 6월 9일.

────── 1961년 12월 12일.

한국혁명재판사편찬위원회, 《한국혁명재판사》 4, 1962.

2. 저작

정희상, 《이대로는 눈을 감을 수 없소》, 돌베개, 1990.

서중석, 《조봉암과 1950년대(하)》, 역사비평사, 1999.

3. 논문

임채도, 〈4·19 직후 대구경북지역 피학살자유족회 운동의 전개〉, 《4월혁명 50주년기념학술토론회 자료집》, 대구사회연구소. 2010.

찾아보기